5347
D1822404

प्रकाश

(उपन्यास)

प्रकाश

डॉ. प्रमोद कुमार अग्रवाल

वाणी प्रकाशन

वाणी प्रकाशन

ज्ञान के विविध आयामों के प्रकाशक

वाणी प्रकाशन का 'लोगो' विख्यात चित्रकार मक़बूल फ़िदा हुसेन की कूची से

वाणी प्रकाशन, 4695, 21-ए, दरियागंज, नयी दिल्ली-110002

वाणी प्रकाशन, अशोक राजपथ (पटना कॉलेज के सामने), पटना (बिहार)

PRAKASH

by Dr. Pramod Kumar Aggrawal

Novel

ISBN : 978-93-5000-127-1

इस पुस्तक के किसी भी अंश को ज्ञान के किसी भी माध्यम में प्रयोग
करने के पूर्व प्रकाशक से लिखित अनुमति लेना आवश्यक है।

© लेखकाधीन

प्रथम संस्करण : 2009

मूल्य : 425/-

वाणी प्रकाशन

फोन : 0091#11#23273167, 23275710

फैक्स : 0091#11#23275710

वेबसाइट : www.vaniprakashan.in

ई-मेल : vaniprakashan@gmail.com

vani_prakashan@yahoo.com

जयभारत प्रिंटिंग प्रेस द्वारा दिल्ली-110032 में मुद्रित

पुरोवाक्

आज के दौर की यह विडम्बना है कि एक ओर दुनिया का तेजी से वैश्वीकरण हो रहा है, तो दूसरी ओर परम्परा से चला आ रहा संयुक्त परिवार टूट रहा है। अधिकांश विचारक और साहित्यकार इसे इतिहास की नियति मानकर स्वीकार करने के लिए विवश दिखाई पड़ रहे हैं। इसमें यदि कुछ लेखक अपवादस्वरूप दिखाई पड़ते हों तो उन्हीं में एक डॉ. प्रमोद कुमार अग्रवाल हैं। उन्होंने पुरातनपन्थी कहे जाने का खतरा उठाकर भी 'प्रकाश' नाम का वृहद् आख्यान प्रस्तुत किया है, जिसका मुख्य सन्देश है—'संयुक्त परिवार को बचाओ।'

दरअसल संयुक्त परिवार प्रकारान्तर से एक रूपक भी है—राजनीतिक रूपक। अभी 'मुम्बई मुम्बईकर का' नारे के नाम पर बिहारियों तथा अन्य भाषा-भाषियों को वहाँ से खदेड़ा जा रहा है, एक तरह से यह कोशिश से बनाए गए भारत नाम के राष्ट्र को तोड़कर खण्ड-खण्ड करने की कुचेष्टा है। इस पृष्ठभूमि में प्रमोद जी का यह उपन्यास संयुक्त परिवार के बहाने भारत के रूप में एक राष्ट्र की अस्मिता को बचाए रखने का भी आह्वान है।

ऊपर की बातों से यह भ्रम नहीं होना चाहिए कि यह कृति कोई लम्बा-चौड़ा बौद्धिक विमर्श है। मूलतः यह एक कथाकृति है और अन्ततः इसका आस्वाद और मूल्यांकन उपन्यास के ही रूप में होगा। कहना न होगा कि इसमें सलीके से कथा कहने की कला तो है ही, छोटे-बड़े कुल मिलाकर आधा दर्जन जीवन्त चरित्र भी हैं जैसे पवन और रवि और फिर ललिता एवं देवश्री। कहने को ये सभी स्त्री और पुरुष चरित्र बहुत कुछ उच्छृंखल ही हैं और खलनायकों-खलनायिकाओं की-सी भूमिका निभाते हैं। लेकिन इनके कारण उपन्यास में कुछ खट्टे, चटपटे और तीखे व्यंजन का स्वाद भी मिलता है। यदि ये न हों तो सारा उपन्यास केवल मिठास के कारण गुड़गोबर होकर रह जाता।

दरअसल 'प्रकाश' शीर्षक उपन्यास नायक प्रधान उपन्यास है जिसका नायक प्रकाश स्वयं है – वर्तमान कथा साहित्य में एक सुलझा हुआ परिपक्व और दृढ़ संकल्प चरित्र। वस्तुतः कर्मयोगी प्रकाश ही इस उपन्यास का मुख्य कथ्य और सन्देश है।

अन्त में, मैं डॉ. प्रमोद कुमार अग्रवाल को इस समयोपयोगी और सफल कथाकृति को प्रस्तुत करने के लिए हार्दिक बधाई देता हूँ।

10 मार्च, 2008

—नामवर सिंह

दो शब्द

नयी संरचना मानव मात्र की चिरन्तन चाह है। सामाजिक, प्रशासनिक तथा राजनीतिक समस्याओं के ऊपर उपन्यास लिखते-लिखते मुझे आत्मसन्तुष्टि नहीं हुई। वास्तव में जब पाठक कोई कृति पढ़ता है तो सर्वप्रथम वह उसमें अपनी समस्या का समाधान खोजता है। यदि उसे अपनी समस्या ढूँढ़ते-ढूँढ़ते देश, विदेश तथा परमात्मा तक पहुँचाया जाए तो वह उसे सहज में ही आत्मसात कर लेता है। इसी दृष्टिकोण को सामने रखकर इस कृति का प्रारम्भ किया गया।

अधुनातन विश्व में व्यक्ति अपने परिवार, समाज तथा देश सबसे बिछुड़ रहा है। उसे कार्यवश अन्य संस्कृति एवं सभ्यता को ग्रहण करना पड़ता है। इस कारण मानव मूल्यों में विघटन हो रहा है। उसका व्यक्तित्व खण्डित हो रहा है। जो अपनी विरासत को छोड़ता है, वह ऊँचा नहीं उठ सकता है।

यदि संयुक्त परिवार की संस्था को सुदृढ़ किया जा सके, तो मनुष्य को अपनी जड़ों से कटने का सन्ताप नहीं सताएगा। यदि कुटुम्ब में उसे आवश्यक संजीवनी मिलती रहे, तो वह बड़े से बड़े बाह्य शत्रु का मुकाबला कर सकता है। भारतीय संस्कृति की अवधारणा है कि व्यक्ति से गाँव, गाँव से देश तथा देश से विश्व की ओर बढ़ना होगा। आरम्भिक सीढ़ियों को कमजोर छोड़ने से भवन का गुम्बद ही ढह जाएगा।

संयुक्त परिवार की संस्था को आधार बनाकर इस उपन्यास का प्रणयन किया गया है। यह कुटुम्ब का अखाड़ा है, संयुक्त परिवार का नाटक है जिसमें विभिन्न पात्र अपनी भूमिका निभा रहे हैं। कर्ता संयुक्त परिवार की धुरी है एवं इस उपन्यास का धीरोदात्त नायक प्रकाश वस्तुतः इस उपन्यास की धुरी है जिसके इर्द-गिर्द कहानी घूमती है। यह कार्य अति कठिन था क्योंकि परिवार एक शुष्क विषय है। अधिकांश परिवार शान्तिपूर्वक रह रहे हैं। उनके जीवनयापन में न ज्वार है न भाटा। वे समुद्र के मध्य जीवन की शान्त लहरों पर स्थिर हैं। पर इन लहरों को सब समय शान्त रहने के लिए प्रयत्न करना पड़ता है। बाहर का आँधी-तूफान उनमें हलचल पैदा करने के लिए समान्तर रूप से प्रयासरत है।

'प्रकाश' के माध्यम से एक ऐसा ताना-बाना बुना गया है कि संयुक्त

परिवार सदैव शान्त लहरों पर स्थित रहे। पवन-ललिता के माध्यम से एक ऐसे विवाहित युग्म की अवधारणा की गयी है जो सब समय उद्वेलित रहता है। अन्त में पवन का जीवन उत्सर्ग ही ललित के जीवन में श्मशान की शान्ति एवं स्थिरता लाता है। इसी प्रकार रवि एक ऐसा अधुना युवा पात्र है जो मेधावी है, जिसके जीवन में प्यार है और पैसा है। सभी भौतिक सम्पदाओं से समृद्ध रवि को भी यह विचारने को बाध्य होना पड़ता है कि नैतिकता के बिना समृद्धि अस्थायी एवं अशान्त होती है। अन्त में माफिया के विरुद्ध जेहाद छेड़कर प्रकाश ने यह सिद्ध कर दिया है कि जीवन संघर्ष का ही दूसरा नाम है।

आधुनिक युग में अनेक व्यक्ति विभिन्न असाध्य रोगों से आक्रान्त हैं। जहाँ जाओ वहाँ बीमारी तथा दुःख से परेशान लोग हैं। इस सत्य को स्वीकार करते हुए मांसपेशियों के क्षय से सम्बन्धित एक ऐसी बीमारी को उपन्यास की आधार भूमि के रूप में लिया गया है जिसका अभूतपूर्व वैज्ञानिक एवं तकनीकी प्रगति के बावजूद इलाज आविष्कृत नहीं हो पाया है। कैन्सर, एड्स भी ऐसी बीमारियाँ हैं जिन पर मनुष्य आज तक विजय पाने में असफल है। हो सकता है कि ऐसी और अनेक बीमारियाँ हों।

जहाँ सुखान्त कृतियाँ पाठक को आनन्द, उत्साह एवं उमंग के स्वप्निल संसार में विहार कराती हैं वहाँ दुःखान्त कृतियों का भी मानव की प्रगति में कम योगदान नहीं है। वह अपने दुःख से अधिक दुःख देखकर या पढ़कर अपने दुःख एवं कष्ट को कम अनुभव करता है। वह अपनी कठिनाइयों, दुःख-तकलीफ और शारीरिक कष्ट से जूझने का रास्ता पाता है। फलतः वह और अधिक उत्साह तथा ऊर्जा से सांसारिक व्यापारों में युक्त होता है। यह समाज का लक्ष्य है, जीवन का धर्म है। सभी अपने कर्मयोग में संलग्न रहें। जीवन में सुख और दुःख का सम्यक् समावेश हो।

यद्यपि उपन्यास का कथानक सरल और सपाट है। यथार्थ में परिवार की गाड़ी को अधिक ऊबड़-खाबड़ पथ पर ले जाने से गाड़ी टूट सकती है। इसलिए उथल-पुथल और संयम का समन्वय किया गया है। परिवार को सीमित रूप में लिया गया है।

उपन्यास की सरल कहानी के माध्यम से मानव सुलभ मनोवैज्ञानिक घटकों को सम्बद्ध किया गया है ताकि यह कृति सार्वदेशिक एवं सार्वकालिक हो।

जो भी कहानी या उपन्यास या नाटक लिखा जाता है, उसके मूल में कोई वास्तविक घटना या प्रकरण होता है जो लेखक के संवेदनशील हृदय को संस्पर्श कर जाता है और वह नहीं भूल पाता है। शायद अपनी स्मृतियों को भूलने के

लिए या उनका प्रभाव कम करने के लिए लेखक कलम उठाता है। जिसमें उसे ब्रह्मानन्द की प्राप्ति होती है। यदि लेखक पूर्णतः काल्पनिक जगत से सम्बन्धित कथा लिखे, तो उसमें वह असफल हो सकता है क्योंकि मानव-संवेदना को मनुष्य तो क्या देवता भी ठीक तरह से नहीं समझ पाए हैं।

दूसरी ओर लेखक अपनी संवेदना, अनुभव, सोच एवं विचारधारा को दूसरों के साथ विमर्श करना चाहता है ताकि उसकी लोकसंग्रह की प्रवृत्ति की सन्तुष्टि हो।

'प्रकाश' एक सम्पूर्ण जीवन पर आधारित उपन्यास है। इसमें सत्य है, असत्य है, कल्पना है तथा है कुछ खट्ठा-मीठा। इस कहानी को लेखक ने पास से देखा है और अनुभव किया है पर इसमें पात्रों को उपन्यास के कथानक के अनुसार परिवर्तित किया गया है। अतः यदि यह कहानी कुछ लोगों पर आरोपित हो, तो वे मुझे क्षमा करें, यह लोक संग्रह की दृष्टि से किया गया है।

मेरे ऊपर यह आरोप लगता आ रहा है कि मैं शीघ्रता में रहता हूँ चाहे वह मेरा प्रशासनिक क्षेत्र हो या साहित्यिक क्षेत्र। मुझे लोककल्याण की चिन्ता रहती है, यदि शीघ्रता न करूँ तो समाज या देश और पतन के गर्त में जा सकता है। यह भय मुझे सदैव सताता रहता है।

सभी शुभचिन्तकों विशेषतः अपनी धर्मपत्नी एवं सहयोगी श्रीमती उषा की सलाह पर मैंने इस उपन्यास को लिखने में दो वर्ष का समय लगाया। फिर टंकण से तथा टंकण में भूलों से छः महीने जूझता रहा।

जब यह कृति आपके पास पहुँचेगी, तो मैं नहीं कह सकता कि इसका स्वरूप कैसा होगा। कृति तो लेखक की सन्तान होती है। वह जब उसे बाजार में छोड़ता है, तो वह स्वयं चलने की कोशिश करती है। अतः पाठक समाज ही इसकी निर्णायक मण्डली है कि कृति कैसी है। यदि मैं किसी का अल्प मनोरंजन कर सका अथवा उनके पथ-प्रदर्शन के लिए मील का पत्थर स्थापित कर सका, तो मैं अपने इस प्रयास को सफल समझूँगा।

कोलकाता

15 अगस्त 2007

डॉ. प्रमोद कुमार अग्रवाल

1. सत्य

कोलकाता में पाँच सितारा अस्पताल का कमरा। तुषार जीवन और मृत्यु से संघर्ष कर रहा है। उसके इर्द-गिर्द खड़े लोग उसे बचाने के लिए व्यस्त हैं पर वह तो जीवन संग्राम में कई वर्ष पूर्व ही हथियार डाल चुका था। इस असहनीय कष्ट से तो उत्तम है कि मृत्यु उसे वरण कर ले और वह इन सभी कष्टों से मुक्त हो जाए। एक मुक्त पंछी की भाँति आसमान में उड़कर चला जाए।

बड़े-बड़े डॉक्टर आते हैं, वे तुषार के पिता प्रकाश तथा अन्य सम्बन्धियों के प्रति सहानुभूति प्रदर्शित करते हैं तथा तुषार को ठीक करने का आश्वासन देते हैं। पर तुषार जानता है कि इस आश्वासन के पूर्ण होने के पूर्व ही उनकी जेब में मोटी फीस पहुँच जाएगी और डॉक्टर अपने मरीज को भूल जायेंगे।

सभी आश्वस्त हो रहे हैं कि तुषार ठीक हो अपनी मृत्यु शय्या से उठकर बैठ जाएगा और अपनी सामान्य दिनचर्या आरम्भ कर देगा।

पर तुषार को किसी की बात पर भरोसा नहीं हो पा रहा था।

तुषार ने कहा, "मैं अस्पतालों की रंग-बिरंगी तथा सुसज्जित दीवारों को देखते-देखते थक गया हूँ। इस कृत्रिम ऑक्सीजन सिलिण्डर को तो हटाइए। इसके सहारे भला कोई जीवनदायिनी शक्ति प्राप्त की जा सकती है? मैं तो बाहर शुद्ध हवा में विचरण करना चाहता हूँ। प्राकृतिक ऑक्सीजन ग्रहण करना चाहता हूँ। इस वातानुकूलित कमरे में तो मेरा दम घुट रहा है। अस्पताल के प्रशासन ने केन्द्रीय ताप नियन्त्रण करने के लिए सभी कमरों को खिड़कियों की स्टीलरूपी काँच में ढक कर प्राकृतिक वातावरण से हमें काट दिया है। कब तक टेलीविजन देखूँ? टेलीविजन में वही समाचार तथा वही नायक तथा नायिकाएँ। क्या इन संचार-माध्यमों को हम जैसे सामान्य व्यक्तियों के दुःख-दर्दों को दिखाने का अवकाश नहीं है? होगा भी क्यों? हम तो बहुत महत्वपूर्ण व्यक्ति नहीं हैं और न ही हम टेलीविजन कम्पनी के मुँह तक भरे कोष-कलश में धन डाल सकते हैं।

"मैं क्यों इन बेचारी परिचारिकाओं को और परेशान करूँ जो अपने परिवार को चलाने के लिए हमारी सेवा में तन-मन से दत्तचित्त हैं। वे क्षण-क्षण हमारा रक्तचाप ले रही हैं। वे स्वचालित उपकरण से मेरे हृदय तथा नाड़ी की धड़कन

चौबीस घण्टे देखती रहती हैं। हमसे अधिक इन सुविधाओं की अन्य लोगों को आवश्यकता है जो मृत्यु से संघर्ष करने की स्थिति में हैं, जो ठीक होकर समाज के लिए कुछ कर सकेंगे। मैंने तो मृत्यु से हार मान ली है। मुझे यहाँ से ले चलो।"

इसी बीच तुषार के पिता कमरे में आ गये। उन्होंने तुषार को इस प्रकार हताशा में वार्तालाप करते हुए सुना। वे बोले, "तुषार बेटे! तुम क्यों समझते हो कि तुम्हारा इन सुविधाओं पर अधिकार नहीं है। वास्तव में हम तुम्हारी बीमारी पर तुम्हारी कमाई का दस प्रतिशत से अधिक खर्च नहीं कर रहे हैं। फिर, तुम्हारा हमारी सम्पत्ति पर भी तो अधिकार है। व्यक्ति इसी दिन के लिए धन जोड़ता है ताकि बीमारी या विपत्ति पड़ने पर वह धन के सहारे उस कष्ट को पार कर सके, उसकी तेज धार को सह सके तथा भविष्य में खड़े होने के लिए कुछ बचा सके। यदि मैं तुम्हारा अच्छे से अच्छा इलाज न करा सकूँ तो मेरी समाज में हँसी होगी। लोग कहेंगे कि लड़के की सारी कमाई तो बाप ने रख ली, पर उसकी बीमारी पर कुछ भी खर्च नहीं किया। मनुष्य को कई काम सामाजिक प्राणी होने के कारण करने पड़ते हैं, क्योंकि समाज आपके मन से अधिक आपके प्रत्यक्ष कर्मों द्वारा आपके विषय में अपना विचार बनाता है। तुम वह सभी मुझ पर छोड़ दो। तुम जीवन जीने में आस्था रखो। यह जीने की आस्था ही दवाओं अथवा विभिन्न इलाजों से अधिक प्रभावकारी है। तुम जीवन में आस्था रखो। शेष मुझ पर छोड़ दो। सब ठीक हो जाएगा।"

इसी बीच तुषार के कमरे में परिचारिका ने प्रवेश किया। वह बड़बड़ाती हुई बोली, "आप लोग क्यों रोगी को परेशान कर रहे हैं। आप तो जानते ही हैं कि इस अस्पताल के कड़े नियम हैं। सफाई का प्रबन्ध तो आपने देखा ही है। मजाल है कि कोई मक्खी भी बैठ जाय। फिर रोगी तथा मिलने वालों के रोगाणु एक दूसरे के शरीर में चले जाते हैं। अतः रोगग्रस्त व्यक्ति के पास किसी को भी ज्यादा रुकने की अनुमति नहीं है। हमारे अस्पताल में नियम सभी के लिए समान हैं। हाँ, पृथक कमरा लेने से आप बेरोकटोक आ जा सकते हैं। पर, हमें अस्पताल प्रशासन के अन्दरूनी आदेश हैं कि कोई भी रोगी से अधिक बात न करे। फिर आप जानते ही हैं कि आपके रोगी को श्वाँस की गम्भीर बीमारी है। बोलने से श्वाँस और तेज चलेगी तथा मरीज की परेशानी बढ़ेगी। देखिये, मुझे भी काम करने दीजिए। मुझे मरीज को नहलाना है, उसके कपड़े बदलने हैं, ऑक्सीजन बदलना है तथा हृदय तथा नाड़ी सम्बन्धित सभी आँकड़े लिखने हैं। डॉक्टर देखने आते ही होंगे।"

प्रकाश ने कहा, "बहिन जी, हम तो मरीज के शुभ-चिन्तक ही हैं। मैं भी डॉक्टर हूँ तथा इसका सभी प्रकार का इलाज करा चुका हूँ। मेरे विचार में रोगी से

उत्तम तथा आत्मविश्वासपूर्ण बातें करने से उसकी मानसिक अवस्था सुदृढ़ होती है और उसके शीघ्र स्वस्थ होने में सहायक होती है। वैसे आप कहती हैं तो हम लोग बाहर चले जाते हैं।" ऐसा कहकर प्रकाश अपने एक मित्र सहित तुषार के कमरे से बाहर आ गए।

प्रकाश ने अपने मित्र से कहा, "इस पाँच सितारा अस्पताल में सभी सुविधाएँ हैं। कैण्टीन है, दवाई की दुकान है, जगह-जगह चाय और कॉफी निकालने की मशीनें लगी हैं तथा तिरुपतिजी का मन्दिर भी है। गहरे रंगीन काँचों से घिरी इस अस्पताल की इमारत ऐसी ज्ञात होती है जैसे पाँच सितारा होटल हो, जहाँ लोग केवल खाने-पीने तथा आनन्द उपभोग करने के लिए ठहरते हैं। यहाँ रोगी के ठहरने का किराया भी पाँच सितारा होटल से थोड़ा ही कम है।

"पर यह दुःखालय है। जितने रोगी यहाँ आते हैं उनमें से बीस प्रतिशत वापिस नहीं लौट पाते हैं। केवल चारों ओर कोहराम छाया रहता है। कोई रो रहा है, तो कोई आँखों में आँसू भरकर भारी आँखों के साथ घूम रहा है, कोई चिन्ता में है तो कोई प्रतीक्षा में है कि कब शुभ समाचार मिले कि उनके रोगी की हालत ठीक है। डॉक्टर भी क्या करें, रोगी की हालत ऊँचे-नीचे होती रहती है जैसे कि वह पहाड़ों के बीच में बहने वाली नदी हो। मुझे सबसे अधिक तो इसी का अफसोस है कि रोगियों में अधिकांश मध्यमवर्ग के हैं, जिनके जीवन की सम्पूर्ण गाढ़ी कमाई यहाँ खर्च हो रही है। पर यदि उनका मरीज स्वस्थ हो जाता है तो रोगी के सम्बन्धियों एवं मित्रों के चेहरों पर लौटी खुशी तथा आनन्द भी दर्शनीय है। काश! हमारे देश में सभी स्तरीय चिकित्सा का भार भी सरकार उठाती! कम से कम लोकप्रिय सरकारों को सामान्य जन को स्वास्थ्य सुरक्षा उपलब्ध करानी ही चाहिए।"

दोनों मित्र बात करते-करते अस्पताल के अहाते में चले आए। अस्पताल का अहाता सुन्दर था। कोलकाता भीड़-भाड़ वाला शहर होते हुए भी कोलकाता में वृक्ष ऐसे पंक्तिबद्ध खड़े हैं जैसे किसी उद्यान तथा पुष्पविज्ञानी ने उन्हें गहन आतंरिकता से लगाया हो। अस्पताल के अहाते में गुलमोहर, पीपल, नीम, रातरानी, कृष्ण चूरा, राधाचूरा के पेड़ कतार में खड़े थे। मेहँदी के झाड़ों ने अस्पताल की चारदीवारी को ऐसा स्वरूप दे दिया था जैसे वन में प्रकृति ने स्वयं ही चारदीवारी खड़ी कर दी हो। जगह-जगह बेगम बेलिया की लताओं और झाड़ों में फूल ऐसे लदे हुए हैं जैसे कि यौवन के भार से नवयुवती भारान्वित हो। गुलाब के अगणित पौधे विभिन्न रंगों में अपनी शान्त पर गहरी छटा बिखेर रहे थे जैसे वे अस्पताल के ज्येष्ठ डॉक्टर तथा प्रशासक हों। कुछ मौसमीय फूल भी खिल रहे थे जिनमें विशाल डालिया फूल,

चन्द्रमल्लिका फूलों के गुच्छे तथा रजनीगन्धा की लम्बी-लम्बी डालें धवल पुष्प-गुच्छे के साथ ऐसे शोभायमान थे जैसे नौसेना की टुकड़ी खड़ी हो। वे ही अस्पताल आने वाले को दुःख के संसार में एकमात्र सन्तोष प्रदान कर रहे थे तथा उन्हें अस्पताल में व्यास दुःख के साम्राज्य के अतिरिक्त और कुछ सोचने की ओर प्रेरित कर रहे थे। अस्पताल के अहाते में बेफिक्री से घूमते कुत्ते तथा बिल्लियाँ अस्पताल में मौजमस्ती से विचरण कर रहे थे जैसे अस्पताल ही उनका वास्तविक घर हो। उनके खाने के लिए प्रचुर मात्रा में जूठन आदि सहज ही उपलब्ध है तथा उन्हें खाने के लिए कूड़े के ढेरों की ओर नहीं ताकना पड़ता था। यद्यपि गन्दगी को साफ करने के लिए अस्पताल के फर्शों को बार-बार डिटॉल तथा कीटनाशक से सफाई करने के लिए नीली पोशाक में सफाई कर्मचारियों की टोलियाँ सभी समय कार्यरत रहती हैं पर वे भी अस्पताल में बेधड़क फेंकी जाने वाली गन्दगी से परेशान होकर शराब के नशे का सहारा ले लेते हैं। अस्पताल में निजी सुरक्षा सेवाएँ मुस्तैदी से काम करती हैं। वे ही अस्पताल में अनुशासन तथा व्यवस्था की सच्ची नियामक हैं अन्यथा इन अस्पतालों से रोगी ठीक होने की अपेक्षा बीमारियाँ लेकर घर लौटे। इनके चुस्त-दुरुस्त कार्य के कारण सभी गाड़ियाँ, स्कूटर, साइकिलें तथा अन्यान्य वाहन व्यवस्थित ढंग से पंक्तिबद्ध खड़े रहते हैं तथा लोग निषिद्ध जगह पेशाब आदि करने तथा खाने-पीने आदि की चीजें यहाँ-वहाँ फेंकने का साहस नहीं करते हैं। अस्पताल का पूछताछ केन्द्र एक ऐसा काउण्टर है जहाँ पर व्यक्ति कोई भी उल्टी-सीधी बात पूछ सकता है। इसी प्रकार भूमि तल पर ही बाहर रोगियों को दिखाने के लिए और भर्ती होने के लिए तथा भर्ती रोगियों के विषय में जानकारी लेने के लिए पृथक-पृथक पटल हैं। पर मरीजों से मिलने के लिए सख्त नियम हैं– प्रातः नौ बजे से दस बजे तथा सांयकाल पाँच बजे से छह-सात बजे के अतिरिक्त कोई भी रोगी से बिना आज्ञा के नही मिल सकता है। इस अवधि के दौरान भी केवल अस्पताल द्वारा जारी पास या टिकट लेकर ही रोगी से मिला जा सकता है। अस्पताल में स्थित जन-घोषणा विस्तारक द्वारा समय-समय पर घोषणा सुनकर रोगी का साथी या सहायक रोगी के पास तक जा सकता है। ये घोषणाएँ सामान्यतः दुःखदायी तथा गम्भीर ही होती हैं जैसे आकस्मिक विभाग में भर्ती होने वाले रोगियों के विषय में जो गम्भीर रूप से बीमार या दुर्घटनाओं से ग्रस्त हो गये हैं। आपातकालीन विभाग के सामने सबसे अधिक व्यग्रता तथा दुःख का विस्तार देखा जाता है।

उस दिन अस्पताल के अहाते में ही प्रकाश ने घण्टों व्यतीत किए। अहाते में टहलते समय प्रकाश के मानस-पटल पर तुषार की बीमारी का क्रमिक विकास

बार-बार उभर रहा था जो उसे अत्यन्त व्यग्र कर रहा था। प्रकाश सोच रहा था कि पच्चीस वर्ष की उम्र में प्रवेश करते ही तुषार पर किस प्रकार शनैः शनैः इस माँसपेशियों की क्षयकारी बीमारी का प्रकोप प्रारम्भ हुआ। प्रारम्भ में वर्ष में दो-तीन बार श्वसनिका दमा का आक्रमण हुआ करता था। प्रत्येक आघात के पश्चात् तुषार को अपने अंग प्रत्यंगों में दुर्बलता का अनुभव हुआ और बढ़ता ही जा रहा था। पेशियों में क्रमशः विकृति बढ़ती जा रही थी। दमा की बीमारी के नियन्त्रण के लिए उसे दिन में दो-तीन बार गोली लेनी पड़ती थी। फिर जब श्वास की बीमारी नियन्त्रित हो सकी तो उसे राँची के विशिष्ट डॉक्टर ने जीवन रक्षक औषधि (स्टैरॉयड) दे दी जिसके ऊपर कुछ भी नहीं होता। बस तुषार का जीवन सामान्य पटरी से उतर कर दवाइयों के सहारे ही चलने लगा। सबसे अधिक कष्टमय यह था कि तुषार को सबसे अधिक प्रिय चीजें एक-एक करके छोड़नी पड़ीं। सर्वप्रथम उसे कार चलाने में समस्या हुई। उसे क्लच और ब्रेक दबाने में कमजोरी महसूस होने लगी तथा मन में यह भय घुस गया कि उससे ब्रेक ठीक तरह से न दबने से कहीं दुर्घटना न हो जाए। इसके बाद उसे अपने प्रिय क्रिकेट को अलविदा कहना पड़ा, फिर लॉन टेनिस तथा बाद में टेबिल टेनिस भी छोड़ना पड़ा। बीमारी के प्रारम्भ में तो वह छोटी-छोटी सीढ़ियाँ चढ़ लेता था पर बाद में उसका स्वयं सीढ़ी चढ़ना भी बन्द हो गया। एक-दो वर्ष तो वह सीढ़ियों के बगल में लगाईं ग्रिल को पकड़कर चढ़ सकता था। पर दूसरे लोगों की उस पर टिकी आँखें उसे इतना शर्मिन्दा करतीं कि उसने धीरे-धीरे सीढ़ी चढ़ना ही बन्द कर दिया। वह कार्यालय का कार्य सामान्य रूप से करता रहा। उसे कार्यालय की कुर्सी में बैठा देखकर कोई कह भी नहीं सकता था कि उसे कोई बीमारी भी थी। धीरे-धीरे उसका बाहर आना-जाना भी बन्द हो गया पर उसी अनुपात में तुषार ने कार्यालय का और अधिक कार्य सँभाल लिया।

प्रकाश को इस तरह विचारमग्न देखकर प्रकाश के मित्र ने सलाह दी, "मित्र! चिन्ता चिता से बढ़कर है। तुम व्यर्थ ही चिन्ता करते हो। यमराज की बही में जो लिखा है, वह होता ही है, उसे कोई टाल नहीं सकता।"

प्रकाश की आवाज तथा आँखें भारी हो गयीं। तुषार के योगदान को याद करते हुए प्रकाश ने कहा, "मित्र, तुषार इतना अधिक आज्ञाकारी तथा सच्चरित्र लड़का है कि उसकी बीमारी पर मुझे तरस आता है। मैं अपनी पत्नी की बीमारी पर नहीं रोया, पर तुषार की बीमारी मुझे सहन नहीं होती है। पता नहीं मैंने किस जन्म में क्या पाप किया, जो ईश्वर मुझे इतना दण्ड और दुःख दे रहा है? बेचारे ने छोटी-सी उम्र में इतना अर्जन किया है कि मैं उसकी बीमारी पर उसका एक अंश भी खर्च

नहीं कर पाऊँगा। इस लड़के के कारण ही हमारी समृद्धि चारों और दृष्टिगोचर हो रही है। मुझसे उसका कष्ट सहन नहीं होता है।"

दोनों मित्रों ने यह सत्य स्वीकार किया कि पुरुष अपनी तथा स्त्री की बीमारी सहन कर सकता है पर अपनी सन्तान की नहीं। तत्पश्चात्, दोनों मित्र अस्पताल की कैण्टीन में चले आये। दोनों ने कुछ क्षण अस्पताल के वातावरण से स्वतन्त्र होकर चाय की चुस्कियाँ लीं और वे देश की राजनीति पर बातचीत करने लगे। देश की राजनीति पर वार्ता भी व्यक्तिगत दुःख बिसारने का मनोरंजक साधन है। चर्चा को शुरू करते हुए प्रकाश के मित्र मानुष ने कहा, "ये राजनीतिज्ञ भी हमारा पीछा नहीं छोड़ते। प्रतिदिन एक न एक ऐसा शगूफा छोड़ते रहते हैं कि जनता उसी के विभ्रम में फँसी रहे। आज ही पश्चिम बंगाल के लोकप्रिय मुख्यमन्त्री ने कहा है कि पश्चिम बंगाल की प्रगति केन्द्रीय सरकार की जन-विरोधी नीतियों के कारण नहीं हो पा रही है। दूसरी ओर केन्द्रीय सरकार कहती है कि पश्चिम बंगाल सरकार केन्द्रीय अनुदान का हिसाब-किताब नहीं दे पा रही है। केन्द्रीय सरकार के रेलमन्त्री ने भी जनता को लुभाने के लिए यात्री किराये को कम कर दिया है। पता नहीं ये मन्त्री या सरकारें अपने घर से धन लाकर इन विशाल सफेद हाथी रूपी सरकारों का कैसे रख-रखाव करेंगी। राजनीतिज्ञों को भी अपना दल चलाने के लिए धन चाहिए। कब तक हमारे देश में अर्थतन्त्र के साथ राजनीति होती रहेगी? मार्क्स ने कहा था कि सम्पूर्ण शासन-तन्त्र अर्थ की धुरी पर घूमता है, पर मैं तो देखता हूँ कि यह तो राजनीति की धुरी पर घूम रहा है। हाँ, यदि राजनीति सिद्धान्त-परक होती, तो उत्तम होता। किसी भी सुस्पष्ट दर्शन या विचारधारा के आधार पर देश प्रगति कर सकता है। पर मैं देखता हूँ कि ये विचारधाराओं के सेतु क्षुद्र धर्मगत, जातिगत, वर्गगत अथवा व्यक्तिगत स्वार्थों द्वारा आसानी से ढहा जाते हैं और जनता के सामने रह जाते हैं केवल कुछ सस्ते नारे तथा भाषण जो चिकनी-चुपड़ी भाषा तथा शैली में भोली-भाली जनता को मोह लेते हैं। मैं तो अपने वर्गजाति के लोगों को उत्तम मानता हूँ जो इन लोगों के भँवर में न पड़कर शान्ति एवं एकान्त में योगी की भाँति अपने व्यवसाय तथा उद्योगों में संलग्न रहते हैं। ज्ञात होता है कि ये राजनैतिक लोग हमें भी शीघ्र ही अपने दुष्चक्र जाल में खींच लेंगे क्योंकि अब तो इनके चमचे, गुर्गे या समर्थक हम व्यापारियों को भी परेशान करने लगे हैं।"

प्रकाश ने आत्मविश्वासपूर्वक कहा, "ये हमें कितना भी परेशान करें, हमें उखाड़ नहीं सकते। जब तक व्यापारी-वर्ग में परिश्रम तथा सच्चरित्रता के दो गुण विद्यमान हैं, तब तक कोई आँधी या तूफान उनके पैर नहीं उखाड़ पायेंगे। मुझे

चिन्ता इस बात की है कि धन के आधिक्य के कारण हमारी नयी पीढ़ी अपने परम्परागत गुणों से दूर हटती जा रही है। हमारी नयी पीढ़ी समाज में अन्य वर्गों तथा पश्चिमी देशों की नकल करते हुए प्रदर्शन, फिजूलखर्ची तथा उपभोक्तावाद की ओर जा रही है। दूसरी ओर सबसे बड़ी चिन्ता का विषय यह है कि पहले राजनेता या अधिकारी हमसे हमारी आमदनी का एक अंश ही घूस की भाँति चाहते थे पर आजकल वे हमारी आमदनी का अधिकांश भाग चाहते हैं। वे नहीं समझते कि यदि दुधारू गाय ही मर जायेगी, तो दूध कहाँ से आयेगा? यदि उद्योग ही बन्द हो जायेंगे, तो श्रमिक किसके सामने अपनी माँगें रखेंगे? अण्डे देने वाली मुर्गी को तो जीवित रखना आवश्यक है। छोड़िये, हम अपनी चिन्ता करें। मुझे तो तुषार की बहुत चिन्ता हो रही है।" यह कहकर प्रकाश का मन मस्तक चिन्ता की रेखाओं से आच्छादित हो गया।

अस्पताल में समय व्यतीत करना मुश्किल काम है। रोगी से दूर जाने पर चिन्ता सताती है और रोगी के पास रहने पर रोगी को क्षति होती है। रोगी के सेवक जाएँ तो जाएँ कहाँ? वे घण्टों बैठे-बैठे रोगी से लेकर परिवार, समाज तथा देश-विदेश की बातें करते रहते हैं। अस्पताल के अहाते में स्थान-स्थान पर चौपालें लगी रहती हैं। पर इन चौपालों में भाग लेने वालों के चेहरों पर प्रसन्नता के स्थान पर उदासी छायी रहती है। सभी आकाश की ओर ईश्वर की अनुकम्पा हेतु ताकते रहते हैं।

इसी बीच उद्घोषणा हुई कि तुषार के सहायक उसके कमरे में पहुँचें। यह अशुभ समाचार सुनकर प्रकाश और उसका मित्र मानुष उल्टे पाँव तुषार के कमरे में आ पहुँचे। दोनों के मुँह सूख रहे थे, शरीर पर हल्का पसीना आ गया था तथा घबराहट में लिफ्ट के स्थान पर सीढ़ी से चढ़कर आने के कारण उनकी हँफनी चलने लगी थी। दोनों ने अप्रत्याशित दृश्य देखा। तुषार की साँसें तेजी से चलने लगी थीं। वह बिस्तर पर लेट नहीं पा रहा था। डॉक्टर तथा नर्सों ने उसे कई तकियों के सहारे बिस्तर पर ही बैठा दिया था तथा वे उसके शरीर में मालिश कर रहे थे ताकि उसे आराम मिले। तुषार की बिगड़ी हुई अवस्था देखकर प्रकाश ने धैर्य खो दिया तथा वह डॉक्टरों तथा परिचारिकाओं से बोले, "डॉक्टर साहब, मैं इसका मर्ज शुरू से जानता हूँ। कोई भी काम इसकी इच्छा के विपरीत होने पर इसका मानसिक सन्तुलन बिगड़ जाता है तथा उसकी श्वाँस उखड़ जाती है। जो भयावह रूप आप लोग देख रहे हैं। देखिए, किस प्रकार हमारा लड़का तड़प रहा है जैसे कि पानी के बिना मछली तड़पती है। मैंने तुषार के कष्ट को कम करने के लिए उसे कोलकाता के इतने बड़े अस्पताल में भर्ती किया था। इससे अच्छा तो

हमारा पुरुलिया का अस्पताल ही है जहाँ सभी परिचित हैं तथा हमारी दुःख-तकलीफ हाथों में लेते हैं। चलिए, मुझे उसका देशीय इलाज करने दीजिए।"

प्रकाश ने तुरन्त ही तुषार को ऐसी अवस्था में दी जाने वाली कुछ शीशियाँ निकालीं जिनमें भाँति-भाँति की गोलियाँ थीं। सर्वप्रथम प्रकाश ने तुषार को अमृतधारा की कुछ बूँदें पानी के साथ दीं। इसके पश्चात् दस-दस मिनट में तीन तरह की गोलियाँ दीं। आध घण्टे में ही तुषार की हालत सुधर गयी तथा वह पिता की गोद में आराम से लेट गया और उसे नींद आ गयी। देशीय अनुभव और प्रेम के इस जादू को देखकर उपस्थित विशेषज्ञ डॉक्टर हतप्रभ रह गये। उपस्थित एक डॉक्टर ने कहा, "वास्तव में दवा से ऊपर कई चीजें हैं जिनमें रोगी तथा उसके रोग का निदान होता है। सबसे ऊपर ईश्वर है ही। आज हम ज्ञान-विज्ञान के अभूतपूर्व विस्फोट के परिदृश्य में हमारे स्वदेशी तथा स्थानीय ज्ञान की उपेक्षा कर रहे हैं जो कि हमारी परिस्थितियों में, हमारे शरीर तथा मानसिकता के लिए सटीक बैठता है। इस पश्चिमी औषध-ज्ञान के साथ-साथ हमें अपनी स्थानीय पीढ़ियों से चली आ रही स्वदेशी चिकित्सा पद्धति तथा नुस्खों का उपहास नहीं करना चाहिए। मैंने अनुभव किया है कि जब आधुनिक दवाइयाँ तथा चिकित्सा का असर नहीं होता है तब ये छोटे-छोटे नुस्खे तथा दवाइयाँ कभी-कभी प्रभावकारी सिद्ध होती हैं।"

तुषार के सो जाने के बाद प्रकाश और मानुष उसके कमरे से बाहर आ गये तथा बरामदे में खड़े होकर बातचीत करने लगे। वहाँ से गुजरने वाली परिचारिका ने उन्हें डाँटते हुए कहा, "आप लोग यहाँ खड़े होकर गपशप न करें। इससे हमारे काम में व्यवधान होता है तथा रोगी को भी परेशानी होती है।"

प्रकाश तथा मानुष ने उस परिचारिका को समझाने का अति प्रयत्न किया, पर वह अटल थी। अतः दोनों को अस्पताल के नीचे खुली हवा में स्थित अपने अड्डे पर आना पड़ा।

वे दोनों अस्पताल परिसर में ही एक वृक्ष के नीचे बैठकर पक्षियों का कलरव सुनने लगे। वृक्ष पर चिड़ियाँ चहचहा रही थीं। कई चिड़ियाँ अपने बच्चों के लिए खाना तथा घोंसला बनाने के लिए तिनके इकट्ठे करके ला रही थीं। इसी बीच दोनों ने एक अजीबोगरीब दृश्य देखा जब एक चिड़िया ने अपनी चोंच तथा पेट में भरकर लाये खाने को अपने बच्चों की चोंच में उड़ेल दिया। यह दृश्य देखकर वे इतने खुश हुए कि तुषार की बीमारी को कुछ क्षणों के लिए भूल गए। प्रकाश के मित्र मानुष ने कहा, "इसी प्रकार की घटना मैंने इन्दिरा गाँधी राष्ट्रीय उद्यान, सिवनी में देखी जहाँ नर पक्षी मादा पक्षी के गर्भाधान के पश्चात् दो-तीन महीने उसे सभी कुछ ला लाकर खिलाता था। उसका परिश्रम देखते ही बनता था। वह

अपने पेट में जब आवश्यकता से अधिक पानी भरकर लाता तो वह पानी घोंसले से नीचे टपक गया। यह दृश्य अति मनमोहक था। मैंने इतना सुन्दर दृश्य आज तक जीवन में नहीं देखा है।"

"मैंने भी एक बार सिरिस्का प्राणी उद्यान, अलवर में एक साथ सैकड़ों मोरों को नाचते हुए देखा, वह दृश्य मैं कभी नहीं भूल पाता हूँ। प्राणी उद्यान के जिस पथ पर भी जाओ, मोर आपका रास्ता रोकेंगे। मानव की हठधर्मिता के कारण वे हट जाते हैं क्योकि वे समझते हैं कि उन्हें ही समझौता करना पड़ेगा। मनुष्य तो अपनी शक्ति तथा सामर्थ्य के सामने अन्य किसी जीव-जन्तु को कुछ समझता नहीं है। मैंने देखा कि कान्हा राष्ट्रीय उद्यान में मनुष्य को देखकर ही काले हिरणों के झुण्ड के झुण्ड तुरन्त ही भाग जाते थे। बोलो, इन वन्य प्राणियों के हृदय में हमारे प्रति किस प्रकार का सम्मान है? मनुष्य ने विश्व में मानवता का नहीं अपितु अपने बल एवं बुद्धि के भय का साम्राज्य फैला रखा है। वही मनुष्य जब अपनी सन्तान को दुखी देखता है तो रो पड़ता है। जैसे उसकी सारी हिम्मत हवा में उड़ हो गई हो। तुम्हीं देखो, मैं तुषार की बीमारी समझते हुए भी उसका दुःख नहीं देख पाता हूँ। सोचता हूँ कि यदि वह हमारा और कुछ वर्षों तक साथ दे दे तो अच्छा होगा। यदि तुषार को कुछ हो गया तो उसकी माँ भावना का क्या होगा? इसकी कल्पना करते ही मेरा हृदय सिहर उठता है। वह दुःखद समाचार सुनकर टूट जाएगी तथा स्वर्ग सिधार जाएगी। माता-पिता का ज्येष्ठ पुत्र के प्रति एक विशेष प्रेम होता है। ज्येष्ठ पुत्र उनका मित्र तथा पथ-प्रदर्शक भी होता है क्योंकि वह उनके जीवन के संघर्ष में सहायक तथा भागीदार होता है। भावना किसी प्रकार से तुषार का गम सहन नहीं कर पाएगी। मेरे पारा सभी साधन होते हुए भी तुषार की छोटी सी इच्छा पूरी न कर सका। वह चाहता था कि एक बार फिर से वह कार चलायेगा, क्रिकेट खेलेगा, सीढ़ी चढ़ेगा तथा दौड़ेगा।"

"यह यथार्थ है कि जो दौड़ने तथा खेलने में समर्थ हैं अथवा बच्चा पैदा करने में समर्थ हैं उनके पास ठीक तरह से खाने के लिए साधन नहीं हैं। शायद ईश्वर सभी मनुष्यों में समानता रखता है। वह यदि किसी को धन, दौलत तथा ऐश्वर्य प्रदान करता है, तो परिवार की ओर से शान्ति प्रदान नहीं करता है। यदि सभी कुछ प्रदान भी कर दे, तो उसके मन में कुछ टीस छोड़ देता है, जो वह दूसरों के सामने भी प्रकट नहीं कर सकता है। अतः सुख-दुःख, यश-अपयश, हानि-लाभ तथा जय-पराजय ईश्वर को अर्पण कर देना चाहिए तथा उसकी सेना के एक सैनिक की भाँति अपने नियत कर्तव्य में संलग्न रहना चाहिए। उसका यह कर्म ही उसकी उपलब्धि है।" मानुष ने सलाह दी।

दोनों मित्रों ने अस्पताल की कैण्टीन में जाकर समोसा और पकौड़ी खायी तथा विशेष इलायची चाय का ऑर्डर दिया। अस्पताल के जलपानगृह में चाय भाप पर बनाई जाती है। इलायची तथा अदरक डालकर तथा उसे बार-बार फेंटकर इतनी अच्छी चाय बनती है कि लोग उसमें कॉफी के झागों तथा लस्सी की मिठास का आनन्द लेते हैं। दोनों मित्र भी कुछ क्षणों के लिए चाय के झागों के आनन्द सागर में खो गये।

इसी बीच उनकी शान्ति को भंग करती हुई प्रकाश के सचल फोन की घण्टी बजी। दूसरी ओर से प्रकाश की पत्नी भावना जोर-शोर से बोल रही थी कि शायद वे उससे तुषार की तबियत के विषय में कुछ छुपा रहे थे। उसने बताया कि उसे उन दिनों बड़े अशुभ स्वप्न आ रहे थे तथा प्रकाश तुषार को लेकर तुरन्त पुरुलिया वापस आ जाए। प्रकाश ने मानुष से सलाह ली, "भाई जी! आप ही सुझाव दें कि हम किस प्रकार तुषार को इस अवस्था में पुरुलिया वापस ले जा सकते हैं। प्रथम तो शारीरिक दृष्टि से वह ले जाने योग्य नहीं है। उसे निरन्तर ग्लूकोज चढ़ रहा है, नियमित डेरीफाइलेन की सुइयाँ लग रही हैं तथा विभिन्न जीवन-रक्षक औषधियाँ दी जा रही हैं। ये सभी सुविधाएँ पुरुलिया में तो हैं ही नहीं, शायद पास में झारखण्ड की नयी राजधानी राँची में भी ये सुविधाएँ उपलब्ध नहीं हैं। लोग क्या कहेंगे? सभी कहेंगे कि प्रकाश पैसा बचाने के लिए लड़के को मृत्युशय्या से उठा ले आया। अस्पताल में शायद उसकी जान बच जाती। इस अस्पताल के डॉक्टर कभी भी तुषार को ले जाने की अनुमति नहीं देंगे। वे हमसे लिखित ले लेंगे कि हम अपनी जिम्मेदारी तथा अपने खतरे पर तुषार को ले जा रहे हैं। कल तो मैं एक डॉक्टर के मुँह से यह सुनकर अवाक् रह गया– 'अभी तो इस रोगी दल की थैली में काफी पैसा है'।"

मानुष ने टिप्पणी की, "अभी तक तो मैं महानगरों की अट्टालिकाओं में रहने वालों की मानसिकता को ही 'सतही मानसिकता' मानता था पर मुझे आज यह नया अनुभव हुआ कि महानगरों की सरकारी संस्थाओं, गैर सरकारी संगठनों, कार्यालयों तथा तथाकथित सेवा करने वाले डॉक्टरों की मानसिकता में भी करुणा तथा सहृदयता का अभाव है। ये सभी इतना धन इकट्ठा करके क्या करेंगे?"

"मैं इनसे काफी कम धन इकट्ठा करके यह नहीं स्थिर कर पा रहा हूँ कि मैंने अन्ततः क्या प्राप्त किया? इनका भी क्या हश्र होगा?" प्रकाश ने कहा।

दोनों मित्र एक घण्टा व्यतीत करने के पश्चात् तुषार को देखने चले गये क्योंकि साक्षात्कार अथवा मुलाकात का समय हो गया था। इसी साक्षात्कार के समय लगता है कि अस्पताल केवल बीमारियों तथा बीमारों का घर ही नहीं है

अपितु यह मानवता का एक मन्दिर है।

मानुष ने प्रकाश से विदा ली तथा पुरुलिया के लिए प्रस्थान किया। अब प्रकाश का साथ देने के लिए उसकी कोलकाता स्थित बहिन थी। सभी ने यह तय कर रखा था कि वे प्रकाश को अकेला नहीं छोड़ेंगे ताकि निराशा तथा दुःख के काले बादल उसे न घेर लें। प्रकाश के निराश हो पड़ने का अर्थ था— सभी के धैर्य तथा साहस का बाँध टूट पड़ना। फिर प्रकाश के उपकारों से वे दबे हुए थे।

दूसरे दिन तुषार को फिर से श्वाँस का भयंकर दौरा पड़ा तथा डॉक्टरों ने तुषार को सघन सुरक्षा कक्ष (आईसीयू) में भर्ती कर दिया। प्रकाश ने डॉक्टरों के इस कदम का पुरजोर विरोध किया पर ड्यूटी पर तैनात डॉक्टरों ने उत्तर दिया, "हम डॉक्टर हैं। मरीज के लिए आकस्मिक परिस्थिति में क्या सर्वोत्तम है, इसका निर्णय लेने का हमारा अधिकार है। मरीज के इलाज के दौरान हम उसके अस्थायी अभिभावक हो जाते हैं। यदि हम अपना यह कर्त्तव्य न निभा सके तो मानव अधिकार आयोग हमारी खाट खड़ी कर देगा।"

प्रकाश मजबूर थे। इस परिस्थिति में वे तुषार को न तो दूसरे अस्पताल में और न ही पुरुलिया ले जा सकते थे। वह माथा पकड़कर बैठ गये। मानव-जीवन का इतिहास समझौतों का इतिहास है। हमें प्रत्येक पग-पग पर परिस्थिति से समझौता करना पड़ता है। संसार में चारों ओर खिलाड़ी खेल रहे हैं। उनका प्रभाव एक-दूसरे पर पड़ना अवश्यंभावी है। अतः अकेला मनुष्य बहुत कुछ नहीं कर सकता। उसे इस मानव जन्य घटनाओं के नद की धारा मोड़ने के लिए वर्षों परिश्रम, तपस्या तथा संघर्ष करना पड़ेगा।

प्रकाश इतने व्यवहार कुशल एवं परोपकारी थे कि उनके मित्र एवं शुभचिन्तक चारों ओर थे। इस झंझावात में जूझते समय उनके कोलकातावासी एक मित्र आ गये और दोनों उसी पेड़ के नीचे बैठकर सलाह मशविरा करने लगे। प्रकाश के मित्र ने कहा, "इस आईटीसीयू या आईसीयू से तो बहुत कम लोग सकुशल निकलकर बाहर आते हैं। मैंने अस्सी प्रतिशत लोगों को तो मृत निकलते देखा है। डॉक्टर कई दिनों तक यह कहकर चलाते रहते हैं कि मरीज कृत्रिम जीवन-आधार प्रणाली पर है। न तो मरीज बोल पाता है और न ही उसके घरवाले उससे बात कर पाते हैं। केवल मरीज और परिचारिकाओं के बीच अलिखित सम्वाद होता है। डॉक्टर लोग तो बैठे-बैठे पुस्तकें पढ़ते रहते हैं। यदि अधिक हुआ तो मरीज को सोने का इन्जेक्शन दे दिया जाता है ताकि वह शोर करके पास के मरीजों की शान्ति में विघ्न न डाले। मरीज के सारे शरीर में यन्त्रादि लगा दिये जाते हैं।

ऑक्सीजन तो चलती ही रहती है। सभी मरीज ऐसे लगते हैं जैसे कि वे स्पुतनिक दूसरे ग्रहों की उड़ान भरने के लिए तैयार यात्री हों। पर यह ही हमारा प्रारब्ध है। यह सोचकर हमें इस अवस्था को स्वीकार करना पड़ेगा। आजकल के युग में यह अपमान की बात है कि यदि किसी परिवार से कोई व्यक्ति आईटीसीयू या आईसीयू में भर्ती न हुआ हो। फिर आधुनिक शक्तिशाली तथा त्वरित औषधि विज्ञान के सामने हम तो बौने हैं। हम तो उस पर कुछ विचार ही व्यक्त करने योग्य नहीं हैं। अतः उत्तम यही है कि हम इस अवधि को इसे भाग्य का खेल समझकर हँसी-खुशी पार कर दें अन्यथा मरीज की चिकित्सा तथा सेवा-सुश्रूषा ठीक प्रकार से न हो सकेगी।"

"आप ठीक ही कहते हैं। वास्तव में ऐसे पाँच सितारा अस्पतालों में परिवार के सदस्यों को भर्ती करना एक सम्मान-सूचक हो गया है। आजकल भगवान की चर्चा तो बहुत दूर रह गयी है। पहले कपड़ों, साजो सामान तथा आभूषणों की चर्चा हुआ करती थी, विवाहों में सजावट, दावतों तथा सत्कार की चर्चाएँ होती थीं, पर आजकल तो रोगों तथा उनके उपचार की चर्चाओं ने सभी को पीछे धकेल दिया है। बेचारा मध्यम वर्ग अपने सम्पूर्ण जीवन में जो अर्जन करता है, वह इन अस्पतालों के देवों को भेंट चढ़ा जाता है। फिर घर पर जाकर वही असहायता, निर्धनता तथा अभाव। अपने एक मरीज के इलाज में सम्पूर्ण घर बीमार हो जाता है तथा बचे हुए सदस्यों को कुछ वर्ष ऋण तथा अभाव में गुजारने पड़ते हैं। मैं नहीं सोचता कि हम क्यों न प्रारम्भ से ही अपनी दिनचर्या ऐसी बनाएँ कि इस प्रकार के अस्पतालों के दरवाजे न खटखटाना पड़े। हमारी संस्कृति में जो जीवन शैली तथा दिनचर्या निर्धारित है, उस पर चलकर, मैं गारण्टी के साथ कह सकता हूँ, ऐसी परिस्थिति आ ही नहीं सकती। क्या करूँ? तुषार मेरी बात सुनता ही नहीं था। बड़े लड़कों को कैसे डाँटकर समझाया जाये?" प्रकाश ने दुःख में भी मुस्करा कर कहा।

अपने इस मित्र की सलाह पर प्रकाश ने शनैः-शनैः दुःखपूर्ण समाचार पुरुलिया भेजना शुरू किया क्योंकि अल्प विष खाते-खाते विष का भी अभ्यास हो जाता है। पर वह नहीं चाहता था कि पुरुलिया से लोग कोलकाता आ जाएँ क्योंकि कोलकाता में उनके रहने तथा खाने की व्यवस्था करना कठिन कार्य था। स्वयं प्रकाश का रहना अस्त-व्यस्त हो रहा था। वह प्रतिदिन अपना योग-प्राणायाम भी नहीं कर पा रहा था। पर प्रकाश ने पुरुलिया से तुषार की पत्नी राधा को बुला लिया क्योंकि इस गम्भीर अवस्था में वह तुषार के पूर्णतौर से अभिभावक की जिम्मेदारी निर्वाह करने में स्वयं को अक्षम अनुभव कर रहा था। उसका आत्मविश्वास

डगमगा रहा था।

दूसरे दिन प्रकाश राधा को लेकर तुषार से मिलने गये। तुषार दोनों को एक साथ देखकर टूट पड़ा, “पिताजी, मैं इस प्रकार जीना नहीं चाहता हूँ। अब मेरे शरीर में क्या बाकी रहा है? मैं आप लोगों को और क्यों कष्ट दूँ? इतनी दवाइयों तथा इलाज से कुछ लाभ तो दिख नहीं रहा है। व्यर्थ में ही हम पानी की भाँति पैसा बहाये जा रहे हैं। यह पैसा तो मेरे बाद मेरे बच्चों के काम आता।”

तुषार की यह बात सुनकर राधा के आँसू छलछला आये। प्रकाश ने तुरन्त ही उसे तुषार के कमरे से बाहर कर दिया। रोगी के पास निराश नहीं होना चाहिए। प्रकाश ने तुषार को ढाढस बँधाया, “बेटा, तुम्हें यदि एक प्रतिशत भी लाभ पहुँच रहा है तो मैं खुश हूँ। यह संसार आशा से ही अटका है। यदि पृथ्वी पर आशा न हो तो रक्त-संघर्ष हो जाए। तुम यहाँ से ठीक होकर निकल आओगे। तुम्हारा अर्जित किया हुआ पैसा ही हम खर्च कर रहे हैं। यह खर्च तुम्हारी कमाई के एक प्रतिशत से भी कम है। तुम चिन्ता न करो। तुमने इतना जोड़ कर रख दिया है कि तुम्हारे इलाज के बाद भी तुम्हारा पूरा परिवार जीवन भर खा सकेगा। किसी को कुछ करने की आवश्यकता नहीं होगी। फिर, मैं भी तो जीवित हूँ। किसी को कुछ भी कष्ट नहीं होने दूँगा। मैं तो तुम लोगों की प्रसन्नता तथा खुशहाली के लिए जी रहा हूँ।”

उस दिन प्रकाश के परिवार में जैसे अन्धकार छा गया। होटल लौटने के बाद राधा के आँसू ही बन्द नहीं हो रहे थे। उसे तुषार की ऐसी खराब अवस्था की कल्पना भी नहीं थी। प्रकाश राधा को हिम्मत देते रहे ताकि वह अगले दिन उत्साही चेहरे के साथ तुषार से मिल सके तथा उसका धैर्य बँधा सके।

दूसरे दिन राधा बड़ी तैयारी के साथ तुषार से मिलने गयी। राधा को देखकर तुषार की आँखों में आँसू आ गये। राधा के धैर्य का बाँध टूट गया और वह भी तुषार के साथ रो पड़ी। तुषार ने पत्नी राधा को सलाह दी, “तुम इसके लिए तैयार रहो कि कृष्ण की राधा की भाँति तुम्हें भी शेष जीवन मेरे बिना ही व्यतीत करना पड़ेगा। दोनों में तीव्र प्रेम होने बावजूद राधा ने कृष्ण के कर्त्तव्य निर्वाह में कोई व्यवधान उपस्थित नहीं किया। जब कृष्ण कर्मयोग में व्यस्त हो गए, समाज-कल्याण के यज्ञ में संलग्न हो गए तो राधा ने स्वयं को सँभाला। वह जैसे लक्ष्मण की पत्नी उर्मिला की भाँति कृष्ण के विरह में एक पैर पर खड़ी रही। उसने अपना प्रेम किसी से प्रकट नहीं किया ताकि कृष्ण का महान् कार्य करने में तनिक भी मन विचलित न हो। उसके प्रेम में अत्यन्त शक्ति थी। उसी शक्ति ने राधा को कृष्ण का विरह सहन करने में सहारा दिया। तुम्हें भी मेरे अधूरे काम को पूरा करना है। रवि को

बड़ा करना है। उसे हमारी कुर्सी पर बैठाना है ताकि वह मेरी भाँति कार्यालय का काम पूर्णतः सँभाल सके। पिताजी को जितना अधिक से अधिक हो सके, वह सहयोग दे। पिताजी मेरे लिए ईश्वर हैं। यही मेरी अन्तिम इच्छा है।"

राधा ने उत्तर दिया, "आप ऐसी बातें क्यों करते हो? आप ठीक हो जाओगे तथा हमारे साथ पुरुलिया जाकर ऑफिस का काम सँभालोगे। मैं आपको मृत्यु के मुख से वापस लाऊँगी जैसे कि सावित्री अपने पति सत्यवान को यमराज के हाथों से छीनकर लायी थी।"

तुषार ने झल्लाकर कहा, "अब भावनाओं के लिए समय नहीं है। जो मैं कहता हूँ, उसे ध्यान से सुनो। उस पर मनन करो तथा इस प्रतिकूल परिस्थिति में जो अच्छे से अच्छा हो सकता है, उसकी योजना बनाओ। अब मेरे इस शरीर में क्या बचा है? यदि मैं तुम्हारे साथ चला भी चलूँ, तो वहाँ माँ की भाँति बिस्तर पर पड़ा रहूँगा—तुम सब पर बोझा बनकर।"

तुषार को इस प्रकार मानसिक तथा शारीरिक रूप से अति व्याकुल तथा अस्थिर देखकर डॉक्टर ने एक सोने की सूई लगाई जिससे तुषार तुरन्त सो गया तथा राधा कुछ देर तुषार के पैर तथा शरीर सहलाने के बाद वापस होटल के कमरे में चली आई।

यह सभी के लिए जैसे कत्ल की रात हो। राधा तो रात्रि भर सो न सकी। वह रात्रि भर अपने इष्ट देव शंकर जी से तुषार के स्वस्थ होने के लिए विनती करती रही। जब उसे नींद का झोंका आया, उसे स्वप्न में अपशकुन दिखाई दिए। दूसरे दिन प्रातः काल चार बजे तुषार की मृत्यु की उद्घोषणा प्रसारित हुई। तुरन्त ही प्रकाश की बहिन का लड़का जो अस्पताल में था, सुनकर रो पड़ा तथा तुरन्त आईसीयू में दौड़कर गया। उसने देखा कि तुषार के शरीर से ऑक्सीजन, ग्लूकोस आदि देनेवाले उपकरण निकाल दिए गये थे और परिचारिकाएँ उसको आईसीयू कक्ष से निकालने के लिए मृतदेह वाहक ट्राली की प्रतीक्षा में थीं। उन्होंने सूचित किया, "तुषार का अन्त शान्तिपूर्ण ढंग से हुआ। वह सोते-सोते ही ऊपर चला गया। हम लोगों को भी उसने तनिक भी कष्ट नहीं दिया।"

विद्युत की भाँति यह समाचार चारों ओर प्रसारित हो गया। फोन की घंटियाँ बजने लगीं। तुरन्त ही प्रकाश तथा राधा अस्पताल पहुँच गए। प्रकाश ने क्रोध में डॉक्टरों से कहा, "आप लोगों को कम से कम मृत्यु के समय तो हमें सूचित करना चाहिए था ताकि हम लोग उसकी आखिरी इच्छा सुन लेते। आपने हमारे मरीज की कभी अच्छी हालत की सूचना तो दी ही नहीं। जिस दिन से मैं अस्पताल में आया हूँ, उसकी तबियत दिन प्रतिदिन और खराब होती गयी। कम से कम उसकी

खराब तबियत की सूचना तो दे देते ताकि उसकी बेचारी पत्नी तो उसकी मृत्यु के समय उसके पास होती। यह भारत में प्रत्येक पत्नी की आकांक्षा होती है। डॉक्टर साहब आपने मुझे कहीं का नहीं छोड़ा।"

डॉक्टरों तथा परिचारिकाओं ने अपनी मजबूरी का वर्णन करते हुए कहा, "हमारे हिसाब से तो सभी ठीक चल रहा था। तीन बजे अचानक हमने देखा कि तुषार की नाड़ी की रफ्तार तथा रक्तचाप यकायक कम हो रहा है तथा एकदम से नियन्त्रण के बाहर जा रहा है। हम सभी सँभालने में जुट गये। पर हम कुछ न कर सके। शायद यह मृत्यु ही थी जिस पर हम डॉक्टरों का कोई वश नहीं चलता। यदि कोई बीमारी का लक्षण होता, तो हम उसका उपचार करते। मृत्यु के लक्षण का हमारे पास कोई उपचार नहीं है। आप लोग हमें क्षमा करें।"

आनन-फानन में तुषार की मृतदेह अस्पताल के नीचे हिमघर में रख दी गयी। प्रकाश ने धैर्य से काम लिया। प्रथम राधा को सँभाला तथा पुरुलिया प्रस्थान के लिए गाड़ियों की व्यवस्था की।

2. सन्तुलन

तुषार का मृत शरीर पुरुलिया पहुँचते ही सम्पूर्ण गोयल परिवार में कोहराम मच गया। मांसपेशी विकृति की बीमारी से बुरी तरह पीड़ित तुषार की माँ तो बिस्तर पर ही बेहोश हो गई। एक डॉक्टर को उसकी देखभाल के लिए पहले से ही लगाया गया था ताकि घर में एक शव आते ही दो शव बाहर न निकलें। डॉक्टरों को भावना को सामान्य स्थिति में लाने के लिए कड़ी मेहनत करनी पड़ी। प्रकाश को अपनी पत्नी भावना के पास बैठना पड़ा। संयुक्त परिवार के अन्य सदस्यों ने राधा तथा उसके लड़के रवि को सँभाला। पड़ोसियों ने तुषार की अन्तिम यात्रा की तैयारी की। कुछ ही समय में प्रकाश के आवास 'तुषार कुटी' में सैकड़ों स्त्री-पुरुष एकत्रित हो गए। इकट्ठे होने वालों में तुषार के कई मित्रगण तथा शुभचिन्तक थे जिनकी तुषार ने विभिन्न प्रकार से सहायता की थी।

तुषार कुटी को इसके पूर्व कभी भी इतना अशान्त नहीं देखा गया था। पुरुलिया में अग्निकाण्ड हुआ, मुख्य बाजार में दिन दहाड़े डकैती पड़ी, पृथकतावादी संगठनों ने सशस्त्र महाजुलूस निकाला तथा साम्प्रादियक दंगे हुए, पर 'तुषार कुटी' में मोटे तौर पर स्तब्धता विराजमान रही। आज तो जैसे 'तुषार कुटी' के हृदय में आग जल रही थी। तुषार कुटी का निर्माता ही इतनी शीघ्र उससे विदाई ले रहा था!

पड़ोसियों ने तुषार की अन्तिम यात्रा की तैयारियाँ पूर्ण कीं। इस दुःखान्त संसार में पड़ोसी ही सान्त्वना देते हैं अन्यथा भारत में आत्महत्या करने वालों की संख्या पश्चिमी देशों की भाँति बढ़ जाए। पड़ोसी तथा सम्बन्धियों ने तुषार की अन्त्येष्टि में सम्मिलित होकर प्रकाश का दुःख बाँटा। पड़ोसियों के लिए तो यह आम बात थी तथा नगर में कुछ लोग तो सभी अन्तिम यात्राओं में सम्मिलित होने के लिए जाने जाते थे। उनके बिना नगर में कोई अन्त्येष्टि सम्पन्न ही नहीं होती थी। वे ऐसे दुःख के समय सान्त्वना देने में भी विशेषज्ञ थे तथा शोकाहत परिवार को सामान्य जीवन धारा में वापस लाने में वे कुशल थे। वे मृत्यु से सम्बन्धित भारतीय जीवन दर्शन की वर्तमान परिवेश में सुन्दर व्याख्या करते थे। पास में बैठे या खड़े व्यक्ति उनकी 'हाँ' में 'हाँ' ही मिलाते थे। मृत्यु से सम्बन्धित वेदों, उपनिषदों तथा गरुण-पुराण के अंश उन्हें याद थे। भगवद्‌गीता में उल्लिखित 'नश्वर आत्मा' से सम्बन्धित अनेक श्लोक तो उन्हें कण्ठस्थ थे तथा उनके उपस्थित रहते हुए पण्डित या पुरोहित की आवश्यकता ही नहीं होती थी।

निर्धारित समय पर तुषार की चिता को रवि ने मुखाग्नि दी। तुषार की चिता पर रखी चन्दन की लकड़ी के साथ उसका पार्थिव शरीर अल्प समय में पंचतत्व में विलीन हो गया। पास-पड़ोस के लोग आखिरी समय तक नहीं रुक सके तथा आखिरी तक रवि को ही रुककर क्रिया कर्म करना पड़ा। रवि के धैर्य तथा अन्तिम क्रिया-कर्म करने के ढंग को देखकर उपस्थित लोगों ने कहा, "रवि परिवार का दीपक है। तुषार का सक्षम उत्तराधिकारी है। वह निश्चय ही परिवार की बागडोर सफलतापूर्वक सँभाल लेगा।"

प्रकाश ने उपस्थित रिश्तेदारों तथा नगरवासियों के सामने अपना निश्चय प्रकट किया, "मैं तुषार को मरने नहीं दूँगा। आप तुषार को जिस प्रकार अभी जानते हैं, वैसे ही उससे मिलते रहेंगे, उसके नाम को आपको बार-बाार अपने मुँह पर लाना ही पड़ेगा।"

श्मशान घाट से लौटने पर प्रकाश तुषार के बाकी अन्त्येष्टि कर्म में लग गया। भारतीय शाखा प्रणाली में शवदाह के पश्चात् अन्त्येष्टि कार्य भी उतना ही विशद तथा सामूहिक होता है जितना जन्मोत्सव अथवा विवाहोत्सव। उसी में व्यस्त रहने से परिवार के लोगों का मन बँट जाता है। यदि यह क्रियाकर्म न किया जाए तो कहा जाता है कि मृतात्मा, भूत-प्रेत हो कर विचरती है। वह पृथ्वी पर ही कष्ट भोगती रहती है तथा परिवार के सदस्यों को निरन्तर कष्ट देती है। अतः तुषार की माँ से लेकर पत्नी तक इस विचार के पक्ष में थे कि तुषार का क्रियाकर्म शास्त्र विधि सम्मत ढंग से किया जाए। उसके लिए पुरोहित को बुलाया गया।

जहाँ एक ओर सान्त्वना देने वालों में पृथक-पृथक महिलाओं एवं पुरुषों का जमघट लगा रहता था, वहाँ दूसरी ओर यह क्रियाविधि भी चालू की गई। घर के सभी कपड़ों को धोबी को दिया गया। गंगाजल से घर को पवित्र किया गया। सभी स्थानों पर नये-नये सफेद कपड़े बिछाये गये। नाते-रिश्तेदारों ने बाहर से भोजन की व्यवस्था की क्योंकि 'उठावनी' तक घर में रसोई नहीं बनती है। यह काम अभागे तुषार के श्वसुर को ही करना पड़ा।

बाहर से पक्का खाना खाते-खाते लोगों की पाचन प्रणाली खराब हो रही थी। शास्त्र में सभी प्रकार का विधान है। उसे आवश्यकता के अनुकूल खोजना पड़ता है। तीसरे दिन उठावनी हुई जिसमें दो सौ लोग सम्मिलित हुए।

'उठावनी' के दिन गीता के श्लोकों का संगीतमय पाठ हुआ। मुख्य श्लोक का अर्थ था कि यह शरीर तो वस्त्र के समान है। जैसे मनुष्य पुराने तथा फटे वस्त्रों को त्यागकर नये वस्त्र ग्रहण करता है, वैसे ही आत्मा मृत्यु के समय दूसरे शरीर में प्रवेश करती है। आत्मा कभी मरती नहीं है। इस आत्मा को शस्त्र कभी काट नहीं सकते, आग जला नहीं सकती, जल गला नहीं सकता और न वायु कभी सुखा सकती है। वह नित्य नवीन परमात्मा का ही स्वरूप है।

उठावनी के पश्चात् तुषार के लड़के रवि सहित कुछ लोगों ने इलाहाबाद स्थित संगम में अस्थि विसर्जन करने के लिए प्रस्थान किया। घर से स्टेशन के रास्ते में सैकड़ों लोगों ने रवि तथा उसके साथियों को हार माला पहनाई तथा संगम तक जाने के लिए आनुष्ठानिक रूप से पैसे दिए। रवि के मुँडे हुए सिर तथा गिरे हुए चेहरे को देखकर तीर्थराज प्रयाग के पण्डों को यह पहचानने में क्षण भर भी नहीं लगा कि वह अपने स्वर्गीय पिता की अस्थियाँ विसर्जन हेतु इलाहाबाद आया था। कई पण्डों ने रवि को घेर लिया। रवि के द्वारा रवि के वंश के पण्डा का नाम बताने पर ही वे सभी ऐसे तितर-बितर हो गए जैसे बाघ की आवाज सुनकर हिरण भाग जाते हैं। एक पण्डा ने रवि को समझाया उनका पण्डा तो उन्हें संगम घाट पर बड़े हनुमान जी के मन्दिर के सामने मिलेगा। उन्होंने रिक्शा किया और वे अपने पण्डा के पास आ पहुँचे।

पण्डा ने बही निकालकर रवि को उसकी वंशावलि सुनाई जिससे वे आश्वस्त हो गए कि वे सही व्यक्ति के सामने खड़े थे। रवि को स्वयं अपने वंश के इतने पूर्वजों के नाम याद नहीं थे। रवि ने पण्डा जी से अनुरोध किया कि जाते समय उसे यह वंशावलि उतार कर दे दें ताकि वह विभिन्न पूजाओं तथा अन्य मांगलिक कार्यों में उनका स्मरण कर सके।

अब रवि द्वारा संगम के तट पर अस्थि विसर्जन की प्रक्रिया आरम्भ हुई।

पण्डा ने तुरन्त फिर से रवि का नये सिरे से मुण्डन करवाया। नाई को इक्यावन रुपया दिलवाया तथा पूजा सामग्री खरीदी। पण्डा सहित वे यमुना की ओर से नाव में बैठकर संगम की ओर चले। यमुना में विदेशों से आये हुए अतिथि पक्षीगण उड़ रहे थे। रंग-बिरंगे सुन्दर पक्षियों को दृष्टिगोचर कर ही जैसे रवि को अनुभव हुआ कि उसे भगवान के दर्शन हो गये हों तथा संगम का पुण्य प्राप्त हो गया हो। यमुना के स्थायी निवासी जलचर डॉलफिन जैसे छोटी-छोटी नावों की भाँति यमुना में तैर रही थीं तथा नाव में बैठे यात्रीगणों द्वारा खाना या दाना फेंकने पर उनकी ओर तैर कर आ जा रही थीं। यह अत्यन्त मनोहारी दृश्य था।

नीली श्यामली यमुना के बीच में से जाकर नाव गंगा की दूधिया धार से सट कर लग गयी। यह अद्भुत दृश्य था। कहीं-कहीं केवल यमुना के जल के टुकड़े तथा कहीं गंगा के जल के थप्पे। फिर चंचल बेगवती गंगा अपनी बड़ी बहिन शान्त एवं श्यामली यमुना से आतुर अवस्था में चिपट जाती है। मिलन में प्रथम अस्थिर अवस्था आती है। फिर दोनों एक साथ होकर आगे बढ़ती हैं। यमुना अपनी छोटी पर शक्तिशाली तथा जड़ीबूटी औषधियुक्त पतितपावनी बहिन गंगा से मिलकर अपने अस्तित्व को भूल जाती है तथा उसके बाद दोनों का नाम गंगा होने में ही प्रसन्नता अनुभव करती है।

रवि ने वस्तुतः गंगा में ही स्नान किया क्योंकि पास में यमुना काफी गहरी थी तथा दोनों के मिलन-स्थल पर भँवर हो जाने से कभी-कभी खतरा हो जाता था। पर पण्डा ने खतरा लेकर रवि तथा उनके जीजा का हाथ पकड़कर संगम में डुबकी भी लगवा दी। फिर सूर्य को तर्पण करवाया तथा अस्थियों की पूजा करने के पश्चात् उनका विसर्जन किया गया। अस्थियों के रूप में अपने पिता को आखिरी विदाई देते समय रवि की आँखें तथा गला भर आया। उसके बाद संगम के पण्डा ने उनसे त्रिवेणी की पूजा करवायी। अर्थात् गंगा, यमुना तथा अदृश्य सरस्वती का पूजन करवाया। फिर सभी घाट पर तर्पण का रस्म करने हेतु नाव में वापस बैठे। रवि ने कहा, "पण्डाजी, लोग त्रिवेणी में इतनी अधिक अस्थियाँ क्यों प्रवाहित करते हैं, इससे यहाँ का जल प्रदूषित होता है। मैं सोचता हूँ कि त्रिवेणी में दूध तथा अस्थियाँ प्रवाहित करना निषिद्ध होना चाहिए।"

"दूध से तो प्रदूषण होता है, ऐसी हमारी धारणा बन रही है। पर यह तो सदियों से चला आ रहा है। मेरा तो जब से जन्म हुआ है, मैं तो त्रिवेणी को सर्वदा स्वच्छ, धवल तथा निर्मल देखता आ रहा हूँ। महाकुम्भ के मुख्य स्नान के दिन अर्थात् मौनी अमावस्या के दिन इस पानी का विशेष रंग एवं चमक होती है। वह स्वर्णिम दृश्य आज भी मेरे मन मस्तिष्क में आ जाने पर मैं अपने अन्तर्मन में

पवित्रता अनुभूत करता हूँ। वर्षों बाद मैंने गंगा निर्मलीकरण योजना के कार्यान्वयन के फलस्वरूप त्रिवेणी के जल में अपूर्व निर्मलता का दर्शन किया। पर इस जल की अपनी अन्तर्निहित शक्ति है जिसके कारण यह जल वर्षों से करोड़ों लोगों के पापों का प्रक्षालन करता आ रहा है। उसकी महिमा के सामने हम नतमस्तक हैं। बोलो जय गंगे, जय त्रिवेणी।"

सभी 'जय गंगे-जय त्रिवेणी' का उद्घोष करते हुए संगम के किनारे आ गये। वहाँ पण्डा ने विभिन्न प्रकार से मृत तुषार के नाम की अन्तिम रस्म करवायी ताकि तुषार को स्वर्ग में शान्ति प्राप्त हो तथा उसके परिवार वालों को उसके प्रयाण के कारण कोई दुःख-तकलीफ तथा कष्ट न हो।

संगम में काले झण्डे वाले पण्डा जी को एक हजार एक रुपये की मोटी दक्षिणा देकर रवि एवं उसके जीजा पुरुलिया वापस लौट आए।

पुरुलिया में 'गरुड़-पुराण' का नियमित पाठ हो रहा था जिसे सुनने के लिए आसपास से पुरुषों से अधिक नारियाँ जुटती थीं। गरुड़-पुराण में जीवन तथा शरीर की सारहीनता को दर्शाया गया है। 'गरुड़-पुराण' का श्रवण करने के पश्चात् व्यक्ति मृत्यु-शोक से उबर जाता है तथा भूत-प्रेत उसके परिवार के पास नहीं फटकते हैं। प्रकाश के परिवार को गरुड़-पुराण के श्रवण से अपार शान्ति प्राप्त हुई तथा परिवार की एकरसता लौट आई।

तेरहवें दिन स्वर्गीय तुषार की त्रयोदशी का आयोजन हुआ। उसमें इक्कीस ब्राह्मणों को भोज पर आमन्त्रित किया गया तथा प्रकाश-परिवार के सम्बन्धियों तथा मित्रों को भी। ब्राह्मणों के पैरों का प्रकाश ने प्रक्षालन किया। सर्वप्रथम ब्राह्मणों का भोज प्रारम्भ हुआ। उन्हें प्रथम गंगाजल दिया गया, फिर मन्त्रोच्चार के बीच ब्राह्मणों ने आचमन करके भगवान के प्रसाद की खीर ग्रहण की। ब्राह्मणों के भोज के पश्चात् प्रत्येक ब्राह्मण को भगवद्गीता की एक प्रति, राम नामी वस्त्र, दुपट्टा, चटाई तथा इक्यावन रुपया प्रकाश ने चरणस्पर्श करके भेंट दिए।

इसके पश्चात् प्रायः दो सौ लोगों का भोज हुआ। भोज में बेसन तथा मगज के लड्डू के साथ मटर पनीर, बैंगन, आलू, कोफ्ते की सब्जियाँ और पूड़ी कचौड़ी आदि नमकीन थी, जो तुषार को खाने में पसन्द थीं। भोज में रस-मलाई की विशेष रूप से व्यवस्था थी क्योंकि वह तुषार को बहुत पसन्द थी। सभी ब्राह्मणों, अतिथियों तथा सम्बन्धियों ने तुषार के स्वभाव तथा कर अधिवक्ता के रूप में उसकी योग्यता की भूरि-भूरि प्रशंसा की। तुषार ने इतनी कम उम्र में ही लेखा, लेखा-परीक्षा तथा वकालत में महारथ हासिल कर ली थी। कर अधिकारी भी उसकी मेधा का लोहा मानते थे। सभी ने प्रकाश को सलाह दी, "आपको फिर से

कार्यालय को सँभालना होगा। आपको ही तुषार के परिवार की देखभाल करनी है तथा उन्हें पिता तथा दादा का प्रेम प्रदान करना है।"

"अवश्य ही मेरी स्वतन्त्रता में अब कमी हो जाएगी। पर मैं कार्यालय के साथ-साथ जन-सेवा के कार्यों में समान रूप से भाग लेता रहूँगा। तुषार की मृत्यु से तो यह सबक मिलता है कि यह सब धन सम्पत्ति, भवन आदि व्यर्थ हैं। इसलिए व्यक्ति को चाहिए कि अपने जीवन-काल में सामाजिक हित के कार्य करे ताकि उसका लौकिक जीवन तथा पारलौकिक जीवन दोनों सफल हो जायें।" — प्रकाश का उत्तर था।

यद्यपि उठावनी के बाद ही परिवार का सामान्य दैनन्दिन कार्य आरम्भ हो गया पर मानसिक रूप से सभी को प्रायः सामान्य होने में तेरह दिन लग गए। तुषार की माँ भावना तो अभी भी पुत्रशोक से न उबर सकी। जो लोग स्वयं शोक पीड़ित होते हैं, उन्हें शोक या कष्ट का आक्रमण तुरन्त हो जाता है क्योंकि निरन्तर कष्ट सहते-सहते उनकी सहन शक्ति कम हो जाती है। उनका जीवन से शनैः-शनैः विश्वास उठता जाता है। उन्हें चारों ओर दुःख ही दुःख का साम्राज्य दृष्टिगोचर होता है। सुखी तथा उल्लसित व्यक्ति तो सुख के कुछ क्षणों का स्मरण करके उनसे ऊर्जा ग्रहण करते हैं और आने वाले संकट का डटकर सामना करते हैं। भावना का कुछ ऐसा ही हाल हो गया था। जब वह घर में किसी को हँसते देखती तो कहती, "हमारे घर की हँसी पर कुछ लोगों की कुदृष्टि पड़ गई है। अतः जोर-जोर से न हँसो अन्यथा रोना पड़ेगा।" इसी प्रकार वह छोटे-छोटे बच्चों को खेलते तथा हँसते देखती तो तुरन्त नौकरों तथा बहू को टोकती, "देखो, बच्चे को देखना, वह कहीं गिर न पड़े, दीवाल से न टकराये। उसे तुरन्त खाना खिलाओ अन्यथा वह कुछ देर में ही भूख से रोने लगेगा।"

प्रकाश इस घटना के पश्चात् कुछ निर्विकार हो चले थे। परिवार को सामान्य बनाने में कम उम्र के सदस्यों का अधिक योगदान हो रहा था जो जीवन को उत्साह, उद्दीपन तथा उल्लास से जीना चाहते थे तथा सिद्ध करना चाहते थे कि यही जीवन का सही पक्ष है।

प्रकाश ने जीवन में हारना नहीं सीखा था। वह भली भाँति जानते थे कि यदि वह दीर्घसूत्रता में फँस गया तो उससे उबरना मुश्किल होगा। इससे उत्तम तो जीवन के कुएँ में कूदना अच्छा है ताकि तैरने का उपाय शीघ्रातिशीघ्र समझ में आ जाए। दीर्घसूत्रता से चिन्ता घर बना लेती है तथा उससे बाहर निकलना मुश्किल होता है। जीवन का नियन्त्रण तो उस सारथी के हाथ में होना चाहिए जो मनुष्य की इन्द्रियों के पाँच घोड़ों के रथ को विवेकपूर्वक चलाता है। यदि उसमें शिथिलता

आए तो सारथी को चाहिए कि वह रथ और तीव्रगति से चलाये ताकि चिन्ता हवा हो जाए। यदि असफलता भी आनी है तो वह भी शीघ्रता से आए ताकि उस पर सफलता का प्रासाद फिर से निर्मित किया जा सके। केवल निर्णयों को टालने से तो व्यक्ति सफलता या असफलता के दरवाजे पर पहुँचने के पूर्व ही हार जाता है।

प्रकाश ने अपनी पड़ी हुई जमीन पर तुषार नेचुरोपैथी केन्द्र बनाने का निर्णय किया ताकि उसको भी स्वदेशी चिकित्सा पद्धति का ज्ञान वर्द्धन हो तथा वह इसका समाज में प्रचार-प्रसार कर सके। जनता अंग्रेजी दवाइयों के आसमान छूते मूल्यों से परेशान थी। फिर प्रकाश ने अपनी आँखों के सामने अंग्रेजी औषधि विधि की विफलता देखी थी और वह भी एक पहाड़ रूपी खर्च के ढेर पर। इसलिए प्रकाश का भारतीय चिकित्सा पद्धति में विश्वास दृढ़ हुआ जो अभी तक उनकी बैठक तक सीमित था। उन्होंने निश्चित किया कि वह साथ-साथ होम्योपैथिक, आयुर्वेदिक से लेकर चुम्बक तथा एक्यूपंचर पद्धति तक का अध्ययन करेंगे तथा सूर्य की किरणों, जल, तुलसी से लेकर गेहूँ की जौ पर आधारित इलाज को समाज के सामने रखेंगे, जिसके सहारे हमारे ग्रामवासी बीमारियों से सफलता पूर्वक जूझते रहते हैं तथा कभी-कभी विजयी भी होते हैं।

प्रकाश ने तुषार प्राकृतिक चिकित्सा एवं योग संस्थान के नाम से एक न्यास (ट्रस्ट) की स्थापना की। इसे सर्वप्रथम सोसाइटी रजिस्ट्रीकरण अधिनियम 1860 के अन्तर्गत पंजीकृत कराने की रूपरेखा बनाई गई। इस संस्थान के अध्यक्ष स्वयं प्रकाश बने तथा परिवार के सभी लोगों को इसमें सदस्य बनाया गया। बाहर से रामनाथ बाउरी को इसका सचिव नियुक्त किया गया। रामनाथ यद्यपि पुरुलिया के परिचित चेहरे थे पर आर्थिक अभाव के थपेड़े खाकर वे भीतर से टूटने वाले थे। यद्यपि सामान्य जन उन्हें सामाजिक कार्यकर्त्ता ही समझते थे तथा उनकी पुरुलिया समाज में अच्छी-खासी पहचान थी पर आर्थिक संकट के कारण वे किसी भी क्षण सभी कुछ छोड़कर या तो पुरुलिया से पलायन करते अथवा परिवार सहित आत्महत्या कर डालते क्योंकि धनाभाव के कारण उनकी बड़ी लड़की का उपयुक्त इलाज न हो सका और एक माह पूर्व स्वर्ग सिधार चुकी थी। उसके एक मात्र शिशु के लालन-पोषण का भार भी उन पर आ गया था। उनकी यह राम कहानी प्रकाश के अतिरिक्त अन्य किसी को पता नहीं थी क्योंकि प्रकाश को ही वे पुरुलिया में अब ऐसा व्यक्ति मानते थे जो अपने सिद्धान्तों के पक्के थे तथा दूसरों की सहायता करने में निस्वार्थ भाव से आगे आते थे। प्रकाश समय-समय पर उनकी गुप्त रूप से आर्थिक सहायता करते थे। यही आर्थिक सहायता उनके जीवन-यापन का एकमात्र सम्बल थी।

एक एकड़ के क्षेत्र में तुषार प्राकृतिक चिकित्सा एवं योग संस्थान की स्थापना का कार्य तीव्र गति से प्रारम्भ हो गया। प्रारम्भ में दो बड़े-बड़े कमरों का निर्माण-कार्य आरम्भ हुआ तथा परिसर के चारों ओर चारदीवारी का निर्माण हुआ। प्रकाश ने इस पर प्रायः दस लाख का खर्च स्वयं वहन किया तथा नये न्यास के लिए पाँच लाख की प्रारम्भिक जमा धनराशि पृथक रूप से रखी। रामनाथ बाउरी इस कार्य में पूर्ण समर्पण भावना से संलग्न हो गया। वह अपने अभावों को भूल गया। उसे लगा कि उसके जीवन में एक नया सूर्योदय होने वाला है तथा उसकी समाज-सेवा जो अभी तक केवल लोगों के छोटे-मोटे कामों तक सीमित थी, अब वह ठोस धरातल पर स्थापित होने जा रही थी। साथ-साथ वह ठोस रूप से अपने परिवार के जीविकोपार्जन का प्रबन्ध भी करता रहेगा। इससे अच्छा रामनाथ के लिए क्या अवसर था? उसे अपनी इच्छानुसार कार्य मिला। प्रायः पचास प्रतिशत से कम व्यक्ति ही जीवन में अपनी आशा-आकांक्षा एवं प्रतिभा के अनुसार काम पाते हैं। बाकी जीवन की गाड़ी वे ऐसे ही ठेलते रहते हैं या समाज का रथ उन्हें ठेलता रहता है। प्रकाश खुश था कि वह अपना एवं अपने परिवार का दुःख रचनात्मक दिशा में मोड़ रहा था। तुषार का नाम आते ही लोगों के चेहरों पर दुःख के साथ एक चमक आ रही थी। फिलहाल यही प्रकाश का उद्देश्य था। एक कमरे में प्रकाश ने होम्योपैथिक धर्मार्थ चिकित्सालय की स्थापना की। उन्हें सस्ते में ही एक जनसेवा में समर्पित होम्योपैथिक डॉक्टर मिल गया तथा एक अधिकारी की पत्नी अपने समय का उपयोग करने हेतु इस होम्योपैथिक चिकित्सालय में अपराह्न में निःशुल्क सेवा देने के लिए सहमत हो गईं।

दूसरे कमरे में प्रकाश ने पेट और शरीर को ठीक रखने के लिए स्वयं 'आमलुकी' बनाना शुरू की। उन्होंने एक-दो प्रकार के चूर्ण भी तैयार किए तथा विभिन्न प्रकार के शर्बत तैयार करवाए जिन्हें सभी ऋतुओं में इस्तेमाल किया जा सकता था। प्रकाश ने फलों के रसों का संरक्षण करने की क्रियाविधियों का विस्तार में अध्ययन किया तथा उन्हें स्थानीय प्रचलित विधि के अनुसार और सरल किया। कई शर्बत तो इतने अच्छे तैयार हो गए कि वे बाजार में उपलब्ध कई प्रकार के पेय पदार्थों से उत्तम थे। इनमें आम से तैयार पेय इतना उत्तम बना कि वह किसी भी बहुद्देशीय कम्पनी के उत्पाद से बेहतर था। उसका रंग कच्चे आम की भाँति हल्का हरा था तथा वह बाजार में उपलब्ध शीतल पेयों की भाँति ही पतला था। उसमें निहित था प्रकाश का अनुसन्धान ज्ञान तथा श्रमिकों की लगन तथा परिश्रम। लोगों के सुझाव पर प्रकाश इन उत्पादों के सुन्दर बोतलों के कवर निर्माण में लग गए। यह विधि बहुत खर्चीली थी। अतः प्रकाश को फिलहाल उसको

स्थगित रखना पड़ा और उसने बोतलों को कोलकाता से थोक में खरीदने का निर्णय किया। तुषार नेचुरोपैथी एवं योग संस्थान के उत्पादों को लोकप्रिय बनाने के लिए प्रकाश ने उनका प्रथम निःशुल्क वितरण किया। जो भी प्राकृतिक चिकित्सा केन्द्र पर आता अथवा प्रकाश के कार्यालय में आता उसे संस्थान में तैयार नये-नये पेयपदार्थ तथा चूर्ण-चटनी पेश किये जाते। लोगों ने उसका हृदय से स्वागत किया क्योंकि पुरुलिया जैसे छोटे शहर में इस प्रकार के धर्मार्थ तथा सामाजिक कार्यकलाप कम ही थे। पूरा संसार एक ग्राम हो रहा था। भारत के शहरों तथा गाँवों-गाँवों में धर्मार्थ तथा दातव्य कार्यों का ढाँचा फैल रहा था। अब केवल मन्दिर अथवा गौशाला के लिए धन देना, अथवा कोई धर्मशाला या स्कूल का भवन-निर्माण सामाजिक कार्यों की सूची में पीछे छूट गये थे। जनता के दुःख दर्दों को तुरन्त दूर करना सूची में आगे आ गये थे। चिकित्सालयों का निर्माण इतना महत्वपूर्ण नहीं था जितना कि दातव्य चिकित्सालयों के माध्यम से कितने लोगों को सीधा लाभ पहुँच रहा था। कई अस्पताल प्रारम्भ में धर्मार्थ के लिए स्थापित हुए थे पर उनकी विशाल इमारतों के रख-रखाव तथा डाक्टरों एवं कर्मचारियों के वेतन पर इतना खर्च होने लगा कि इन अस्पतालों में कई निजी अस्पतालों की अपेक्षा मरीजों को अधिक पैसा देना पड़ता। ऐसा ही एक कोलकाता का पाँचसितारा अस्पताल था जिसमें तुषार की मृत्यु हुई थी। इसलिए प्रकाश ने अपने होम्योपैथिक अस्पताल के प्रचार-प्रसार के लिए पुरुलिया नगरपालिका, जिलाधीश कार्यालय, बस-स्टैण्ड आदि स्थानों पर दातव्य चिकित्सालय विज्ञापन लगवा दिए।

तुषार प्राकृतिक संस्थान के चालू होने से सम्पूर्ण परिवार में नये उत्साह एवं उद्दीपन का संचार हुआ। दुःख भूलकर घर में स्वदेशी चिकित्सा की चर्चा मुख्य हो गई। कौन महत्वपूर्ण रोगी आया था, किस प्रकार का रोगी आया था, कितने मरीज आये थे, किनते रोगी ठीक हो गये हैं, कितने दुआ-सलाम दे गये हैं और क्या-क्या दवाएँ लाना है, उत्तम गुणवत्ता की होम्योपैथिक औषधि सीधे जर्मनी से मँगाना है आदि-आदि। प्रकाश की पत्नी भावना के दुःख दर्द की आवाज हल्की पड़ गई। सभी धर्मार्थ के कार्यों की चर्चा करने लगे। शनै-शनै भावना का भी प्राकृतिक संस्थान की चर्चा में मन लगने लगा। घर के पण्डित जी ने कहा, "बहूजी। आप लोगों के पास तो बहुत धन-सम्पत्ति है। यह ईश्वर की कृपा से ही है। अब आप लोग जन-साधारण की सेवा करके उनका आशीर्वाद प्राप्त करें। हो सकता है कि लोगों के आशीर्वाद से ही आपकी बीमारी ठीक हो जाए। मेरी पूजा का तो आपकी बीमारी पर कोई विशेष असर नहीं हो रहा है।"

"मेरे बड़े लड़के की मृत्यु भी ईश्वर की कृपा से हुई है। आप लोग तो ऐसी ही

बातें करते रहते हैं"– माँ का कसक भरा उत्तर था।

"हानि-लाभ जीवन मरण यश-अपयश विधि-हाथ– इस पर तो किसी का जोर नहीं चलता है। यदि दुःख न आये, तो सुख का अनुभव ही नहीं होगा। यदि रात्रि न हो तो यह संसार सूर्योदय का स्वागत ही नहीं करेगा। फिर, यमराज का खाता बिल्कुल पक्का है। हम उस खाते में एक भी पंक्ति क्या, एक शब्द भी परिवर्तित नहीं कर सकते हैं। हम केवल जीवन के कुछ भाग को सफल या मधुमय बनाने तथा भावी जन्म के लिए पुण्य एकत्रित करने हेतु केवल मार्गदर्शन कर सकते हैं।" पण्डित जी का सपाट उत्तर था।

प्रकाश ने प्रथम बार उत्साह जोड़कर तथा समय निकालकर होम्योपैथिक तथा अन्य चिकित्सा पद्धतियों के विषय में ज्ञान संचय प्रारम्भ किया। अब प्रकाश के बिस्तर तथा कार्यालय की मेज पर विभिन्न चिकित्सा-पद्धतियों की पुस्तकें बिखरी रहतीं। करदाताओं को आश्चर्य था कि पुरुलिया के सर्वोत्तम कर सलाहकार को क्या हो गया था? वह अब पैसे की ओर न देखकर जनकल्याण की ओर देख रहा था। कई बेचैन थे क्योंकि बिक्री कर कार्यालय में रिश्वत बढ़ गई थी तथा कार्यालय के अधिकारी तथा बाबू उनसे व्यापार में लाभ से अधिक रिश्वत की माँग करने लगे थे। उनका कहना था कि आप चाहे पानी में दूध मिलायें, पर उन्हें अधिक रिश्वत दें। व्यपारी वर्ग ने अति अनुनय विनय की कि ऐसा करने पर उनका व्यापार चौपट हो जाएगा क्योंकि खरीददार अन्य स्थानों से माल खरीदने लगेंगे। आजकल दूसरी ओर पास के झारखण्ड में तो बिना कर अदायी करके ही व्यापार होता है। वे उनकी प्रतियोगिता में कैसे खड़े हो सकेंगे? आने-जाने तथा बात करने के इतने अच्छे तथा त्वरित साधन हो गए हैं कि खरीददार का शोषण करना टेढ़ी खीर है। पर कार्यालय ने ये सभी तर्क अनसुने कर दिए। तब प्रकाश के नेतृत्व में एक दल बिक्री कर कार्यालय के मुख्य बिक्री कर अधिकारी से मिला तथा उन्हें समझाया कि वे उनके हाड़-मांस से पैसा नहीं निकाल सकेंगे। इस करुणावस्था के कारण प्रकाश को अपने पेशे में फिर से सक्रिय होना पड़ा। कार्यालय में कुछ सहायकों, करणिकों, मुंशियों तथा कम्प्यूटर-चालकों से काम नहीं चलता है। प्रत्येक कार्यालय को एक योग्य तथा सक्षम नायक की आवश्यकता होती है। समयाभाव के कारण प्रकाश ने नेचुरोपैथी केन्द्र में एक आयुर्वेदिक डॉक्टर को नियुक्त कर दिया ताकि किसी भी हालत में नेचुरोपैथी संस्थान के सुचारु-संचालन में बाधा न पड़े।

भावना खुश थी क्योंकि अब उसका पति फिर उसी जगह आ गया जब वह इस घर में बहू बनकर आई थी। उसका पति रात दिन कानून की पुस्तकों में डूबा

रहता था तथा उसके घर में पैसे का अम्बार लग रहा था। विधि की भारी-भरकम पुस्तकें पढ़ना तथा उनके सूत्रों तथा प्रावधानों को अपने मुवक्किल की आवश्यकतानुसार प्रयोग करने की रणनीति बनाना प्रकाश का शौक था। यह कार्य प्रकाश को इतना ही आनन्दप्रिय था जैसे कि एक लेखक को अपने उपन्यास के किसी प्रसंग की सृष्टि करना, कवि को कविता लिखना, कथाकार द्वारा कहानी लिखना, खिलाड़ी को अपना खेल खेलना, घरेलू महिला द्वारा खाना पकाना या फिर कढ़ाई-सिलाई करना, मछुआरे द्वारा मछली पकड़ना, कृषक द्वारा अनाज निकालना, शिकारी को शिकार करना, बच्चों को झूला झूलना या खिसक पट्टी पर फिसलना, युवा हृदय को अपने प्रेमी या प्रेमिका से बात करना, वृद्ध व्यक्ति द्वारा प्रकृति के सौन्दर्य का निहारना तथा राजनीति में संलग्न व्यक्ति को शासन-सत्ता का उपभोग करना। पर प्रकाश का यह शौक उसका व्यवसाय भी था। दूसरे वकील मुवक्किल से पैसा ऐंठने के लिए रणनीति बनाते थे जबकि प्रकाश मुवक्किल की भलाई के लिए पढ़ते थे। फीस के रूप में धन तो उनके पास स्वतः आता था। उनके मुवक्किल उन्हें खुशी-खुशी मेहनताना देते थे। उन्हें याद नहीं कि कभी उन्हें अपने किसी मुवक्किल से अपने मुँह से पारिश्रमिक माँगना पड़ा हो। उनके मुवक्किल कार्यालय के बाबुओं से बात करके अपनी पुरानी दरों तथा प्रकाश की मेहनत के हिसाब से उनके कार्यालय में फीस जमा करवा देते थे। उनका फाइनल हिसाब-किताब वर्षों तक नहीं होता था तथा कई बार प्रकाश को इसकी भनक भी नहीं लगती थी। पर प्रकाश अधिक फीस तथा कम फीस देने वाले मुवक्किलों में विभेद नहीं करते थे। उनके लिए सभी मुवक्किल समान थे, क्योंकि छोटे मुवक्किल की छोटी समस्या उसके लिए तो बड़ी है। वे उन्हीं व्यापारियों का मुकदमा लेते थे जो ईमानदार, सभ्य तथा शालीन थे। वे करों की अधिक चोरी करने वालों के मामले लेकर अपने कार्यालय की ख्याति खराब नहीं करना चाहते थे। बिक्रीकर तथा आयकर विभाग के कर्मचारियों तथा अधिकारियों को भी प्रकाश पर भरोसा था कि वे उनके द्वारा ऐसा गलत काम नहीं करवायेंगे जिससे नौकरी पर आक्षेप आए।

प्रकाश पुरुलिया से स्थानान्तरित अधिकारियों का बड़ा ध्यान रखते थे तथा वे अधिकारी भी उनके निरन्तर सम्पर्क में रहते थे। प्रकाश के यहाँ कोई भी बड़ा उत्सव या विवाहायोजन हो, ज्ञात होता था कि वह बिक्रीकर एवं आयकर अधिकारियों का मिलन समारोह है। कुछ अधिकारियों तथा कर्मचारियों की तो प्रकाश पुरुलिया से जाने के बाद भी आर्थिक सहायता करते रहते थे। इस कारण वर्तमान अधिकारी भी उनका बड़ा सम्मान करते थे क्योंकि असुरक्षा की भावना से संक्रान्त अधिकारियों की यह सबसे बड़ी कमजोरी होती है कि उस स्थान से उनके जाने के बाद उनका

कौन व्यक्ति सम्मान करेगा। हो सकता है कि परोक्ष रूप से अपने चमचों, चाटुकारों, विदूषक तथा प्रशंसकों का सम्मान करें पर उनके हृदय के कोने में प्रकाश जैसे व्यक्तियों के लिए सर्वोपरि स्थान रहता है।

अपने हितैषियों, मित्रों तथा मिलने वालों की सलाह पर प्रकाश अपना कुछ समय पूजा-पाठ में देने लगे। प्रातः वे गायत्री पाठ करते। साँयकाल वे सन्ध्या मन्त्र करने तथा एक सौ आठ बार 'ओम नमः शिवाय' का जाप करते। पुस्तक के कीड़ा तो थे ही प्रकाश। उन्होंने अल्प समय में ही राम, हनुमान तथा श्रीकृष्ण के चरित्र पर कई पुस्तकें पढ़ डालीं। महाभारत तथा रामचरितमानस का भी अध्ययन किया तथा भगवद्गीता का कई बार पाठ किया। प्राकृतिक संस्थान में आये रोगियों की कारुणिक दशा तथा निर्धन अवस्था को देखकर वे द्रवित हो उठते थे तथा जीवन की सारहीनता की बातें करते। पर ईश्वर की विराट लीला के सामने वह नतमस्तक होकर मन ही मन सोचते– 'मैं कितना ही बड़ा हो जाऊँ, पर मैं पुरुषोत्तम राम के पैर से स्पर्श हुई धूलि को ही प्रणाम करने का अधिकारी हूँ। भगवान श्रीकृष्ण के अँगूठे को ही स्पर्श करके प्रणाम कर सकता हूँ जहाँ बेधिया ने बाण मारकर उनका अन्तकाल किया था, पर अपने गुरुवर हनुमान जी के पैरों पर गिरकर उनसे अपनी तथा अपने परिवार की शान्ति तथा समृद्धि की भीख माँग सकता हूँ। वे भी हमें कभी-कभी स्वर्ग का दर्शन करवाते हैं।' प्रकाश के शुभचिन्तक नहीं चाहते थे कि प्रकाश इतने शीघ्र सक्रिय जीवन से पलायन करें तथा वैराग्य ग्रहण करें क्योंकि समाज को प्रकाश जैसे कर्मवीर पुरुषों की सदैव आवश्यकता रहती है। वे भाँति-भाँति से प्रकाश को गीता के कर्मयोग का सार समझाते कि कर्मयोग के माध्यम से भी ईश्वर-प्राप्ति सम्भव है तथा वही सहज तथा शीघ्र पथ है। वे कहते– कुछ दिन पूर्व ही एक लड़के की बस से टकरा कर ठौर मृत्यु हो गई जो अपने विवाह का निमन्त्रण-पत्र अपनी बहिन के यहाँ देने जा रहा था।

एक माह पूर्व एक चपरासी का लड़का रेलगाड़ी के नीचे आकर कट गया जिसका विवाह मात्र दो माह पूर्व हुआ था। उसकी माँ तो समाचार सुनकर बेहोश हो गई तथा उसे एक निजी नर्सिंग होम में भर्ती करना पड़ा। इस समाचार से उसकी माँ की हालत इतनी नाजुक हुई कि वे लोग लड़के की मौत भूलकर उसको बचाने में लग गए।

तीन-चार माह पूर्व एक तीस वर्षीय युवक जो स्कूटर की पिछली सीट पर बैठकर राँची जा रहा था, दो ट्रकों के नीचे आ गया तथा उसकी मृत्यु हो गई। उसके ऊपर ही सम्पूर्ण परिवार निर्भर था। उसने संयुक्त परिवार का पूरा भार सफलतापूर्वक सँभाल लिया था तथा उसके तीन छोटे-छोटे बच्चे हैं। फिर उसके

अविवाहित छोटे भाई ने उसकी चिता पर सभी के समक्ष यह प्रतिज्ञा की कि वह अपनी नौकरी छोड़कर मृत भाई के परिवार की देखभाल करेगा। उसने अपनी भाभी से विवाह रचाया और आज वह परिवार फिर उसी स्थिति में लौट आया है।

कुछ दिन पूर्व ही खूनी मोड़ पर, जहाँ भूत-प्रेत रहते हैं, एक छः-सात लोगों का पूरा परिवार गाड़ी सहित पुलिया से टकराकर चालक सहित मर गया। उनके शवों को मारुति-वैन से निकालने में ही तीन-चार दिन लगे, फिर कहीं जाकर उनके सड़े-गले शवों को उनके परिजनों को सौंपा जा सका। वह एक धनी परिवार था तथा वे कार में ही सारे भारत की सैर पर निकले थे।

कुछ दिन पूर्व ही बारात लेकर जा रहा एक ट्रक कंसावती नदी के ऊपर पुल की रेलिंग को तोड़ता हुआ उफनती हुई नदी में जा गिरा। उस दिन इस सूखाग्रस्त क्षेत्र के लोगों ने जल के भयावह स्वरूप को देखा तथा देखा पुरुलिया जैसे सूखाग्रस्त क्षेत्र में रक्तिम नदी का उफान।

पर दूसरी ओर प्रकाश ने जीवन से जूझने के जीवन्त उदाहरण भी पढ़े। जब बड़े दिन के दूसरे दिन ही तीस मीटर ऊँची सुनामी लहरों की जल-दीवाल अन्दमान निकोबार द्वीप तथा तमिलनाडु के नागापट्नम् समुद्र तट पर एक सौ किलोमीटर वेग से टकरायी तो वह अपने साथ ताण्डव नृत्य करती हुई दस हजार पुरुष, स्त्रियों तथा बच्चों को साथ ले गई। बाद में उत्ताल लहरों ने उन्हें समुद्री किनारों पर ही वापस फेंक दिया तब जाकर मृतकों की संख्या की गणना हो सकी। एक स्त्री तो अपने लड़के को बचाने के लिए लड़की को समुद्र में डूबते हुए छोड़ आयी, तो दूसरी ओर परिवार के तीन-चार सदस्य एक पेड़ पर ही बिना कुछ खाये-पिये ही लटके रहे। एक छोटे दूर द्वीप पर पाँच सौ निवासियों में बचा केवल एक व्यक्ति। वह एक टीले पर इस आशा में बैठा रहा कि शायद कोई बचावकारी हेलिकोप्टर या राहत दल उसे उसके पास बचे एक मात्र सादा कपड़े के इशारे पर उसे जल मग्न क्षेत्र से बचा ले। एक पन्द्रह वर्षीय लड़का तो भय से दस दिन तक एक पेड़ की टहनी पर इस आशा-भरोसे से बैठा रहा कि शायद कोई उसे बचाने आये। बचावकारी दलों के द्वारा बचाते ही उन्हें तुरन्त अस्पतालों में भर्ती करवाना पड़ा जबकि अन्दमान की आदि जनजातियाँ उंगी, सेन्टीनल तथा जरवा सुरक्षित रहीं क्योंकि समुद्र के खौफनाक स्वरूप का उन्हें कुछ पूर्व ही आभास हो गया था और वे ऊँचे क्षेत्रों पर चले गये थे। उसी प्रकार जलचरों तथा समुद्र के किनारे स्थित पशु-पक्षियों तथा जानवरों को अपनी छठी इन्द्रिय से यह आभास हो गया कि ऐसा कहर आने वाला था। शायद शान्त समुद्र देवता अपने को प्रदूषित होता देख मावनजाति पर रोष प्रकट करने वाले थे। इस कारण आदिम जनजाति के सदस्यगण

अधिक संख्या में मारे नहीं गए। इन कहानियों को सुनकर प्रकाश का जीवन दर्शन दृढ़ हो गया। फलतः एक बार फिर से प्रकाश परिवार तथा समाज के पुनर्निमाण में जुट गए।

तुषार प्राकृतिक एवं योग संस्थान के संचालन के फलस्वरूप प्रकाश के परिवार का परिवेश बदल गया। परिवार के सदस्यगण अपने निहित स्वार्थ, धन-संचय तथा बीमारियों की बातें करने के स्थान पर सामाजिक हित की चर्चा करने लगे। जिससे जो हो सकता था, वह सदस्य नेचुरोपैथी केन्द्र के लिए उत्साह से काम कर रहा था। प्रकाश भी प्राकृतिक चिकित्सा केन्द्र की देखभाल करने के लिए प्रातः साढ़े पाँच बजे उठकर वहाँ जाते तथा प्रातःकाल भ्रमण के साथ वे वहाँ पर सभी आदेश लिखकर छोड़ आते। प्रकाश ने प्रातः भ्रमण जीवन में प्रथम बार प्रारम्भ किया था। इसी बीच यदि कुछ व्यक्ति योग या प्राणायाम सीखने चले आते तो प्रकाश उन्हें मनोयोग तथा प्राणायाम का अभ्यास करना सिखाते। संस्थान में 'योग प्रशिक्षण कमरा' पृथक था जिसमें विभिन्न कलैण्डरों द्वारा योगासनों की विभिन्न आकृतियों को दर्शाया गया था। स्वास्थ्य लाभ वर्णन रहता। तत्पश्चात् प्रकाश प्रत्येक योगासन को स्वयं करके सिखाते। इसके पश्चात् स्वच्छ तथा स्थिर आसन पर स्थित प्रत्येक प्रशिक्षणार्थी अथवा रोगग्रस्त व्यक्ति से धीरे-धीरे आसन करने को कहते तथा स्वयं उसके पास जाकर विधि तथा स्थिति को सुधारते। योगासन किसी भी दशा में हानिकारक नहीं है। यदि कोई आसन पूरा नहीं कर सकता, तो वह उसको अंश रूप में करे। प्रत्येक की मनःस्थिति को ईश्वर से जोड़ने का सहज साधन है। प्रकाश का संक्षिप्त वक्तव्य होता। स्वामी रामदेव के द्वारा राष्ट्रीय स्तर पर योगासन-प्राणायाम क्रान्ति के पश्चात् प्रकाश की योगासन तथा प्राणायाम की कक्षाएँ लोकप्रिय होने लगीं। प्राणायाम करने के पूर्व प्रकाश सलाह देते— "प्राणायाम व्यक्ति के श्वास तथा निःश्वास पर निर्भर है। व्यक्ति की श्वास तथा निःश्वास ही उसके पूरे तन, मन का परिष्कार करने में सक्षम है। इससे प्राणशक्ति बढ़ती है जिससे व्यक्ति के अन्दर आत्म-विश्वास तथा कार्यशक्ति का सृजन होता है। अन्ततोगत्वा, यह प्राणशक्ति ही व्यक्ति की आत्मा पर पड़ा मैला पर्दा हटाती है जिससे व्यक्ति की आत्मशक्ति सक्रिय होती है। तब वह भली भाँति नीर-क्षीर विवेक कर सकता है तथा आत्मा से परमात्मा तक पहुँच सकता है।"

प्राणायाम की प्रक्रियाएँ कठिन थीं। उन्हें सिखाने के लिए प्रकाश कभी-कभी गौशाला से एक साधुजी को बुला लेते थे जो कड़ी सर्दी में भी कपड़े उतार प्राणायाम विधियों का सटीक प्रदर्शन करते थे। उनका कहना था—मनुष्य यदि अपने शरीर का भली भाँति संचालन करे, तो उसे संसार के किसी भी आडम्बर की

आवश्यकता नहीं है, वह स्वयंभू हो सकता है।

साधुजी के प्रस्थान के पश्चात् योगासनों तथा प्राणायाम द्वारा रोगों के इलाज करने की विधि प्रकाश स्वयं समझाते थे। आठ बजने पर प्रकाश घर लौट आते थे क्योंकि दस बजे से उनके मुवक्किलों का आना शुरू हो जाता था तथा उन्हें अपने प्राकृतिक चिकित्सा केन्द्र के लिए धन की व्यवस्था भी तो करनी थी। बिना पैसे के इस संसार में गति लाना मुश्किल है।

रामनाथ बाउरी पर प्राकृतिक चिकित्सा केन्द्र का पूरा भार आ गया। रामनाथ बाउरी को केन्द्र के कर्मचारियों से काम लेने में मशक्कत करनी पड़ रही थी, कर्मचारियों को इससे कोई प्रयोजन नहीं था कि वे सामाजिक हित के कार्य में संलग्न थे। दस घण्टा काम का वेतन लेने के स्थान पर वे मुश्किल से पाँच घण्टा काम करते थे। रामनाथ बाउरी काफी असन्तुष्ट थे तथा कहते थे कि इसी कारण पश्चित बंगाल देश के अन्य भागों से पिछड़ता जा रहा था। क्या किसी प्रदेश का मुख्यमन्त्री करोड़ों लोगों के स्थान पर परिश्रम करके उस प्रदेश का उत्पादन बढ़ा सकता है? क्या कोई मुख्यमन्त्री या प्रधानमन्त्री करोड़ों लोगों को बैठे-बैठे खिला सकता है? रामनाथ बाउरी के काम करने की सलाह पर श्रमिक तथा कर्मचारी उनसे कहते—"आपने तो अभी तक केवल घूम-घूम कर बड़े-बड़े भाषण दिए हैं। वास्तव में समाज सेवा कठिन है। वह भी एक कारखाने की भाँति है जिसके हम श्रमिक हैं। अतः आपको हमें पूरा वेतन तथा हमारे पूरे अधिकारों का सम्मान करना चाहिए। जो समाजसेवा संस्थान अपने श्रमिकों या कर्मचारियों के हित को नहीं देख सकता, वह समाज की सेवा क्या करेगा? आप हमें बड़े-बड़े प्रवचन न दें। हमने भाषण बहुत सुने हैं। हमारे श्रमिक नेता प्रतिदिन ही सलाह देते रहते हैं। पुरुलिया में एक भी दिन ऐसा नहीं होता जब किसी राजनीतिक नेता का भाषण न हो। हम सभी वहाँ जाकर उनका भाषण सुनते हैं। आप भी चलिए। तब आपकी आँखें खुल जायेंगी।" रामनाथ बाउरी कर्मचारियों के इस व्यवहार से इतने दुखी हुए कि वे प्रकाश के पाए गए। प्रकाश ने उन्हें समझाया, "आप श्रमिकों तथा कर्मचारियों से प्रेमपूर्वक काम कराएँ। हम तो प्रेम बाँटने चले हैं, अतः हम अपने संस्थान में उन्हें अप्रसन्न करके आगे नहीं बढ़ना चाहते हैं। हम उन्हें बर्खास्त नहीं करना चाहते हैं। जो एक-दो लोग सुधर ही नहीं सकते, उनके विषय में हम सोचेंगे। आप उनके साथ बैठें, सभा करें, उन्हें समझायें, उनके काम में हाथ बँटायें ताकि उन्हें यह प्रतीत हो कि आप भी उनमें से एक हैं, उनके ही वर्ग के हैं। दूसरों को काम की प्रेरणा देने के पूर्व स्वयं प्रेरित होना अनिवार्य है अन्यथा दूसरा व्यक्ति आपकी बात नहीं सुनेगा।"

प्रकाश से यह मूलमन्त्र लेकर रामनाथ ने निश्चय किया कि वह अवसर मिलने पर कर्मचारियों से यह कहेगा, हमारे संस्थान का उद्देश्य सेवा मूलक है। आज लोग अंग्रेजी दवाओं के पीछे बर्बाद हो रहे हैं। आर्थिक रूप से तो वे तंग होते ही हैं, इलाज के पश्चात् भी बीमारी की खुमारी उनका पीछा नहीं छोड़ती। एक बीमारी ठीक हुई कि दूसरी नई बीमारियाँ या परेशानियाँ उत्पन्न हो जाती हैं। स्वदेशी पद्धति में बीमारी तो ठीक होती ही है, स्वास्थ्य भी ठीक हो जाता है। व्यक्ति अपनी यथावत् शारीरिक स्थिति में पहुँच जाता है जो उसका प्रकृति-प्रदत्त शारीरिक स्वरूप है। अंग्रेजी चिकित्सा पद्धति तो देश के गरीबों की पहुँच से बाहर हो गई। यदि हम गरीबों की मन से सेवा करेंगे तो ईश्वर हमें मेवा देगा। गरीब व्यक्ति ईश्वर की प्रिय सन्तान है जैसे कि माँ का विशेष स्नेह अपनी उस सन्तान पर होता है जो अपेक्षाकृत कमजोर होती है। हमारे परिवारों का वातावरण ठीक होगा। समाज का परिवेश अच्छा होगा। हमें समाज में सम्मान मिलेगा। हम यहाँ ठीक तरह से काम करेंगे, तो जब हम समाज में अन्य व्यक्ति के पास जायेंगे, तो वह भी हमारे साथ अच्छा व्यवहार करेगा। समाज में खराब व्यवहार बीमार समाज का सूचक है। यदि हम समाज में कुछ भी अच्छा करें, उसका प्रत्यक्ष या अप्रत्यक्ष रूप से हमें अवश्य ही लाभ मिलेगा। फिर किसी को तो समाज में शुभ की शुरुआत करनी ही पड़ेगी। क्यों न हम इसका श्रेय लें? दूसरों को कोसने से कब तक गाड़ी चलेगी? वह जब भी कर्मचारियों या श्रमिकों से मिलता, कुछ न कुछ प्रेरणादायक मित्रवत विचार उनके सामने रखता। बाउरी ने अपने व्यवहार में भी परिवर्तन किया। वह अब लाठी-डण्डा लेकर नहीं अपितु प्रेम के माध्यम से प्रबन्धन पद्धति अपनाने लगा। पर वह मन ही मन सोचता, मैं यहाँ कहाँ फँस गया हूँ। मैं तो बाहर ही अच्छा था। यहाँ-वहाँ घूमा, चाय पी, गपशप की, शासन को दो चार गाली दीं तथा वाहवाही लूटकर घर पर सो गया। यह मेरी दिनचर्या थी। वास्तव में मैं नगण्य ही समाजमूलक कार्य करता था। समाजमूलक कार्य तो एक कारखाना, उद्योग अथवा व्यापार चलाने की भाँति है। इसमें अस्सी प्रतिशत अंश है– परिश्रम, खर्च का हिसाब-किताब, बिक्री तथा कर्मचारियों की देख-भाल। इस अस्सी प्रतिशत कार्य से बीस प्रतिशत सामाजिक कार्य निकलता है। जीवन की वास्तविकता यही है। पहले मैं स्वप्निल संसार में जीता था। यदि मैं संस्थान का प्रबन्धन भलीभाँति करूँगा, तभी खर्चे का अस्सी प्रतिशत सामाजिक या धर्मार्थ के कामों में लगेगा अन्यथा अस्सी प्रतिशत खर्चा कुप्रबन्धन के कारण आलसी, अकुशल तथा अनिच्छुक श्रमिकों तथा कर्मचारियों पर करना पड़ेगा। मेरे पास सुविधा है कि मैं सामाजिक कल्याण की दुहाई देकर उन्हें अभिप्रेरित करूँ। कैसे ये

व्यापारी या उद्योगपति अपने श्रमिकों या कर्मचारियों से काम लेते होंगे जबकि उनका उद्‌देश्य तो अधिक से अधिक लाभार्जन करना होता है।

रामनाथ के नये प्रयासों से संस्थान का काम फिर से पटरी पर आ गया। संस्थान में कर्मसंस्कृति का वातावरण उत्पन्न हो गया। दवाओं, रसों, अचार आदि के उत्पादन से लेकर मरीजों की आवभगत में नयी संजीवनी आ गयी। आनेवाले रोगी आश्चर्यचकित थे कि क्या वे पश्चिम बंगाल प्रदेश के ही एक अस्पताल में खड़े हैं। सभी अनुभव कर रहे थे कि सरकारी अस्पताल तथा गैर सरकारी संस्थान में क्या अन्तर होता है। एक बेजान होता है तो दूसरा भावनाओं तथा आत्मीयतायुक्त। सरकारी संस्थान में लापरवाही, अशान्ति तथा चिड़चिड़ाहट बिखरी होती है जबकि गैर सरकारी स्वयंसेवी संस्थान में शान्ति तथा तत्परता का साम्राज्य विराजमान रहता है।

तुषार प्राकृतिक चिकित्सा एवं योग संस्थान एक शोध संस्थान हो गया जिसमें नई-नई स्थानीय जड़ी-बूटियों का प्रयोग होने लगा जो कि पुरुलिया के कुछ विशेष आदिवासी क्षेत्रों तक केन्द्रित थीं। इस कारण तुषार संस्थान की ख्याति सम्पूर्ण जिले में फैल गई और वह सम्पूर्ण जिले का केन्द्र हो गया। शनैः शनैः प्रकाश ने चुम्बकीय चिकित्सा द्वारा एक्यूपंचर चिकित्सा विधि का अध्ययन किया। सौभाग्य से उन्हें एक ऐसा डॉक्टर उपलब्ध हो गया जो दोनों चिकित्सा पद्धतियों में पारंगत था। प्रकाश ने उसे तीन हजार रुपया मासिक वेतन पर रख लिया। उसकी संस्थान में नियुक्ति होने के पश्चात् संस्थान में आने वाले रोगियों की संख्या दुगुनी हो गई क्योंकि अंग्रेजी, आयुर्वेदिक या होम्योपैथिक चिकित्सा से ठीक न होने वाले असाध्य रोगियों के लिए यही दो पथ बाकी थे।

प्रकाश ने पाया कि स्वदेशी चुम्बकीय तथा एक्यूपंचर चिकित्सा विधि इतनी सहज तथा सस्ती हैं कि ये साधारण व्यक्ति के लिए भी अत्यन्त उपयोगी हैं। पर आधुनिक युग तो प्रचार तथा विज्ञापन का युग है। अतः अंग्रेजी चिकित्सा पद्धति ही समाज के मन-मस्तिष्क पर छायी हुई थी। ज्ञात हो रहा था कि अंग्रेजों के भारत छोड़ देने के प्रायः साठ वर्ष बाद भी मैकाले का भूत समय-समय पर प्रकट होकर भारतीयों को परेशान करता है। ज्ञात होता है कि इससे तो तभी पीछा छूटेगा जब पश्चिम हमारी स्वदेशी पद्धति को ग्रहण करेगा। पश्चिम की मान्यता के हम पिछलग्गू हैं। यदि इंग्लैण्ड तथा अमेरिका में कोई आवाज उठती है तो हम भी उसके समर्थन में बोलने लगते हैं। जिस समय भारत के अमेरिका तथा इंग्लैण्ड से कूटनीतिक सम्बन्ध अच्छे नहीं थे, उस समय भी भारतीयों को अंग्रेजों की जीवन-पद्धति से लगाव था। वे दिन भी दूर नहीं हैं जब भारतीय जीवन शैली को अमेरिका तथा

इंग्लैण्डवासी अपनायेंगे। हमारे युवा सॉफ्टवेयर इंजीनियरों ने देश का झण्डा इन देशों में गाड़ दिया है तथा इन देशों में भारतीयों की जीवन पद्धति का लोग लोहा मान रहे हैं। बहुत सी विदेशी बालायें भारतीय लड़कों से विवाह रचा कर भारत आ रही हैं। विदेशों में तुलसी आदि के गुणों के विषय में जिज्ञासा है। पर हमारे देश में आज भी अपनी स्वदेशी इलाज पद्धतियों तथा जीवन शैली को हेय दृष्टि से देखा जाता है। हम अपने देश में ही विदेशी हैं।

जो भी प्रकाश से मिलता, अपनी बीमारी के विषय में दो-चार बातें जरूर कर लेता। प्रकाश सलाह देते कि 'हर्र, बहेड़ा, आँवला' सभी बीमारियों की रामबाण औषधि है। बीमारी के समय इस त्रिफला का सेवन अवश्य करना चाहिए। सामान्य समय में भी जब भी अवसर मिले, इन अमृतरूपी द्रव्यों का सेवन कर लेना चाहिए। जिन लोगों को जुकाम रहता है उनके लिए वे सलाह देते हैं 6 से 11 ताजा तुलसी की पत्तियाँ, ताजा अदरक दो ग्राम, काली मिर्च सात नग लेकर दो सौ ग्राम पानी में उबालें। तत्पश्चात् नीचे उतारकर दो मिनट ढककर रख दें। उसमें उबला हुआ दूध 100 ग्राम और चीनी डालकर गरम पी लें और कपड़ा ओढ़कर पाँच-दस मिनट सो जाएँ। इससे जुकाम के साथ-साथ हल्का ज्वर भी हवा हो जाता है। दस ग्राम अजवायन को एक साफ कपड़े की पोटली में बाँधकर तवे पर गर्म करने के बाद बार-बार सूँघने पर बन्द नाक खुल जाती है तथा सिर का भारीपन मिट जाता है। यदि इससे ज्वर न जाए, तो सात तुलसी की पत्तियाँ, चार काली मिर्च, एक पीपल लेकर 60 ग्राम पानी के साथ बारीक पीसकर दस ग्राम मिश्री मिलाकर नित्य प्रातः खाली पेट पियें तो लम्बा ज्वर ठीक हो जाता है। ज्वर के प्रारम्भ में रोगी को अन्न न देकर केवल तरल पदार्थ या फल देना उचित रहता है जैसे दूध, चाय (यथासम्भव तुलसी चाय), बिना बर्फ मिलाये मौसमी का रस, नारियल का पानी, नीबू-पानी, चीकू, पपीता आदि। मैदे की बनी वस्तुएँ जैसे बिस्कुट, डबल रोटी आदि ज्वर के समय देना ठीक नहीं है। इनकी जगह मूँग की दाल का पानी, साबूदाने की खीर दे सकते हैं। धीरे-धीरे तरल के स्थान पर ठोस आहर जैसे एक आध पतला फुलका, तोरई, टिण्डा, परवल, बथुआ, मेथी, बड़ियों की सब्जी, टमाटर, प्याज का सलाद दे सकते हैं। बुखार में पोदीना तथा मुनक्का भी लाभदायक है तथा खाने के पूर्व छिले अदरक की कतरन लाभदायक होती है।

इस प्रकार प्रकाश के नुस्खे सारे पुरुलिया शहर में फैल गये तथा अधिकांश घरों में तुषार प्राकृतिक चिकित्सा केन्द्र की एक-न-एक एक शीशी पहुँच गयी। प्रकाश के लिए यह प्रारम्भिक सफलता सन्तोषप्रद तथा सुखदायिनी थी।

3. आस्था

प्रकाश ने स्वयं को वकालत पेशे तथा समाज सेवा में इतना व्यस्त कर लिया कि वह तुषार की मृत्यु का शोक भूल गये। अपनी व्यस्तता में उन्हें एक क्षण भी नहीं मिलता जब वे तुषार की मृत्यु एवं भावना की तबियत के विषय में सोच सकें। वाह रे व्यस्त जीवन? इससे भी अच्छा कोई जीवन है? वे शीघ्र ही अपने कार्यालय में बैठना चाहते थे ताकि वह फाइलों में खो सकें। फाइलों में एक बार खो जाने के बाद उन्हें मस्तिष्क में दो बातें ही आती थीं कि किस प्रकार अपने मुवक्किल को बचाया जाए तथा विधि की कौन-कौन नई परिभाषाएँ ईजाद की जाएँ ताकि व्यापारियों को कर-कार्यालय के अधिकारियों तथा बाबुओं के शोषण से बचाया जा सके। उनकी सुनिश्चित धारणा थी, कि यदि कर-निर्धारक को जितनी कम वैवेकिक क्षमता रहेगी, उतने ही वे कम स्वेच्छाचारी तथा कम भ्रष्ट होंगे। हमारे देश में कानून सभी को पहले से पता होना चाहिए जो कि कानून का मूलभूत सिद्धान्त है। विधि के अनुसार देश के निवासी स्वयं कर भुगतान करें तथा इस प्रकार कर-तन्त्र स्व-संचालित हो। यदि कोई करों की चोरी करता हुआ पकड़ा गया, उसे कड़े से कड़ा दण्ड मिले ताकि समाज में अन्य कोई करों की चोरी करने का साहस न करे। करों की आय से ही राज्य का शासन चलता है। समाज में कानून-व्यवस्था का शासन सुनिश्चित लागू करने के लिए सरकारी खर्चा आवश्यक है जो करों की आमदनी से होता है। करों के द्वारा समाज में दक्षता भी स्थापित होती है क्योंकि धनाढ्य तथा अधिक आमदनी करने वाले व्यक्तियों पर अधिक कर लगाया जाता है तथा निर्धन करों की सीमा से बाहर रहते हैं। इसके विपरीत करों से प्राप्त आमदनी को शासन तन्त्र द्वारा निर्धनों के कल्याण हेतु खर्च किया जाता है। इसके लिए शासन-तन्त्र को और अधिक जवाबदेह होना चाहिए क्योंकि वह जो धनराशि खर्च करता है, वस्तुतः वह किसी न किसी के पसीने की कमाई है। अतः जहाँ करों के चोरों, कालेबाजारियों या सटोरियों के लिए शासन के कड़े दण्ड की व्यवस्था है, वहीं उस धनराशि को खर्च करने वालों के ऊपर भी शासन तथा जनता को कड़ी लगाम कसना चाहिए ताकि ऐसा न हो कि जनता तक पूरी धनराशि न पहुँचे। करों से प्राप्त धनराशि केवल शासन तन्त्र के रख-रखाव के लिए नहीं है बल्कि इस धनराशि का सदुपयोग कानून-व्यवस्था को सुदृढ़ बनाने तथा निर्धनों के कल्याण के लिए होना चाहिए।

अपनी इस अवधारणा को प्रकाश ने कोलकाता के हिन्दी दैनिक 'जनसत्ता' में पत्र के रूप में प्रकाशनार्थ भेजा। यह पत्र 'जनसत्ता' में मुख्य रूप में प्रकाशित

हुआ जिससे कर-तन्त्र तथा शासनतन्त्र में खलबली मच गयी। आयकर आयुक्त, कोलकाता ने पुरुलिया के स्थानीय आयकर अधिकारी को यह निर्देश दिया कि वे इस वकील पर नियन्त्रण करें। यह सुनकर प्रकाश ने निश्चय किया कि वह शासन के मामलों में हस्तक्षेप नहीं करेगा और एक योगी की भाँति उससे जो हो सकेगा, करता रहेगा। अपने पथ पर अकेला बढ़ता रहेगा अन्यथा समाज के ये शक्तिशाली मगरमच्छ उसे स्थापित होने के पूर्व ही निगल जायेंगे और उसके भविष्य का कार्यक्रम निरस्त हो जाएगा। प्रकाश के लिए यह एक मानसिक सदमा था। प्रकाश ने अपने परिवार को सुव्यवस्थित करने की ओर ध्यान केन्द्रित किया। पत्नी भावना के शरीर में दिन-प्रतिदिन दौर्बल्य बढ़ता जा रहा था और वे घर में ही भली-भाँति चल-फिर नहीं पाती थीं। दूसरी ओर राधा भी अपने लड़के को नियन्त्रित करने में स्वयं को अक्षम अनुभव कर रही थी। जो स्वयं अन्दर से कमजोर हो, वह बाहर कैसे किसी को नियन्त्रित कर सकता है? घर में पैसे की कमी नहीं थी, अतः प्रकाश के दोनों लड़के पवन और सुरेश भी बाहर अधिक घूमते-फिरते थे तथा उल्टा-सीधा खाते थे। प्रकाश ने दोनों को समझाया, "हमें अपना भूतकाल कभी नहीं भूलना चाहिए। हम क्या थे और क्या हो गये? आज हमारे पास पैसा आ गया है क्योंकि सरस्वती तथा लक्ष्मी दोनों की हमारे ऊपर कृपा हो गयी है। एक दिन था जब मैं और तुम्हारी माँ एक-एक पैसे के लिए तरसते थे तथा पहले प्रतिमास परिवार का बजट तैयार करते थे तथा उसी प्रकार खर्च करते थे। हम यदि उसी प्रकार चलेंगे तो, भविष्य में तुम्हें कुछ भी नहीं करना पड़ेगा, तुम केवल अपनी जमा पूँजी के ब्याज से अपना गृह खर्च चला लोगे। यदि तुमने अनाप-शनाप खर्च किया, तो पूँजी से खर्च होगा, जो हमारे परिवार के सिद्धान्त के प्रतिकूल है। हमारे दादा-परदादाओं ने यही सिखाया है कि ब्याज पर मौज-मस्ती करो पर पूँजी को मत खाओ। मुझे सबसे बड़ी चिन्ता यह है कि तुम जो बाहर खाते हो, वह शुद्ध नहीं होता। दुकानों तथा ठेलों पर पानी कभी भी छना हुआ नहीं मिलता, इस कारण विभिन्न प्रकार की बीमारियाँ होती हैं जिनमें पेट की बीमारियाँ प्रमुख हैं। तुम तो जानते ही हो कि तुम्हारी आनुवांशिकता दुर्बल है। तुमने तुषार का हश्र स्वयं देखा है। इसलिए मैं तुम्हें सावधान रहने की सलाह देता हूँ। तुम जो भी चाहो, घर पर बनवाओ तथा खाओ। घर में जितना भी खर्च आए चिन्ता मत करो। बाहर घूमने पर लोग तुम्हें बेकार समझते हैं। सड़कों की धूल से फेफड़े तथा गला खराब होता है। घर पर बैठो, पुस्तकें पढ़ो, कार्यालय के काम में सहायता करो, प्राकृतिक चिकित्सा केन्द्र की देखभाल करो इत्यादि-इत्यादि। यदि चाहो तो मैं तुम्हारे लिए पृथक प्रतिष्ठान की स्थापना भी कर देता हूँ। एक-दो दिन में सोच कर मुझे उत्तर देना।"

भावना ने पवन और सुरेश को बहुत समझाया कि वे अपने जीवन के पथ का निर्धारण कर लें पर उन दोनों पर पिता के पैसे का घमण्ड सवार था। दिन-रात वे धन की खुमारी में खोये रहते थे। भावना ने निश्चय किया कि वह ही पैसे की देखभाल करेगी पर शरीर से लाचार थी। बहू पर विश्वास नहीं था और शरीर में इतनी शक्ति नहीं थी कि जितना पैसा आता है, उसे ठीक तरह से गिन सके तथा सँभाल कर रख सके। अतः उसे पवन और सुरेश की सहायता लेनी पड़ती थी। उसने सुरेश से ही अधिक काम लेना आरम्भ किया तथा पवन से कहा कि वह ठीक तरह से पढ़ाई में ध्यान दे।

पवन दस बजे प्रातः लूना पर निकल जाता। अपने मित्रों के साथ घूम-फिरकर दोपहर के भोजन के समय लौटता तथा रात्रि में भोजन के समय लौटता। भावना क्या करती? यदि प्रकाश से शिकायत करे तो उनका पारा ऊँचा हो जाता था तथा वह तनाव में आ जाते थे, जिसे देखकर वह स्वयं तनावग्रस्त हो जाती थी। भगवान पर ही बच्चों का भविष्य छोड़कर वह दोनों लड़कों पवन तथा सुरेश को चुपके से अपने पास बैठाकर भोजन कराती ताकि वे प्रकाश के सामने न पड़ें। प्रकाश के सामने अपने समय का हिसाब-किताब न देने के कारण पवन और सुरेश के चेहरों पर हवाइयाँ उड़ने लगतीं जिसे देखकर भावना का हृदय कचोटने लगता। वह सोचती, 'क्या इसलिए मैंने इन दोनों को नौ माह अपने गर्भ में रखकर कष्ट सहा था? क्या माँ अपने पुत्रों को डाँट खाने के लिए पैदा करती है? क्या माँ का दूध पीने के बाद भी बच्चे माँ की भावनाओं को हृदयंगम नहीं कर पाते? मैंने तो सोचा था कि मेरे खून से तथा मेरे आहार से निर्मित ये बच्चे निश्चित ही सोचेंगे कि उन्हें भी अपने माता पिता को सुख देना है। उन्हें भी बड़े होकर परिवार की मान-मर्यादा की रक्षा करनी है। संयम से चलना है। जैसे हमारे वैश्य परिवारों में होता है, धन की बचत करनी है तथा खूब धन-सम्पत्ति जोड़नी है। पर क्या मेरे दूध में कोई खोट हो गई थी कि इन बच्चों ने कुछ नहीं सीखा। ये तो बंगाली बच्चों की तरह हो रहे हैं। न भगवान के मन्दिर में जाना, न पढ़ने बैठना, न प्राकृतिक चिकित्सा केन्द्र जाना और न ही कार्यालय जाना। पूरे दिन ये आवारा की भाँति घूमते रहते हैं। कहीं इन्हें कोई बुरी लत न लग जाए! तब तो मैं जी न सकूंगी। एक बार मैं फिर इन्हें सुधारने की कोशिश करती हूँ। शायद अब ये माँ के प्रेम से सुधर जाएँ। मैं इन पर मातृ-प्रेम उँड़ेल दूँगी। पर मेरा यह शरीर तो जवाब दे रहा है। बिना शरीर के अच्छा काम करना मुश्किल होता है। मैं भी प्रकाश पर भार बनती जा रही हूँ। चलो, आखिरी कोशिश करती हूँ। मैं अपने बच्चों के लिए पूजा-अर्चना कराऊँगी। देवी माँ भी अवश्य शक्ति प्रदान करेंगी।

देवी माँ! मुझे शक्ति प्रदान करो अन्यथा मुझे इस संसार से उठा लो।' परिवार के सुख-ऐश्वर्य, समृद्धि तथा सम्पन्नता के लिए भावना ने विभिन्न प्रकार की पूजा-अर्चना की व्यवस्था की। पण्डितों को बुलाया तथा उनके अनुसार शनिवार तथा सोमवार के व्रत आरम्भ किए। तुषार-वाटिका में सुन्दरकाण्ड के पाठ का विराट आयोजन हुआ। सत्यनारायण की पूजा का आयोजन हुआ। भावना प्रत्येक गुरुवार को बृहस्पतिवार व्रत-कथा पढ़ने लगी। दोनों बच्चों को भी पण्डितों ने सलाह दी कि वे प्रतिदिन गायत्री-मन्त्र का कम से कम ग्यारह बार पाठ करें। घर में बदले हुए परिवर्तित परिवेश को देखकर पवन और सुरेश सचेत हो गए। उन्होंने अपनी गतिविधियों को नियन्त्रित करना आरम्भ किया।

पवन तुषार-वाटिका स्थिति कार्यालय में समय देने लगा। सुरेश भी प्राकृतिक चिकित्सा केन्द्र पर जाने लगा। पवन ने पाया कि व्यापार करना आसान नहीं था। किस प्रकार व्यापारीगण दिन-रात एक करके लाभ कमाते हैं पर उस लाभ को बचाने के लिए उन्हें बिक्रीकर तथा आयकर अधिकारियों के साथ दंगल करना पड़ता है। उनके चिन्ताग्रस्त चेहरों को देखकर तथा उनकी बातचीत सुनकर पवन को अनुभव हुआ कि वह कितनी अच्छी परिस्थिति में था जहाँ उसे न तो कोई पूँजी लगानी थी और न ही लाभ-हानि के विषय में सोचना था। यदि बहुत हुआ तो कार्यालय में कर्मचारी कम करके कार्यालय के खर्च को कम कर सकता था, पर वह यह नहीं समझ सकता कि उसके पिता वकील प्रकाश चन्द अधिकारियों को खुश करने के लिए क्यों एक कार पृथक रखते थे। उससे कभी-कभी आने वाले अतिथियों के लिए समस्या हो जाती थी क्योंकि दूसरी गाड़ी पूर्णतः कार्यालय, घर तथा बच्चों को स्कूल छोड़ने के कामों में व्यस्त रहती थी। कभी-कभी अधिकारीगण तथा कार्यालय के बाबूगण भी उनकी गाड़ी को पिकनिक आदि के लिए पुरुलिया से बाहर ले जाते थे। उसे आश्चर्य था कि उसके पिता प्रकाश अधिकांशतः कार्यालय तथा प्राकृतिक चिकित्सा केन्द्र स्वयं रिक्शे में जाते थे। उसकी इस जिज्ञासा का उत्तर एक दिन मिल गया जब प्रकाश ने कहा, "मैं अधिकारियों से उत्तम सम्बन्ध रखता हूँ। वह चाहे मेरा काम करें या न करें। अधिकारियों तथा बाबुओं की भी सीमाएँ हैं। वे कानून, नियम तथा विभाग के अनुदेशों के विरुद्ध नहीं जा सकते हैं। यदि वे गए तो लेखाधिकारी उन्हें पकड़ लेगा तथा उनका आदेश अन्ततोगत्वा उलट जाएगा। विभाग अपील, पुनर्विलोकन अथवा पुनरीक्षण के लिए जाएगा। उस स्थिति में व्यापारी पर ब्याज भी लग जाएगा। सभी वकीलगण केवल कुर्सी पर बैठे अधिकारियों को पूजते हैं पर मेरा सिद्धान्त है कि मनुष्य वही है जो केवल उगते तथा चमकते हुए सूरज की ही पूजा न करे अपितु

डूबते हुए सूरज की भी अभ्यर्थना करे। विभागीय अधिकारी कोई वीर योद्धा नहीं होता। वे अपनी नौकरी जाने के भय से सब समय अस्थिर रहते हैं। अतः यदि जानेवाले अधिकारी को सम्मान दिया जाए तो वर्तमान अधिकारी आपको हृदय से मानेगा। क्योंकि उसका भी एक दिन वही हश्र होगा जब वह कुर्सी छोड़ेगा। इसलिए मेरे लिए सभी अधिकारी तथा बाबू समान हैं चाहे वे मेरा काम करें या न करें। इसीलिए उनका मुझमें विश्वास है। वे मेरी ओर से पूर्ण आश्वस्त हैं। यदि मैं कार्यालय न भी जाऊँ, तो भी वे मेरे नाम पर अपने मुकदमें हमारे पक्ष में निबटाएँगे।"

इस विचार को सुनने के पश्चात् पवन के पास कोई प्रश्न न बचा। वह नियमित कार्यालय में बैठने लगा। कार्यालय में बैठकर जैसे उसके सामने सम्पूर्ण देश की स्थिति एक-एक पर्त के रूप में खुल रही थी। वह नहीं जानता था कि एक दुकानदार को सिर्फ कराधिकारी का ही सामना नहीं करना पड़ता है। उसे कई प्रकार के निरीक्षकों का भी सामना करना पड़ता है। जैसे तौल-बाँट निरीक्षक, सफाई-निरीक्षक, न्यूनतम मजदूरी निरीक्षक तथा अन्यान्य विभागों के निरीक्षकगण। उसे सबसे अधिक कष्ट इस बात का होता था कि आयकर विभाग को रिश्वत देकर व्यापारीगण उसे खर्च के रूप में नहीं दिखा सकते थे।

स्वयं रिश्वत लेने वाला अधिकारी इस खर्चे को अमान्य कर देता है। पर वह जानकर खुश था कि उसके पिता आयकर तथा बिक्रीकर विभाग में चलने वाली अपनी गाड़ी पर खर्च दिखा सकते थे तथा उस पर आयकर में रियायत ले लेते थे। एक मोटर गाड़ी का खर्चा प्रकाश प्राकृतिक चिकित्सा केन्द्र में दिखा देते थे तथा अन्यान्य खर्चे भी। शायद इसीलिए धनी व्यक्ति विभिन्न प्रकार के पुण्यार्थ तथा धार्मिक न्यासों की स्थापना करते हैं। इससे उनका मुफ्त में ही नाम हो जाता है तथा उनकी दान देने की इच्छा की भी सन्तुष्टि होती है। साथ-साथ वे अपने अन्दर विराजमान आर्थिक अपराध की अन्तरचेतना से मुक्ति पाते हैं। पवन ने कार्यालय में बैठने पर कार्यालय का काम सुचारु रूप से सीख लिया। इससे उसका दैनिक जीवन भी नियमित हो गया। वह ठीक समय से कॉलेज जाता, सायँकाल खेलने निकल जाता, उसके पश्चात् कुछ समय के लिए कार्यालय में बैठता तथा अल्प समय के लिए अध्ययन भी करता। अवकाश के दिनों में वह कार्यालय में पूरा समय देने लगा जिससे प्रकाश कार्यालय की ओर से आश्वस्त हो गए क्योंकि उनके घर का एक सदस्य कार्यालय पर निगरानी रख रहा था। इस कारण कार्यालय में उन बाबुओं तथा चपरासियों को असुविधा होने लगी जो मुवक्किलों से बख्शीश के रूप में अत्यधिक पैसे झटक लेते थे। कार्यालय भी चुस्त-दुरुस्त हो

गया। कार्यालय के कर्मचारियों द्वारा करने वाले निजी फोनों में भी कमी आई तथा इस प्रकार कार्यालय में कागज भी कम बर्बाद होने लगा। कार्यालय पर खर्च में काफी कमी आई।

दूसरी ओर सुरेश का प्राकृतिक-चिकित्सा केन्द्र पर मन न लगा। परोपकार की भावना जाग्रत हुए बिना सेवा-संस्थानों में कार्य करना एक बोझ ही अनुभव होता है। सुरेश अपरिपक्व था। उसे यह कार्य एक बोझ ज्ञात होता था। वह सोचता यह सब करने से क्या लाभ है? जो रोगी प्राकृतिक चिकित्सा केन्द्र पर आते भी हैं, वे हमारे एहसान को नहीं मानते। वे समझते हैं जैसे हम यह दातव्य चिकित्सा केन्द्र अपने तथा अपने परिवार के स्वार्थ के लिए चला रहे हैं। वे समझते हैं जैसे हमारे पास अजस्र धन है तथा हमारे घर पर धन का कोई झरना बह रहा है। हमारे पिताजी अपनी ख्याति तथा राजनैतिक लाभ के लिए यह सब कर रहे हैं। कोई-कोई तो यहाँ तक भी कह देता है कि उस दो रुपल्ली की दवाई से क्या होता है? यह तो हम अपने पड़ोस में ही ले सकते थे। केवल इसके लिए यहाँ तक आना व्यर्थ है। न तो डॉक्टर ही अच्छी तरह से देखते हैं और दवाई लेने में काफी समय लग जाता है। यदि यह पैसा हमें मिल जाए तो हम इसी खर्च में अच्छा देशीय इलाज कर लेंगे।

एक बार सुरेश ने अपने इन विचारों का प्रस्फुटन रामनाथ बाउरी के सामने कर दिया, तब उन्होंने उसे समझाया, "यदि इनके सामने हम सोना भी फेंक दें तो ये सोना न उठाकर विचार-विमर्श में ही अपना बहुमूल्य समय बर्बाद करें। ये गाँव के लोग ऐसे ही अशिक्षित हैं। यह नहीं है कि वे चिकित्सा के लिए पैसे जुगाड़ नहीं कर सकते। व्यक्ति अपने तथा अपने परिवार के इलाज के लिए खाने में से भी खर्च काटकर इलाज का खर्च करता है, पर इन्हें इसका ज्ञान नहीं है। उन्हें पहले पेट भर भोजन चाहिए फिर दूसरी सोच। कइयों ने तो अपने घरों में टेलीविजन भी लगा रखे हैं। एक नयी बीमारी हमारे सभी अभावी भाइयों को लग गयी है। एक बार भोजन न मिले, पर टेलीविज़न देखना आवश्यक है। कुछ-कुछ शराब के नशे से भी पीड़ित हैं। अर्थशास्त्रीय दृष्टि में मनोरंजन, भोजन, शिक्षा तथा चिकित्सा के पश्चात् आता है पर इस विज्ञापन-युग में मनोरंजन प्रथम आवश्यकता के रूप में स्थापित हो गया है। यह पूँजीवादी सभ्यता की देन है। तुम्हारे अनुसार यदि हम इन्हें इलाज के लिए पैसे दे भी दें तो ये इन पैसों से दवा के अतिरिक्त और कुछ खरीद लेंगे। कम से कम हम अपने हाथ से उन्हें औषधि बाँटकर सन्तुष्ट हो जाते हैं कि उन्हें आवश्यक औषधि मिल गयी। तुम देखो कि जब प्रकाश जी औषधि बाँटते हैं तो वे तन्मयता से औषधि लेते हैं। यदि तुम औषधि बाँटना शुरू

करो तो ये लोग आलोचना-समालोचना बन्द कर देंगे। दातव्य कार्य केवल धन उपलब्ध कराने से ही पूर्ण रूप से सम्पन्न नहीं होते। उसमें जब दानकर्ता का व्यक्तिगत योग होता है, तब वह यज्ञ का रूप ग्रहण करता है।"

सुरेश ने उत्तर दिया, "मेरे से तो यह सभी नहीं बनेगा। मेरे वश में यह सब नहीं है।" सुरेश आगे सलाह की अपेक्षा न करके उठकर अपनी मोटरसाइकिल पर घर लौट आया। उस दिन उसने निश्चय किया कि वह चिकित्सा केन्द्र की ड्यूटी से छुटकारा पाने का प्रयत्न करेगा।

प्रकाश बुद्धिमान व्यक्ति थे। उन्हें सुरेश की अरुचि का भान हो गया। उन्होंने घर के पास ही एक एकड़ जमीन खरीदी तथा उस पर तीस फ्लैटों के निर्माण की योजना बनायी। उनकी इस योजना का सभी ने विरोध किया। भावना ने कहा, "पुरुलिया में लोगों को स्वतन्त्र मकान में रहने की आदत है। यहाँ फ्लैटों में टँगकर कौन रहने आएगा? क्या यह कोलकाता है कि जहाँ खाली जमीन का अभाव है? फिर फ्लैटों में पानी की आपूर्ति की बड़ी समस्या होगी। हमारे घर में तो ठीक तरह से पानी नहीं आता है, फ्लैटों में पानी कहाँ से आयेगा? जब पुरुलिया की धरती में ही पानी नहीं है तो आप पानी कहाँ से बना देंगे?"

भावना के अतिरिक्त प्रकाश की योजनाओं का विरोध करने का अन्य किसी में साहस न था। सभी उनके पीछे अपना स्वतन्त्र मन्तव्य प्रकट करते रहते थे जो घनीभूत होकर भावना के द्वारा प्रकट हो जाते थे। उन पर कभी-कभी भावना को प्रकाश से कड़ी फटकार भी खानी पड़ती थी पर प्रकाश भावना की बातों को अपनी योजनाओं में प्रत्यक्ष या अप्रत्यक्ष रूप से अवश्य ही स्थान देते थे। भावना उनकी अर्द्धांगिनी थी जो प्रकाश के संघर्ष में पैंतीस वर्ष से उसके साथ थी। प्रकाश ने उत्तर दिया, "तुम लोग भूतकाल तथा वर्तमान काल को ही देखते हो। मैं भविष्य में देखता हूँ। आजकल कोई संयुक्त परिवार में संकुचित होकर नहीं रहना चाहता है। प्रत्येक अपना एक स्वतन्त्र फ्लैट चाहता है। इसीलिए तो हमारे देश में वर्षों की बचत करके लोग भवन-निर्माण या मकान खरीदने में लगा रहे हैं। जैसे स्वतन्त्र मकान पाना ही इस देश में सभी का मुख्य उद्देश्य हो गया है। यह बीमारी शीघ्र ही बड़े शहरों से छोटे शहरों में आने वाली है। दूसरी ओर लोग जहाँ व्यापार या नौकरी करते हैं, उस स्थान के पास रहना चाहते हैं ताकि यातायात में समय तथा श्रम नष्ट न हो। जहाँ तक पानी के अभाव की समस्या है, वह गहरा नलकूप खुदवाकर दूर हो सकती है। अभी भी भारत की धरती माता के दामन में इतनी क्षमता है कि वह अपने पुत्रों को खिला-पिला सके। जिसे ईश्वर ने इस संसार में भेजा है, उसके भोजन तथा पानी की व्यवस्था उसने पहले से कर दी है। इस

आत्मविश्वास से मैं आगे बढ़ रहा हूँ।"

प्रकाश के इस कथन के पश्चात् फ्लैट योजना के विवाद पर पूर्ण विराम लग गया तथा सभी विचारने लगे कि किस प्रकार इस योजना को सफलतापूर्वक मूर्तरूप दिया जा सके। सुरेश को प्रकाश ने इस योजना की देख-रेख का काम सौंपा।

गणेशपूजन हुआ, नारियल फोड़ा गया तथा सुरेश द्वारा जमीन खोदकर 'सुरुचि फ्लैट परिसर' की शुरुआत हुई। प्रकाश को यह कल्पना नहीं थी कि फ्लैट निर्माण योजना में इतनी अड़चनों का सामना करना पड़ेगा। सर्वप्रथम तो नगरपालिका के निरीक्षक को घूस देकर उसका मुँह बन्द करना पड़ा। इसके पश्चात् जिलाधिकारी के कार्यालय से एक पत्र आया जिसमें इस क्षेत्र में तिमंजिला इमारतों से ऊपर बनाने पर प्रतिबन्ध था क्योंकि इससे पुरुलिया नगर का जलसंग्रह क्षेत्र अर्थात् सागरदीघी में प्रदूषण बढ़ेगा तथा निचले तलवाले भवन निवासियों को दीघी का दृश्य देखने में बाधा होगी। सागरदीघी पुरुलिया नगर का हृदय-क्षेत्र था। सागरदीघी के जल ने पुरुलिया नगर के निवासियों को जीवन संरक्षा का अभयदान दे रखा था। जब सम्पूर्ण जिले में भयावह सूखा पड़ता था तब भी सागरदीघी नहीं सूखती थी। लोग टीनों, कनश्तरों तथा टैंकरों में पानी भर-भरकर लोगों की जरूरत को पूरा करते थे। अतः सागरदीघी के अहित में किसी को बोलने या लिखने का साहस नहीं था। प्रकाश भी स्वयं पुरुलिया विरोधी होने की बदनामी नहीं ओढ़ना चाहते थे। पर अब उनके लिए 'जीवन-मरण' का प्रश्न हो गया था। प्रकाश ने ऐतिहासिक तथ्य देते हुए एक तथ्यपरक तथा न्यायसंगत पत्र तैयार किया जिसके आधार पर दोनों पक्षों को झुकने में कोई तकलीफ नहीं हुई और बीच का सर्वसम्मत मध्यम मार्ग निकल आया।

'सुरुचि फ्लैट परिसर' का निर्माण आरम्भ हुआ। निर्माण-कार्य की प्रतिदिन देखभाल करने के लिए बाबूराम अभियन्ता को लगाया गया। यद्यपि बाबूराम जी केवल नक्शा बनाना जानते थे पर पुरुलिया में लोग उन्हें नक्शानवीस न कहकर भवन इन्जीनियर कहते थे। उनके पास शिक्षा के नाम पर केवल आई.टी.आई. से ड्राइंग में प्रमाण-पत्र था जो उन्होंने तीन वर्ष के स्थान पर पाँच वर्ष में प्राप्त किया था। पर जब उन्हें कोई सरकारी तथा निजी क्षेत्र में नौकरी न मिली तो उन्होंने अपना स्वयं का कार्य आरम्भ किया। इसके बाद उन्होंने पीछे मुड़कर नहीं देखा। वह अक्सर हकलाते हुए कहते, "कई वर्षों में डॉक्टरी परीक्षा पास डॉक्टर, कई बार एलएल.बी. में फेल होने वाला वकील, निर्धारित वर्षों के बाद पास करने वाला चार्टर्ड एकाउण्टेण्ट तथा देर से पास होने वाला इन्जीनियर उन पेशेवर लोगों से

अधिक दक्ष होता है जो प्रथम बार में डिग्री प्राप्त कर लेते हैं। वह केवल किताबों का कीड़ा नहीं होता। अपनी असफलता की इस अवधि में उसे अपने पेशे तथा मानव-व्यवहार का व्यावहारिक अनुभव प्राप्त हो जाता है जो उसके लिए पेशा प्रारम्भ करते समय ठोस सम्बल सिद्ध होता है। उसे न तो छोटी-छोटी असफलताओं में निराशा जकड़ती है और न ही वह कभी असफल होता है।"

शुरू-शुरू में उसके इस कथन पर लोग बाबूराम का मखौल उड़ाया करते थे। कई बार तो लोग उनके मुँह पर ही कह देते, – इसका अर्थ यह है कि मेरे लड़के ने बड़ा अनर्थ किया जो प्रथम प्रयास में ही प्रथम श्रेणी की बी.टेक. डिग्री लेकर आया मेरे भतीजे ने यह बड़ी भूल की कि वह सारे भारत में सी.ए. परीक्षा में दसवें स्थान पर आया। मैंने बड़ी गलती की कि मैं प्रथम बार में ही एल.एल.बी. परीक्षा में उत्तीर्ण हो गया। यदि आप जैसे सड़क छाप सलाहकार मुझे पहले मिले होते तो मैं यह भूल शायद न करता।

इन सभी कटाक्षों के बावजूद बाबूराम ने अपना आत्मविश्वास नहीं खोया पर अधिक दिन तक काम न मिलने के कारण उनके शरीर पर मोटापा छा गया जिस वजह से उन्हें अपनी पुरानी साइकिल चलाने में तकलीफ होने लगी। भाग्य ने पलटा खाया। बैंक से भवन, मकानों के निर्माण के लिए धड़ल्ले से ऋण बँटने लगे। सामान्य व्यक्ति भी अच्छे मकान में रहने का अपना सपना पूरा करने में लग गया। उसका अपना मकान हो जिसमें दो कमरे हों, एक जलधौत शौचालय हो, एक बैठक हो तथा पृथक रसोई घर तथा पृथक पूजा घर हो। इन्जीनियरों को विदेश जाने का ऐसा अवसर मिलने लगा कि बी.टेक. पास किया नहीं, कि विदेशी वीसा तथा टिकट तैयार। सूचना प्रौद्योगिकी के क्षेत्र में इन्जीनियरों को भारतीय कम्पनियाँ बाहर भेजने लगीं। चाहे वह सिविल इन्जीनियर ही क्यों न हो क्योंकि इन्जीनियरिंग की शिक्षा के दौरान वे समस्याओं के हल करने का वैज्ञानिक तथा तार्किक ढंग सीख लेते हैं। वे समस्याओं से घबराते नहीं तथा बड़े-बड़े सूत्रों को हल करने तथा उनका प्रयोग करने की कला में पारंगत हो जाते हैं। बड़ी-बड़ी कम्पनियों जैसे इन्फोसिस, विप्रो, टी.सी.एस, सत्यम कम्प्यूटर की बात कौन कहे, मोहल्लों-मोहल्लों में सॉफ्टवेयर निर्यात की कम्पनियाँ खुल गईं। भारत सॉफ्टवेयर के क्षेत्र में संसार का नेता हो गया। वे युवावर्ग भी घरों में पैसा भेजने लगे। बस, पहले मकान का सपना जो औसत भारतीय तीस वर्ष में पूरा कर पाता था, अब वह इन युवा कम्प्यूटर इन्जीनियरों की सहायता से दस वर्ष में पूरा कर रहा था। गाँव में बेकार घूमते इन्जीनियर अदृश्य हो गये। बस, बाबूराम जी की चाँदी हो गई। सभी उन्हें घर से पकड़ कर ले आते। एक बार स्थल निरीक्षण करने का ही उन्हें

एक सौ रुपया मिलने लगा। बाबूराम आश्चर्यचकित थे। क्या हो रहा था। उनके दिन तेजी से फिर रहे थे। लक्ष्मी जी ने उनका हाथ पकड़ लिया। उन्होंने अपनी ड्राइंग की पुरानी पुस्तकों के पन्ने पलटे। व्यावहारिक ज्ञान तो था ही। उन्होंने सभी कामों का स्वागत किया चाहे वह चारदीवारी बनाने का काम हो या केवल शौचालय बनाने का। भवन बनाने का नक्शा तो यदि मिल जाता, तो वे उस दिन महावीर जी को प्रसाद चढ़ाते थे। इसी बीच सरकारी इन्जीनियरों द्वारा कुछ सरकारी भवनों के चारों ओर निर्मित चहारदीवारियाँ एक तूफान में ध्वस्त हो गईं पर बाबूराम की किसी भी चारदीवारी को नुकसान तक नहीं हुआ क्योंकि वे स्थानीय मिस्त्री की सलाह पर चारदीवारी में जगह-जगह हवा के आने-जाने के लिए सूराख छोड़ देते थे तथा पानी निकलने के लिए चहारदीवारी के नीचे छोटे-छोटे निकास द्वार। उन्होंने प्रथम बार अपने निर्माण कार्यों में पुरुलिया में प्राप्त पत्थरों को ईंटों के रूप में प्रयोग करना प्रारम्भ किया जो सस्ता भी था तथा पुरुलिया की धरती का माल पुरुलिया की जलवायु सहन करने में सक्षम था। इस प्रकार उन्होंने बर्दवान, मिदनापुर के बड़े-बड़े ईंटों के ठेकेदारों का पत्ता साफ कर दिया। उनकी इस तकनीकी तथा उनके इस नये प्रयोग से पुरुलिया के नये युवा ठेकेदारों को अत्यधिक लाभ हुआ। स्वभावतया उनकी वफादारी बाबूराम के साथ हो गई। वे चोरी-छुपे बाबूराम को कमीशन भी देने लगे। 'सुरुचि फ्लैट्स' की प्रायः एक करोड़ की योजना में तो जैसे बाबूराम जी का एक अपना ही फ्लैट बन जाएगा। यह सोचकर बाबूराम मनोयोग से इस काम में लग गए। डिग्रीधारी वास्तुकार तो फ्लैट योजना का चक्कर लगा आते थे। सभी उन पर अति प्रसन्न थे। एक दिन प्रकाश ने कह ही दिया– "बाबूराम जी, मैं आप पर बहुत प्रसन्न हूँ। आप हमारी फ्लैट निर्माण योजना की ऐसे देखरेख कर रहे हैं जैसे यह आपका ही काम हो। हम आपके कृतज्ञ हैं।"

वास्तु शास्त्र का सभी पर भूत सवार हो गया था। कोई भी नया भवन हो उसे वास्तु शास्त्र के अनुकूल होना चाहिए। खरीदी हुई जमीन की दिशा वास्तुशास्त्र के विपरीत थी। भावना अड़ गयी, "वास्तुशास्त्र का समाधान न होने तक मैं इस योजना पर आगे कार्य न होने दूँगी। मुझे और धन नहीं चाहिए पर मैं अपने परिवार पर और अपशकुन घटते नहीं देखना चाहती हूँ।" बाबूराम उनसे सहमत हुए तथा उन्होंने भावना का मन जीत लिया। उन्होंने वास्तुशास्त्र का जमकर अध्ययन किया। 'करत-करत अभ्यास के जड़मत होय सुजान'। वे वास्तुशास्त्र विशेषज्ञ भी हो गए। उन्होंने भावना को समझाकर काम आगे बढ़ाने के लिए राजी कर लिया।

भारत में विशेषज्ञ होना ही पर्याप्त नहीं है, अपनी विशेषज्ञता का प्रचार करना भी आवश्यक है अन्यथा एक अरब की जनसंख्या वाले देश की भीड़भाड़ में कई विशेषज्ञ खो जाते हैं। अतः पश्चिम की भाँति अपने हुनर का प्रचार करना भी आवश्यक है। बाबूराम ने दोनों किया।

खरीदा हुआ भूखण्ड आयताकार था। भूखण्ड का द्वारा दक्षिण की ओर खुलता था, अर्थात् इस भूखण्ड में उत्तर की ओर मुख करके ही प्रवेश पाया जा सकता था। अतः इसका प्रवेश द्वार पूर्व दिशा में बनाने के लिए तय हुआ। इसके लिए काफी क्षेत्र बर्बाद हुआ पर वास्तुशास्त्र का विरोध करने की किसी को हिम्मत नहीं थी। प्रकाश ने स्वयं एक चुम्बक खरीदी तथा वास्तुशास्त्र पर प्रकाशित कुछ सस्ती पुस्तकें पढ़ीं। तब कहीं जाकर निश्चित हुआ कि सुरुचि फ्लैट परिसर का मुख्य प्रदेश द्वार बीच से न देकर पूर्व की ओर से देना पड़ेगा तथा फ्लैट में आने वालों के लिए गैलरी छोड़नी पड़ेगी। प्रकाश की सहमति से यह तय हुआ कि प्रत्येक फ्लैट के उत्तरी दिशा में ही शौचालय, स्नानघर तथा रसोईघर रहेंगे जबकि भोजन-कक्ष पश्चिम की ओर रहेगा। पूजा घर को उत्तर-पूर्व में रखने का निश्चय हुआ। सोने के कमरे उत्तर-दक्षिण में रखे गये ताकि दक्षिण की ओर सिर रखकर सोया जा सके तथा दक्षिण की हवा का आनन्द लिया जा सके। फ्लैट में जाने के लिए पश्चिम की ओर से गलियारा रखा गया तथा नलकूप को पूर्व की ओर लगाया गया ताकि सागरदीघी के पानी से उसमें सदैव जल संयोजन रहे। वास्तुशास्त्री के अनुसार वास्तुकार को फिर से 'सुरुचि फ्लैट परिसर' के नक्शे में परिवर्तन करना पड़ा। चूँकि इस परिवर्तन के फलस्वरूप और अधिक खुली जगह छूट रही थी तथा परिसर की गंजिलों तथा प्रत्येक फ्लैट के क्षेत्र में कोई परिवर्तन नहीं था, संशोधित नक्शे के लिए पुरुलिया नगरपालिका की अनुमति प्राप्त करने में कोई विशेष समस्या नहीं हुई। इसके बाद तो काम सरल था।

बाबूराम ने अपने चहेते ठेकेदारों तथा आपूर्तिकर्त्ताओं से भूखण्ड पर गिट्टी, बालू, बोल्डर ईंट फेंकने के लिए कहा। पचास मजदूरों तथा पन्द्रह कारीगरों को लेकर काम द्रुतगति से प्रारम्भ हुआ। शुरू में मजदूरों का काम अधिक था क्योंकि नींव की कटाई तथा भराई का काम था। नींव की कटाई के काम में सुस्ती देखकर प्रकाश ने नींव की खुदाई करने वाली मशीन लगाई जिसने एक दिन में ही सारी नींव की खुदाई कर दी। प्रकाश ने मजदूरों को समझाया, "आजकल कोई भी मजदूर मालिक को धमकी नहीं दे सकता क्योंकि मजदूरों का काम आजकल मशीनें शीघ्रता तथा बारीकी से करती हैं। मैं नहीं चाहता कि मशीनें हमारे देश में उपलब्ध श्रमिकों का स्थान ले लें पर श्रमिकों को भी आज झुकना पड़ेगा तथा

निर्धारित घण्टों तक उचित ढंग से काम करना पड़ेगा। आज श्रमिक या मजदूर कामचोरी करके मालिक या प्रबन्धक का शोषण नहीं कर सकता है न ही उसे आँखें दिखा सकता है। इसका अर्थ यह कदापि नहीं कि मशीनों के प्रयोग ने मालिक या प्रबन्धकों को श्रमिकों के शोषण का अधिकार अथवा खुली छूट दे दी है। आज के युग में दोनों को सहअस्तित्व की भावना से काम करना पड़ेगा। चूँकि विगत तीस वर्षों से श्रमिक बंगाल में मालिकों और प्रबन्धकों का शोषण कर रहे थे, अतः अब बारी मालिकों या प्रबन्धकों के द्वारा शोषण की है। पर मुझे विश्वास है कि मालिक या प्रबन्धक ऐसा नहीं करेंगे क्योंकि वे अधिक शिक्षित हैं तथा अपने सामाजिक उत्तरदायित्व के प्रति जागरूक हैं।" प्रकाश के इस आश्वासन के पश्चात् मजदूरों में कोई सन्देह की गुंजाइश न रही। सभी पूरे मनोयोग से काम में लग गये। सुरेश, बाबूराम तथा बाउरी के सहयोग तथा मार्गदर्शन से छोटी-छोटी समस्याओं का अपने स्तर पर ही समाधान कर लेता। धन का अभाव नहीं था। मकान की नींव पूरी होने के साथ-साथ फ्लैटों की खिड़कियों, दरवाजों आदि लकड़ी के सामान का ऑर्डर दे दिया गया। फ्लैटों के भीतर लकड़ी की ही दीवालों में अलमारियाँ लगाई गयीं तथा वातानुकूलित मशीनों के लिए कमरों में स्थान छोड़ा गया। प्रत्येक फ्लैट में तीन छज्जे दिए गए ताकि फ्लैट में रहते हुए भी खुले आकाश का आनन्द लिया जा सके। फर्श पर राजस्थान से लाए हुए रंग-बिरंगे पत्थर लगाये गए तथा रसोई घर में कोटा पत्थर की चौरस पटिया लगाई गई ताकि रसोई घर में गन्दगी न हो सके। प्रत्येक फ्लैट में सजावटी बिजली की फिटिंग लगाई गई तथा स्नानगृहों में गीजर लगाने की व्यवस्था के साथ-साथ गर्म तथा ठण्डा पानी आने के लिए पृथक-पृथक रूप से नलों की व्यवस्था की गई। इन फ्लैटों का पुरुलिया शहर में इतना जोरदार प्रचार हुआ कि फ्लैटों की संख्या से अधिक खरीददार आ गए। कई आसपास के ग्रामीण क्षेत्रों से लोग पूछताछ के लिए आए। प्रकाश ने इस सफलता पर खुश होकर सुरेश को शाबाशी दी। पिताजी की ओर से यह प्रथम शाबाशी प्राप्त करके सुरेश अति प्रसन्न था जैसे उसे राज्यपाल से स्वर्णपदक प्राप्त हो गया हो।

फ्लैटों का शुभ-मुहूर्त विश्वकर्मा की मूर्ति स्थापित करने के साथ सम्पन्न हुआ। विश्कर्मा बंगप्रदेश के निर्माण कार्य के सर्वपूजित देवता हैं। पुरुलिया में अतिरिक्त जिलाधिकारी के उद्घाटन समारोह में पधारने के कारण 'सुरुचि फ्लैट परिसर' पर वैधिक मान्यता की सरकारी मुहर लग गयी।

प्रकाश ने बीस फ्लैट बिक्री करके ही सम्पूर्ण फ्लेटों की लागत निकाल ली। दस फ्लैट उन्होंने किराये पर उठा दिए ताकि सुरेश भविष्य में अपनी जीविका उन

फ्लैटों के किराये की आमदनी से चला सके। सुरेश को भी यह काम बहुत पसन्द आया। उसने एक बिजली और नल मिस्त्री को ठीक किया जो कभी भी बुलाने पर चला आए। बैंक में 'सुरुचि फ्लैट परिसर' के नाम से खाता था। प्रतिमाह तीस पैंतीस हजार की आमदनी पाकर सुरेश गद्गद था पर उस आमदनी को भावना ने अपने नियन्त्रण में ले लिया। प्रकाश ने कटाक्ष करते हुए कहा, "औरतें नयी-नयी परियोजनाओं में बाधायें बहुत खड़ी करती हैं, जब उनसे आमदनी होने लगती है, तो उस आमदनी को लेने तथा अपने पास रखने में सबसे आगे रहती हैं।" भावना को प्रकाश की यह टिप्पणी सहन करनी पड़ी क्योंकि यह अक्षरशः सत्य थी।

प्रकाश ने परिवार की एकरसता को सुदृढ़ करने के लिए पन्द्रह दिन में एक बार सभी के साथ सभा करने का निश्चय किया जिसमें प्रत्येक सदस्य भाग ले। प्रकाश ने स्पष्ट किया, "हमारे संयुक्त परिवार के कुछ नियम हैं। उनका पालना करना सभी सदस्यों के लिए अनिवार्य है। ये नियम मैंने अपनी भलाई के लिए नहीं स्थापित किये हैं, बल्कि ये नियम या सिद्धान्त हमारे पूर्व वंशजों से चले आ रहे हैं। परिवार के प्रत्येक व्यक्ति को अपना नैतिक चरित्र सन्देह से परे रखना होगा। प्रत्येक सदस्य को अपने मन में यह निश्चय करना होगा कि वह परिवार द्वारा निश्चित की गई शादी करेगा तथा किसी भी प्रकार से बाहर प्रेम व्यापार के चक्कर में नहीं पड़ेगा जो केवल एक मृगमरीचिका है। प्रत्येक सदस्य को प्रातः से उठकर निर्धारित दिनचर्या का पालन करना पड़ेगा जो वह भावना से बात करके अपनी आदतों तथा सुविधा के अनुसार निश्चित कर सकता है। पर एक बार निर्धारित होने पर उसे उस दिनचर्या का कड़ाई से पालन करना होगा। परिवार में छोटों को बड़ों का सम्मान करना पड़ेगा। परिवार अनुशासन के कारण ही सुचारु रूप से चलते हैं। हमारे परिवार में जहाँ तक हो सके, एक दूसरे को नाम से नहीं पुकारा जाता है। परिवार में प्रेमभाव ही एक दूसरे में मतभेदों को समूल रूप से नष्ट कर सकता है। यदि यह हो जाय तो परिवार में, किसी सदस्य को चिन्ता करने की आवश्यकता ही नहीं। सभी अपनी योग्यता तथा पूर्ण सामर्थ्य से काम करें, पर सभी आवश्यकतानुसार खायें तथा समान रूप से कपड़े आदि पहनें। मैं यह नहीं चाहता कि जो व्यक्ति अधिक पैसा कमा रहा है, वह ठाट-बाट से रहे। परिवार में विशिष्ट व्यक्ति हो जाये। परिवार में सभी की जीवन शैली समान स्तर कर रहेगी। जहाँ तक हो सकेगा परिवार के प्रत्येक सदस्य की भावना को स्थान दिया जायेगा तथा उसके सभी दूर-दूर के रिश्तेदारों तथा सम्बन्धियों को सम्मान दिया जायेगा। भगवान ने हमें सभी कुछ दिया है, अतः उस ओर हम कृपण नहीं होंगे। बस परिवार में परस्पर प्रेम की गंगा बहे, तो परिवार में सुख, समृद्धि तथा

शान्ति का वातावरण छा जायगा जिससे सभी का स्वास्थ्य उत्तम रहेगा तथा सभी के व्यक्तित्व का सम्यक विकास होगा। प्रत्येक के व्यक्तित्व के विकास से ही मिलकर परिवार का विकास होगा—ऐसी मेरी धारणा है।"

प्रकाश के वक्तव्य के बाद किसी को बोलने का साहस नहीं था। उनकी पत्नी भावना ही कुछ कहने में सक्षम थीं पर वह भी बच्चों के सामने प्रकाश का पूर्ण सम्मान करती थीं। अकेले में मत-पार्थक्य के कारण बहुधा झगड़ पड़ते थे जोकि आम पति-पत्नी में भी होता है। यदि पत्नी पूर्णतः दासी हो जाय, तो भी दाम्पत्य जीवन की गर्माहट नहीं रहेगी। भावना के लिए भी परिवार के अन्य सदस्यों की माँगें तथा उनके विचार प्रकाश के सामने रखना आवश्यक था जो कि सदस्यगण सीधे प्रकाश के सामने प्रस्तुत करने से डरते थे।

प्रकाश के परिवार की गाड़ी सुचारु रूप से गतिमान थी। प्रकाश ने स्थानीय लायन्स क्लब की सदस्यता ग्रहण करने का फैसला किया क्योंकि क्लब में जाने से सम्पर्क बढ़ते हैं, व्यक्तित्व का विकास होता है तथा विस्तृत फलक पर सामाजिक कार्य करने का अवसर सहज ही उपलब्ध हो जाता है। उन्होंने पवन तथा सुरेश को लिओ क्लब का सदस्य बनवा दिया।

लायन्स क्लब एक अन्तर्राष्ट्रीय क्लब है जिसका उद्देश्य 'सेवा तथा व्यक्तित्व विकास' है। लायन्स क्लब की शाखाएँ सम्पूर्ण विश्व में हैं तथा भारत में भी उसकी अनेक शाखाएँ हैं। यह क्लब प्रायः शहर के उन धनी व्यक्तियों का होता है जो अपने दैनन्दिन कार्यक्रम में समाज-सेवा का अवसर नहीं पाते हैं। क्लब की फीस आदि खर्च भी इतना अधिक है कि इस क्लब की बैठक प्रायः माह में एक बार होती है। इन सभाओं की परिचालन पद्धति अन्तर्राष्ट्रीय स्तर की है जो भारत के परिवेश में नाटक जैसी लगती है। प्रकाश के क्लब में प्रवेश करते ही लायन्स क्लब में स्फूर्ति का संचार हो गया जैसे प्रकाश ऊर्जा तथा स्फूर्ति का भण्डार हो। वैसे क्लब में प्रकाश के मुवक्किलों का बहुमत था जो प्रकाश की पेशागत नैतिकता के कायल थे। शनैः-शनैः लायन्स क्लब का कार्यभार प्रकाश के ऊपर आने लगा जैसे सभी तेज रफ्तार से घूमने वाली वस्तुएँ केन्द्र की ओर आकर्षित होती हैं। यह सिद्धान्त संगठनों के प्रबन्ध के क्षेत्र में अधिक प्रयुक्त है। प्रायः सभी संगठनों में मुख्य काम कुशल व्यक्तियों की ओर केन्द्रित होने लगता है तथा अक्षम व्यक्तियों के पास परिधि पर स्थित कम महत्वपूर्ण काम रह जाता है।

लायन्स क्लब ने प्रकाश के सहारे कई नयी परियोजनाएँ हाथ में लीं। उनमें मुख्य थीं—अन्धाता-निवारण परियोजना। पुरुलिया जिले में विभिन्न स्थानों पर मोतियाबिन्द आपरेशन के लिए शिविरों का आयोजन किया गया। शिविर किसी

क्लब अथवा विद्यालय में शनिवार-रविवार दो दिन लगाये गये। शिविर अति सहज ढंग से आयोजित किए गए। इन शिविरों में कुछ निजी तथा कुछ सरकारी डॉक्टरों को आमन्त्रित किया गया। परिचारिकाओं को भी काफी संख्या में लगाया गया। कुछ कम्पाउण्डर भी निःशुल्क सेवा देने के लिए आगे आए। प्रत्येक शिविर के आयोजन के पूर्व क्षेत्र में प्रचार किया गया तथा 15 दिन पूर्व निःशुल्क नेत्र परीक्षा का आयोजन हुआ जिसमें आपरेशन योग्य मरीजों को शिविर में आने की सलाह दी गई। जब पचास से सौ रोगी हो गये तो उस दिन निश्चित तिथि पर दो-तीन मेजों को जोड़कर शल्य चिकित्सा शाला बनायी गयी। क्लब के सदस्य, स्वयंसेवक, डॉक्टर तथा परिचारिकाएँ मरीजों की सेवा में पूर्ण मुस्तैदी से तैनात रहते थे। यह एक अति सुन्दर दृश्य होता था जिसमें समाज के उच्च नारी-पुरुष अत्यन्त लगन तथा तत्परता से गरीबों की सेवा में संलग्न होते थे। ऑपरेशन के बाद रविवार तक मरीजों को रखा जाता था। एक-दो मरीज जो ठीक नहीं हो पाते थे उन्हें स्थानीय निजी अस्पताल में लायन्स क्लब के खर्चे पर भर्ती कर दिया जाता था। पन्द्रह दिन बाद एक शिविर में सभी को चश्मा वितरित कर दिये जाते थे। जिनको नयी दृष्टि मिल गई, वे सभी लायन्स क्लब के अधिकारियों तथा कार्यकर्त्ताओं को हृदय से आशीर्वाद देते थे। प्रकाश के नेतृत्व में अन्धता निवारण कार्यक्रम एक आन्दोलन के रूप में चलने लगा। लायन्स क्लब द्वारा संचालित अन्धता-निवारण कार्यालय की चतुर्दिक भूरिभूरि प्रशंसा हुई। पुरुलिया के राजनीतिक नेतृवर्ग की ओर से यह सुझाव आया कि इस कार्यक्रम को स्थायित्व दिया जाय। प्रकाश ने मन ही मन निश्चय किया कि वह प्राकृतिक चिकित्सा एवं योग संस्थान में अन्धता निवारण कार्यक्रम नियमित रूप से संचालित करेगा।

प्रकाश के लायन्स क्लब में प्रवेश के बाद तुषार वाटिका पुरुलिया में समाज कल्याण के कार्यक्रमों का केन्द्र बन गयी। प्रकाश के परिवार में भी सभी का ध्यान बीमारियों से हटकर सामाजिक कल्याण के कार्यक्रमों की ओर मुड़ गया। प्रकाश को घर में बदला हुआ परिवेश रुचिकर लगा। भावना भी आंशिक रूप से बदल गई क्योंकि उसके दुःख दर्द को सुनने वाले, अब कम लोग हो गये थे। सभी समाज कल्याण के कार्यक्रमों में व्यस्त रहते। जब वह कुछ कहती तो उत्तर मिलता, "माँ, आप दूसरों का दुःख देखो। इस संसार में दुःख का नद बह रहा है। व्यक्ति को चाहिए उसमें गोता लगाकर भी उसमें लिप्त न हो। यही जीने की कला है। उसे उस दुःख की पारी के बाद सुख के सूर्योदय की प्रतीक्षा करनी चाहिए जिसमें देर हो सकती है पर अन्धेर नहीं हो सकता। आप लोगों के यहाँ समृद्धि है। परिवार के सदस्यों तथा अतिथियों को आवश्यकता से अधिक भोजन उपलब्ध है। आप पुरुलिया के उन अधिकांश आदिवासियों की ओर देखें जिन्हें ठीक तरह से दो वक्त भोजन भी नहीं मिलता।"

प्रकाश ने तुषार वाटिका में कुछ पक्षियों को पालने का निश्चय किया ताकि फूलों के साथ-साथ पक्षियों के भी नियमित दर्शन किये जा सकें। प्रकाश की इच्छा को पूरा करने में सभी मनोयोग से जुट गए थे। पक्षियों को रखने के लिए दीवालों में कृतिम घोंसले बनाये गये जो देखने में पक्षियों द्वारा बनाये गये घोंसलों जैसे प्रतीत होते थे। प्रकाश मोर को रखना चाहते थे क्योंकि वह भारत का राष्ट्रीय पक्षी है पर सभी ने इसके विरुद्ध सलाह दी। मोर के घूमने-फिरने तथा नाचने के लिए अधिक खाली जगह की आवश्यकता होती है जो 'सुरुचि फ्लैट परसिर' बन जाने से कम हो गयी थी तथा पक्षियों का प्राकृतिक परिवेश भी खराब हो गया था। पर तुषार वाटिका के पीछे अभी भी काफी खाली जगह पड़ी थी। चार तीतर लाये गये। उनमें दो नर तथा दो मादा थे ताकि वे अपने पारिवारिक परिवेश में रह सकें। इनके घोंसले की विशेष समस्या नहीं होती तथा ये मकान के बुर्जों तथा छतों से ही काम चला लेते हैं। इनकी विशेषता है जो इन्हें पालता है ये उसके पीछे कुत्ते की तरह घूमते रहते हैं। इनकी स्वामिभक्ति से स्वामी अति प्रसन्न होता है क्योंकि मनुष्यों में स्वामिभक्ति कम हो गई है। ये दीमक भी साफ कर देते हैं तथा कोई भी दाना चुग लेते हैं। ये स्वयं ही कीड़े-मकोड़ों की तलाश करके अपना भोजन बना लेते हैं। प्रकाश ने रंग-बिरंगे तीतर मँगाये जो कि भूरे और बादामी होने के साथ-साथ थोड़ा नील रंग लिये थे। एक तीतर के तो सुन्दर-सुन्दर बादामी धब्बे थे। इनके लाल रंग के पैर अति सुन्दर थे। ये तुरन्त ही तुषार वाटिका के परिवेश में रम गये पर इनके द्वारा फैलायी गन्दगी को साफ करने के लिए प्रकाश को एक अतिरिक्त नौकर रखना पड़ा। इस सफलता से प्रेरित होकर प्रकाश ने लाल मुनिया के दो जोड़े मँगाये। उनके बैठने के लिए लकड़ी की शाखाएँ बनाई गईं तथा कुछ कृत्रिम घोंसले भी मिट्टी तथा सीमेण्ट से बनाये हुए। इनके लिए पिंजड़ों की भी व्यवस्था की गई क्योंकि ये आसानी से पिजड़ों में बन्द हो जाती हैं। लाल मुनिया के आने से 'तुषार-वाटिका' में संगीत-लहरी बज उठी। उनकी चीं-चीं आवाज से तुषार वाटिका का दुःख हवा हो गया फिर लाल मुनियों ने अपने घोंसले बनाने शुरू किये जो गेंद की भाँति गोल होते हैं तथा जिनके बगल से जाने का रास्ता होता है। ये अपने घोंसले जमीन से दो-तीन फीट की ऊँचाई पर किसी झाड़ी या घनी घास में बनाती हैं। तुषार वाटिका के चिड़ियाघर में वैसा ही निर्माण कराया गया। प्रकाश प्रतिदिन इन पक्षियों को देखते तथा उनके द्वारा बनाये हुए घोंसलों को भी। पक्षियों के लिए उपलब्ध भोजन पर भी वे भोजन जुगाड़ करने की अपनी आदतों को नहीं छोड़ते। आज प्रकाश हैं, कल यदि कोई न मिला, तो क्या होगा? अकर्मण्य हो जाने पर उनका क्या हश्र होगा? मनुष्य अकर्मण्य हो सकता है पर

पक्षी कभी अकर्मण्य होकर जी नहीं सकता क्योंकि उड़ना ही उनका जीवन है। उन्हें सोते हुए बहुत कम देखा जाता है। वे जब आराम भी करते हैं तो ज्ञात होता है कि वे उड़ने के लिए बैठे हैं। मनुष्य की भाँति वे नींद में खोकर नहीं सोते। पक्षियों ने स्वप्नों में खो जाना तो शायद सीखा नहीं। यदि वे सो गये, तो खो गये। यदि वे जिस डाल पर बैठे हैं, उससे गिर गये, तो वे सीधे मौत के आगोश में चले जायेंगे। अतः पक्षियों का सोना न सोना एक ही है। पता नहीं विधाता ने उन्हें ऐसा क्यों दण्ड दिया है। पर मनुष्य के पास सभी कुछ होते हुए भी यह विधाता को मनुष्य जीवन के लिए धन्यवाद देने में कृपणता करता है तथा विधाता के बनाए हुए नियमों के पालन में आनाकानी करता है।

भावना की इच्छा पर प्रकाश ने दो जोड़े तोता भी मँगाये। एक जोड़ा हरे तोतों का था और दूसरा दुइयाँ थी। यह रंगीन परों वाला पक्षी अति सुन्दर होता है। बच्चों को तोते का नाम लेकर बोलना सिखाया जाता है। नर के गले में लाल पट्टी होती है जबकि मादा के गले में लाल पट्टी नहीं होती। इनका सिर लम्बा होता है, आँख की पुतली पीली होती है। इनकी चोंच लाल, छोटी, आगे की तरफ मुड़ी और तेज होती है जिससे ये फल आसानी से खा सकते हैं। इनके पंख चौड़े और गोलाकार होते हैं। इनके पंजे चपटे और चौड़े होते हैं जिससे ये पेड़ों पर आसानी से चढ़ सकते हैं। इनकी पूँछ लम्बी और कटावदार होती है, जिससे ये काफी तेज उड़ सकते हैं। ये फसल और खेतों की बालों को बड़ी तेजी से खाते हैं। ये कीड़े-मकोड़ों को भी खाकर वातावरण का सन्तुलन बनाये रखते हैं। पक्षियों की देखभाल करने वाले सहायक ने तोतों को बोलना सिखाया ताकि प्रकाश के घर आने या कार्यालय जाने के समय अपने मालिक का स्वागत करें।

जब प्रकाश कार्यालय से थके हुए वापिस आते तो पक्षियों की कलरव ध्वनि तथा फूलों का शान्त सौन्दर्य उन्हें सभी कुछ भूलने को बाध्य कर देता और वे पेड़-पौधों तथा पक्षियों की सेवा में स्वयं लीन हो जाते। उनका एक घण्टे का समय आरक्षित था जब वे न तो कोई फोन की घण्टी ही सुनते और न ही कार्यालय की फाइलों के विषय में आलोचना करते। उस समय वे होते या उनके साथ प्रकृति एवं सरल तथा निरीह पक्षी होते जो दिन भर खाने के लिए भटकने के पश्चात् अपने मालिक के आगमन की प्रतीक्षा करते। पक्षियों में छठी इन्द्रिय होती है जिससे वे अपने असली स्वामी को पहचान लेते हैं। उनका मालिक था एक विशाल हृदय वाला व्यक्ति जिसके जीवन का उद्देश्य था–अपने सम्पूर्ण परिवार को व्यवस्थित करना तथा समाज सेवा में समर्पित हो जाना। वह तन-मन और धन से समाज सेवा करना चाहता था। उसके इस विचार में कोई दिखावा नहीं था।

पुरुलिया के लोग भी जानते थे कि प्रकाश जो करता है वह स्वर्ण की भाँति विशुद्ध तथा हीरे की भाँति चमकदार होता है।

4. स्वप्न

उत्तर में दामोदर नदी, पूर्व में कंसावती तथा पश्चिम में सुवर्ण रेखा नदी ने पुरुलिया जनपद का प्राकृतिक सीमांकन किया है। एक ओर से पश्चिम बंगाल की सीमा तथा तीन ओर से झारखण्ड राज्य की सीमा इसको परिभाषित करती है। इन भौगोलिक तथा राजनीतिक सीमाओं में स्थित यह जिला आदिवासियों का गढ़ माना जाता है। शायद जितनी प्रतिशत आबादी इस जिले में आदिवासियों की है, उतनी पश्चित बंगाल के अन्य जिलों में नहीं। पुरुलिया में प्रायः 19 प्रतिशत आदिवासी निवास करते हैं।

जिले में सैर करने पर प्राकृतिक सौन्दर्य के दर्शन होते हैं। सूखाग्रस्त जिला होने के बावजूद यहाँ के पेड़-पौधे बारह महीने फूलों से लदे रहते हैं। धरती के नीचे पानी इतना मीठा है कि कोलकाता वाले इस को पीकर कोलकाता लौटना भूल जाते हैं। यह जल पाचक, स्वादिष्ट तथा विशुद्ध है।

जहाँ प्राकृतिक सौन्दर्य है वहाँ निर्धनता है और जहाँ अमीरी है वहाँ प्राकृतिक सौन्दर्य नहीं है। विश्व नियन्ता ने आदिवासी क्षेत्रों में वनों के अतिरिक्त खनिज पदार्थों का भण्डार छिपा दिया है ताकि पड़ोसी क्षेत्र इस क्षेत्र का अधिक शोषण न कर सकें। लायन्स क्लब के माध्यम से प्रकाश ने अपने समाज-सेवा का कार्यक्षेत्र पुरुलिया के ग्रामों तक विस्तृत किया। लायन्स क्लब के सदस्यों की पत्नियों तथा अन्य महिलाओं को लेकर गठित लायनेस क्लब ने शहरों से पुराने कपड़े आदि एकत्रित करके ग्रामों के गरीब आदिवासियों तथा निर्धनों के बीच बाँटना शुरू किया। सर्वप्रथम उन्होंने अपने ही घरों से कपड़े तथा दवाइयाँ एकत्रित कीं जो किसी कारणवश उपयोगी नहीं रह गई थीं। कभी-कभी परिवार के सदस्य के बाहर चले जाने के पश्चात् उसके कपड़े बेकार हो जाते हैं अथवा फैशन बदल जाने के कारण आजकल के युवा पुराने फैशन के वस्त्र पहनता नहीं पसन्द करते हैं। इसी प्रकार बीमारी ठीक हो जाने पर अथवा अन्य कारण से खरीदी हुई औषधियाँ नहीं खाते हैं, ये दवाइयाँ अन्य व्यक्तियों के उपयोग में आसानी से आ जाती हैं। ये वे दवाइयाँ हैं जो ग्रामीण लोग ऊँचे दाम होने के कारण स्वयं खरीद नहीं सकते हैं। इसके साथ-साथ उन्होंने पुराने कागज एकत्रित किये जैसे पुराने समाचार-पत्र

आदि तथा उन्हें गरीब लोगों में लिफाफे बनाने के लिए वितरित किया। इन कार्यक्रमों के संचालन में प्रकाश को निरन्तर सहायता देनी पड़ती थी। कभी लायनेस क्लब के लिए गाड़ी की व्यवस्था करना तो कभी उनकी सुरक्षा-व्यवस्था करना। लायनेस क्लब की कोषाध्यक्ष श्रीमती गुप्ता को यह भार सौंपा गया कि वे प्रकाश के साथ सम्पर्क करके सदस्यों के आने-जाने की तथा कार्यक्रम के सुचारु कार्यन्वयन की व्यवस्था करें। अतः श्रीमती गुप्ता को प्रकाश से बहुधा बातचीत करने की आवश्यकता होती। श्रीमती गुप्ता के तुषार वाटिका में बार-बार आने के कारण उनकी भावना से मित्रता हो गई।

लायनेस क्लब द्वारा बच्चों का स्वास्थ्य परीक्षण शिविर आयोजित हुआ। इस आयोजन का चारों ओर बढ़-चढ़कर प्रचार-प्रसार किया गया। जिला प्रशासन तथा मुख्य चिकित्सा अधिकारी ने भी इस आयोजन में सहायता की। शिशुओं के वजन, टीकाकरण, आँख, नाक, कान आदि के परीक्षण की व्यवस्था की गई। साथ-साथ शिशुओं के लिए तीन पुरस्कार भी रखे गये जो तीन श्रेष्ठ शिशुओं को दिये जाने थे। अनेक प्रतियोगियों ने अपनी प्रविष्टियाँ दीं। फलतः इस कार्यक्रम का आयोजन स्थल तुषार प्राकृतिक चिकित्सा केन्द्र से बदलकर मान-भूम स्टेडियम में करना पड़ा तथा विशाल तम्बुओं की व्यवस्था करनी पड़ी। इसके लिए श्रीमती गुप्ता की प्रकाश से कई बार मुलाकातें हुईं। कई बार कार्यालय में वार्ता करते हुए वे अकेले हो जाते। दोनों के दिलों में प्यार का अंकुर फूटा। श्रीमती गुप्ता भी अपने लड़के की ओर से परेशान थीं क्योंकि बी.कॉम. पास करने के पश्चात् उसे कोई नौकरी नहीं मिल पा रही थी। श्रीमती गुप्ता एवं श्री गुप्ता चाहते थे कि उनका लड़का जैसे भी हो, प्रकाश के दफ्तर में लग जाय तो समाज में उन्हें बदनामी नहीं झेलनी पड़ेगी।

श्रीमती गुप्ता ने प्रकाश से कहा, "देखिए, आप ही हमारी डूबती नैया को सहारा दे सकते हैं। इस समय हमारी आर्थिक स्थिति डाँवाडोल है। गुप्ता जी हृदय के मरीज हैं तथा मुझे सभी समय यह डर रहता है कि यदि उनको कुछ हो गया, तो मेरा क्या होगा। मेरा लड़का अजय कोई काम नहीं करता है। यदि उसको आप अपने यहाँ लगा दें तो मैं आपका जिन्दगी भर एहसान नहीं भूलूँगी। वैसे भी मैं आपके एहसानों से दबी हूँ। आपने मुझे जो प्रेम की सहानुभूति दी है, उससे मेरा मुरझाया हुआ हृदय जाग्रत हो उठा है। वैसे, आप से यह माँगना मेरे लिए अन्याय है।"

"अपनों के बीच न्याय-अन्याय क्या होता है। जब हम एक दूसरे के लिए है, तो हैं ही। इसका अर्थ है कि हम एक दूसरे के दुःख में भागीदार हों। देखो, तुम

भावना की स्थिति जानती ही हो। वह बिस्तर से उठ नहीं पाती है। पहले तो थोड़ा चल-फिर भी सकती थी, अभी तो उसे बिस्तर से उठाकर बैठाना पड़ता है, तकिया का सहारा देना पड़ता है, दवाइयाँ तो चल ही रही हैं। शरीर खराब होने पर व्यक्ति को जीवन तथा संसार से वितृष्णा हो जाती है। उसे कुछ भी अच्छा नहीं लगता। सभी उसके शत्रु ज्ञात होते हैं। उसे लगता है कि कोई भी उसका नहीं है। उसने जीवन में सभी के लिए किया पर कोई भी उसके लिए कुछ भी नहीं कर रहा है। ऐसे निषेधात्मक तथा आत्मघाती विचार उसके मन में आते हैं जिनका कोई अर्थ ही नहीं निकलता और न ही उनका कोई हल है। मैं तो भावना को सुख देना चाहता हूँ पर वह ही स्वयं दुखी रहकर हम सभी को दुखी करती है, बच्चों तथा बहू पर चिड़चिड़ाती है, नौकरों पर नाराज होती है तथा बाहर से आने वालों से बुरा-भला कहती है। ऐसे कैसे चल सकता है? जीवन की डगर बहुत लम्बी है। तुम्हीं उसे समझाओ।"

"मैंने तो भावना को बहुत समझाया पर वे समझने को तैयार नहीं हैं। जो अपने को बड़ा समझदार समझता है, वह कभी भी दूसरों से सीख नहीं सकता। भावना भाभी तो हम सभी को तिनका समझती थीं तथा आज भी हमें कुछ नहीं समझती हैं। यदि वे सभी से हँस बोल कर रहें, तो वे भी खुश रहेंगी तथा सभी को आनन्द बाँटेंगी। अभी तो वे अपना दुःख ही बाँट रही हैं। आप जैसे पति हैं जो अभी भी पत्नी की इतनी सेवा में लगे हैं अन्यथा पतियों को शाम होते ही घूमने, ताश-खेलने, पान खाने, इत्र लगाने तथा शराब पीने से फुर्सत नहीं मिलती। कुछ क्लबों में आते हैं, तो कुछ बहू बाजारों में। कुछ अपने दोस्तों के साथ बैठकर समय गुजारते हैं तो कुछ संगीत अथवा गानों की महफिलों में। पत्नियाँ घरों में बैठी-बैठी सती हो जाती हैं और उनके पति बाहर गुलछर्रे उड़ाते हैं। कुछ पत्नियों को तो मजबूरी में पतियों के इन कारनामों में भागीदार होना पड़ता है अन्यथा उन्हें जिल्लत, मारपीट अथवा भूख का सामना करना पड़ता है। आप जैसे कर्त्तव्यपरायण व्यक्ति आजकल विरले ही हैं जो अपने परिवार के अतिरिक्त दूसरों के हित में भी जी-जान से जुटे हैं। सच, मैं तो आपकी अनुगामी हूँ।"

"ऐसा न कहो", प्रकाश का हाथ सहसा श्रीमती गुप्ता के शरीर पर चला गया था। पर प्रकाश ने तुरन्त स्वयं को सँभाला। कहीं उनके चैम्बर में कोई दस्तक न दे। कोई देख न ले। यदि किसी ने देख लिया तो प्रकाश की ख्याति धूल में मिल जाएगी। लोग उसे 'बगुला भगत' कहेंगे। उन्हें बुढ़ापे में क्या हुआ है जो परायी स्त्री के साथ सम्बन्ध बढ़ा रहे थे। पर प्रकाश के कार्यालय के कर्मचारी भी उस समय सजग रहते जब श्रीमती गुप्ता प्रकाश के साथ होतीं क्योंकि उस समय

प्रकाश के चेहरे पर जो मुस्कान होती, उसको देखने के लिए दफ्तर के लोग इतने वर्षों से तरस रहे थे। प्रकाश उनके आदर्श थे। प्रकाश उनके शिक्षक थे, उनके अन्नदाता थे। वे प्रकाश के दुःख भरे जीवन को देखकर द्रवित होते थे तथा ईश्वर से प्रार्थना करते थे कि उनके कर्ता-धर्ता अथवा मालिक को सभी सुख दे, पर भावना का कुछ हो नहीं सकता था। दूसरे दो लड़कों में भी उस मारक बीमारी के आरम्भिक चिह्न दिखने लगे थे। अतः दफ्तर के कर्मचारी तथा चपरासी उस समय किसी व्यापारी अथवा बाहरी व्यक्ति को यह कहकर प्रकाश के पास नहीं फटकने देते थे कि साहब लायन्स क्लब के कामों में अति व्यस्त हैं।

श्रीमती गुप्ता ने प्रकाश के आगे बढ़ते हुए हाथ को बिल्कुल नहीं रोका बल्कि उनका हाथ पकड़ते हुए अपने सीने से लगाया। दोनों के अन्दर विद्युत संचालन हो गया।

"प्रकाश बाबू, आपका हमारे ऊपर यह हाथ रहेगा तभी हम अपनी गाड़ी खींच पायेंगे अन्यथा हमारे जीवन की गाड़ी इस संसार के कीचड़ में फँस जाएगी। अब तो जगहँसाई होने वाली ही है। आप मुझ पर से कभी भी अपना हाथ नहीं हटाना।" श्रीमती गुप्ता ने हाथ जोड़कर कहा।

"मैं जब भी किसी पर अपना हाथ एक बार रखता हूँ, तो फिर हटाता नहीं हूँ। तुम तो जानती हो कि मैं अपने वायदे का पक्का हूँ। तुम आज से मेरे संरक्षण में रहोगी। तुम्हें अपनी तथा अपने परिवार की चिन्ता करने की आवश्यकता नहीं है। मैं ठीक समय पर तुम्हारे लड़के अजय को नौकरी पर रख लूँगा जिससे तुम्हारा सभी खर्च चलता रहेगा पर उसके यहाँ नौकरी पर आने से हमारा मिलना-जुलना कम हो जायगा। तुम चाहो तो मैं तुम्हें छुपाकर मासिक रुपया देने लगूँ पर यह मुश्किल होगा। हर हालत में हमें अपने बीच इन मधुर सम्बन्धों को पूर्ण गोपनीय रखना होगा ताकि हम इन सम्बन्धों को और प्रगाढ़ कर सकें तथा बीच-बीच में मधुरस का पान करते रहें।"

"जैसा आप कहें, मैं सब तरह से तैयार हूँ। औरत वैसे तो पराये मर्द को समर्पण नहीं करती है पर जब एक बार कर देती है तो फिर पीछे नहीं हटती चाहे उसे कैसे भी लांछन तथा लोकनिन्दा का सामना करना पड़े। देखो, मेरे पति का भी भावना की भाँति ही हाल है। वे दिन में बीस घण्टे गले में रुद्राक्ष की माला पहले बैठे रहते हैं। उन्हें भी डॉक्टरों ने ज्यादा हिलने-डुलने से मना किया है। हम दोनों शायद एक ही नाव में हैं। अतः हम दोनों सहयात्री हुए।"

पुरुलिया के जिला स्टेडियम में निश्चित दिन 'शिशु मेला' का विराट आयोजन हुआ। यह एक भव्य आयोजन था। जिलाधिकारी, जिला मुख्य चिकित्सा

अधिकारी सहित जिले के सभी गण्यमान्य व्यक्ति उपस्थिति हुए। मेले में लायनेस क्लब की सदस्याओं ने स्वयंसेविका से लेकर व्यवस्थापिका का काम किया। श्रीमती गुप्ता की उपस्थिति सभी को स्पष्ट दृष्टिगोचर हो रही थी। वे मोर की भाँति यहाँ-वहाँ फुदक रही थीं। प्रकाश ने मंच का भार सँभाला हुआ था। भाषण हुए, सांस्कृतिक कार्यक्रम हुए तथा अन्त में पुरस्कार वितरण हुआ। जिन शिशुओं ने स्वास्थ्य प्रतियोगिता में प्रथम, द्वितीय एवं तृतीय स्थान प्राप्त किया, वे वास्तव में स्वस्थ, सुन्दर, गोल-मटोल तथा आकर्षक थे। उन्हें देखकर सभी ने निश्चय किया कि वे भी अपने बच्चों को वैसा बनायेंगे। पुरस्कार प्राप्त बच्चों की माताओं ने बच्चों के माथे पर काला टीका लगा दिया था ताकि उन्हें दूसरों की कुदृष्टि न लगे। पुरुलिया में यह प्रथम आयोजन था। अन्त में सभी ने आयोजकों को धन्यवाद दिया। चारों ओर प्रकाश की प्रशंसा फैल गई तथा श्रीमती गुप्ता भी व्यवस्थापक के रूप में स्थापित हो गईं। श्रीमती गुप्ता ने आकर भावना के उस दिन चरण छुए तथा उनसे आशीर्वाद प्राप्त किया। आयोजन की सभी से प्रशंसा सुनकर भावना के अन्दर जो गलतफहमी थी वह अंशतः दूर हो गई पर ईश्वर ने स्त्रियों का शरीर तो ईर्ष्या से भर दिया है। कभी-कभी यह ठीक भी निकलता है पर प्रायः यह लाभ से नुकसान अधिक करता है। भावना ने श्रीमती गुप्ता पर कटाक्ष करते हुए कहा, "अब तो आप लोगों के सभी कार्यक्रम समाप्त हो गये हैं। अब तो जाकर घर का चूल्हा-चौका देखें। अन्यथा यह भी भूल जाओगी। जाकर घर पर बैठे पतिदेव की सेवा-सुश्रूषा करो। उन्हें इसकी अत्यन्त आवश्यकता है।"

"भाभी जी! बड़ा कार्यक्रम सफल हो गया है, अब छोटे-छोटे कार्यक्रम रह गये हैं जैसे पुराने कपड़े जोड़ना, बेकार दवाइयाँ आदि इकट्ठी करना तथा उन्हें गरीबों में बाँटना। आप जानती ही हैं कि इस वर्ष जो पुरुलिया में सूखा पड़ा है वह कई दशकों से अधिक गम्भीर है। सूखा से निबटने के लिए लायनेस क्लब ने कुछ करने का निश्चय किया है।"

"तुम लोग सभी सामग्री इकट्ठा करके जिला प्रशासन अथवा रामकृष्ण मिशन या भारत सेवा संघ को दो, वे इस सामग्री को सुचारु रूप से वितरित कर देंगे। तुम लोग कहाँ भूख से पीड़ित गाँवों में भटकती फिरोगी।"

"यदि ऐसा होता तो उत्तम होता। पर जिला प्रशासन भी ऐसी छोटी-छोटी वस्तुएँ लेना नहीं चाहता है तथा हमारी बंगाली सदस्याएँ भी स्वयं जाकर वितरित करना चाहती हैं ताकि उनका नाम हो, समाचार पत्रों में फोटो आए तथा वे देख सकें कि उनके द्वारा दी गई वस्तु ठीक पात्र के पास पहुँची है।"

"यह तो खराब है। दान के साथ अपना नाम प्रकाशित करना तो दान का

अपमान करना है। सच्चा दान वह है जो गुप्त हो।"

"यही मैं सोचती हूँ। मैं अब किसी कार्यक्रम में नहीं पड़ना चाहती हूँ। खूब खटनी होती है। मंच पर बैठने तथा बोलने के लिए तो सभी आगे आ जाती हैं पर उसके पहले और पीछे कोई काम नहीं करना चाहती हैं।"

श्रीमती गुप्ता के जाने पर प्रकाश जब सांयकाल घर आये तो भावना ने उल्टी-सीधी बातें कहीं, "लायन्स क्लब तथा लायनेस क्लब बहुत हो गया। अब कार्यालय का काम देखें अन्यथा हम सभी भूखे मर जायेंगे। ये लायन्स-लायनेस क्लब क्या आया, इस घर के लिए आफत आ गयी है। बड़े-बड़े व्यापारी बार-बार लौट कर चले जाते हैं। उनके पास भी तो समय की कमी है। यदि उन्होंने किसी वकील को पकड़ लिया तो क्या होगा? हमारी जमी-जमायी गद्दी उजड़ जायेगी। फिर इसी गद्दी से ही सब काम चला है और भविष्य की आने वाली पीढ़ियों का भविष्य भी सँवारना है। पवन और सुरेश का किताबों के काले अक्षरों में मन नहीं लगता। मुझे नहीं लगता कि वे आपका काम सँभालेंगे। थोड़ा-बहुत कम्प्यूटर पर काम करने से क्या होगा? आप तो रवि को अपने साथ लगायें ताकि वह आपका सच्चा उत्तराधिकारी बन सके। जितना समय लायन्स तथा लायनेस क्लब के लिए देते हैं, उससे आधा समय भी यदि परिवार के लिए दें, तो परिवार के सभी दुःख, अभाव एवं चिन्ताएँ हवा हो जायेंगी। मैं तो लायन्स तथा लायनेस क्लब वालों का हमारे घर में प्रवेश बन्द करने वाली हूँ। ऐसा न हो कि रवि, पवन तथा सुरेश का पत्ता काट दे। वह बहुत चतुर है।"

प्रकाश ने कहा, "कुछ भी हो दफ्तर तो ठीक तरह से चलाना ही है।"

"वह भी परिवार के लड़कों द्वारा।" भावना का उत्तर था।

प्रकाश ने भावना का अर्थ ठीक ही समझ लिया पर अपनी अपराध भावना को छुपाने के लिए उत्तर दिया, "तुम भली भाँति जानती हो कि मैं अपने परिवार के दुःख को दूर करने के लिए यह सभी करता हूँ। हो सकता है कि दूसरों के दुःख कम करने से ईश्वर हमारे दुःख का बोझ कम कर दे। मैं ये धमार्थ तथा सामाजिक कार्य नहीं छोड़ सकता। तुम यह समझो कि तुम्हारे साथ विवाह करने के पश्चात् मैंने 'सेवा' के साथ दूसरा विवाह कर लिया है। पर तुम्हें कोई परेशानी नहीं होगी। तुम्हारा मैं और अधिक ध्यान रखूँगा। मेरे कार्यों में बाधा न दो। मुझे कष्ट पहुँचेगा।"

"प्रत्येक स्त्री चाहती है कि उसका पति एक बार ही विवाह करे। वह किसी भी सौत को सहन नहीं कर सकती चाहे वह आपका सामाजिक कार्य ही क्यों न हो।"

"मुझे माफ करना कि मैंने विवाह शब्द का उपयोग किया। विवाह तो एक बार ही होता है। विवाह की पवित्र संस्था को मैं बदनाम नहीं करना चाहता। वास्तव में मानुष की मित्रता के कारण मैं भी उनकी भाँति साहित्यकार होता जा रहा हूँ तथा साहित्यिक शब्द या शब्दांश मेरे मुख से सहज निकल जाते हैं। पर इस बार इसे अनसुना कर दो, मुझे माफ करना। मैं पुरुलिया जिले के दूर-दुर्लभ गाँवों में जा-जाकर सूखा प्रभावित जनता के पास खड़ा होना चाहता हूँ ताकि उनके हृदय में हम व्यापारी वर्ग के प्रति जो घृणा भाव है, वह दूर हो जाय। हो सकता है कि इस उद्देश्य में मैं सफल न हो सकूँ। हमें नुकसान ही नुकसान हो। हमारा कई हजार रुपया भी खर्च हो जाय। हमारी गाड़ी हजारों किलोमीटर चले तथा हमें हजारों लीटर पेट्रोल खर्च करना पड़े फिर भी मेरी इच्छा है कि मैं इस जिले के अभावी आदिवासियों, बाउरियों तथा महातो के बीच में जाऊँ तथा उनके दुःखों को बाँटूँ।"

"आपने आज तक मेरी बात सुनी है, जो अभी सुनोगे। खैर, मैं आपको आखिरी बार यह बड़ा कार्य करने की अनुमति देती हूँ। ईश्वर आपको इस कार्य को करने की शक्ति प्रदान करे तथा आपको इस कार्यक्रम में सफलता दे।"

भावना से सहमति पाकर प्रकाश पुरुलिया के सूखाग्रस्त क्षेत्रों की सेवा में उतर गये। गत दो वर्ष से अति कम बारिश हुई थी, इसलिए इस वर्ष बारिश न होने से स्थिति और बिगड़ गई। लोगों के घरों में अनाज नहीं था। यहाँ तक कि पशुओं-मवेशियों के लिए सुरक्षित चारा भी समाप्त हो गया था। मवेशी मैदानों-खेतों में उपजी घास-फूस से काम चला लेते थे। वह घास भी वर्षा न होने के कारण सूख गई थी तथा कहीं-कहीं ही दृष्टिगोचर होती थी। अधिकांश जमीन नंगी हो रही थी। कहीं-कहीं छोटे टुकड़ों में नाम-मात्र की घास भी रुद्र के क्रोध से पीली पड़ गई थी। सूर्य की किरणों ने सभी को तप्त कर दिया था। दिन में तापमान पैंतालीस डिग्री सैण्टीग्रेट से अधिक पहुँच जाता था। लोग सुबह शाम ही निकलते थे पर गरीबों को पेट के लिए तथा अपने पालतू जानवरों के भोजन-पानी की व्यवस्था हेतु निकलना पड़ता था। सरकार ने सभी ग्रामों में 'काम के बदले अनाज' योजना चला रखी थी। जो भी एक सौ घन फुट माटी काटेगा, उसे साढ़े तीन किलो गेहूँ मिलेगा अथवा ढाई किलो चावल।

गाँवों के खेतों में काम नहीं था, अतः सरकारी कर्मस्थलों पर काफी भीड़ जुटती थी। पर इसमें भी दलबाजी हो रही थी। शासन में स्थित राजनीतिक दल समर्थकों को इन कार्यक्रमों में आगे अवसर दिया जाता था। जिसने भूल से भी दूसरे दल को पिछले चुनाव में वोट दिया था, उसकी मौत थी। उसे कुत्ते की भाँति दुत्कार कर भगा दिया जाता था। जो काम की देखभाल में नियुक्त थे, वे प्रतिनिधिगण

भी पंचायत प्रतिनिधियों तथा खण्ड विकास अधिकारी के द्वारा नियुक्त थे। अधिकारियों पर भी सत्ता दल का रंग चढ़ गया था। यद्यपि साढ़े तीन किलो गेहूँ काफी था क्योंकि उसमें परिवार का तथा मवेशियों का काम चल सकता था पर वह काम भी प्रतिदिन नहीं मिलता था। घर की महिलाएँ सुबह से लेकर शाम तक पीने के पानी की व्यवस्था में लगी रहती थीं। पीने योग्य जल के अस्सी प्रतिशत नलकूप सूख गये थे। महिलाओं को जल लाने के लिए कम से कम तीन किलोमीटर दूर जाना पड़ता था जहाँ कोई सक्रिय नलकूप हो या प्राकृतिक जलस्रोत जैसे प्राकृतिक झरना हो।

फिर उन्हें दूर स्थित तालाब पर मवेशियों को ले जाना पड़ता था जहाँ जल उपलब्ध था। मवेशियों को तालाब का गन्दा जल पीकर ही सन्तोष करना पड़ता था। इससे वे भी बीमार हो रहे थे। बकरियाँ तथा मुर्गियाँ ही खुश थीं क्योंकि बकरियों के लिए कँटीली झाड़ियाँ थीं तथा मुर्गियाँ बचा-खुचा अन्न खाकर ही पेट भर लेती थीं। वे गेहूँ का चोकर खाकर ही अपना गुजारा कर लेती थीं। गेहूँ का चोकर गाय और बैलों के लिए भी उपयोग में आ जाता था। इसके अतिरिक्त गरीब आदिवासियों तथा अनुसूचित जाति के लोगों के घरों में कुछ नहीं था। सूखा का आखिरी बिन्दु ही अकाल में परिवर्तित हो जाता है। सभी चिन्तित थे। सभी रात्रि में मिलकर इन्द्र देवता से प्रार्थना करते थे कि वह काले-बादलों को भूरा कर दें तथा कुछ बूँदें वर्षा दें। कुछ बादल फटें और सूखी धरती को अपने जल-कोश से आप्लावित करके अनुगृहीत करें। नारी-पुरुष तथा बच्चे प्रातः उठकर सूर्य भगवान से प्रार्थना करते कि वह उन पर दया करें तथा अपने तेज को कम करें।

सभी सोच रहे थे कि यह उनके पूर्व पापों का फल था जो वरुण देवता उनसे इतना रूठ गये थे। रात्रि में चन्द्रमा की मधुर रोशनी से सभी को राहत मिलती थी। आकाश की ओर ताकते-ताकते सभी थक गए थे। उन्हें चन्द्रमा की सुन्दरता भी नहीं लुभाती थी। ऊपर आकाश साफ देखकर तथा पूरे तारों की जगमहाहट देखकर सभी निराश हो जाते थे कि शायद बादल उनसे बहुत दूर चले गये थे। अब ग्रामवासियों को अपने अन्धविश्वासों तथा टोटकों का भरोसा था। एक-दो ग्रामों में परिवार की औरतों ने नग्न होकर हल चलाया ताकि वर्षा हो। इस समाचार का राज्य के तथा राष्ट्रीय समाचार-पत्रों ने जमकर कवरेज दिया। संवाददाताओं तथा टी.वी. चैनलों की टोलियाँ गाड़ियों में भर-भर कर बागमण्डी पहुँचीं। जिला प्रशासन के लिए सूखा-ग्रस्त से अधिक यह समस्या बन गयी। उन्होंने स्थानीय पंचायत की सहायता से नग्न औरतों द्वारा हल चलाना बन्द करवाया। ग्रामीणों का तर्क था कि उनके पास इतने साधन तो थे नहीं कि वे वर्षा के लिए यज्ञ कर सकें। इसलिए वे

अपना यह स्थानीय अमोघ अस्त्र छोड़ रहे थे ताकि इन्द्रदेव प्रसन्न होकर बादलों को तुरन्त खेतों पर वर्षा करने की आज्ञा दें। पर कठोर हृदय इन्द्र पर इनकी अन्तिम प्रार्थना का कोई असर नहीं हुआ।

प्रकाश को जिला प्रशासन द्वारा यह भार दिया गया कि वह पंचायत प्रतिनिधियों को समझायें तथा सुनिश्चित करें कि ग्रामीण योजनाएँ बिना किसी भेदभाव के परिचालित हों। वह अपने साथ पीने के पानी के टैंकरों को भी ले जाते थे। चूँकि वह गैर सरकारी व्यक्ति थे, अतः वे केवल समझा बुझाकर ऐसा कर पा रहे थे। उच्च सरकारी व्यक्ति तो गाँववालों के क्रोध से भयभीत होकर कार्यस्थलों का दौरा भी नहीं करते थे। प्रकाश के समझाने पर कई ग्रामीणों के दिमाग में यह बात घर कर गई कि उस अभूतपूर्व सूखा के लिए सरकारी तन्त्र दोषी नहीं था। अतः उनसे विरोध करने अथवा उन्हें दुश्मन समझकर व्यवहार करने से उन्हें कुछ प्राप्त नहीं होगा। सभी सरकारी अधिकारियों तथा कर्मचारियों को नौकरी में सुरक्षा प्राप्त है तथा हिंसक विरोध या वारदातों का उदाहरण देकर वे आराम से अपने घरों में बैठे-बैठे वेतन लेते रहेंगे जबकि ग्रामीण जन दिन में सूर्य का ताप सहन करेंगे तथा रात्रि को पेट का ताप।

प्रकाश के साथ पी. के. राय अतिरिक्त जिलाधिकारी ने सूखाग्रस्त गाँवों का दौरा प्रारम्भ किया। अतिरिक्त जिलाधिकारी द्वारा सूखाग्रस्त क्षेत्रों का दौरा करने से सम्पूर्ण मशीन में अनुप्रेरणा जगी। सरकारी तन्त्र गतिमान हो गया। ग्रामीणों की समस्याओं का आंशिक समाधान होने लगा। भ्रष्टाचार में लिप्त पंचायतों तथा स्थानीय कार्यालयों के कर्मचारियों तथा अधिकारियों में हड़कम्प मच गया। उनकी मनमानी पर रोक लगी तथा मध्यस्थों, व्यापारियों तथा ठेकेदारों पर लगाम कसी गई। वे अतिरिक्त जिलाधिकारी की ईमानदारी, कर्त्तव्यपरायणता तथा दक्षता से परिचित थे। अतः अतिरिक्त जिलाधिकारी के नाम से ही सूखाग्रस्त कार्यक्रमों की धमनियों में रक्त का प्रवाह होने लगा।

पुरुलिया का ग्रामीण परिवेश अति सुन्दर था। चारों और पोखरों में पानी भरा रहता था। जिले की ऊँची-नीची भूमि पर जैसे घास की चादर बिछी रहती थी। वृक्षों पर सुन्दर-सुन्दर फूल उगते हैं तथा कई वृक्ष तो लाल-पीले फूलों से भर जाते थे। कहीं-कहीं खेतों में धान की बालें लहलहाती थीं तो कहीं गोभी आदि सब्जी के बड़े-बड़े फूल-फल छितराये रहते थे। जहाँ पानी का स्रोत था, वहाँ खेती अवश्य लहलहाती थी। पानी तथा फसल का जैसे चोली दामन का साथ है। सभी किसान तो वर्षा होने पर भी कहते हैं कि वर्षा कम हुई है। पता नहीं इस धरती की प्यास कितनी हो गई है। पर पुरुलिया के कृषकों को यह भी कहने का अधिकार नहीं

था। उन बेचारों ने तो ऊपर वाले से कम से कम वर्षा की माँग की थी जो उनका अधिकार था। पर उनकी माँग पूरी नहीं हो रही है। पुरुलिया के कृषकों की पीढ़ियाँ दर पीढ़ियाँ गुजर गईं। वही अभाव–अधिक मेहनत, कम उपज तथा खेत में पानी देने के लिए भीष्म-प्रयत्न। उनका आधा जीवन केवल आकाश की ओर निहारते व्यतीत होता है। वे उसी आशा से बँधे रहते कि शायद यह खुला आकाश बादलों से आच्छादित हो जाए तथा तड़ित बादलों के घुमड़ने की आवाज के साथ पुरुलिया की धरती पर उतर आए तथा पुरुलिया की धरती की सदियों की प्यास बुझाए। इसी आस्था से कृषकगण अटके रहे पर न ही बिजली दिखी और न ही बादलों के घुमड़ने की आवाज सुनाई दी। मेघ आए और आसापास के क्षेत्रों में बरस कर चले गए। पर पुरुलिया छूट गया। पास में राँची में खूब वर्षा हुई। पता नहीं पुरुलिया को किसका शाप लग गया है? पुरुलिया के निवासियों ने क्या पाप किये थे? यहाँ के लोगों ने क्या अन्याय किया था? पुरुलिया एक ऐसी भौगोलिक घाटी है जो बादलों के पथ से हटकर है।

पुरुलिया की अनावृष्टि की समस्या का अध्ययन करने तथा सहायता करने के लिए देश-विदेशों से विशिष्ट व्यक्तियों के झुण्ड के झुण्ड आने लगे। कुछ प्रतिष्ठानों ने हेलीकाप्टर से वर्षा करने का सुझाव दिया तो कुछ लोगों ने छिड़काव सिंचाई करने का। जब पुरुलिया के ऊपर मेघों में पानी ही न हो तो पानी कौन बनाएगा? पानी तो जैसे पुरुलिया की धरती से कोसों दूर चला गया था। 'जीवन जीने की कला' (आर्ट ऑफ लिविंग) संगठन के संस्थापक गुरु श्री रविशंकर ने पुरुलियावासियों को यज्ञ करने की सलाह दी। स्थानों-स्थानों पर यज्ञों के आयोजन हुए। सौभाग्य से यज्ञ की समाप्ति पर बौछार हुई। बूँदा-बूँदी हुई। उससे पुरुलिया के निवासियों के हृदय में कुछ ठण्डक पहुँची। पक्षी चहचहाने लगे तथा पालतू जानवर जैसे गाय, बैल, बकरियाँ घास की तलाश में निकल पड़े, पर फिर वही सूनी धरती। प्रथम वर्षा तो पुरुलिया की तपती हुई धरती के सम्पर्क में आते ही वाष्पादित हो गई। प्रकृति की इस कठोर सजा को और झेलने का धैर्य न रहा। जिले के जिलाधिकारी ने भी खेत में हल चलाया। इन प्रयत्नों के फलस्वरूप कुछ और मेघ उमड़े पर वे खाली थे। शायद जिलाधिकारी को देखकर बादल शीघ्रता में चले आए थे पर आने की शीघ्रता में वे पानी भरना भूल गए थे। यह भूल पुरुलियावासियों के लिए मारात्मक थी। पुरुलिया के किसान चातक पक्षी की भाँति आसमान की ओर देख रहे थे पर बेशर्म आसमान फटता नहीं था। प्रतिदिन हजारों-लाखों लोग आसमान की ओर ताकते थे। वे सरकारी प्रत्यनों के प्रशंसक थे पर वे यह भलीभाँति जानते थे कि सरकारी प्रयत्न उनके खाली घड़ों में एक बूँद

जल के समान ही है। यदि ईश्वर ही उन पर रूठ गया तो ये ईश्वर के बन्दे उनकी कितनी सहायता कर पाएँगे?

शहरों में भी पानी की किल्लत हो गई। नलकूपों के स्तर इतने नीचे चले गये जो शायद गत बीस वर्षों में सबसे नीचा स्तर था। इसका प्रथम कारण था कि चारों ओर नलकूप लग गये थे, जल का दुरुपयोग हो रहा था तथा लोगों का जीवन-स्तर उन्नत होने से जल की खपत भी प्रति व्यक्ति बढ़ गई थी। दूसरा इस वर्ष का सूखा असामान्य था। प्रत्येक वर्ष एक-दो बार वर्षा हो जाती थी। पर इस वर्ष तो ऐसा ज्ञात हो रहा था जैसे इन्द्र ने पुरुलिया के ऊपर वाले आसमान का छिद्र बन्द कर दिया हो। पुरुलिया की सागरदीघी से टीनों में पानी भरवाकर बिक्री हो रहा था। जल की कीमत आसमान छू रही थी। पानी और चाय पीना समान हो गया था। प्रथम बार सागरदीघी अपने सीने को शुष्क अनुभव कर रही थी। वह पुरुलिया नगरवासियों को अपने सीने से पानी पिलाने में असमर्थ हो रही थी जबकि उसने सदियों से पुरुलियावासियों के लिए जल-सुरक्षा सुनिश्चित कर रखी थी। पुरुलिया नगरपालिका के कई टैंकर इस काम में लगे थे। कई स्वयंसेवी संस्थाएँ संलग्न थीं तथा शासन के नौकरशाही तन्त्र की बड़ी जमात थी। गाँवों से बदतर स्थिति छोटे तथा मझोले शहरों की थी जहाँ नगरपालिकाएँ तो घोषित हो गई थीं पर नगर के नाम पर उसके पास सुविधाएँ तथा संसाधन नगण्य थे। गाँवों से विस्थापित आबादी ही एकमात्र उनके नगर घोषित होने का कारण थी। फिर घोषणा के बाद सरकारी तन्त्र को स्थिर होने में वर्षों लग जाते हैं। इन छोटे-मझोले कस्बों में कर्म संस्थान भी सूख रहे थे। कोई काम ही नहीं था। सभी आकाश की ओर देख रहे थे। पलायन प्रारम्भ हो गया। रिक्शेवाले, मोची तथा मजूदरवर्ग दूसरे शहरों में जाने लगे। पुरुलिया भी कितने लोगों को आश्रय देता? परिश्चम बंगाल में वर्द्धमान जिला चावल का कटोरा माना जाता है। आदिवासियों, खेतिहर मजदूरों तथा भूमिहीनों ने अपने परिवारजनों को लिया तथा वे वर्द्धमान जिला की ओर बसों में भर-भर कर निकल पड़े। स्थानीय साम्यवादी दल ने काफी प्रयत्न किया पर निर्धनों ने उनकी एक न सुनी। वे प्रशासन, पंचायत तथा स्थानीय दल के कोरे आश्वासनों से तंग आ चुके थे। वे भुखमरी के कगार पर पहुँच चुके थे। घरों में था ही क्या? खेतों में काम नहीं था। पास के तालाबों, नलकूपों तथा कुओं में पानी सूख गया था। मवेशी भूख तथा प्यास से तड़प रहे थे। वृद्ध लोग एक-एक करके मर रहे थे। वे अपने पीछे मवेशी तथा वृद्धों को छोड़ गये। इससे स्थानीय प्रशासन तथा पंचायत के लिए विकराल समस्या खड़ी हो गई। थोड़ी चूक हुई कि भूख से मृत्यु की संख्या बढ़ती चली जाएगी तथा समाचार-पत्र एवं इलेक्ट्रॉनिक माध्यम ये समाचार प्रकाशित

करने से नहीं चूकेंगे। वृद्धों तथा असहायों को घर-घर कौन पीने योग्य जल उपलब्ध कराये? पंचायतों में काबिज स्थानीय राजनीतिक दल के लिए यह एक बड़ी चुनौती थी। मार्क्सवादी कम्युनिस्ट पार्टी ने अपने कैडरों को इस मानवीय त्रासदी में लोगों के पास खड़े रहने के कड़े निर्देश दिये। उन्होंने वर्द्धमान जिला में भी अपने दल के कार्यकर्त्ताओं को कड़े निर्देश दिये कि वे पुरुलिया से आगत प्रवासी मजदूरों को काम दिलवायें, उनकी उचित मजदूरी सुनिश्चित करें तथा यह देखें कि उनके परिवारों के साथ कोई छेड़छाड़ न हो। इस पेट की भूख का लाभ उठाकर कई मनचले यौन-भूख शान्त कर लेते हैं क्योंकि गरीबों के लिए नैतिक नियमों तथा वर्जनाओं से अधिक महत्वपूर्ण है उनके पेट की भूख मिटाना। उन्हें वर्द्धमान जिला में काम मिल गया। वे बीच-बीच में अपने घरों में आमदनी तथा प्राप्त धन का एक अंश भेजने लगे। इससे उनके परिवारों तथा मवेशियों को कुछ राहत मिली। पानी के अभाव में कुछ मौतों के समाचार कोलकाता तथा राष्ट्रीय समाचार-पत्रों के मुख्य पृष्ठ पर प्रकाशित हुए। स्थानीय जिला प्रशासन में हड़कम्प मच गया। राज्य तथा दिल्ली का शासन हिल गया। प्रधानमन्त्री के निर्देश पर पुरुलिया के लिए रेलगाड़ियों में जल भरकर भेजा गया। पूरे देश से सहायता आने लगी और सहायता के देश-विदेश से आश्वासन आने लगे। पर बहुत देरी हो चुकी थी। विश्व बैंक भी अपना कोश लेकर आ गया। पर सूखा से निपटने का काम बड़ा कठिन एवं दुःसाध्य था। चिलचिलाती धूप में सरकारी गाड़ियों की टंकी का पानी सूख जाता था। इन सरकारी जीपों तथा कारों के ऊपर खसखस की पट्टियाँ बिछाई गईं पर वह भी कामयाब न रहीं। गाड़ियों की वातानुकूलित मशीनें प्रभावहीन हो गईं। केवल ईश्वर का बनाया हुआ शरीर तन्त्र ही था जो इस सूखे से संघर्ष करने में सक्षम था। सरकारी तन्त्र प्रातः तीन घण्टे तथा रात्रि में तीन घण्टे ही काम पर जाता था। पुरुलिया के सभी कार्यालय, विद्यालय एवं अन्य संस्थानों का समय बदल दिया गया। उनको प्रातः छः बजे से ग्यारह बजे तक ही खुलने के आदेश दिए गए। केवल पी.के राय, अतिरिक्त जिलाधिकारी तथा प्रकाश स्वयंसेवी संस्थानों की ओर से सूखा पीड़ितों के साथ बारह घण्टे पास खड़े रहते थे। सभी समाचार-पत्रों में उनकी प्रशंसा प्रकाशित हुई।

पुरुलिया के इस अभूतपूर्व सूखा से तीन सौ लोगों की मौतें हुईं। हजारों पशु मारे गये। बिजली के तारों तथा पेड़ों के नीचे हजारों पक्षी मृत पाये गये। मनुष्यों में मरने वालों में अधिकांश वृद्ध नारी पुरुष थे। इनमें उस बीरहर परिवार के चार सदस्य थे जो पेड़ों पर रहता था तथा पूर्ण तौर से संसार से कटा हुआ था। एक दिन उनकी भूख से कंकाल लाशें पायी गईं। पुरुलिया जिले में यह खबर फैल गई

कि उनमें से एक परिवार के सदस्य को तेंदुआ ने खा लिया था क्योंकि वह दुर्बलता के कारण पेड़ पर न चढ़ सका तथा रात्रि में पेड़ के नीचे ही सो गया था। शायद पशुओं ने या कुत्तों ने उसके बचे-खुचे माँस को खा लिया था। मरने वालों में तीस-चालीस वे लोग थे जिन्होंने भूख से तड़पकर ऐसे पेड़ों की जड़ें खोदकर खायी थीं जो विषैली हो गयी थीं। शायद पेड़ की जड़ें भी निरन्तर पानी के अभाव में विषैली हो गई थीं। उनमें कीड़े-मकोड़े हो गये थे। पुरुलिया जिले की सड़कों पर यात्रा करने पर यह ज्ञात होता था कि जैसे सूर्य की रोशनी द्वारा गर्मी की वर्षा की जा रही है। केवल सूर्य की चमचमाती किरणें आसमान से धरती पर तीव्र बाणों की भाँति पड़ रही थीं जैसे वे धरती को भस्म कर देंगी। चारों तरफ झुलसा हुआ दृश्य था। सभी पीला-भूरा हो गया था। हरे रंग का तो नामोनिशान न था। दूर-दूर तक स्थित पानी के तालाबों तथा सड़क के पास के गड्ढ़ों की तलहटी चमक रही थी जैसे वे भी जमीन का भाग हो गए हों। उनकी काली तलहटी भी अब पीली पड़ने लगी थी। पुरुलिया की मिट्टी को जैसे पीलिया रोग हो गया था। सूर्य की तेज किरणों की मार से पत्थर भी टूट कर टुकड़े हो रहे थे। इस बीच कभी-कभी हवा चलती थी तो वह भी धूल भरी होती क्योंकि उसे रोकने में पेड़-पौधे अथवा वनस्पति अक्षम थी। पूरा पुरुलिया रेगिस्तान में बदल रहा था। रेगिस्तान की भाँति पुरुलिया की शामें ठण्डक लेकर आती थीं पर वे भी अँधेरा होने पर। फिर सूर्य प्रातः पाँच बजे प्रकट हो जाते जैसे सूर्य को नींद ही नहीं आ रही थी। लोग सूर्य से डरने लगे थे। सूर्य की जहाँ-तहाँ पूजा हो रही थी। पुरुलिया के लोगों का विश्वास था कि उन पर सूर्य तथा इन्द्र दोनों क्रोधित थे। वे उनकी अभ्यर्थना कर रहे थे। आदिवासी अपनी परम्पराओं के अनुसार पूजा-अर्चना कर रहे थे। उनमें भी सन्थाल तथा अन्य आदिवासियों की प्रार्थनाएँ भिन्न-भिन्न थीं। पर उनके देवता प्रायः उनके घर के पास ही विराजमान थे तथा उनके मन्दिरों में कोई आडम्बर नहीं था। केवल एक पेड़ के नीचे कुछ चुने हुए सुन्दर-सुडौल विभिन्न आकृति के पत्थरों की वे पूजा करते थे। ये पत्थर चिकने तथा आकर्षक थे। पर रौद्र में वे भी शीघ्र गर्म हो जाते थे। अतः रात्रि को ही उनकी पूजा सम्भव हो पाती थी। आदिवासियों को अब हड़िया बनाने का अवसर ही नहीं मिलता। वे महुओं को कच्चा खाकर ही नशा कर लेते तथा वह ही उनके लिए पौष्टिक आहार तथा नशे का काम करता। बंगाली जहाँ काली एवं दुर्गा का आह्वान कर रहे थे वहीं उ.प्र. तथा राजस्थान से आये वैश्य, व्यापारी, मारवाड़ी क्रमशः हनुमान, शिव, कृष्ण तथा राणी सती की पूजा कर रहे थे। चारों ओर यज्ञ के आयोजन हो रहे थे। प्रशासन का यह प्रयत्न था कि यह अभूर्तपूर्व सूखा अकाल में न बदले। स्थानीय प्रशासन

ने अपनी पूरी शक्ति झोंक दी। जिलाधीश ने अपने अधिकार से ही सरकारी कोषागार से धन निकाल लिया। इस प्रकार का सूखा अकाल ही होता पर राज्य तथा केन्द्रीय सरकारों ने सूखा राहत के लिए अपना कोष खोल दिया। राहत सामग्री को पहुँचाने तथा उसके उपयोग में अनेक परेशानियाँ आ रही थीं। आदिवासीगण गाँवों से दूर घने जंगलों में रहते थे तथा कहीं-कहीं दो-तीन परिवार एक साथ रहते थे। सरकार ने उनके लिए पृथक कैम्प निर्माण किए जहाँ पर मनुष्यों तथा मवेशियों के ठहरने की व्यवस्था थी तथा सामूहिक रसोई चलती थी। मवेशियों के लिए चारा भी संगृहीत था। पर इस बार गाँववासी अपने मवेशी लेकर नहीं आए। वैसे सरकार तथा पंचायत की ओर से मवेशियों के लिए पृथक शिविरों की व्यवस्था की गई थी, पर मवेशियों को यह बँधा-बँधाया जीवन रास नहीं आया। अतः कुछ परिवारों को शिविर छोड़कर लौटना पड़ा। सरकारी शिविरों में उनके जानवर बीमार होने लगे। आदिवासीगण भी बीमार होने लगे क्योंकि शिविर में खिचड़ी खाकर दिन भर पड़े रहना उनके लिए एक तरह का दण्ड ही था। वे अपनी विशिष्ट जीवन शैली के अभ्यस्त थे, उसे आधुनिक मापदण्ड से कितना ही अच्छा-बुरा कहा जाए। इस सूखा में पुरुलिया जिले के उस विशेष व्यापारी, ठेकेदार तथा मध्यस्थ वर्ग की अच्छी आमदनी हुई जो पुरुलिया के सूखा से निबटने में विशेषज्ञ समझे जाते थे। शायद आगामी दस वर्ष तक उन्हें अपनी भावी पीढ़ी के लिए और अर्जन करने की आवश्यकता नहीं पड़ेगी। इस प्रकार वे और उनके परिवार आगामी दस वर्ष के लिए निश्चिंत हो गए।

जून के प्रथम सप्ताह में पुरुलिया के आकाश में मेघ घिर आए। प्रथम दो तीन बार रिम-झिम बरसातें हुईं। फिर जैसे पुरुलिया में वर्षा की झड़ी लग गई। सभी प्रसन्न थे। चारों ओर अत्यन्त खुशी का वातावरण था। लोग खेतों में काम पर जुट गये। गाँवों से संगीत गूँजने लगा, ढोलक नगाड़े बजने लगे। आदिवासियों के नृत्य 'छौ' की घूँघरू बज उठीं। अशक्त शरीरों में गर्म रक्त दौड़ने लगा। पुरुलिया में सभी दौड़ते दृष्टिगोचर हो रहे थे। बाहर से आई राहत सामग्री अब पूर्ण तौर से गाँवों में पहुँच गई थी। जिला प्रशासन ने खरीफ फसल के लिए बीज की व्यवस्था की तथा इस बार जिले में शिविर लगाकर मुफ्त बीज का वितरण हुआ, पर बीज लेने वाले लोग कम थे क्योंकि अधिकांश घर खाली हो गये थे। केवल वृद्ध तथा जानवर बचे थे। मूसलाधार वर्षा को देखकर जिला प्रशासन की चिन्ता बढ़ गई कि कहीं पुरुलिया में इस वर्ष बाढ़ न आ जाए जो आज तक नहीं हुआ था। जून माह में ही पुरुलिया जिले में जो वर्षा मापी गयी, वह औसतन पूरे वर्ष में हुई वृष्टि के बराबर थी। तालाब, पोखर, कुओं, बावड़ी तथा सड़कों के दोनों ओर गड्ढे पानी से

लबालब भर गए थे। वस्तुतः इन सभी जलस्रोतों से पानी बहने लगा था। नलकूपों में पानी वेग से उठने लगा था।

इस प्राकृतिक अनुलोम-विलोम को देखकर प्रकाश निश्चिंत हो गये तथा वे अपनी वकालत तथा अन्य पारिवारिक कामों में लग गये। सूखा राहत कार्यक्रम में अद्वितीय परिश्रम तथा लगन से काम करने के कारण यद्यपि उन्हें जो प्रशंसा तथा सम्मान मिला, वह किसी भी प्रवासी व्यक्ति का प्रथम सम्मान था। उनको जिलाधिकारी, अध्यक्ष जिला परिषद तथा नगरपालिका चेयरमैन की उपस्थिति में 'पुरुलिया गौरव' की उपाधि दी गई। पर वे थक गये थे तथा विश्राम के लिए कुछ दिनों के लिए पुरुलिया से बाहर जाना चाहते थे।

प्रकाश ने प्रैक्टिस की कमान फिर से सँभाली। बहुत से मुवक्किलों की समस्याएँ इकट्ठी हो गई थीं। प्रकाश के कर कार्यालय में उपस्थित न हो सकने के कारण कई मामलों में कर निर्धारण अधिकारियों ने मनमाने आदेश पारित कर दिये थे। व्यवसायियों ने भी प्रकाश को परेशान नहीं किया क्योंकि वे प्रतिदिन स्थानीय समाचार-पत्रों में पढ़ते थे कि किस प्रकार प्रकाश स्थानीय प्रशासन का सूखा राहत कार्यक्रम में सहयोग कर रहे थे। दूसरी ओर उनके कार्यालय के बाबुओं, सहायकों और आयकर तथा बिक्री कर कार्यालय के अधिकारी तथा कर्मचारियों में परस्पर विश्वास सेतु बन गया था। प्रकाश के कार्यालय के सहायक पैसा देने में काफी नुकताचीनी तथा मोलभाव करते थे। पवन कभी-कभी कार्यालयों में जाता था पर वह युवा तथा अपरिपक्व था। पवन को गाड़ी से कठिनाई से उतरते हुए देखकर किसी का साहस ही नहीं होता था कि उससे पैसों के लेनदेन की बात करे। प्रकाश एण्ड कम्पनी मुवक्किलों से यह नहीं कहती थी कि सीधे कर अधिकारियों अथवा कर कार्यालय के बाबुओं से रिश्वत के लेन देन की बात करें क्योंकि इस प्रक्रिया में उनका शोषण होने की सम्भावना थी। रवि भी इस लेन-देन में अधिक रुचि नहीं लेता था। उसमें अपनी कम्पनी का अहम प्रवेश कर गया था। वह सोचता था कि जब वह नियम तथा कानून के माध्यम से व्यापारी को राहत दिला सकता है, तो वह इस अवैध आचरण को क्यों अपनाए? पर प्रकाश का विचार था कि कर निर्धारण तथा कर वसूली राज्य की सम्प्रभु क्षमता है तथा भारत में कर-निर्धारण विधि में अधिकारियों को अत्यधिक विवेकशक्ति प्रदान की गयी है क्योंकि स्वतन्त्रता के पश्चात् हमारे देश में शिक्षा तथा जागरूकता का अभाव था जबकि अधिकारी तथा लिपिक पढ़े लिखे थे। पर प्रकाश इस तथ्य से सहमत थे कि भविष्य में अमेरिका आदि देशों की भाँति कर निर्धारण के क्षेत्र में विधि सुस्पष्ट रहेगी तथा विभिन्न सरकारी आदेशों, अनुदेशों, राज पत्रित सूचना, विज्ञापन तथा

प्रात्यायोजन विधान द्वारा ऐसी व्यवस्था होगी कि कर निर्धारण अधिकारी की विवेक शक्ति को पूर्णतः सीमित कर दिया जाएगा, पर यह व्यवस्था जिलों तक पहुँचते-पहुँचते वर्षों लगेंगे।

सूखा ग्रस्त कार्यक्रमों में अत्यन्त व्यस्त होने के कारण अपीलीय अधिकरण, कोलकाता में कई अपीलें लम्बित हो गई थीं जिनके निस्तारण के लिए प्रकाश को आना ही था क्योंकि कोलकाता में ही पुनरीक्षण अधिकारी बैठते थे और वहाँ ही आयकर, बिक्रीकर तथा सेवाकर आदि के अपीलीय अधिकरण स्थित थे।

श्रीमती गुप्ता के साथ अपने मधुर सम्बन्धों को प्रकाश भुला नहीं पा रहे थे। फुर्सत में उनके मधुर मिलन के क्षण उनके मानस-पटल पर बार-बार उभर आते थे। ये परावर्तित क्षण उनके मन में कभी प्रसन्नता उत्पन्न करते थे तो कभी उनके मन में कचोट उत्पन्न करते थे। पत्नी की बीमारी के कारण प्रकाश यौन-सुख से प्रायः दूर थे। प्रकाश इस रिश्ते से दूर होना चाहते थे। उनकी कर्त्तव्यनिष्ठा उन्हें बार-बार धिक्कारती थी। जब वे सूखा से जूझ रहे थे तो भी कभी खाली पलों में मिलन के क्षण चोरी-छिपे उनके मानस चित्रपट पर ज्वार-भाटे की भाँति सहसा उभर जाते थे। विशेषतः जब वे कार में यात्रा कर रहे हों, तो श्रीमती गुप्ता के साथ उनके रिश्ते बार-बार उभर आते थे तथा वे कुछ क्षणों के लिए उन स्मृतियों में खो जाते थे। भावना की बढ़ती हुई बीमारी तथा उससे उपजी तीक्ष्णता उन्हें इन सम्बन्धों में खोने के लिए उत्प्रेरक का काम करती थी। उन्हें अपने वैवाहिक सुख का अन्त स्पष्ट दृष्टिगोचर हो रहा था। मानसिक रूप से इन सम्बन्धों के मिलन की लुका-छिपी में आनन्द लेने की मधुर आदत को और भी रशद प्राप्त हो जाती थी जब श्रीमती गुप्ता से उनकी सहज ही मुलाकात हो जाती थी। यह चाहे उनके घर में हो या तीसरे व्यक्ति के घर में। दूसरी ओर प्रकाश को मन से पूर्ण रूपेण समर्पित कर चुकी श्रीमती गुप्ता ने यह निश्चय कर रखा था कि वह जितना अधिक हो सकेगा प्रकाश से मिलेंगी, पर प्रकाश की व्यस्तता का उन्हें अनुभव था तथा वे जिन महत्वपूर्ण कार्य में व्यस्त रहते थे, वह भी श्रीमती गुप्ता भलीभाँति समझती थीं। यद्यपि प्रकाश श्रीमती गुप्ता के आदर्श पुरुष थे पर वह उनसे दूरियाँ कम करने में डरती थीं क्योंकि समाज में प्रकाश की एक अति सम्माननीय सामाजिक स्थिति थी जिसके आस-पास भी श्रीमती गुप्ता फटक नहीं सकती थीं। यदि वह प्रकाश के इई-गिर्द अधिक मँडराती, तो समाज श्रीमती गुप्ता को ही दोष देता। पर यदि स्त्री का अपने प्रेम में विश्वास दृढ़ हो जाए, फिर वह पुरुष के सामाजिक स्तर आदि की चिन्ता नहीं करती तथा केवल वह अपने प्रेमी, विशुद्ध प्रेमी में खोयी रहती है। वह पुरुष की ओर से प्रेम प्रत्याशा करती है। स्त्री की यही

विशेषता नहीं होती तो यह संसार स्त्रैण आकर्षण के वशीभूत न होता तथा उसे अपने सिर माथे पर न बैठाता।

श्रीमती गुप्ता का प्रकाश के घर पर आना-जाना प्रायः नगण्य ही हो गया था क्योंकि भावना ने समझ लिया था कि दोनों के बीच कुछ खिचड़ी पक रही थी। यह भी स्त्री को ईश्वर प्रदत्त संवेद है क्योंकि उसका शरीर ऊपर से नीचे तक ईर्ष्या से ओतप्रोत है। सामान्य व्यक्ति स्त्री-पुरुष के बीच में वार्तालाप, हँसी-मजाक या साधारण हाव भाव को सामान्य व्यापार मान कर उपेक्षा कर सकता है पर स्त्री के मन में प्रत्येक बाहरी स्त्री के साथ सम्बन्धों के विषय में शक की सूई तब तक घूमती है जब तक यह सिद्ध न हो जाय कि ये सम्बन्ध विशुद्ध मानवीय सम्बन्ध हैं तथा किसी महती उद्देश्य के लिए हैं। भावना के विरोध के भय से दोनों की भेंट उतने दिनों तक नहीं हुई थी तथा दोनों मिलने के लिए उत्कण्ठातुर थे तथा किसी उपयुक्त अवसर की तीव्रता से बाट जोह रहे थे।

बिल्ली के भाग्य से छींका टूटा। लायनेस क्लब का कोलकाता में पूर्वी क्षेत्र का सम्मेलन आयोजित होने जा रहा था जिसमें उड़ीसा, सिक्किम तथा उत्तर पूर्वी राज्यों के लायन्स क्लबों के प्रतिनिधिगण भाग लेने जा रहे थे। लायन्स क्लब के अन्तर्राष्ट्रीय मुख्यालय से यह आदेश आया कि पश्चिम बंगाल का प्रत्येक लायनेस क्लब इस सम्मेलन में अपने कम से कम दो प्रतिनिधि अवश्य भेजे। लायनेस क्लब की सभापति को अनिवार्य रूप से जाना ही था। उपसभापति अपनी लड़की की शादी के कारण जाने में असमर्थ थीं जबकि लायनेस क्लब की सचित के बच्चों की परीक्षाएँ थीं। अतः निणर्य की सुई प्रकाश के समर्थन से श्रीमती गुप्ता पर ही रुकी जो आषाढ़ के बादलों की भाँति स्वछन्द थीं। उन्हें लायनेस क्लब की ओर से किराया मिला। अपने रहने की व्यवस्था उन्होंने अपने एक दूर के रिश्तेदार के यहाँ कर ली।

निश्चित तिथि पर श्रीमती गुप्ता कोलकाता पहुँचीं। इसी बीच प्रकाश की एक अत्यन्त महत्त्वपूर्ण एवं संवेदनशील अपील की तारीख कोलकाता के आयकर प्राधिकरण में लग गयी। प्रकाश मुकदमे की भलीभाँति तैयारी करके कोलकाता आये। मुवक्किल धनी व्यक्ति था, अतः प्रकाश इस समय अपने नौकर या सहायक को साथ नहीं लाए। दूसरे प्रकाश का श्रीमती गुप्ता से मिलने का बहुत दिनों से मन कर रहा था। मुकदमे का काम दिन में पूरा करके प्रकाश ने श्रीमती गुप्ता को मोबाइल पर फोन करके कहा, "मेरा काम पूरा हो गया है। मैं मुकदमा जीत रहा हूँ। आज हम अपने फ्लैट पर मिल सकते हैं।"

क्षणभर के लिए श्रीमती गुप्ता के मानस में बवण्डर उठा पर उन्होंने तुरन्त

सामान्य होकर तथा मुस्कराकर उत्तर दिया, "मैं आपको कैसे मना कर सकती हूँ? हम थोड़ा जल्दी ही मिलें ताकि मैं जहाँ ठहरी हूँ, वहाँ समय से पहुँच सकूँ।" दोनों ने एक स्थान पर मिलने का निश्चय किया जहाँ से प्रकाश श्रीमती गुप्ता को अपने फ्लैट पर ले जाएगा। प्रकाश ने अपने फ्लैट में बिस्तर तथा खाने-पीने की व्यवस्था कर ली थी। प्रकाश का मस्तिष्क तनाव तथा आनन्द से झूम रहा था। प्रकाश श्रीमती गुप्ता से निश्चित स्थान पर मिला तथा वे दोनों एक टैक्सी में बैठकर प्रकाश के फ्लैट पर आ पहुँचे।

फ्लैट में प्रवेश करते ही प्रकाश ने श्रीमती गुप्ता का आलिंगन करके सैकड़ों बार चुम्बन किया। श्रीमती गुप्ता भी पीछे न रहीं। वह बोली, "मैं तो समझ गयी थी कि आज हम लोगों की मधुचन्द्रिका होने जा रही है, जिसका हमें इतने दिनों से बेसब्री से इन्तजार था।"

"तुम इतनी शीघ्रता न करो। हम दोनों इस खेल में अनुभवी खिलाड़ी हैं। अतः हम जो भी करें अच्छी तरह से करें। कपड़े उतारें। शायद उसके बाद ऐसा सुनहरा मौका फिर न मिले।"

दोनों नये प्रेमी-प्रेमिका की भाँति संसार की उन भौतिक गहराइयों, कन्दराओं तथा पहाड़ियों में खो गये जहाँ से कोई वापस नहीं आना चाहता है।

दोनों के चेहरों पर अपार प्रसन्नता तथा सन्तोष था जैसे उन्होंने नागमणि प्राप्त कर ली हो। श्रीमती गुप्ता ने कहा, "हमने जो भी गलत काम किया है, उसके लिए हम दोनों समान रूप से उत्तरदायी हैं। हम दोनों की इस खेल में पूर्ण सहमति तथा समान भागीदारी थी। पर मैं यह कहूँगी कि तुम मेरे लड़के को जरूर अपने ऑफिस में रख लो।"

प्रकाश ने कहा, "तुम पहले मेरी ओर से यह हार स्वीकार करो। तुम्हारे इस समर्पण के लिए मैं जो कुछ भी करूँगा, वह थोड़ा ही होगा। तुम तो जानती ही हो कि भावना के अपाहिज होने के कारण मैं शारीरिक रूप से तड़प जाता हूँ पर क्या करूँ? समाज में मेरा इतना बड़ा नाम है। इस नाम को बचाने के लिए मुझे अपनी कई व्यक्तिगत इच्छाओं तथा वासनाओं का बलिदान करना पड़ता है। तुम्हें बहुत-बहुत धन्यवाद। मैं तुम्हारा बहुत कृतज्ञ हूँ। तुम्हारें लड़के को मैं तुरन्त नौकरी पर रख ही लूँगा। इन अल्प क्षणों की याद में ही मैं अपनी शेष जीवन-यात्रा पार कर लूँगा।"

यह सुनकर श्रीमती गुप्ता दुबारा प्रकाश से लिपट गयीं जैसे उन्हें जीवन में दूसरा पति मिल गया हो। प्रकाश के द्वारा उनकी वह इच्छा पूरी होने जा रही थी जो उन्होंने कितने वर्षों से संजोये रखी थी। इससे उनका परिवार भी ठीक गतिमान होगा।

"पर तुम यह समझ लो कि अजय वयस्क हो गया है। आजकल के लड़के-लड़कियाँ यौन विषय में अति विशेषज्ञ हैं। वे उड़ती चिड़िया को भी पहचानते हैं। अजय हम लोगों के अवैध सम्बन्धों को तुरन्त भाँप लेगा तथा इसका विरोध करेगा। अतः तुम यह सुनिश्चित कर लो कि इस नौकरी के विनिमय में हमें अपने पुरुष-स्त्री सम्बन्धों को भूलना पड़ेगा तथा दो अपरिचितों की भाँति व्यवहार करना पड़ेगा। तुषार वाटिका में तो तुम्हारा आना पहले से ही भावना की जलती हुई ईर्ष्या के कारण प्रायः बन्द हो गया है। अब तो ऑफिस में आना-जाना भी बन्द हो जाएगा। यहाँ तक कि फोन पर बातें भी बन्द हो जाएँगी। युवा लड़के-लड़कियाँ बुड्ढे-बुढ़ियों से यौन के मामलों में अधिक सतर्क हैं। बाहर तो मिलना असम्भव है क्योंकि पुरुलिया में बच्चे से लेकर बड़े तक मुझे पहचानते हैं। तुम निश्चय कर लो। मुझे तुम्हारा निर्णय स्वीकार होगा। मैं तो वकील हूँ। मुवक्किल के सामने पक्ष-विपक्ष बिन्दुओं को स्पष्ट करना एक वकील का पेशागत कर्त्तव्य है। अन्तिम निर्णय मुवक्किल का ही है।"

"स्त्रियाँ एक बार ही निश्चय करती हैं। मेरा यह निश्चय आज का नहीं कई वर्षों का है। मैंने कई दिन एवं रात्रि अभाव में काटे हैं। उस प्रत्येक क्षण तथा दिन में कई सौ बार मैं यही सोचती थी कि अजय की नौकरी लग जाए, और मैं निश्चिंत हो जाऊँ। फिर आपके यहाँ तो अजय की नौकरी सर्वश्रेष्ठ है। आपसे अच्छा पुरुलिया में कौन है? चाहे चन्द्रमा या सूर्य स्थान बदल दे, पर मेरा यह निश्चय अटल है। हम मिलने-जुलने के लिए अन्य कोई दूसरा रास्ता निकालेंगे। यदि नहीं भी निकला, तो इस ढलती उम्र में इसे ही अपना दुर्भाग्य समझकर सन्तोष कर लेंगे। और रखा ही क्या है? पारिवारिक तथा सामाजिक जीवन में क्षति न हो। मैं तो आपकी तरक्की देखकर या सुनकर ही खुश होती रहूँगी। आपका प्रत्येक खुशी का समाचार मेरे लिए मिलन के समान होगा। मैं दूसरों के सामने ऐसा नाटक करूँगी जैसे हम जन्म-जन्म से अपरिचित हों।"

"तुम्हारा यदि एक ही निश्चय है तो समझ लो कि अजय की नौकरी लग गयी। जब तक अजय काम करता रहेगा, तब तक खेड़िया एण्ड कम्पनी में उसका वेतन चलता रहेगा। मैं अपनी ओर से उसे कभी नहीं हटाऊँगा। मैं उसे अपने ऑफिस में सबसे अधिक वेतन दूँगा ताकि तुम्हारे परिवार की भी ठीक तरह से गुजर-बसर चलती रहे और तुम समाज में सम्मानपूर्वक जी सको। पर अपना भविष्य में मिलना-जुलना यहीं बन्द होता है। इन क्षणों के लिए तुम्हें कोटिशः धन्यवाद। आज से तुम मेरे हृदय की सम्राज्ञी तथा मन की रानी हो गई हो।"

"यह तो बताओ कि इस हार का क्या करोगी।"

"प्रकाश जी, औरतों को आप कमजोर न समझो। प्रेम करने में औरतें पुरुषों से भी चतुर होती हैं। उन्होंने सैकड़ों बुद्धू पुरुषों का हाथ पकड़कर उन्हें प्रेम का पाठ पढ़ाया, पर आमदनी करने में वे मात खा जाती हैं। इसीलिए तो उन्हें पुरुषों की दासी बनना पड़ता है। बिना धन के जीवनयापन नहीं होता। पर यदि एक बार स्त्री ने किसी पुरुष के लिए मन बना लिया, तो वह उसे पाने के लिए दुर्गा का रूप भी ले लेती है। वह रास्ते में आने वाली सभी बाधाओं को नष्ट कर देती है। यह हार तो छोटी सी चीज है। मैं कह दूँगी कि यह मैंने कोलकाता से अष्टधातु का वनावटी गहना खरीदा है जिसकी कीमत मात्र पाँच सौ रुपया है। पाँच सौ रुपया मैं खर्च कर सकती हूँ। इसे मैं अपने विवाह के मंगलसूत्र के साथ सँजो कर रखूँगी–अपने बक्से में सबसे नीचे। उसकी चिन्ता आप न करें। यह मेरी सर्वाधिक प्रिय भेंट है। मैं इसे हृदय से लगाकर रखूँगी। अपनी पलकों के नीचे छिपा कर रखूँगी। मेरा तो आपके साथ दूसरा विवाह हुआ है। पहला विवाह तो असफल ही रहा। उसमें मुझे केवल अभाव तथा अक्षम पति मिला। बस केवल एक पुत्र मिला। उसको भी पुत्र होने का गौरव आप प्रदान करने जा रहे हैं। अतः आप तो मेरे पति से बढ़कर हुए न?"

दोनों ने मिलकर कोलकाता की सर्वोत्तम मिठाई खायी तथा ठण्डाई पी ताकि उन्हें आनन्द पर आनन्द मिले। दोनों का मन था कि वह इन क्षणों को वर्षों तक इसी प्रकार आगे बढ़ाते रहते पर समय तथा समाज उनके विरोध में था। उम्र भी उनका साथ छोड़ रही थी और देरी करने से उनकी चोरी पकड़ी जा सकती थी। अतः दोनों ने चरम संयोग के बाद विरह के गर्त में जाना उचित समझा ताकि दूसरों को वे सामान्य दृष्टिगोचर हों। प्रकाश ने श्रीमती गुप्ता का एक बार फिर भींचकर आलिंगन किया जिसका श्रीमती गुप्ता ने बढ़चढ़कर उत्तर दिया। फिर 'अलविदा' कहकर श्रीमती गुप्ता एक टैक्सी में बैठकर अपने रिश्तेदार के निवास पर लौट आयीं–कुछ खोयी-खोयी तथा सम्भोग की खुमारी लिए हुए। उनके चेहरे पर अद्भुत सन्तोष, आत्मविश्वास तथा प्रसन्नता देखकर घर की स्त्रियों को शक हुआ। विलम्ब भी काफी हुआ था। उनकी अस्त-व्यस्त साड़ी देखकर घर की स्त्रियों के शक की सुई ठहर गई। पर वे श्रीमती गुप्ता की इतनी नजदीकी रिश्तेदार नहीं थीं कि वे हँसी-मजाक में उनसे वास्तविकता पूछकर अपने शक का निवारण करतीं। आजकल प्रत्येक सम्बन्ध की लक्ष्मण रेखा खिंची है। उसको पार करना वर्तमान तथाकथित समाज के स्थापित मापदण्डों का उल्लंघन होता है। अतः उनका शक एक शक ही रह गया।

5. संगठन

पुरुलिया लौटने पर प्रकाश इस बार आत्म सन्तुष्टि से लबालब था। उसने निश्चय किया कि अब वह मनोयोगपूर्वक अपने व्यवसाय तथा सामाजिक कामों में लगेगा। यहाँ-वहाँ बहकना बहुत हो चुका था। प्रकाश कभी सोचता, 'मेरी बुद्धि कहाँ गई थी? यह ठीक था कि मेरा मन भटक रहा था पर बुद्धि तो इसलिए है कि वह मन सहित इन्द्रियों को सारथी की भाँति संयम में रखे। मैं तो असफल हो गया हूँ। मैंने पत्नी भावना से निश्वासघात किया है। वह तो मेरी आस्था के सहारे जीवित है। पर मनुष्य वही है जो भूल करे पर भूल को स्वीकार करे तथा दोबारा उस प्रकार की भूल न करे। वह प्रकाश मर गया है। मैं आत्मग्लानि नहीं सहन कर पा रहा हूँ। मेरा मस्तक विचारों के विरोधाभास से फटा जा रहा है। आज दूसरा प्रकाश जन्म ले रहा है जो इस संसार को दिखा देगा कि व्यक्ति चरित्रवान तथा संयमी होकर अधिक आनन्द तथा मस्ती में जी सकता है। अब मैं केवल संयम का आनन्द लूँगा।'

प्रकाश के नये आत्मविश्वास की आभा उसके मुख मण्डल पर स्पष्ट थी। वह भावना के साथ व्यवहार में भी अधिक संयमित हो गया था। उस पर तो विधाता के आशीर्वाद की वर्षा हो रही थी। फिर भी उसे यह कार्य नहीं करना चाहिए था। वह बार-बार इस अन्वेषण में लग जाता था कि फिर जोर करके बुद्धि से मन को वश में करके आगे के काम में तुरन्त लगता था। काली घटना को भूलकर वह जिस व्यवसाय या काम में हाथ देता था, उसमें ही अप्रत्याशित लाभ होता था। इसका कारण था कि प्रकाश अपने ज्ञान, अध्यवसाय तथा उत्तम संगत के कारण भविष्य में देख सकता था जबकि अन्य लोग मायामोह के कारण अपनी दैनन्दिन समस्याओं तथा परिवार एवं आस-पास के सम्बन्धियों के व्यवसाय से आगे नहीं सोच पाते हैं।

प्रकाश को चारों ओर से धन-वर्षा हो रही थी। उसके लिए यह स्थिर करना कठिन था कि उसका कौन सा व्यवसाय या पेशा उत्तम था। कौन उसे अधिक लाभ दे रहा था। उनमें परस्पर ही प्रतियोगिता हो रही थी। प्रकाश तो उनकी प्रतियोगिता को स्थिर भाव से दृष्टिगोचर करता था तथा लाभ के पैसे से अपने बैंक के खातों को समृद्ध कर रहा था। वह थक गया था कि घर की महिलाओं के लिए कितने आभूषण बनाए? भावना तो कुछ भी आभूषण पहनने में सक्षम नहीं थी। बहुओं का भी आभूषणों से मोह हटता जा रहा था। घर के लड़के-लड़कियाँ भी कितना खर्च करें। घर में पढ़ने के लिए कुछ घण्टों के लिए बैठना अनिवार्य था।

प्रकाश परिवार के लिए तीर्थस्थानों सहित पर्यटक स्थलों के पर्यटनों का कार्यक्रम बनाता था तथा उनको भली-भाँति कार्यान्वित करता था। परिवार में एकरसता आ गयी। भावना सभी के खुश एवं सन्तुष्ट चेहरों को देखकर आत्मसन्तुष्ट थी। घर की मालकिन अपनी खुशी की अपेक्षा घर के अन्य सदस्यों की खुशी देखकर अधिक खुश होती थी।

दूसरी ओर प्रकाश का पुरुलिया के स्थानीय वर्ग में सम्मान बढ़ गया था। लोग प्रकाश के नाम से पुरुलिया की पहचान करने लगे थे। पर एकान्त क्षणों में प्रकाश के मानस पटल पर जन्मस्थान झाँसी की स्मृतियाँ बार-बार उभर आतीं। प्रकाश अपने क्षेत्र में बुन्देलखण्ड का घोर प्रशंसक था। यदि उसका वश चलता तो वह अभी भी पुरुलिया से अपना साम्राज्य समेटकर झाँसी वापस आ जाता। पर अब बहुत देरी हो चुकी थी। समुद्र की लहरें जो उसे पुरुलिया खींच लाई थीं, वे वापस जा चुकी थीं। वह प्रयत्न करने पर भी ओरछा के महाराजा इन्द्रजीत तथा उनकी प्रेयसी राय प्रवीण की कहनी नहीं भूल पाता। वह इस प्रेम प्रसंग को सभी को सुनाता। राय प्रवीण माधो लुहार की पुत्री थी। उसकी माँ को गायन एवं नृत्य का शौक था। राय प्रवीण को बचपन से ही विधाता ने अतुल रूप-सौन्दर्य प्रदान किया। जैसे-जैसे वह उम्र की दहजील पर पैर बढ़ाती गई वैसे-वैसे उसका रूप एवं सौन्दर्य और निखरता गया। जब वह पूर्ण युवती बनी तब वह रूप-लावण्य और कमनीयता की मानो साक्षात् मूर्ति बन गई थी। पर उसने सौन्दर्य के साथ काव्यगत गहराई, भाषा-शैली तथा भाव-विन्यास को समझकर उन्हें आत्मसात किया। उसने काव्याचार्य महाकवि केशव का शिष्यत्व ग्रहण करके स्वयं को काव्य-सृजन में लगा दिया। ओरछा के रामराजा मन्दिर में वह और उसकी माँ जाया करती थीं और भगवान के सामने भाव-विह्वल होकर माँ-बेटी गाया करतीं। उसकी बाल्या और किशोरावस्था में संगीत की निपुणता की चर्चा धीरे-धीरे ओरछा में फैलती चली गई। बाद में उसने कुशल संगीतज्ञ स्वामी हरिराम व्यास के चरणों में बैठकर संगीत व उसकी गहराइयों को समझा और उनके निर्देशन में दक्षता प्राप्त की।

अपनी नृत्य, गायन, काव्य-कला तथा सुन्दरता की प्रसिद्धि के कारण, वह महाराज इन्द्रजीत की प्रेयसी बनी। इन्द्रजीत को कछौवा-पिछौर (म.प्र.) की जागीरें मिलीं। ओरछा के राजा को अकबर से मैत्री के कारण अकबर की राजधानी आगरा के चक्कर लगाने पड़ते थे। उनकी अनुपस्थिति में ओरछा के शासन की देखरेख इन्द्रजीत ही किया करते थे। उसी कारण इन्द्रजीत को अधिकांशतः ओरछा में रहना पड़ता था। यही कारण है कि ओरछा के किले तथा मन्दिर की दीवारों में इन्द्रजीत

तथा राय प्रवीण का नाम अधिक गुंजायमान है।

दोनों का लोक लज्जा के कारण प्रेम छुप-छुप कर होता रहा। जब अकबर को राय प्रवीण के सौन्दर्य और कला के विषय में ज्ञात हुआ तो 'साठ' वर्षीय वृद्ध अकबर पर भी दीवानगी का भूत सवार हो गया। उसने ओरछा के राजा को संदेश पहुँचा दिया, "राय को दरबार में हाजिर किया जाए अन्यथा एक करोड़ रुपये का जुर्माना और युद्ध का निमन्त्रण।"

ओरछा का राजा रामशाह सकते में आ गया। उसने इन्द्रजीत को समझाया और मनाया, परन्तु इन्द्रजीत टस से मस नहीं हुए। अन्त में महाकवि केशव ने इन्द्रजीत को आश्वस्त किया कि प्रवीण अपनी काव्यात्मक प्रतिभा से अकबर को पराजित करेगी और प्रवीण उन्हीं की रहेगी। इन्द्रजीत मान गए। राय प्रवीण अकबर के दरबार में अपनी परीक्षा में सफल हुई। अकबर राय प्रवीण की प्रतिभा से अत्यन्त प्रभावित हुआ। अकबर ने अपने दरबार में उसे तानसेन का स्थान लेने का निमन्त्रण दिया तथा उससे कहा, "हम चाहते हैं कि तुम हमारे दरबार एवं हरम दोनों की शोभा बढ़ाओ। हम तुम्हें इसके लिए सहर्ष निमन्त्रण देते हैं।"

राय प्रवीण ने इस निमन्त्रण को बड़ी चतुराई से अपने एक प्रसिद्ध दोहे के साथ ठुकरा दिया –

विनती राय प्रवीण की, सुनिये साह सुजान।
झूठी पातर भखत हैं, बायस-बारी-स्वान।।

अकबर सुनकर तमतमा गया। उसने राय प्रवीण द्वारा अपने लिए बायस (कौवा), बारी (मेहतर या बसोर) और स्वान (कुत्ता) जैसे घृणित शब्दों का जो सम्बोधन सुना तो वह क्रोधित होकर बोला, "तुम औरत जात हो, कोई आदमी होता तो उसकी जबान काटकर उसे मौत के घाट उतार दिया जाता।"

राय प्रवीण ने निर्भीकतापूर्वक उत्तर दिया, "शहंशाह, आप मालिक हैं। भगवान का स्वरूप हैं। भगवान को पूजा में सदैव ताजे फूल चढ़ते हैं। मैं बासी फूल हूँ। महाराज इन्द्रजीत की भोग्या हूँ। इसलिए आपसे निवेदन किया था।"

गुणग्राही अकबर उसके उत्तर से प्रसन्न हो गया। उसने उसे यह कहकर ससम्मान छोड़ दिया, "आज तक जो अकबर किसी से नहीं हारा, वह तुमसे हार गया। तुमको हुक्म से बुलाया था, अब तुम्हें बाइज्जत ओरछा पहुँचाया जाता है।"

राय प्रवीण बाइज्जत ओरछा आ गई। इन्द्रजीत तथा राय प्रवीण दोनों प्रेम से जिये एवं प्रायः साठ वर्ष की उम्र में उनका स्वर्गवास हुआ। आज ओरछा का उजड़ा हुआ प्रासाद तथा आसपास का क्षेत्र इस अलौकिक प्रेमगाथा को मूक भाषा में कहता है।

जहाँ प्रकाश का बुन्देलखण्ड प्रेम की अनेक अमर गाथाओं से गुंजायमान है वहाँ शौर्य की गाथाओं में भी अग्रगण्य है। मध्य काल से लेकर अंग्रेजों के काल तक कोई भी दिल्ली की सल्तनत इस अभावी प्रदेश की स्वतन्त्रता प्रिय जनता को पूर्णतः गुलाम नहीं बना सका। अन्ततः दिल्ली सल्तनत ने हारकर उस प्रदेश को उसके तरीके पर ही जीने के लिए छोड़ दिया। बाद में जहाँगीर से ओरछा नरेश के अच्छे सम्बन्ध रहे। उन्होंने जहाँगीर को खुश करने के लिए अकबर के एक सेनापति की हत्या भी कर दी। दोनों की मित्रता का प्रतीक भव्य 'जहाँगीरी महल' आज भी ओरछा में विद्यमान है जो मुगल स्थापत्य कला का श्रेष्ठ प्रतीक है। इन प्रसंगों को सुनाने से जहाँ प्रकाश को अत्यन्त गौरव की अनुभूति होती, वहाँ सब समय अपने प्राचीन की कहानियाँ सुनाने वाले बंगालियों को भी विराम लगता।

बंगाली लोग सब समय सुभाषचन्द्र बोस तथा उनकी भारतीय सेना (आई. एन.ए.) की वीरता का गुणगान करते-करते नहीं थकते। वे उन सैकड़ों बंगालियों के त्याग की कहानियाँ सुनाते जो स्वाधीनता संग्राम में अण्डमान जेल में रहे। यहाँ तक कि वे 1857 क्रान्ति की शुरुआत बरहमपुर, सैनिक अड्डे से मानते जो स्पष्ट रूप में बैरकपुर की सैन्य छावनी से सिपाही मंगल पाण्डे द्वारा आरम्भ किया गया था। मंगल पाण्डे का शहीद स्तम्भ आज भी राज्य सरकार के सचिवालय राइटर्स बिल्डिंग के सामने स्थित है। इस प्रकार कई छोटे-मोटे स्वतन्त्रता सेनानियों की गाथायें सुनाते बंगाली कभी थकते नहीं। यहाँ तक कि पुरुलिया के सन्थाल-विद्रोह तथा बिरसा मुण्डा के विद्रोह को भी वे अपनी धरती की उपज मानते थे। रवीन्द्रनाथ टैगोर द्वारा नाइटहुड का त्याग करना उनके लिए बहुत बड़ी घटना थी। पलासी की हार को वे मीरजाफर की गद्दारी का कारण बोलकर आगे बढ़ जाते। पर वे यह भूल जाते कि यदि उस समय उपस्थित भीड़ ने सिराजुद्दौला के महल की ओर बढ़ते क्लाइव के दो सौ पचास सैनिकों पर एक-एक ही पत्थर फेंका होता तो आधुनिक भारत का इतिहास दूसरी ओर मुड़ जाता। कभी-कभी बंगालियों द्वारा अपने प्रदेश की बढ़-चढ़कर बयानबाजी उनकी जातीय श्रेष्ठता के रूप में उभरती थी। यह सब सुनकर प्रकाश की आत्मा कचोटती क्योंकि वह जिस प्रदेश से आया था वहाँ त्याग एवं बलिदान प्रत्येक व्यक्ति के रक्त के कण-कण में विद्यमान था। वहाँ सिद्धान्त या आन-बान के लिए बलिदान आत्मोत्सर्ग करना जैसे एक सामान्य व्यापार था।

छत्रसाल के जीवन का उदाहरण बुन्देलखण्ड के इतिहास का दीप-स्तम्भ है। प्रकाश उनकी गाथा सुनाते-सुनाते नहीं थकता। छत्रसाल के पिता चम्पत राय एवं माता सारन्धा ने तत्कालीन मुगल शासकों के साथ लड़ते हुए वीरगति को वरण

किया। उनकी माँ ने अधिकांश जीवन गुरिल्ला युद्ध में व्यतीत किया। इसलिए छत्रसाल का जीवन जंगलों में ही बीता। माता-पिता की मृत्यु के समय उनकी उम्र बारह वर्ष थी। जीवन के प्रारम्भ में उन्हें कहीं से आश्रय प्राप्त न हुआ। जीविकोपार्जन हेतु वे औरंगजेब के सेनापति जयसिंह की सेना में भर्ती हो गए। पर शिवाजी के विरुद्ध लड़ते-लड़ते उनके मन में ग्लानि हुई और वे एक दिन भागकर शिवाजी से जा मिले। शिवाजी के समझाने पर दोनों ने निश्चय किया कि शिवाजी जहाँ मुगलों को दक्षिण में रोके रहेंगे वहाँ वे मुगल-सेना के विरुद्ध उत्तर भारत में संघर्ष आरम्भ करेंगे।

छत्रसाल को मानो शिवाजी से गुरुमन्त्र प्राप्त हो गया था। छत्रसाल ने मुद्दारा के बलदीयान की सहायता से जंगल में 540 पैदल और 30 घोड़ों का संगठन खड़ा करके गुरिल्ला रणनीति अपनायी तथा तीन वर्ष के अन्दर पन्ना को प्रशासनिक राजधानी और महोबा को सैनिक छावनी का रूप दिया।

छत्रसाल ने औरंगजेब के भेजे सभी सेनापतियों जैसे रणइलह, तहवर खाँ, अब्दुल समद, शाह कुली को बुरी तरह पराजित किया और बुन्देलखण्ड से पलायन करने के लिए विवश किया। बाद में एक सन्धि के अन्तर्गत औरंगजेब ने छत्रसाल को 'राजा' की उपाधि देकर सम्मानित किया। छत्रसाल ने वृद्धावस्था के कारण औरंगजेब से मधुर सम्बन्ध बना लिए। बाद में औरंगजेब के उत्तराधिकारी मुहम्मद शाह ने इलाहाबाद में सन् 1720 में अफगान बंगश को फौजदार नियुक्त किया। बंगश ने सर्वप्रथम छत्रसाल के पूर्वी बुन्देलखण्ड क्षेत्र पर कुदृष्टि डाली। छत्रसाल ने बंगश के चेले दिलेर खाँ को मार डाला। परिणामस्वरूप बंगश ने छत्रसाल के विरुद्ध सन् 1724 में एक बड़ा अभियान आरम्भ कर दिया। सन् 1727 तक वे बंगश को रोकते रहे। अन्त में वे हार गये। पर वे बंगश की नजरबन्दी से बच निकले और मराठों तथा बुन्देलों ने मिलकर बंगश को घेर लिया। बंगश पकड़ा गया। उसके बाद किसी ने बुन्देलखण्ड की ओर आँख उठाने का साहस नहीं किया और बयासी वर्षीय छत्रसाल को मुक्ति मिल गई। छत्रसाल के राज्य का विस्तार था—

'इत चम्बल, उत नर्मदा, इत जमना, उत टौंस।
छत्रसाल सौं लड़न की, रहि न काहू हौंस।।'

आज का तथाकथित बुन्देलखण्ड क्षेत्र भी इन नदियों की सीमाओं के अन्तर्गत ही आता है। फिर अंग्रेजों के विरुद्ध रानी लक्ष्मीबाई तथा क्रान्तिकारियों के कार्यकलाप तो सर्वविदित हैं।

प्रकाश की इन ऐतिहासिक गाथाओं को सभी मनायोगपूर्वक सुनते। प्रकाश

बंगाल के लोगों की गुण ग्राहिकता से बड़े प्रभावित थे। बुन्देलखण्ड की इन वीरता की गाथाओं को स्वयं बुन्देलखण्डी भी इतने चाव से नहीं सुनते। इस कारण प्रकाश ने बुन्देलखण्ड के इतिहास को और गहराई से पढ़ा। प्रकाश ने बुन्देलखण्ड पर प्रकाशित सभी साहित्य झाँसी से मँगवाया। पर प्रकाश को सभी प्रकाशित साहित्य एवं सामग्री एक स्थान पर प्राप्त न हो सकी। कुछ प्रमाणिक सामग्री उत्तर-मध्य सांस्कृतिक केन्द्र द्वारा प्रकाशित की गयी तो कुछ बुन्देलखण्ड विश्वविद्यालय के पाठ्यक्रम में थी। काश! बुन्देली लोग भी बंगवासियों की भाँति अपनी प्राचीन तथा ऐतिहासिक सामग्री का सम्वर्द्धन कर पाते। आजकल उपभोक्तावाद के प्रभाव में किसी को फुर्सत नहीं है इस प्रकार की सामग्री पढ़ने की क्योंकि यह साहित्य उनकी जीवन शैली तथा स्तर को ऊँचा नहीं करता था तथा ये गाथाएँ केवल अब बैठक घरों अथवा चौपालों तक केन्द्रित होकर रह गयी थीं।

जहाँ प्रकाश की धन-दौलत का पुरुलिया के लोग लोहा मानते थे, वहाँ उसके ज्ञान तथा अनुभव की चर्चा भी चारों ओर प्रसारित थी। बंगाली भी उसे बंगाली 'बुद्धिजीवी' की श्रेणी में रखने लगे। बंगाल में लोगों को पता ही नहीं था कि भारत में अपरिचित सा क्षेत्र बुन्देलखण्ड इतिहास तथा संस्कृति की दृष्टि से भी इतना समृद्ध है। अतः पर्यटन प्रेमी बंगाली लोगों ने पूजा के अवकाश में इन क्षेत्रों की ओर घूमने के लिए योजनाएँ बनाईं। प्रकाश उन्हें सभी तरह से सहायता करता तथा उनकी सुविधाओं हेतु झाँसी में अपने सम्बन्धियों एवं मित्रों को लगातार फोन करता।

जहाँ प्रकाश की लोकप्रियता की दिनोंदिन पुरुलिया में वृद्धि हो रही थी, वहीं उसके परिवार में अशान्ति का वातावरण सृजित हो रहा था। सभी पृथक-पृथक व्यवसाय तथा पृथक-पृथक खाने की व्यवस्था चाहते थे। इस कारण प्रकाश को सामाजिक कार्यों से ध्यान हटाकर पारिवारिक समस्याओं की ओर ध्यान देना पड़ा। उसने निश्चय किया कि रात्रि के भोजन के पश्चात् वह प्रतिदिन आध घण्टा से एक घण्टा तक परिवार के सभी सदस्यों के साथ बैठक करेगा तथा परिवार के सम्बन्ध में अहम् निर्णय लेगा। वह कोई भी निर्णय अकेला नहीं लेगा।

भावना अत्यन्त खुश थी क्योंकि इन पारिवारिक बैठकों का स्थान उसका कमरा ही चुना गया। वह प्रकाश के पास बैठने को तरस गई थी। चौबीस घण्टों में प्रकाश का चेहरा उसके सामने आधे घण्टे से अधिक नहीं रहता था। प्रकाश समझाता, "हम लोगों का संयुक्त परिवार में रहने में ही कल्याण है। संयुक्त परिवार सभी के सुख का ध्यान रखता है तथा 'बहुजन हिताय बहुजन सुखाय' का सूत्र चरितार्थ करता है। इस व्यवस्था में कुछ ऐसी निहित विशेषताएँ एवं शक्तियाँ

हैं कि यह गम्भीर से गम्भीर कठिनाइयों का मुकाबला करने की शक्ति प्रदान करती है। यह शक्ति सभी के संगठित प्रयासों से आती है। तुम लोगों ने देखा ही है कि इस संसार में मृत्यु ही सबसे बड़ा दुःख एवं पहाड़ की भाँति कठिनाई है। उसको भी हम पार कर गए। असल में हम जिस व्यवस्था में रहते हैं उसकी विशेषताओं की पूर्ण रूप से प्रशंसा नहीं कर पाते जैसे कि लम्बे अरसे से रहते हुए पति-पत्नी एक दूसरे के महत्व को भूल जाते हैं। विदेशी लोगों ने अकेले परिवारों का परिणाम देख लिया है। अकेले अमेरिका में पचास प्रतिशत तलाक होते हैं। संयुक्त परिवार में पति-पत्नी का झगड़ा बढ़ने के पूर्व उसे कई सतहों से गुजरना पड़ता है और उन स्तरों में कहीं भी झगड़ा बढ़ सकता है या कम हो सकता है पर उसे हल होना ही है। हमारी संस्कृति में यह व्यवस्था कूट-कूट कर भरी है कि पारिवारिक शान्ति तथा सन्तोष ही व्यक्ति को इस संसार से जूझने की शक्ति प्रदान करते हैं और परिणामस्वरूप वह एक-एक सफलता के आयामों को लाँघता हुआ चला जाता है। संयुक्त परिवार भी एक समाज की इकाई की भाँति है जिसमें कोई बुद्धिजीवी है, तो कोई कर्मजीवी, कोई ज्ञानमार्गी है तो कोई भक्ति मार्गी; कोई केवल प्रेम का दीवाना है तो दूसरा केवल बाहर सैर-सपाटा करने का शौकीन। कोई पूरे दिन समाचार-पत्र पढ़कर सामयिक विषयों का सारांश प्रस्तुत करता है तो कोई धार्मिक ग्रन्थों से हीरे निकालकर परिवार के सदस्यों के सामने परोसता है। कोई टेलीविजन के सामने आँखें गड़ाए बैठा रहता है तो कोई खेल में श्रेष्ठता प्राप्त करने के लिए सड़कों तथा मैदानों को मापता रहता है। सभी को अपने क्षेत्र में श्रेष्ठता प्राप्त करने की एक सीमा तक स्वतन्त्रता है यानि वह परिवार के तथाकथित संविधान के अन्तर्गत हो जिसे हम पारिवारिक परम्पराएँ कहते हैं, जो बड़ों के मुख से सुनकर या उनका आचरण देखकर स्थिर होती हैं एवं सभी उन परम्पराओं को मानने के लिए बाध्य हैं। परम्पराएँ वे ही जीवित रह सकती हैं तथा फल-फूल सकती हैं जो समय की गति के अनुसार हों अर्थात् वे कालधर्म के अनुसार स्वयं परिवर्तित हों पर अपना मौलिक स्वरूप न खोयें।"

रवि ने कहा, "इसका अर्थ तो यह है कि हमारा संयुक्त परिवार एक ठोस साम्यवादी इकाई है।"

प्रकाश ने कहा, "अथर्ववेद का आदेश है– 'हे गृहस्थ मनुष्यो! तुम्हारा जलपान एक-सा हो, स्नान आदि का स्थान एक-सा हो, तुम्हारा खान-पान साथ-साथ हो अर्थात् परस्पर मिलकर करें। तुम्हें एक साथ परिवार के जुए में जोड़ता हूँ ताकि तुम सब मिलकर गृहोत्थान के लिए सशक्त होकर गृहरूप गाड़ी को खींचो। रथ चक्र की नाभि के चारों ओर जैसे अरे लगे हुए होते हैं वैसे ही परिवार में सब

सम्यक् प्रकार से परस्पर एक-दूसरे को यथोचित मान-सम्मान देते हुए अग्नि रूपी सफलता को प्रज्वलित करो।'"

भावना ने कहा, "मुझे संयुक्त परिवार की सबसे बड़ी विशेषता यह लगती है कि परिवार का कोई सदस्य बीमार हो तो उसे अस्पताल में भर्ती नहीं होना पड़ता। यदि परिवार में कोई सदस्य बीमार या विकलांग हो जाता, जैसे मैं हो गई तो वह असहाय नहीं होता, परिवार के अन्य सदस्य उसकी शारीरिक, मानसिक और आर्थिक अपेक्षाओं की पूर्ति करते हैं। बच्चों का मनोरंजन बड़ी-बूढ़ी महिलाओं के हिस्से में आता है। वे कहानियाँ सुना-सुनाकर बच्चों के कच्चे दिमाग को मोड़ती रहती हैं। आया के हाथ में पला बच्चा उसके ही संस्कार, जीवन शैली तथा संस्कृति सीखेगा। इसमें आया का क्या दोष है? वह जो जानती है, वह ही सिखायेगी। जो उसने अपने जीवन की अनुभव की भट्टी में सीखा है, वह ही उसे देगी। आजकल तो अकेले में या लापरवाही में नौकरानियाँ बच्चों को पटक देती हैं। बस आप थोड़े आराम के लिए पूरे जीवन भर उन्हें एक अस्पताल से दूसरे अस्पताल दिखाते रहो। यदि परिवार का कोई सदस्य बाहर नौकरी पर जाता है तो उसे खाने-पीने तथा घर-बार की चिन्ता नहीं होती। वह पूरा मन लगाकर नौकरी कर सकता है। कोई भी जब नयी बहू परिवार में आती है, उसे कुछ भी न आता हो। वह खाना बनाना न जाने, सिलाई-कढ़ाई न जाने, कपड़ों पर प्रेस न करना जाने अथवा उसे पढ़ना-लिखना भी न आये, तो भी परिवार की अन्य महिलाएँ उसे सिखा देती हैं।"

"मैं यह तो नहीं जानती कि अथर्व वेद में क्या लिखा है। वह तो तुम्हारे दादाजी आजकल पढ़-पढ़कर साधु और वैरागी हो रहे हैं। मैं तो यह समझती हूँ कि पिता के साथ पुत्र-पौत्रादि का अपनी पत्नियों और अपनी सन्तानों के साथ रहना, एक साथ निवास और खाने का प्रबन्ध तथा संयुक्त रूप से धर्म-कर्म और सामाजिक कर्त्तव्यों का निर्वहन, सम्पत्ति का संयुक्त स्वामित्व और उपयोग; परिवार के सदस्यों का गृह-कर्त्ता के अनुशासन में रहना तथा मर्यादा का पालन करना तथा प्रत्येक सदस्य द्वारा अपनी पूर्ण ईमानदारी, निष्ठा एवं परिश्रम द्वारा परिवार के संयुक्त धन एवं सम्मान में वृद्धि करना। संयुक्त परिवार में टूट तब आरम्भ हुई जब या तो कर्त्ता ने अपनी मनमानी की और परिवार की सम्पत्ति को परिवार के लाभ में नहीं लगाया। दूसरे 'कमाऊ सपूत' का परिवार में अधिक सम्मान होने लगा तथा उसकी पत्नी एवं बच्चे दूसरे सदस्यों को पराश्रित जीव समझने लगे। इससे परिवारों में झगड़े उत्पन्न हुए। सामाजिक असुरक्षा बढ़ने के कारण भी लोग स्वर्जित सम्पत्ति बढ़ाने में अधिक लग गये तथा संयुक्त परिवार के हितों की

अनदेखी करने लगे।" भावना ने कहा।

रवि का मत था, "समाज में परिवार पर प्रजातन्त्र के निर्माण की अनिवार्यता के कारण ही संयुक्त-राष्ट्र-संघ की साधारण-सभा ने वर्ष 1994 को अन्तर्राष्ट्रीय परिवार वर्ष घोषित किया। इसका उद्देश्य था कि परिवार की समस्याओं के प्रति सभी में जागृति उत्पन्न करना। परिवार सम्बन्धी समस्याओं के निदान के प्रयत्नों में तेजी लाना तथा स्थानीय, आंचलिक और राष्ट्रीय स्तर सहित सभी स्तरों पर परिवार सम्बन्धी कार्यक्रमों को उन्नत करना।"

अतः सभी एकमत हो गये कि परिवार की एकता तथा समरसता बनाये रखना अपरिहार्य है। अन्य बाहरी शत्रु हमारे परिवार को खोखला कर देंगे।

भावना ने कहा, "मैं ये बड़ी-बड़ी बातें नहीं जानती हूँ। पर मैंने संयुक्त परिवार में जो विशेषताएँ देखी हैं, वे अहम हैं। छोटे बच्चों को माँ या आया की प्रतीक्षा नहीं करनी पड़ती। दादी-नानी की मीठी-मीठी कहानियाँ और नेह पगे हाथों की सहलाहट बच्चों के शरीर को दिन दूना—रात चौगुना बढ़ाती हैं। कभी-कभी तो मैंने देखा है कि कामकाजी माँओं के कार्यालय से लौटने के बाद बच्चे उनकी परवाह ही नहीं करते यद्यपि माँ उनकी ओर दौड़ती है। बच्चे अपने में मस्त रहते हैं। एकाध बार तो मैंने देखा है कि बहुत बड़ा अन्तराल होने पर बच्चे अपने माँ-बाप को एकदम से नहीं पहचान पाते हैं क्योंकि दादा-दादी, नाना-नानी के प्यार में वे इतने मशगूल हो जाते हैं कि उन्हें कुछ होश ही नहीं रहता। यह अनुभव से पका प्यार होता है जो बच्चों के उचित लालन-पालन में सहायता करता है। दूसरी बात मैंने देखी है कि कार्यालय से या बाहर यात्रा से आने के पश्चात् युवा लड़के-बहुएँ थके-माँदे आते हैं तो घर में बड़े लोगों से मिलकर सब भूल जाते हैं। उनके हाथ फेरने से तो उनकी पूरी थकावट दूर हो जाती है। इसी प्रकार यदि किसी की तबियत खराब हो जाय तो घर में पूर्ण घरेलू चिकित्सा की व्यवस्था रहती है। गला खराब हुआ तो तुरन्त नमक का गरम पानी गरारे के लिए तैयार हो गया, सर्दी हुई तो अदरक या तुलसी की चाय तुरन्त पेश हो गई, यदि और तबियत खराब हुई तो काढ़ा दे दिया। यदि कहीं चोट लगी, तो हल्दी चूने का लेप लगा दिया जाता है। सरसों का या लाल तेल तो वैद्य की भाँति घर में सभी समय विद्यमान रहता है। छोटी-मोटी चोट तो लाल तेल से ही ठीक हो जाती है। यदि अधिक सिर में दर्द हुआ तो माँ द्वारा अमृतांजन का सिर में लेप तुरन्त ही आराम पहुँचाता है। न किसी अंग्रेजी दवा या गोली की आवश्यकता और न ही इन नुस्खों का खराब प्रभाव। आजकल तो मैं देखती हूँ कि सभी कोल्हू में जुते बैल की भाँति अंग्रेजी दवाओं के खराब प्रभाव को ढो रहे हैं। इसके अतिरिक्त घर में भाँति-भाँति

के व्यंजन बनाने की विशेष योग्यता होती है। कोई बुन्देलखण्डी पकवान बनाने में विशेषज्ञ है, तो कोई मारवाड़ी भोजन पकाने में। कोई बहू दक्षिण भारतीय व्यंजन इडली, डोसा, उत्तपम्, बड़ा बनाने में होशियार होती है तो कोई मैगी, चाऊमीन तथा फ्राई चावल बनाने में। संयुक्त परिवार तो एक उत्तम नर्सिंग होम होता है क्योंकि मरीज को दवा से अधिक सेवा की आवश्यकता होती है। संयुक्त परिवार में यदि सभी ने मरीज के साथ आध-आध घण्टा बिताया, तो उसका समय पार हो जाता है। बच्चों की पढ़ाई भी जो संयुक्त परिवार में होती है वह कहीं नहीं हो सकती। घर का कोई सदस्य गणित में अच्छा है, तो कोई अंग्रेजी या हिन्दी साहित्य में। किसी को इतिहास के पन्ने मौखिक याद हैं तो अन्य कोई दर्शनशास्त्र में। बच्चा जिसमें कमजोर हुआ, वही शिक्षक उसके पास बैठ गया। संयुक्त परिवार में कोई संगीत या विविध-भारती के गानों पर थिरकता रहता है तो कोई अपनी कसरत, खेल या योगासन अथवा ध्यान ही करता रहता है। अपनी रुचि के अनुसार बच्चा अपने को विबसित कर सकता है। दो लोगों के परिवार में या तो बच्चे पर बहुत अधिक ध्यान दिया जाता है अथवा कामकाजी लोग हुए, तो वे बच्चे को आया या किसी संस्था या क्रेच में छोड़कर काम पर चले जाते हैं। आया तो अपनी योग्यता के अनुसार ही बच्चे का विकास करेगी। फिर हम दोष देने लगते हैं एवं शेष सम्पूर्ण जीवन इस भूल को ठीक करने में लग जाता है तथा प्रायश्चित्त करते हुए व्यतीत होता है। अतः संयुक्त परिवार जहाँ एक उत्तम होटल है, नर्सिंग होम है, व्यायामशाला है, वहीं एक अच्छा विद्यालय है।"

"मुझे तो संयुक्त परिवार एक सर्कस लगता है जहाँ प्रत्येक अपना-अपना काम कर रहा है।" रवि ने कहा। रवि की इस टिप्पणी से भावना क्रोधित हो गई एवं उसने कहा कि रवि के लिए लाठी लाओ। यह सुनकर रवि भागा। तब भावना ने कहा, "सर्कस में आपसी मेल नहीं रहता। प्रत्येक कलाकार रंगमंच पर आता है और अपना कृत्य करके चला जाता है। उसे दूसरे से कोई प्रयोजन नहीं होता। उसे प्रयोजन है, अपने वेतन से। पर संयुक्त परिवार का आधार है परस्पर प्रेम, सहानुभूति तथा सहिष्णुता जो संयुक्त परिवार में जान डालते हैं तथा उसे बेजान होने से बचाते हैं। वैसे तो लोग घर के बाहर मशीन की भाँति काम करके लौटते ही हैं, यदि घर ही मशीन हो जाए तो वह व्यक्ति भी मशीन हो जाएगा।"

प्रकाश की इन बैठकों का आशानुरूप प्रभाव हुआ। पर प्रकाश को बीच-बीच में इस बात से चिड़चिड़ाहट लगती थी कि घर की महिलाएँ वार्तालाप के बीच में ही उठकर रसोईघर की ओर दौड़ पड़ती थीं अथवा घण्टी बजने से दरवाजे की ओर। पर वे करतीं भी क्या? वे बैठकों में बिन्दुओं पर कम ध्यान देती थीं। फिर प्रत्येक

बैठक के तुरन्त बाद ही सभी की दावत एक साथ होती थी। इस प्रकार की बैठकों का नये मस्तिष्कों पर अच्छा प्रभाव पड़ा। सभी ने यह अनुभव किया कि संयुक्त परिवार में रहना उनकी मजबूरी नहीं है, यह व्यवस्था ही वस्तुतः सर्वोत्तम व्यवस्था है। यदि राम कैकेयी के वरदानों को जानकर अपने वंश की मर्यादा की रक्षा करते हेतु वन न जाते, तो संयुक्त परिवार टूट जाता। संयुक्त परिवार में परिवार की मर्यादा की रक्षा तथा उसकी भलाई ही सबका लक्ष्य होता है। यदि इच्छा है, तो नाभिकीय परिवार की भाँति और दूर-दराज रहनेवाले भी अपने मौलिक परिवार के साथ संयुक्त रूप से रह सकते हैं, यदि वे परिवार के दुःख-सुख में समान रूप से तथा निरन्तर भागीदार रहते हैं। देखा जाता है कि भारतीय समाज में नाभिकीय परिवार में रहने वाले भी मानसिक रूप से संयुक्त परिवार के साथ रहते हैं एवं आवश्यकता पड़ने पर उन्होंने संयुक्त परिवार की इतनी सहायता तथा सेवा की है जो संयुक्त परिवार में रहकर वे नहीं कर सकते थे। विदेशों में रहने वाले करोड़ों भारतीय संयुक्त परिवार में अपनी जड़ों से बिछड़ कर नहीं रह पाते। परिवार का प्रेम एवं सहायता उन्हें बार-बार भारत खींचता है। वे भी अपने परिवार वालों को डॉलर भेजकर सहायता करते हैं, परिवार के सदस्यों को शिक्षा तथा चिकित्सा के लिए अपने साथ ले जाते हैं तथा अपने देश में ही कारखाना या व्यवसाय स्थापित करके परिवार, समाज तथा देश की सेवा करके अपना ऋण चुकता करते हैं। वे जिस देश में रहते हैं, उसकी सभ्यता, रहन-सहन आदि को उन्होंने पूर्णतः अपना लिया है पर वे संयुक्त परिवार के इस त्याग को नहीं भूल पाते जिसने अभावों में रहकर भी उन्हें पढ़ाया तथा उन्हें विदेश भेजा। यदि वे न भी मानें, तो भी संयुक्त परिवार की गंगा आगे बढ़ती रहती है, वह प्रदूषित मानसिकता वाले सदस्यों का उद्धार करती रहती है तथा उन्हें संयुक्त परिवार की मुख्य-धारा में लाकर ही दम लेती है। भला गंगा की पतित पावनी शक्ति के आगे किसी का वश चलता है?

संयुक्त परिवार में सदस्यगण एक दूसरे की कहानियाँ सुनते रहते हैं तथा प्रेरणा पाते रहते हैं। निराशा उनके पास भी नहीं फटक पाती। पति-पत्नी को परस्पर लड़ने का अवसर ही नहीं प्राप्त हो पाता। वे दूसरों से व्यस्त रहते हैं। कभी बच्चों की किलकारियाँ तो कभी वृद्धों की व्यथा तो कभी युवाओं की सफलता के समाचार। बस, इनमें ही पूरा परिवार व्यस्त रहता है तथा परिवार की गाड़ी आगे बढ़ती रहती है। इस कोल्हू में चलने वाला व्यक्ति जीवन में कभी असफल हो नहीं सकता क्योंकि वस्तुतः संयुक्त परिवार ही समाज का प्रतिबिम्ब है जिसमें उसका निरन्तर प्रशिक्षण चलता रहता है।

प्रकाश के संयुक्त परिवार में फिर से अपार शान्ति, समरसता तथा प्रसन्नता

का परिवेश उत्पन्न हो गया। प्रकाश भली-भाँति जानते थे कि जैसे-जैसे परिवार की शाखायें बढ़ती हैं, उसके अनुसार उनका व्यवसाय भी बढ़ना चाहिए। वट-वृक्ष की भाँति संयुक्त परिवार की शाखाएँ चारों दिशाओं में फैलें, विदेश तक जाएँ ताकि संयुक्त परिवार का तना दिन प्रतिदिन पुष्ट होता रहे एवं अंगद की टाँग की भाँति उसे कोई न हिला सके, उखाड़ने की बात तो दूर रही।

प्रकाश के नए मित्र पी.के. राय ने उन्हें एक मेडिकल स्टोर खोलने की सलाह दी क्योंकि पुरुलिया में अमिश्रित औषधि उपलब्ध होना मुश्किल हो रहा था। प्रकाश राय साहब की सलाह को सिर-माथे ऊपर लेते भी थे। उन्होंने उनकी प्रशंसा में पक्तियाँ पढ़ीं - 'आदमी यूँ तो रोज मिलते हैं, खुशबुएँ नहीं मिलती। बेवजह दुश्मनी तो देखी है, बेवजह दोस्ती नहीं मिलती।'

प्रकाश इस योजना में लग गये कि किस प्रकार घर के सामने के उद्यान तथा लॉन में दुकान का निर्माण करवाकर मेडिकल स्टोर खुलवाया जा सके। प्रकाश ने यह लक्ष्य किया कि उनके उस बगीचे तथा लॉन को देखकर लोगों के मन में अनावश्यक ईर्ष्या होती थी क्योंकि वैसा बाग तो जिलाधीश के बंगले पर भी नहीं था। दूसरे पवन का मन भी कार्यालय के कार्यों में नहीं लगता था। दुकान का निर्माण तथा मेडिकल स्टोर का लाइसेन्स लेने का काम साथ-साथ होना चाहिए अन्यथा लाइसेन्स न मिलने पर दुकान का निर्माण व्यर्थ हो जायेगा। प्रकाश ने अपने सिपहसालारों को इस काम में लगा दिया।

प्रकाश यह व्यवस्था पवन के स्वतन्त्र व्यवसाय के लिए कर रहे थे ताकि उसका विवाह शीघ्र एवं उत्तम परिवार में हो सके।

प्रकाश के धन, पेशे एवं सेवा की ख्याति चारों ओर फैल गई थी। प्रकाश ने अपनी इस स्थिति का लाभ उठाया तथा पवन के लिए ललिता को विवाह योग्य चुना। ललिता के पिताजी टाटानगर में कपड़े के छोटे व्यवसायी थे तथा उनके पास ललिता के विवाह में दहेज देने के लिए धनराशि नहीं थी। दूसरी ओर ललिता अपना विवाह एक धनी परिवार में चाहती थी ताकि वह ऐशोआराम का जीवन व्यतीत कर सके। पवन बी.कॉम. पास तो था ही तथा देखने में भी सुन्दर था यद्यपि उसका रंग भी प्रकाश की भाँति साँवला था। ललिता एक आकर्षक नाकनक्शे की सुन्दर युवती थी। उसका रंग गोरा था तथा ऊँचाई भी ठीक थी। उसके व्यक्तित्व में एक यौन आकर्षण था जिसे देखकर कोई भी युवक उसे विवाह के लिए मना नहीं कर सकता था। कई आसपास के लड़कों ने उसके लिए हाथ पसारे भी, पर उसके परम्परावादी पिता ने उसे घर की चौखट के भीतर कैद कर रखा था। फिर भी ललिता ने भी उस विवाह प्रस्ताव को स्वीकार कर लिया। अब

पवन तथा ललिता ने एक दूसरे को देखा। पवन देखते ही ललिता पर मोहित हो गया तथा उसने मन ही मन संकल्प किया कि यदि वह विवाह करेगा तो सिर्फ ललिता के साथ ही। ललिता को भी पवन एक स्वस्थ तथा आकर्षक युवक लगा जो धनाढ्य भी था।

पवन भी मजनूँ की भाँति सज धज कर गया था। बहुमूल्य पोशाक तथा मुँह में पान बहार देखकर कोई भी लड़की पवन पर दिल दे सकती थी। सभी इस ओर से बेफिक्र थे कि पवन को भी मांसपेशियों का क्षय रोग भविष्य में घेर सकता है।

जैसे ही ललिता ने पवन को पसन्द किया, प्रकाश अपने मुख्य सम्बन्धियों तथा मित्रों को लेकर टाटानगर पहुँचे। वहाँ उन्होंने लड़की की 'रोक' की रस्म अदायगी की। प्रकाश भी ललिता के सौन्दर्य पर मुग्ध था तथा उसे गर्व हो रहा था कि ईश्वर की अनुकम्पा से दूसरी बहू भी ठीक मिली। उसने प्रथम रस्म में दो लाख रुपये के जेवरात, बालूचरी तथा पाचेपल्ली साड़ियाँ, श्रृंगार का विदेशी सामान चढ़ाया जिसे देखकर ललिता गद्‌गद हो गई। प्रथम बार रामजी के दरवाजे पर इतनी मोटर गाड़ियाँ आकर रुकी थीं। रामजी के घर में बैठने की जगह नहीं थी पर प्रकाश इस बात से विचलित नहीं थे क्योंकि वह तो बहू की ओर देख रहे थे न कि परिवार की ओर। रामजी के स्वभाव से भी वह प्रसन्न था तथा सभी को आशा हुई कि तुषार कुटी में आने वाली बहू के संस्कार भी ठीक होंगे। इतने व्यक्ति भूल नहीं कर सकते। प्रकाश की खुशी का ठिकाना नहीं था। रामजी ने जैसे-तैसे अतिथियों के नाश्ते का प्रबन्ध किया। प्रकाश समझ गया कि रात्रिभोज के लिए रुकना ठीक नहीं था क्योंकि रास्ता भी खराब था तथा रास्ते में चोर-डकैतों का भय था। अतः उसने यह बहाना बनाकर तुषार-वाटिका में ही भव्य भोज आयोजित करने के लिए फोन कर दिया। सभी की विदाई पर रामजी ने प्रकाश से कहा, "हम लोग आपके परिवार के लायक तो नहीं हैं, पर मैं यह विश्वास दिलाता हूँ कि मेरी लड़की आप लोगों की जीवन पर्यन्त सेवा करेगी।"

प्रकाश ने उत्तर दिया, "आप मेरे सम्बन्धी हो गए हैं। दो रिश्तेदारों में ऊपर-नीचे का सवाल ही नहीं उठता है। आप हमारे समकक्ष हैं। हमारे स्नेही हैं, आदरणीय हैं। पैसा तो आता-जाता रहता है। पर आप अपनी लड़की को इतना अवश्य सिखा दें कि हमारे परिवार का पुरुलिया में नाम है, उस ख्याति की रक्षा करना उसका कर्तव्य होगा।"

रामजी ने कहा, "आप इसकी चिन्ता न करें।"

प्रकाश के प्रस्थान के पश्चात् रामजी की मुहल्ले पड़ोस में साख बढ़ गई। अपना आकस्मिक स्तर ऊँचा होने से रामजी अत्यन्त आनन्दित थे। जो वह जीवन

भर व्यापार करके नहीं बचा सके, वह ललिता के विवाह की प्रथम रस्म में आ गया। उन्होंने ललिता के सिर पर हाथ रखते हुए कहा, "बेटी ललिता, आज तुम्हारे कारण हम बूढ़े माँ-बाप का तथा परिवार का सिर ऊँचा हुआ है। अब तुम्हारे पुरुलिया में दूसरे माता-पिता होने जा रहे हैं। उनका सिर कभी तुम्हारे व्यवहार के कारण नीचा न हो, इसका पूरा ध्यान रखना।"

ललिता ने 'स्वीकृति' में सिर हिला दिया।

प्रकाश ने अत्यन्त उत्साह से पवन के विवाह का आयोजन किया। उन्होंने विवाह हेतु रामजी, उनके परिवार और रिश्तेदारों को पुरुलिया ही आमन्त्रित किया क्योंकि जिस ठाठ-बाट से प्रकाश विवाह का आयोजन चाहते थे, वह रामजी द्वारा जमशेदपुर में सम्भव नहीं था। प्रकाश ने तुषार-वाटिका तथा तुषार प्राकृतिक चिकित्सा केन्द्र एवं योग संस्थान को दुल्हन की भाँति सजाया। तीन दिन प्रथम बार प्राकृतिक चिकित्सा केन्द्र सहित तुषार प्रतिष्ठान बन्द रहे। प्रथम दिन 'सगाई' की रस्म हुई। उसके साथ ही बाहर से आए कलाकारों द्वारा फिल्मी गीतों तथा नृत्य का कार्यक्रम आयोजित किया गया। कोलकाता से आई हुई एक नृत्यांगना ने अंग प्रदर्शन करके अश्लील नृत्य का प्रदर्शन किया। अन्ततः प्रकाश ने उसका नाच बन्द करा दिया क्योंकि उससे माहौल बिगड़ रहा था तथा पास के मनचले लड़के विवाह के पण्डाल में घुस आये थे। दूसरे दिन भजन सन्ध्या तथा परिवार एवं रिश्तेदारों के लड़के-लड़कियों द्वारा नृत्यों, नृत्य-नाटिका तथा विवाह-गीतों का आयोजन हुआ। ललिता ने भी एक गीत गाया जिस पर सैकड़ों रुपयों का पुरस्कार दिया गया। पवन ने भी अपने मित्रों सहित मंच पर पश्चिमी नाच किया।

विवाह के दिन प्रायः आठ सौ लोगों के भव्य भोज का आयोजन हुआ जिसमें बीस प्रकार के खाने के पूर्व विभिन्न पेय, नमकीन, मिठाइयाँ थीं। भोजन में दक्षिण भारतीय से लेकर विदेशी, राजस्थानी, उत्तर भारतीय तथा बंगाली खाने के विभिन्न व्यंजन सजे हुए थे। भाँति-भाँति के फल तो विदेशों से लाए गए थे। फूलों की सजावट कोलकाता से की गई थी। विवाह में अति महत्त्वपूर्ण व्यक्ति सम्मिलित हुए तथा विवाह का आयोजन सफल हुआ। भावना ने विवाह मंच के पास व्हील चेयर पर बैठकर सभी आयोजनों का आनन्द लिया तथा विवाह को पारिवारिक रीति-रस्मों के अनुसार सुनिश्चित किया।

विवाह के आनन्द के क्रम में पवन और ललिता को मधुचन्द्रिमा मनाने के लिए सिंगापुर भेजा गया। वहाँ वे पाँच सितारा होटल में रहे तथा सन्तोषा-द्वीप पर वे रंगरेलियाँ मनाते रहे। पवन ललिता के सौन्दर्य में खो गया जैसे एक भौंरा फूलों का रस (पराग) पाने के मोह में उसी में बन्द होकर जान दे देता है। दोनों खुशियों

से लबालब थे। पर पवन को सिंगापुर में अनुशासन देखकर आश्चर्य हुआ। उसने कहा, "यहाँ तो कहीं थूकने या किसी लड़की को स्पर्श करने से ही जेल हो सकती है। यही कारण है कि सिंगापुर आजकल पश्चिमी देशों से भी आगे है। काश! हम पुरुलिया तथा भारत में ऐसा देख पाते।"

वे दस दिन बाद आनन्द से लबालब होकर पुरुलिया लौट आए।

6. कर्म

प्रकाश ने दवाओं की दुकान के लाइसेन्स के लिए प्रार्थना-पत्र प्रपत्र मँगाया। प्रार्थना-पत्र का प्रपत्र इतना वृहद् था कि उसे वकील की सहायता के बिना भरना मुश्किल था। प्रपत्र भरने के लिए आवश्यक सामग्री एकत्रित करने में कम से कम एक महीने का समय लगेगा। प्रकाश ने अपने कार्यालय के बाबुओं को इस काम में लगाया। उन्होंने आवश्यक प्रमाण-पत्र एकत्रित किए। प्रपत्र भरने के पूर्व दुकान का नक्शा भी पुरुलिया नगरपालिका से अनुमोदित होना अनिवार्य था। नगरपालिका का कार्यालय क्या था, वह तो भ्रष्ट लोगों का एक समूह था। सभी यह कोशिश करते थे कि किस प्रकार नगरपालिका में दिए गए प्रार्थना-पत्र पर अधिक से अधिक आपत्तियाँ लगायी जाएँ। जो लिपिक अधिक आपत्तियाँ लगाता था, वह कार्यालय के कर्मचारियों तथा बाहरी जनता के लिए शक्तिशाली व्यक्ति था। ज्ञात होता था कि नगरपालिका के कार्यालय पर किसी का नियन्त्रण ही नहीं था। सभी निरंकुश होकर काम कर रहे थे। यदि किसी ने विभागीय कार्यवाही करने के लिए नोटिस भी दिया तो कर्मचारी संगठन के नेतागण उस भ्रष्ट कर्मचारी के पक्ष में अधिकारियों को स्मारक-लिपियाँ देना शुरू कर देते थे तथा भाँति-भाँति के कुतर्क पेश करते थे। यदि कुछ भी न्यायसंगत कारण न मिला तो वे पूर्वोदाहरण की दुहाई देते थे। यदि उनके कार्यालय में भी पूर्वोदाहरण न प्राप्त हुआ, तो वे अन्य कार्यालय के पूर्वोदाहरण लाकर मुख्य कार्याधिकारी का समय बर्बाद करते थे। यदि मुख्य कार्याधिकारी ने उनके शिष्टमण्डल से मिलने के लिए मना किया, तो इन संगठनों के उच्च पदस्थ राजनीतिक आका उनकी बात सुनने के लिए अधिकारी को विवश करते थे। यह दुष्चक्र चलता रहता था जिससे प्रकाश भली भाँति परिचित था।

प्रकाश ने पवन को सलाह दी, "इन नीच लोगों से जूझकर अपनी ऊर्जा तथा समय नष्ट न करो। इनको चाँदी का जूता मारते जाओ ताकि वे शान्त रहें तथा

कुत्तों की भाँति पूँछ हिलाकर तुम्हारा काम करते जाएँ। कहाँ-कहाँ तुम माथापच्ची करोगे? तुम्हारे माथे की ये टोपी भी उतरवा लेंगे। पैसा फेंको, तमाशा देखो। फिर वे दुम हिलाकर तुम्हारा काम करेंगे, तुम्हें चाय भी पिलाएँगे तथा दादा-दादा करेंगे। सभी काम तनाव रहित वातावरण में ही होना चाहिए। बाबुओं ने तो इन छोटी-छोटी बातों में स्वयं को लगाकर अपना मानसिक, नैतिक, शारीरिक तथा सामाजिक पतन कर लिया है। हम क्यों उनके मुँह लगें। ऊपर वाला भी उनके विरुद्ध कुछ भी करने में असमर्थ है। जैसे भी हो मुझे सात दिन के अन्दर तुम्हारी दुकान का नगरपालिका से स्वीकृत नक्शा चाहिए। मैं इसके लिए हुई परेशानियों की कहानियाँ नहीं सुनना चाहता। वे तुम अपनी माँ को सुनाना। मैं नगरपालिका की सील लगा हुआ अनुमोदित नक्शा देखना चाहता हूँ।"

पवन पूरे मनोयोग तथा वेग से नगरपालिका के चक्कर काटने लगा क्योंकि प्रकाश ने उसे पूरी क्षमता दे दी। उसका बटुआ तथा जेबें रुपयों से भरी थीं। जैसे-जैसे काम में बाधा आई, रवि चाँदी का जूता मारता गया। अन्ततोगत्वा उसे औषधि की दुकान निर्माण के लिए नगरपालिका की मंजूरी प्राप्त हो गई। उस दिन पवन पिता प्रकाश के पास ऐसे मिलने गया जैसे कोई वैज्ञानिक एक अन्वेषण के तत्पश्चात् 'यूरेका-यूरेका...' चिल्लाता हुआ सड़क पर निकल पड़ा हो। प्रकाश ने भी पवन की प्रथम सफलता पर आशीर्वाद दिया तथा पवन से हनुमानजी को सवा किलो का प्रसाद चढ़वाया और समय बर्बाद किये बिना सभी लोगों ने बैठकर लाइसेन्स का प्रपत्र भरा जो पवन और उसकी माँ के नाम पर भरा गया। पवन को दसवीं कक्षा का प्रमाण-पत्र भी प्रार्थना पत्र में लगाना पड़ा क्योंकि उसी में जन्म दिनांक अंकित रहता है। लाइसेन्स फार्म बाँकुड़ा में संयुक्त औषधि-नियन्त्रक के कार्यालय में जमा हो गया तथा सभी लाइसेन्स प्राप्त होने की प्रतीक्षा करने लगे।

प्रकाश ने सलाह दी– "सरकार में ऐसे काम नहीं होता। तुम्हें प्रार्थना-पत्र देने से लेकर लाइसेन्स निकालने तक पग-पग पर फाइल का पीछा करना पड़ेगा। फाइल पर प्रत्येक टिप्पणी नोट करनी होगी अन्यथा बाबू लोग ऐसी आपत्ति लगा देंगे जिसका कोई हल भी नहीं निकलेगा। एक बार साहब के आपत्तिजनक टिप्पणी पर हस्ताक्षर हो गये तो तुम कितना भी पैसा दो, साहब वह टिप्पणी वापस नहीं ले सकते। यह दूसरी बात है कि क्लर्क वह फाइल का पन्ना ही बदल दे पर यह बहुत कठिन कार्य है। इस कृत्य के सम्बन्धित लिपिक के विरुद्ध विभागीय कार्यवाही हो सकती है तथा सतर्कता विभाग भी हरकत में आ सकता है। तुम बाँकुड़ा में फूफाजी को पकड़ो। वे अपने कार्यालय के सम्पर्क अधिकारी को यह काम सुपुर्द कर देंगे क्योंकि वह ऐसे ही काम करता रहता है।"

पवन ने तुरन्त फूफाजी को 'चरण स्पर्श' सम्बोधित कर फोन किया। फूफा जी को आश्चर्य हुआ कि पवन इस प्रकार आदरपूर्ण ढंग से उन्हें क्यों सम्बोधित कर रहा था। उन्होंने तुरन्त पवन के काम करने के लिए सम्पर्क अधिकारी को आदेश दिया। सम्पर्क अधिकारी ने दूसरे दिन ही सम्बन्धित लिपिक को हरा पत्ता दिया तथा उसके चेहरे पर प्रसन्नता को देखा। सम्पर्क अधिकारी समझ गया कि वह ठीक जगह आया था। लिपिक ने कहा, "पर मैं नहीं कह सकता कि हमारे क्षेत्रीय औषधि नियन्त्रक महाशय क्या टिप्पणी देंगे। वैसे आजकल नये लाइसेन्सों को बनाने के लिए हमारे कार्यालय में प्रतिबन्ध लगा हुआ है पर पुरुलिया पिछड़ा हुआ जिला है तथा वहाँ लाइसेन्स भी कम हैं। पुरुलिया की जनसंख्या कितनी है?"

सम्पर्क अधिकारी ने तुरन्त मोबाइल फोन पर पवन से पुरुलिया की जनसंख्या ज्ञात की। सम्पर्क अधिकारी ने उत्तर दिया, "यह तो आप पर निर्भर करता है कि आप कैसी फाइल पर टिप्पणी देंगे। आप तो काम करने का रास्ता निकालिए। फिर हम तो हैं ही। आपने कहा है कि पुरुलिया में लाइसेन्स कम हैं तथा यह एक पिछड़ा जिला है। पुरुलिया शहर की जनसंख्या भी एक लाख से अधिक है। इतनी बड़ी जनसंख्या के लिए ही वर्तमान में दवाओं की दुकानें कम हैं फिर पुरुलिया जिला का मुख्यालय है। वहाँ जिला अस्पताल तथा बड़े-बड़े नर्सिंग होम हैं। यही कारण है कि वर्तमान में औषधि-विक्रेता वहाँ मनमाने दाम ले रहे हैं तथा कुछ तो नकली दवाएँ भी बिक्री कर रहे हैं। हमारा परिवार पुरुलिया का सम्भ्रान्त परिवार है। अतः हम दवाओं का व्यवसाय ईमानदारी तथा आपकी शर्तों के अनुसार करेंगे।"

लिपिक ने तपाक से उत्तर दिया, "तुम तो यार वकील जैसा मुझे भाषण दे रहे हो। मुझे पता है कि लाइसेन्स कैसे बनता है। मैंने जितना पूछा है उतना ही बताओ। मुझे जनसंख्या पता चल गयी है, अब यह मेरा काम है।" सम्पर्क अधिकारी को प्रतीत हुआ जैसे उसने बहुत बड़ी भूल कर दी थी।

उसने एक और हरा पत्ता थमाते हुए कहा, "श्रीमान्, यह काम आपको ही करना है। हम आपके ही भरोसे पर हैं। यदि आप ही क्षेत्रीय नियन्त्रक महोदय से बात कर लें, तो उत्तम होगा, मुझे हर कीमत पर लाइसेन्स शीघ्र चाहिए।"

लिपिक ने कहा, "सुना है कि वे सीधे किसी प्रार्थी से बात नहीं करते हैं। उनके चपरासी को दस रुपए का नोट देने पर वह बता देगा कि किससे बात करने से आपका काम होगा। शायद उन्होंने इस काम के लिए एक मारवाड़ी को मध्यस्थ के रूप में रखा है। देखो, घूस लेने के लिए एक बंगाली दूसरे बंगाली पर

विश्वास नहीं करता। पता नहीं कब उसके दिमाग में रवीन्द्र संगीत गूँज जाए और वह इस अवैध कार्य के विरुद्ध में खड़ा हो जाए। तुम उस मारवाड़ी को पकड़कर साहब को साधो। तुरन्त काम होगा।"

पवन का रिश्वत देने में प्रारम्भिक प्रशिक्षण चल रहा था। उसे भय था कि कहीं वह अपने इस प्रशिक्षण-काल में पिता प्रकाश द्वारा अनुत्तीर्ण न घोषित कर दिया जाए। वह साहस करके क्षेत्रीय औषधि नियन्त्रक के कार्यालय पहुँचा। उसने चपरासी को दस के स्थान पर बीस रुपए का नोट थमा दिया। चपरासी ने पवन को बड़ा सा सलाम किया और पवन से 'सेवा' के लिए पूछा।

पवन ने अपने आने का कारण बताया। उसने तुरन्त ही बताया, "कार्यालय के नीचे ही एक मोबाइल सिम कार्डों की दुकान है जिस पर 'शान्ति एजेन्सी' लिखा है। वहाँ पर आप श्याम मोदी से बात कर लें। आपका काम हो जाएगा। वह साहब का बहुत ही अन्तरंग है। जो श्याम कहेगा, वह ही इस सरकारी कुर्सी पर बैठे साहब के मुँह से सुन लेना। उसमें एक प्रतिशत भी अन्तर नहीं होगा। श्याम भी साहब से प्रायः प्रतिदिन दोपहर भोजन के अन्तराल में मिलता रहता है।"

पवन नीचे 'शान्ति एजेन्सी' पर पहुँचा। शान्ति एजेन्सी पाँच फीट लम्बी तथा चार फीट चौड़ी एक लकड़ी की बनी दुकान थी जिस पर अधिकांश मोबाइल के खोके रखे थे तथा कुछ अवैध आयात की हुई वस्तुएँ रखी थीं जिनकी कीमत का कोई ठिकाना नहीं था। पवन को विश्वास हो गया था श्याम मोदी ही वह व्यक्ति था जो उसका काम करा सकता था। उसने पुरुलिया में भी कई अधिकारियों के मध्यस्थों और दलालों को देखा था जिनके पास बाहरी रूप से दिखाने के लिए कारोबार तो होता था, पर वास्तव में उस कारोबार से उन्हें कुछ आमदनी नहीं होती थी। वह तो उनके अवैध काम को छिपाने के लिए कवच होता था।

पवन ने श्याम से कहा, "दवाओं की दुकान का मेरा लाइसेन्स आपको किसी भी कीमत पर कराना है। मेरे प्रार्थना-पत्र पर फार्मेसिस्ट (भेषजज्ञ) के हस्ताक्षर हैं तथा पुरुलिया में लाइसेन्सों की आवश्यकता है। यह लाइसेन्स उसी फार्मेसिस्ट के नाम से होना है जो मेरी दुकान पर काम करेगा।"

श्याम ने पवन को ध्यानपूर्वक सुना और कहा, "देखो, आपको यदि नियमपूर्वक काम कराना है, तो साहब से मिलिए। मैं तो जो बिगड़ा काम है, वह ही करता हूँ। सभी कामों में मुझे समान मेहनत करनी पड़ती है।"

"आपका मेहनताना तथा साहब की दक्षिणा कुल मिलाकर बोलिए, कितना लगेगा।"

"अब आप रास्ते पर आए।" मोदी का नपा-तुला जवाब था।

दोनों के बीच लेन-देन की बात होती रही। अन्त में यह सौदा दस हजार रुपए में तय हुआ। श्याम ने अपने लिए अतिरिक्त दो हजार रुपए की माँग की जो पवन ने सहर्ष स्वीकार कर ली। पवन के नवजात मस्तिष्क के लिए यह सौदा अत्यन्त गन्दा तथा अवैध था पर पिता जी की तलवार उसके सिर पर जो लटक रही थी।

पैसे के लेन-देन का स्थान श्याम का घर ही ठीक हुआ। श्याम ने पवन से सांयकाल पूछताछ करने के लिए कहा क्योंकि श्याम अन्तिम रूप से तो बनर्जी से ही बात करके बतायेगा। श्याम ने बनर्जी से बात की। बनर्जी साहब ने कहा– "श्याम, आजकल बड़ा खराब समय है। हमारा मुख्यमन्त्री भी ईमानदार है, स्वास्थ्य मन्त्री भी ईमानदार है तथा प्रधान सचित भी ईमानदार है। यदि मैं फंस गया तो सीधे नौकरी जाएगी। कहीं से भी मुझे नहीं मिलेगी। यह बहुत बड़ा खतरा है जो मुझे उठाना पड़ेगा। यह देख लेना कि दुकान 108 वर्ग फीट के क्षेत्रफल की है तथा कम से कम उसकी ऊँचाई 8 फीट है। साक्षात्कार के लिए भी मैं प्रश्न बता दूँगा पर साक्षात्कार का दिन उसे लिपिक से मिलकर ठीक करना पड़ेगा तथा सभी को खुश करना होगा ताकि मेरे सामने फाइल बिल्कुल आपत्ति रहित आनी चाहिए। मैं इस बार पन्द्रह हजार से कम नहीं लूँगा। तुम तो जानते ही हो कि सभी जगह कीमत बढ़ गई है। विश्वव्यापी आर्थिक अवस्था में उछाल आ रहा है। आगे भी दस हजार की घूस आज से पन्द्रह हजार है। फिर, एक बार लाइसेन्स प्राप्त करके ये लोग शंकर का ताण्डव नृत्य करते हैं। नकली दवाएँ बेचकर अवैध मुनाफे से अपना घर भरते हैं।"

"पर साहब जी, आजकल तो सरकार ने लाइसेन्स आसान कर दिया है। आप तो जानते ही हैं कि नीचे वाले तो चाहे काम हो या नहीं, अपना पैसा तो प्रार्थी से ले ही लेते हैं। उसकी खाल निकाल लेते हैं। आपके पास आते-जाते व्यक्ति अधमरा हो जाता है। सरकार की ईमानदारी की प्रसिद्धि भी सभी के बीच में है। ऐसी परिस्थिति में ईमानदारी के नाम पर लोगों की जेबों से अधिक पैसा निकाला जाता है।"

"चूँकि सरकार के उच्च पदस्थ अधिकारी तथा मन्त्री ईमानदार हैं इसीलिए मैंने अपनी दर बढ़ा दी है। ईमानदारी के इई-गिर्द होने से खतरे का गुणांक अधिक होता है। तुम तो जानते ही हो कि यदि समाचार-पत्रों में निकल गया, शिकायत हो गई या मैं पकड़ा गया तो दो-तीन साल की कमाई एक साथ निकल जाएगी। मानसिक तनाव अलग होगा। मैं पन्द्रह से कम नहीं लूँगा। तुम अपने लिए इससे अलग से निबट लेना।"

"आप मेरी चिन्ता न करें। मुझे फिर से शुरू से पवन से बात करनी होगी। वैसे मारवाड़ी धन्धे में एक बार जो कह देते हैं, वह पलटते नहीं हैं चाहे कितना ही नुकसान हो। पर यह धन्धा नहीं है। खैर, आप इसे नक्की मानिये। पैसा आपके पास एक-दो दिन में घर पर पहुँच जायेगा।"

श्याम ने पवन से पन्द्रह हजार की बात की जो उसने मान ली तथा लाइसेन्स के साक्षात्कार के लिए प्रतीक्षा करने लगा।

राँची से फार्मेसी में कोर्स किए हुए मनोराज नौकरी के लिए यहाँ-वहाँ भटक रहे थे। प्रकाश ने उसे बुलाया तथा अपने मेडिकल स्टोर पर काम करने के लिए कहा। मनोराज तुरन्त सहमत हो गया। प्रकाश ने उसे केवल दो हजार पाँच सौ रुपया माहवार देने का निश्चय किया। पर जब यह बात मनोराज के पिताजी के पास पहुँची तो उन्होंने पड़ोसियों से सलाह ली।

"यह सुनहरा अवसर है। तुम्हारी तो लॉटरी खुल गई है। प्रकाश पुरुलिया के धनाढ्य व्यक्ति तो हैं ही साथ में काफी उदारचित्त व्यक्ति भी हैं। तुम यह अवसर नहीं खोना। उन्होंने जो निश्चित कर लिया है, वह निश्चित ही करेंगे। तुम जितना हो सके, झटक लो। माँग एक लाख से शुरू करना तथा पचास हजार से कम लेना ही नहीं। तुम्हारा लड़का तो बुद्धिहीनता से ढाई हजार रुपया मासिक वेतन पर राजी हो गया है। वो बोका (बुद्धू) है। तुम बोका मत बनो।"

दूसरे दिन मनोराज के पिताजी मनोराज को लेकर प्रकाश के सामने उपस्थित हुए। उन्होंने कहा, "गोयल जी, आजकल हम लोग खराब दिनों से गुजर रहे हैं। आप तो जानते ही हैं कि मैं लिपिक की नौकरी से अवसान प्राप्त कर चुका हूँ। जो कुछ रिटायरमेण्ट के समय पैसा मिला था, वह मनोराज की पढ़ाई तथा मकान की मरम्मत में खर्च हो गया। पेन्शन से घर का खर्च चलता नहीं है। हम लोग तो खर्च के लिए मोहताज हो गए हैं। आप यदि इसके लाइसेन्स के लिए एक लाख रुपया दें, तो ही वह बाँकुड़ा साक्षात्कार के लिए जाएगा अन्यथा नहीं। मासिक वेतन अतिरिक्त रहेगा।"

"यह तो अधिक है। बाहर हमें बीस-पच्चीस हजार रुपए में ही लड़का मिल जाएगा।"

"पर हमारे आपके पुराने पारिवारिक सम्बन्ध हैं। यह कभी भी आपके विरुद्ध नहीं बोलेगा, मैं यह वचन देता हूँ। स्टाम्प कागज पर लिख देता हूँ। आप यहाँ के सम्मानीय व्यक्ति हैं। ये सड़क छाप फार्मेसी डिप्लोमा होल्डर या लाइसेन्सधारी आपके विरोध में बोल देंगे। फलतः आपकी औषधि दुकान तो बन्द हो ही जायेगी, साथ में आपकी तथा आपके परिवार की बदनामी अलग होगी। आप तो जानते ही

हैं कि आजकल के लड़कों की आवश्यकताएँ और आकांक्षाएँ दिन-प्रतिदिन सुरसा के मुँह की भाँति बढ़ती जाती हैं। मैं आपको मनोराज की ओर से विश्वास देता हूँ कि ऐसी कोई भी बात नहीं होगी जो आपको खराब लगे। वेतन के लिए यह मूर्ख सहमत हो गया है, उसके लिए मैं कुछ नहीं कर सकता। एक बार दिया गया वचन हम बदलते नहीं हैं।"

दोनों के बीच बात चलती रही तथा सौदा पचास हजार में तय हुआ। प्रकाश ने तुरन्त पवन से उसे बीस हजार रुपया देने के लिए कहा। बाकी तीस हजार रुपया साक्षात्कार के तुरन्त बाद दिए जाने का फैसला हुआ।

निर्धारित दिन मनोराज का साक्षात्कार हुआ। बनर्जी साहब मनोराज का साक्षात्कार लेते समय काफी खुश थे। उनके चेहरे पर घूस के पन्द्रह हजार रुपए सफलतापूर्वक हजम करने की आभा स्पष्ट थी। मनोराज को साक्षात्कार में सफल घोषित कर दिया गया। प्रकाश भी खुश था क्योंकि मेडिकल स्टोर खोलने की अन्तिम बाधा दूर हो चुकी थी। पवन ने लाइसेन्स निकलवाने के लिए चपरासी को खुशी-खुशी पचास रुपए दिए तथा लिपिक को दो सौ रुपए दिए। दो दिन बाद पवन लाइसेन्स लेकर पुरुलिया पहुँचा जैसे पाकिस्तान पर हिन्दुस्तान ने विजय प्राप्त की हो। प्रकाश ने तुरन्त ही मनोराज के पिता को तीसरे व्यक्ति के सामने बाकी तीस हजार रुपए दिए। अब सम्पूर्ण परिवार 'पवन मेडिकल स्टोर' खोलने में जुट गया। दुकान पर प्लास्टिक लेप (पेण्ट) किया गया, काँच के दरवाजे लगे, मध्य भारत के सागौन का फर्नीचर लगा। स्टेनलेस स्टील एवं काँच से तैयार शो केस काउण्टर पर लगाया गया। प्रकाश के कई थोक औषधि-विक्रेता मुवक्किलों के बीच 'पवन मेडिकल स्टोर' पर उचित दाम पर औषधि उपलब्ध कराने में होड़ लग गई। प्रकाश का व्यवहार कुछ ऐसा ही था। परिवार में अनेक विपत्तियों के बावजूद प्रकाश ने अपना स्वभाव खराब नहीं किया था। वे सभी से मधुर एवं सहृदयतापूर्वक बात करते जिससे दूसरों को प्रसन्नता मिलती। उन्होंने अपने जीवन में दूसरे को कुछ देना ही सीखा था, लेना कम। अतः एक सप्ताह में ही सभी प्रसिद्ध दवाएँ 'पवन मेडिकल स्टोर' पर सज गईं। पण्डित ने मुहूर्त निकाला और मेडिकल स्टोर के उद्घाटन का दिन एवं समय निश्चित हुआ। प्रकाश के मित्र अतिरिक्त जिलाशासक ने 'पवन मेडिकल स्टोर' का उद्घाटन किया। उद्घाटन के समय पुरुलिया के सभी चिकित्सक तथा सम्भ्रान्त व्यक्ति उपस्थित थे।

प्रकाश ने पवन को कड़ा आदेश दिया, "हमारी दुकान पर कोई भी नकली दवाई नहीं होगी। मैंने यह दुकान आमदनी के लिए नहीं शुरू की है क्योंकि खाली दिमाग-शैतान का घर। मुझे आमदनी से अधिक घर में शान्ति चाहिए। दूसरे,

पुरुलिया जिले में हमारी इतनी साख है कि लोग समझते हैं कि प्रकाश के मेडिकल स्टोर पर तो कम से कम धोखाधड़ी नहीं होगी। मैंने जीवन भर ईमानदारी से अपने पेशे का निर्वाह किया है। मैंने दूसरों को अवश्य रिश्वत दी है अथवा उसकी व्यवस्था की है, पर मैंने कभी भी बेईमानी के पैसे को अपनी रोकड़ में नहीं मिलाया है। फिर यदि कोई आपराधिक मामला बन गया तो लोग सर्वप्रथम मेरे नाम को बदनाम करेंगे तथा मेरे विरोधी एडवोकेट तथा अन्य लोग मुझे इस मामले में घसीटने की कोशिश करेंगे। मैं इस उम्र में यह बदनामी नहीं चाहता हूँ चाहे मुझे अपने कार्यालय में दो घण्टा अधिक समय देना पड़े।”

मनोराज और पवन सहित परिवार के सभी सदस्यों तथा औषधि विक्रेताओं के पास प्रकाश का यह विचार वायुवेग से पहुँच गया। शनैः-शनैः बीमार व्यक्ति पवन मेडिकल स्टोर से दवा खरीद कर शीघ्रातिशीघ्र ठीक होने लगे। इसका फल यह हुआ कि छः महीने के भीतर ही पवन मेडिकल स्टोर पर पंक्तिबद्ध होकर लोग औषधि खरीदने लगे। यहाँ तक कि रात्रि में भी लोग दुकान खुलवाकर आपात्कालीन दवाइयाँ खरीदने लगे। प्रकाश को छह महीने में ही पवन मेडिकल स्टोर के चौबीस घण्टे खुले रहने की व्यवस्था करनी पड़ी जिससे तुषार-वाटिका की असुरक्षा बढ़ गई। पर यह जरूरी हो गया था क्योंकि रात्रि में इतने गम्भीर मरीज परेशान करने लगे कि पवन को रात्रि में उठकर दुकान खोलनी पड़ती थी। प्रकाश की नींद उचट जाती थी। एक बार नींद में बाधा हो जाने से प्रकाश को दुबारा नींद मुश्किल से आती थी। छः महीने में पवन मेडिकल स्टोर का व्यापार इतना बढ़ गया कि प्रकाश ने सीधे कम्पनियों से अथवा कोलकाता से कम्पनियों और थोक व्यापारियों से माल मँगाना शुरू किया। जो व्यापार केवल व्यस्त होने के लिए खोला गया, वह अब प्रकाश के परिवार का प्रमुख व्यवसाय होता जा रहा था। देवी लक्ष्मी की प्रकाश पर अति अनुकम्पा थी।

प्रकाश ने निश्चय किया कि जनता से अतिरिक्त आमदनी को जनता की भलाई के लिए ही लगाया जाएगा। इसी बीच दवा खरीदने वाले छोटे-मोटे रोगों की दवा पूछने लगे। यह पेशे के विपरीत था। अब प्रकाश ने ‘पवन मेडिकल स्टोर’ के पास ही दो डॉक्टरों के बैठने के कक्ष बनवाए। एक डॉक्टर मेडिसिन में एम.डी. था तथा दूसरा स्त्री-रोग विशेषज्ञ डॉक्टर था। दोनों डॉक्टरों को दस हजार रुपया मासिक वेतन पर रखा गया, जबकि मरीजों से फीस केवल पाँच रुपया रखी गई। डॉक्टरों के कक्ष में परीक्षण की सभी सुविधाएँ उपलब्ध कराई गयीं। यह काम प्रकाश ने अपनी देख-रेख में सम्पन्न किया।

दोनों डॉक्टर मनोयोगपूर्वक जन-सेवा में लग गये क्योंकि प्रकाश का यही

आदेश था। दो महीनों में सम्पूर्ण पुरुलिया जिले में इन डॉक्टरों के काम की ख्याति फैल गई। प्रत्येक दिन प्रत्येक डॉक्टर के पास कम से कम एक सौ रोगी आने लगे। सरकारी अस्पतालों में भी तीन रुपया फीस थी पर लम्बी पंक्ति लगानी पड़ती थी। सरकारी अस्पताल में तो नर्सों तथा चपरासियों के मिजाज ही नहीं मिलते थे। वे आसमान में उड़ते थे तथा प्रायः सभी से दुर्व्यवहार करते थे। डॉक्टरगण भी मरीजों से उचित व्यवहार नहीं करते थे तथा मरीज को देखना एक बोझ समझते थे न कि सेवा। इसी कारण जनता क्रमशः निजी डॉक्टरों तथा निजी अस्पतालों की ओर आकर्षित हो रही थी। पाँच रुपया फीस तो पुरुलिया के लोगों की कल्पना के बाहर थी। इससे पूर्व पुरुलिया में कम से कम निजी डॉक्टर की फीस बीस रुपए थी। फलतः 'पवन मेडिकल स्टोर' पुरुलिया के बीमार लोगों का गन्तव्य बनता जा रहा था। यहाँ तक कि प्रकाश के मुवक्किलों को गाड़ी खड़ी करने में समस्या होने लगी। उन्हें आशंका हुई कि पवन मेडिकल स्टोर की भीड़भाड़ के कारण उनका कार्यालय ही बन्द हो जाएगा। पर पवन मेडिकल स्टोर से दुहरा लाभ हो रहा था। उन्होंने निश्चय किया कि वे पाँच रुपया फीस ही रखेंगे तथा पुरुलिया में एक निजी नर्सिंग होम की स्थापना करेंगे जिसमें सभी अधुनातन सुविधाएँ उपलब्ध होंगी ताकि पुरुलिया वासियों को इलाज के लिए राँची, बाँकुड़ा मेडिकल कॉलेज तथा कोलकाता न भागना पड़े।

प्रकाश अपने इरादों के पक्के थे। उन्होंने एक बार जो निश्चय कर लिया, वह पूर्ण करके ही दम लेते थे चाहे कितनी ही बाधाएँ आएँ। यदि अधिक बाधाएँ आतीं, तो वे कलियुग के सबसे बड़े हथियार पैसे का इस्तेमाल करते। उनका सिद्धान्त था कि इस युग में सभी बिकाऊ है। बस खरीददार चाहिए। लोगों का ईमान ही जब बिना मोलभाव के बिक रहा है तो अन्य भौतिक वस्तुओं की कौन चर्चा करे?

पर प्रकाश को कभी-कभी मन में ग्लानि होती कि वह ऐसा क्यों करता था। इससे तो समाज में गन्दगी फैल रही थी। पर दूसरे क्षण ही वह रुकते और सोचते कि यदि वह ऐसा नहीं करेंगे तो अर्थहीन कार्यों में ही उनकी बहुमूल्य ऊर्जा एवं समय नष्ट हो जाएगा। समाज में गन्ध तो आ ही गई थी। उन जैसे लोग कुछ नहीं कर सकते थे। ये सभी दुष्ट मिलकर उन्हें आगे नहीं बढ़ने देंगे। इससे अच्छा होगा कि वह इसी तन्त्र में आगे बढ़कर उसको नियन्त्रित करें। नीचे रहकर इस तन्त्र के ऊपर थूकने पर थूक उल्टा ही ऊपर पड़ेगा। पर प्रकाश की आत्मा कचोट रही थी कि उन्होंने परिवार में प्रायः सभी को रिश्वत देना सिखा दिया था। व्यापार-शिक्षा के पाठ के साथ-साथ रिश्वत देने का सबक भी भारतीय व्यापारिक

घरानों में सिखाया जाता है। काश! इस बीमारी का सभी मिलकर मुकाबला करें।

इन विचारों के घटाटोप में प्रकाश ने अपना संशय अपने मित्र पी.के. राय के सामने रखा। राय ने प्रकाश से सहमति व्यक्त करते हुए कहा, "आज हमारे देश में हजारों ईमानदारी के दीपक जल रहे हैं पर उनका प्रकाश दीप के आसपास ही हो पाता है। यदि तुम रास्ते का प्रकाश होना चाहते हो तो इस तन्त्र में घुसो, उसके ऊपर जाओ, जैसे भी हो सके। फिर पूरे तन्त्र को अपने हृदय में संजाये हुए सिद्धान्तों से बदल डालो। फिर सूर्य का प्रकाश बनो।" प्रकाश का संशय दूर हुआ और वह स्थिर हुआ।

प्रकाश का जहाँ प्राकृतिक चिकित्सा केन्द्र चल रहा था उन्होंने अस्थायी रूप से 'पवन मेडिकल स्टोर' के दोनों डॉक्टरों को वहाँ स्थानान्तरित किया। वहाँ पवन मेडिकल स्टोर की एक छोटी शाखा भी खोली। उस शाखा पर रवि की माँ बैठने लगीं तथा तुषार प्राकृतिक एवं योग संस्थान केन्द्र की देख-रेख भी करने लगीं। प्राकृतिक चिकित्सा केन्द्र पर डॉक्टरों के चले जाने पर प्रकाश के घर के सामने से तो भीड़ कम हो गई पर वह भीड़ प्राकृतिक चिकित्सा केन्द्र पर नहीं हुई क्योंकि प्राकृतिक चिकित्सा केन्द्र बस स्टैण्ड से दूर था तथा गाँवों से आने वाले मरीजों का प्राकृतिक चिकित्सा केन्द्र तक जाने में रिक्शा आदि पर दस-पन्द्रह रुपए भाड़ा लग जाता था। फलतः प्राकृतिक चिकित्सा केन्द्र के डॉक्टरों की फीस शहर के डॉक्टरों से कम नहीं पड़ती थी। वास्तव में आज के युग में अधिकांशतः निर्णय बाजार की स्थिति तथा कीमतों के आधार पर निर्भर करते हैं।

प्राकृतिक चिकित्सा केन्द्र के विस्तार हेतु प्रकाश ने प्राकृतिक चिकित्सा केन्द्र से संलग्न दो एकड़ जमीन खरीदने का निर्णय किया जो उनके छोटे भाई को बँटवारे में प्राप्त हुई थी तथा खाली पड़ी रहने के कारण आसपास के लोग धीरे-धीरे उस पर अतिक्रमण कर रहे थे। जैसे ही पड़ोस के लोगों को पता चला कि प्रकाश इस जमीन को खरीदकर वहाँ अस्पताल बनाना चाहते थे, स्थानीय नगरपालिका सदस्य के नेतृत्व में स्थानीय बेकार युवकों ने बाधा देनी शुरू की। यह बहुत कुछ स्थानीय नगरपालिका के सदस्य के उकसाने के कारण हो रहा था क्योंकि उन्होंने स्थानीय समाज-विरोधियों को आश्वासन दिया था कि इस प्रक्रिया में उन्हें कुछ पैसा मिलेगा तथा दो-तीन युवाओं को नौकरी भी मिल जाएगी।

प्रकाश ने स्थानीय नगरपालिका सदस्य को बुलाकर समझाया कि वह नर्सिंग होम का निर्माण अपने परिवार के हित में नहीं करवा रहे थे। यह तो वह समाज-हित में कर रहे थे। नर्सिंग होम यदि सफल हुआ तो क्षेत्र में आर्थिक सक्रियता बढ़ेगी तथा उसके वार्ड में विकास होगा।

पुरुलिया नगरपालिका के वार्ड कन्हाईलाल सेनगुप्ता ने उत्तर दिया, “यह तो बाद में देखा जाएगा। अभी तो लड़के मान नहीं रहे हैं। मुझे उन्हें मनाने के लिए कम से कम एक लाख रुपया चाहिए। इसके अतिरिक्त तीन लड़कों को नौकरी देनी पड़ेगी। बाद में आप भी तो इस अस्पताल से आमदनी करेंगे।” प्रकाश समझ गए कि समस्या जटिल है। उन्होंने माना कि सेनगुप्ता को अधिक समझाना व्यर्थ था क्योंकि वह समझकर भी समझना नहीं चाहता था। अतः प्रकाश ने सेनगुप्ता से उनकी माँगों पर विचारार्थ कुछ समय लिया।

प्रकाश ने तुरन्त ही अपने छोटे भाई से औपचारिक रूप से दस लाख रुपए में जमीन खरीदने का प्रस्ताव किया ताकि उसका भी भाव न बढ़ जाए। प्रकाश का छोटा भाई दस लाख रुपए में जमीन बेचने को तैयार हो गया क्योंकि वह समझता था कि स्थानीय नेताओं के चंगुल से जमीन छुड़ाकर कब्जा करना उसके वश में नहीं था। दूसरे उसे भी व्यापार में लगातार घाटा हो रहा था तथा उसकी आर्थिक स्थिति डाँवाडोल थी। दो एकड़ जमीन का पंजीकरण करवाकर प्रकाश ने सेनगुप्ता की ओर ध्यान दिया। अपने दो-तीन मित्रों को भी इस वार्ता में मध्यस्थ बनाया। कुछ डॉक्टरों ने भी सेनगुप्ता को सलाह दी कि वह प्रकाश की सामाजिक हित में योजना थी। पर वह अस्सी हजार रुपए से नीचे तैयार नहीं हुआ।

प्रकाश ने सेनगुप्ता को अस्सी हजार रुपया दिया तथा उससे छुटकारा पाया। प्रकाश ने तुरन्त सम्पूर्ण जमीन पर चारदीवारी का निर्माण कार्य लगा दिया। प्रकाश ने स्वयं चहारदीवारी निर्माण की देखरेख की। तीन फीट गहरी नींव खुदवाई। शीघ्रता के लिए मशीन से नींव खुदवाई गई जिसमें केवल एक सप्ताह लगा जबकि मजदूर यही काम तीन गुनी लागत से तीन सप्ताह में करते। डेढ़ फुट चौड़ी नींव का आधार पत्थरों से बनाया गया। उसके ऊपर सरिया कंक्रीट डाला गया तथा नीचे पानी निकलने के लिए बीस-बीस फीट पर निकास बनाये गये। नौ इन्ची दीवार बनायी गई, बीच-बीच में हवा के आने-जाने के लिए छेद छोड़े गये तथा बीच-बीच में सरिया तथा कंक्रीट दिया गया। इस निर्माण कार्य में कोई रुकावट नहीं हुई तथा दो महीने में ही नये अस्पताल की नींव रख लीं गई। प्रकाश द्वारा निर्मित चहारदीवारी की इन्जीनियरों ने भी प्रशंसा की क्योकि इन्जीनियरों द्वारा निर्मित चारदीवारी कई स्थानों पर गिर गयी थीं। अस्पताल की जमीन तथा उससे सम्बन्धित विवाद को निबटाने की प्रक्रिया में प्रकाश काफी थक चुके थे। उनकी बची हुई पूँजी भी निकल गई थी। इस सम्पूर्ण प्रकरण में प्रकाश इस बात से अधिक व्यथित थे कि स्थानीय नेता तथा मनचले युवक यह समझने को तैयार नहीं थे कि समाज के हित में क्या था और क्या नहीं था। कैसे पुरुलिया तथा

पश्चिम बंगाल उन्नति करेगा?

प्रकाश इस घटना के तनाव तथा ग्लानि से उबरने के लिए हरिद्वार ऋषिकेश की यात्रा पर गए। उनके अन्दर समाज-सेवा के प्रति वैराग्य उत्पन्न हो रहा था। वे चार-पाँच दिन वहाँ रहे तथा वहाँ ज्ञात हुआ कि सभी समाज-सेवी संस्थाओं का बाह्य आवरण उनके आन्तरिक स्वरूप से भिन्न था। एक साधु ने उन्हें आशीर्वाद दिया और कहा, "तुम जो काम कर रहे हो, वह हरिद्वार, ऋषिकेश और बद्रीनाथ में रहने वाले कई साधु भी नहीं कर पाते हैं। मानव-सेवा ही मनुष्य जीवन का गन्तव्य है। वह कहीं भी रहकर करे। गुफा में रहकर करे चाहे मनुष्य पर्वत पर रहकर करे, समुद्र या नदी के किनारे अथवा समाज के बीचो-बीच रहकर करे। पर मानव सेवा का व्रत भी बहुत कठिन है। व्यक्ति को सेवा करने में अहम नहीं होना चाहिए तब उसे उसकी समाज-सेवा में अन्य का स्वयमेव सहयोग प्राप्त होगा। दुष्ट बुद्धि के लोग दुष्ट हैं ही। वे सभी समय अपना चरित्र प्रकाश करते रहते हैं तथा उनकी उपस्थिति का अनुभव कराते रहते हैं। यदि आजकल व्यक्ति समाज-सेवा को अपना व्यक्तिगत कार्य समझकर नहीं करेगा, तो वह निश्चित ही असफल होगा तथा निराश भी होगा। समाज-सेवा कुछ सेवकों, अधिकारियों तथा भाड़े पर लिए व्यक्तियों के सहारे नहीं चलाई जा सकती है। व्यक्ति का व्यक्तिगत योगदान आवश्यक है।" हरिद्वार प्रवास के दौरान प्रकाश को जीवन-संजीवनी प्राप्त हो गई। उस साधु की सलाह पर उन्होंने निश्चय किया कि वह समाज-सेवा के क्षेत्र में भी वैसे ही संघर्ष करते रहेंगे जैसे कि वे अपने निजी व्यवसाय के लिए करते आ रहे थे। वे किसी भी हालत में अर्जुन की भाँति अपना धनुष नहीं रखेंगे। यह उनकी भ्रांत धारणा थी कि समाज सेवा कार्यों में लोग उनका सहयोग करेंगे क्योंकि उनमें प्रकाश का कोई स्वार्थ नहीं था। वरन् प्रकाश के नाम से ही लोगों को ईर्ष्या थी। वस्तुतः यह संसार सभी क्षेत्रों में संघर्षमय है तथा सद्कार्य करने में बाधाएँ अधिक आती हैं क्योंकि विपरीत बुद्धि के व्यक्ति यह नहीं समझ पाते कि क्या उत्तम कार्य है तथा कौन-सा निषिद्ध कार्य है।

प्रकाश हरिद्वार से एक नयी संजीवनी लेकर आए। उन्होंने निश्चय किया कि वे बीच-बीच में हरिद्वार जाते रहेंगे। ताकि वे घनीभूत निराशा के बादलों से मुक्त रहें। इस आशय से प्रकाश ने हरिद्वार में एक मकान भी खरीदने का निश्चय किया क्योंकि परिवार के साथ किसी धर्मशाला अथवा होटल में ठहरने पर अत्यधिक खर्च आता था।

प्रकाश ने हरिद्वार से लौटकर फिलहाल केवल बाह्य रोगी विभाग चालू किया तथा साथ-साथ तीन-चार कमरों का भी निर्माण कार्य आरम्भ किया। निर्माण कार्य

में भी बाधा पहुँचने लगी क्योंकि कुछ स्थानीय बेकार युवक निर्माण कार्य में काम आने वाले सामान की दलाली करने लगे थे। प्रकाश ने फिलहाल स्वयं को इस निर्माण कार्य से पृथक कर लिया तथा अपने कार्यालय के प्रबन्धक अजय को लगा दिया। उसने स्थानीय लड़कों के साथ मित्रवत् व्यवहार करके समस्या का अपने स्तर पर ही समाधान कर दिया तथा प्रकाश की कुल अनुमानित लागत से कम में यह कार्य सम्पन्न किया। प्रकाश ने अजय की इस सफलता के लिए अपने सभी लड़कों तथा परिवार के सदस्यों के सामने प्रशंसा की जिसे सुनकर कुछ खुश हुए जबकि कुछ सहकर्मियों के मन में ईर्ष्या उत्पन्न हुई। हरिद्वार-ऋषिकेश में ऋषि-मुनियों के आश्रमों की खाक छानने पर प्रकाश को इस ज्ञान का आभास हुआ कि बिना औषधि के ही व्यक्ति अधिकांश बीमारियों से दूर रह सकता है यदि वह शास्त्रों द्वारा प्रमाणित आचार-संहिता का पालन करे। जो भी तुषार प्राकृतिक एवं योग संस्थान में आता, प्रकाश उसे शास्त्र-सम्मत आचार-विचार की शिक्षा देते। उन्होंने अपने तुषार प्राकृतिक एवं योग संस्थान के अन्दर बड़े-बड़े बोर्ड लगवाए जिन पर बंगला तथा हिन्दी भाषा में लिखा था:

1. पूर्व या दक्षिण की ओर सिर करके सोना चाहिए।
2. रविवार, सोमवार, बुधवार को मालिश करना लाभदायी है। सरसों का तेल किसी भी दिन दिन दूषित नहीं होता है।
3. पुरुष को नित्य सिर के ऊपर से स्नान करना चाहिए।
4. धन के रहते हुए पुराने और मैले वस्त्र नहीं पहनने चाहिए।
5. भोजन सदा पूर्व अथवा उत्तर की ओर मुख करके करना चाहिए। बिना स्नान किए भोजन नहीं करना चाहिए।
6. भोजन बैठकर ही करना चाहिए। चलते-फिरते भोजन नहीं करना चाहिए।
7. भोजन करते समय यथासम्भव मौन रहना चाहिए।
8. भोजन के पहले मीठा पदार्थ खायें, बीच में नमकीन और खट्टी चीजें खाएँ। उसके बाद कड़वे और तिक्त पदार्थों को ग्रहण करें।
9. पहले रसदार चीजें खायें, बीच में गरिष्ठ चीजें खायें और अन्त में पुनः द्रव पदार्थ ग्रहण करें।
10. रात्रि में भर पेट भोजन नहीं करना चाहिए।
11. बायें हाथ से लगाया गया अथवा परोसा गया अन्न, बहुत देर से बना हुआ अथवा बासी अन्न नहीं खाना चाहिए पर घी अथवा तेल में पका हुआ अन्न बहुत देर का बना हुआ अथवा बासी भी हो तो वह खाने योग्य है।

12. अवहेलना, अनादर अथवा दोषपूर्वक मिला हुआ अन्न नहीं खाना चाहिए।
13. अंजलि से जल नहीं पीना चाहिए। बायें हाथ से जल उठाकर अथवा जल में मुँह लगाकर नहीं पीना चाहिए। खड़े होकर जल नहीं पीना चाहिए।
14. पचास वर्ष की उम्र के पश्चात् से बायें या दायें करवट लेकर उठना चाहिए। नीचे का सामान बैठकर उठाना चाहिए न कि झुक कर। इस उम्र में रीढ़ की हड्डी मुलायम हो जाती है।
15. गाय, भैंस और बकरी के दूध के अतिरिक्त अन्य पशुओं का दूध त्याग करना चाहिए। जिस दूध में से चिकनाई निकाल दी गई हो, जो दूध फट गया हो, जो बासी हो, वह दूध नहीं पीना चाहिए।
16. पान के पत्ते के अग्रभाग तथा डण्ठल में दारिद्र्य निवास करता है।
17. बहुत जोर से न हँसें। मुख को बिना ढके सभा में जोर से न हँसें, न जम्हाई लें, न खाँसें, न छींकें और न ही डकार ही लें। अकारण थूकना नहीं चाहिए।
18. बिना कारण अपनी इन्द्रियों का स्पर्श न करें। गुप्त अंगों का भी स्पर्श न करें।
19. आपत्तिकाल में शुद्धि-अशुद्धि का विचार न करें, पीछे स्वस्थ होने पर ही विचार करें।
20. कुत्ता रखने वालों के लिए स्वर्गलोक में स्थान नहीं है।
21. हृदय के अन्दर उदारता रखकर तथा बाहर से कृपणता रखकर समय के अनुसार उचित धन खर्च करना चाहिए।
22. अपने न्यायपूर्वक उपार्जित धन का दसवाँ भाग ईश्वर की प्रसन्नता के लिए किसी सत्कर्म में लगाना चाहिए।
23. तीर्थ क्षेत्र में जाने पर मनुष्य को सदा स्नान, दान, जप आदि करना चाहिए।
24. प्रतिदिन प्रातः उठने के बाद माता-पिता तथा पति को प्रणाम करें।
25. अस्त के समय सूर्य और चन्द्रमा को देखने से रोगों की आपत्ति होती है।
26. चौराहे पर खड़े होना अथवा बैठना नहीं चाहिए।
27. दीन अथवा विकलांग व्यक्ति का कभी उपहास नहीं करना चाहिए।
28. आत्महत्या करने वाला मनुष्य घोर नरक में जाता है।
29. सन्तान या स्त्री को अत्यधिक लाड़-प्यार करना या अधिक डाँटना उचित नहीं है। मनुष्य को पाँच वर्ष तक पुत्र से प्यार करना चाहिए, दस वर्षों तक उसे अनुशासित रखना चाहिए और सोलह वर्ष की अवस्था प्राप्त

होने पर उसके साथ मित्रवत व्यवहार करना चाहिए।

30. अपनी स्त्री, भोजन और धन इन तीनों में सन्तोष करना चाहिए, परन्तु अध्ययन (स्वाध्याय), तप (जप) और दान—इन तीनों में सन्तोष नहीं करना चाहिए।

31. अपनी उन्नति चाहने वाले मनुष्य को इन छः दुर्गुणों का त्याग कर देना चाहिए— निद्रा, तन्द्रा (ऊँघना), भय, क्रोध, आलस्य और दीर्घसूत्रता।

प्रकाश के ये सूत्र तुषार प्राकृतिक केन्द्र पर आकर्षण के केन्द्र बन गये। इन सूत्रों के पालन में न तो मनुष्य को धन की आवश्यकता थी न ही कोई सहायता अथवा पथ-प्रदर्शन की। यद्यपि आत्महत्या जैसे सूत्र जोड़ने की आवश्यकता नहीं थी पर आत्महत्या की बढ़ती प्रवृत्ति को देखकर प्रकाश ने यह भी उसमें जोड़ दिया। प्रकाश ने ये सूत्र अत्यन्त परिश्रम से तैयार किए। यद्यपि गीता प्रेस गोरखपुर से प्रकाशित पुस्तकों में ये सूत्र थे पर उनमें से प्रकाश ने केवल व्यावहारिक सूत्र चुने ताकि व्यक्ति उसे अपने जीवन में आसानी से उतार सके तथा वे सूत्र अव्यावहारिक तथा हास्यास्प्रद न हों। आजकल लोग अन्ध विश्वास तथा रीति-रस्मों का सार्वजनिक रूप से मखौल उड़ाते हैं पर वे ही अपने घर की चारदीवारी में उनका कड़ाई से पालन करते हैं। यह दुहरा व्यक्तित्व भारतीय समाज की विकराल समस्या बनता जा रहा है।

इन सिद्धान्तों की अप्रत्याशित लोकप्रियता ने प्रकाश को स्वदेशी चिकित्सा पद्धति तथा सिद्धान्तों की ओर और आकर्षित किया। प्रकाश ने निश्चय किया कि वह व्यक्तिगत रूप से इन सिद्धान्तों का प्रचार एवं प्रसार करेंगे तथा इन्हें प्रकाशित करके जनता के बीच में विभिन्न त्योहारों और मेलों में वितरित करेंगे। प्रकाश ने तुरन्त ही अपने 31 सूत्रों के चार हजार पर्चे छपवाये। जो भी प्राकृतिक चिकित्सा केन्द्र या अस्पताल में आता अथवा प्रकाश के कार्यालय में आता उसे एक पर्चा दिया जाता। इन सूत्रों की लोकप्रियता से प्रभावित होकर एक स्थानीय समाचार-पत्र ने अपने एक अंक में इन सूत्रों को प्रकाशित किया। आजकल लोग ऐसे ही हल चाहते हैं जिसमें कुछ लागत न हो क्योंकि जहाँ पैसा होता है, वहीं बेईमानी शुरू हो जाती है।

प्रकाश ने निश्चय किया कि वह अपना शेष जीवन स्वदेशी चिकित्सा पद्धति के प्रति समर्पित कर देंगे। वह अपनी पत्नी भावना की अंग्रेजी चिकित्सा पद्धति द्वारा दुर्दशा देख चुके थे। यह कभी न समाप्त होने वाली चिकित्सा पद्धति है। प्रारम्भिक चिकित्सा के पश्चात् मरीज को होने वाले अन्तहीन खराब प्रभावों की बाद में चिकित्सा करनी पड़ती है। वह इसके दुष्चक्र में फँसता ही जाता है। इस

पर आने वाला खर्च भी साधारण व्यक्ति की पहुँच के बाहर है फिर भी व्यक्ति जीवन बचाने के लिए ऋण लेकर चिकित्सा करवाता है चाहे बाद में ऋण न चुका पाने के लिए वह स्वयं बीमार पड़े। इस लम्बी तथा खर्चीली पाश्चात्य चिकित्सा पद्धति के हम कब तक गुलाम बने रहेंगे? पर स्वदेशी चिकित्सा पद्धति व्यक्ति के दैनिक जीवन से आरम्भ होती है। स्वदेशी चिकित्सा पद्धति अपनाने के पूर्व व्यक्ति को अपने दैनन्दिन जीवन में नित्य कार्यों में अनुशासन को अपनाना होगा। उनके पालन में धैर्य रखना होगा। प्रारम्भ में अल्प-सल्प कष्ट सहना पड़ेगा। फिर भी यदि एकदम से तबियत खराब होती है, तो व्यक्ति को पाश्चात्य चिकित्सा पद्धति (एलोपैथी) का सहारा लेना ही पड़ेगा क्योंकि उसमें कष्ट कम करने और गम्भीर बीमारी रोकने की अनेक औषधियाँ एवं उपाय हैं तथा शल्य चिकित्सा की अपूर्व व्यवस्था है, जिसका कहीं कोई विकल्प नहीं है।

प्रकाश अब प्रतिदिन प्राकृतिक चिकित्सा केन्द्र पर प्रातः आध घण्टा तथा सॉयकाल पाँच बजे आध घण्टा का समय देने लगे। प्रायः रोगी एलोपैथी डॉक्टर को दिखाकर प्रकाश के पास आते थे। प्रकाश उन्हें विभिन्न बीमारियों की घरेलू चिकित्सा बताते एवं उनके पालन की विधि विस्तार से समझाते। पुरुलिया में लोगों का प्रायः गला खराब होता था। उसके लिए तो उन्होंने स्वदेशी चिकित्सा-विधि एक श्यामपटल पर बंगला में लिखवा दी।

गले की खराश : एक गिलास गर्म पानी में आधा चम्मच नमक डालकर दिन में तीन बार गरारे करें। गर्म पानी का तापमान 60 डिग्री सैण्टीग्रेड हो तथा गले में सहने योग्य हो। जब तक ठीक न हो अवश्य गरारे करें।

सर्दी-जुकाम : सात काली मिर्च सात बतासे या मिश्री मिलाकर चबायें। 7 से 11 ताजे तुलसी पत्ते, अदरक तथा कालीमिर्च मिलाकर चाय पियें।

टांसिल्स : गाजर का रस लगातार पियें। पर मौसम की गाजर ही अधिक प्रभावशाली होती है। शीतालय में रखी हुई नहीं।

उनका यह श्यामपटल काफी लोकप्रिय हुआ। श्यामपट पढ़ने के पश्चात् भी मरीज घरेलू चिकित्सा के विषय में प्रकाश से विस्तार से पूछते थे। चिकित्सा तथा प्रवचन को जब तक विस्तार से नहीं बताया जाता तब तक श्रोता को सन्तोष नहीं होता और न ही वह पूरे उत्साह से विधिपूर्वक उसका उचित पालन कर पाता है। भारत में यह समस्या अधिक व्याप्त है। जनता की घरेलू चिकित्सा के प्रति लगन और उत्साह देखकर प्रकाश अत्यन्त प्रेरित हुए। यह जन सैलाब उनकी आशा के परे था क्योंकि वे जब अपने मित्रों और रिश्तेदारों में इन चिकित्सा विधियों की बातें करते थे तो सभी मुस्कराकर टाल देते थे पर कोई व्यावहारिक रूप में उन्हें

नहीं अपनाता था। पर अब उनको अपनाने वाला पुरुलिया का अभावी जनसमूह था, जिनकी दवाएँ खरीद शक्ति से परे थी। प्रकाश, सभी को समझाते कि प्रयोग की जाने वाली औषधियाँ सही, स्वच्छ एवं प्रभावशाली हों। प्रायः औषधि-सेवन खाली पेट उत्तम रहता है। इलाज यदि सार्थक हो तभी आगे जारी रखें। स्थायी लाभ के लिए पूरा इलाज करें।

अस्वस्थ लोगों की अपने पास भीड़ देखकर प्रकाश ने निश्चय किया कि वह घरेलू उपायों की भाँति घरेलू नुस्खों अथवा स्वदेशी चिकित्सा पद्धति पर एक पर्चा छपवायेंगे। यद्यपि प्रकाश के सामाजिक कार्यों पर बढ़ते हुए खर्च को देखकर भावना सहित सभी ने प्रकाश के इस प्रस्ताव का विरोध किया पर वे अपने निर्णय पर अडिग रहे। उन्होंने सर्वसाधारण के लिए निम्न पर्चे की दस हजार प्रतियाँ छपवायीं–

1. हरड़ पेट के लिए अचूक दवा है। कब्ज के लिए रात्रि में सोते समय दस-बारह मुनक्के दूध में उबालकर खाएँ और वही दूध पी लें। छोटी हरड़ वायुदोष (गैस दोष) में उपयोगी है। भोजन के बाद मट्ठे में अजवाइन और काला नमक मिलाकर पीने से लाभदायक है।
2. अधिक पानी पीना, प्रतिदिन न्यूनाधिक व्यायाम, योगासन तथा प्राणायाम तथा भोजन में हरी तथा पत्तेदार सब्जी का इस्तेमाल आवश्यक है।
3. अदरक का रस और शहद बराबर मात्रा में गर्म करके दिन में तीन बार चाटने से खाँसी में आराम मिलता है। अन्यथा केवल अदरक का टुकड़ा मुँह में रखकर चूसें अथवा काली मिर्च और मिश्री बराबर वजन लेकर देशी घी से गोलियाँ बनाकर खायें।
4. छाले अधिक हों तो टमाटर अधिक खायें। अम्लता के दोष में भोजन के बाद लौंग और इलायची लें।
5. बालों के लिए आँवला लाभदायक है। आँवला न हो तो नींबू से ही बालों को रगड़ें तथा फिर पानी से साफ करें।
6. कान के लाभ के लिए लहसुन मिले हुए गर्म सरसों के तेल की एक दो बूँद डालें। सरसों के गर्म तेल में अजवाइन भी लाभदायक होती है।
7. नक्सीर में सुहागे का लेप लाभदायक है।
8. मुहासों से मुक्ति पाने के लिए नींबू के छिलकों को मुँह पर रगड़ें, फिर गुनगुने पानी से मुँह धोयें। नींबू के रस में समान गुलाबजल मिलाकर चेहरे पर लगायें।
9. दाँतों की बीमारियों में सेंधा नमक और सरसों का तेल रामबाण का काम

करते हैं। सेंधा नमक न हो तो सादा नमक को सरसों के तेल के साथ मिलाकर दाँतों पर रगड़ें।

10. मोटापा घटाने के लिए खाने के बाद गर्म पानी की भाँति पियें। गुनगुने पानी में कागजी नींबू का रस शहद बराबर मात्रा में खाली पेट लेने पर प्रायः दो माह में मोटापा दूर होता है। गर्म पानी प्रातः पीना भी मोटापा घटाने के लिए लाभदायक है। चीनी लोग केवल बार-बार बिना चीनी तथा बिना दूध की गर्म चाय पीकर ही अपनी सेहत नियन्त्रण में रखते हैं तथा आजकल संसार में सबसे अधिक स्वस्थ चीनी लोग हैं।
11. सिरदर्द में नथुने में सात-आठ बूँद सरसों का तेल डालने या सूँघने से दर्द बन्द हो जाता है।
12. मधुमेह को नियन्त्रित करने के लिए मेथीदाना, करेला तथा जामुन काफी प्रभावशाली हैं।
13. यदि तुलसी की पत्तियाँ नियमित रूप से सेवन की जाएँ तो रोग पास में नहीं आ सकते। तुलसी में सर्वरोगनाश शक्ति विद्यमान है।
14. गर्दन के दर्द (सर्वाइकल स्पोंडिलाइटिस) में हलका तकिया इस्तेमाल करें। आगे न झुकें। उचित आसन एवं प्राणायाम करें। अपनी हथेलियों से अपने पैरों, तलुयों की प्रतिदिन तेल-मालिश करें।
15. खुजली से छुटकारा पाने के लिए नारियल के तेल में कपूर मिलाकर लगायें।
16. प्रातःकाल मेथीदाना के बारीक चूर्ण को एक दो चम्मच पानी के साथ पीने से घुटनों का दर्द शनैः-शनैः दूर हो जाता है। विजयसार की लकड़ी भी इस दर्द में सहायक है।
17. प्याज का रस और शुद्ध शहद बराबर मात्रा में लेने पर उच्च रक्तचाप कम होता है। कच्चा लहसुन भी उच्च रक्तचाप कम करता है तथा नींबू भी पानी में निचोड़ कर पीने से रक्तचाप नियन्त्रित होता है। भोजन के बाद छाछ पीने पर उच्च रक्तचाप नियन्त्रित होता है। किशमिश निम्न रक्तचाप में सहायक है।
18. तरबूज के बीज की गिरी और खसखस लेने से कोलस्ट्राल घटता है। गेहूँ और चने की रोटी बराबर मात्रा में मिलाकर बनाएँ।
19. त्रिफला– हर्र, बहेड़ा, आँवला तीनों बराबर मात्रा में मिलाकर खाने से आँख की शक्ति बढ़ती है। त्रिफला के छने हुए रस द्वारा आँखों को साफ करने से नेत्रज्योति ठीक होती है।

20. हृदय रोगों में अर्जुन की छाल उपयोगी है।

21. अजवायन मासिक धर्म के कष्ट निवारण में रामबाण है।

विस्तृत जानकारी के लिए तुषार प्राकृतिक चिकित्सा तथा योग संस्थान में सम्पर्क स्थापित करें। इन इक्कीस सूत्रों का विद्युत की भाँति प्रचार हुआ। इन स्वेदशी चिकित्सा विधियों की लोकप्रियता प्रकाश की आशा से परे थी। वह विस्मित थे। उनका स्वदेशी चिकित्सा पद्धति पर विश्वास और दृढ़ हो गया। इस पर्चे के बँटने के पश्चात् प्रकाश पुरुलिया के लोगों के मसीहा हो गए। वे उनके हृदय-सम्राट बन गए। पुरुलियावासी उन्हें हृदय से प्रेम करने लगे।

7. कर्मयोग

पवन का कार्यालय में मन नहीं लग रहा था। उसके शरीर मे दुर्बलता के लक्षण उभर रहे थे। उसकी पत्नी ललिता ने भी सलाह दी कि उन्हें 'पवन मेडिकल स्टोर' का पूर्ण कार्यभार सँभाल लेना चाहिए। ललिता भी पवन मेडिकल स्टोर के संचालन में सहायता करने लगी। उसके बढ़ते हुए क्रियाकलापों से भी पवन मन ही मन कुढ़ रहा था। पवन ने प्रकाश एण्ड सन्स के कार्यालय में बैठना कम कर दिया था क्योंकि वहाँ रवि की सक्रियता से सभी रवि को ही पूछने लगे। रवि के बढ़ते हुए प्रभाव को दृष्टिगोचर करके पवन को मन ही मन ग्लानि होती। पवन का खेलना बन्द हो गया था क्योंकि वह एक बार क्रिकेट खेलते हुए गिर पड़ा।

पवन का आयकर और बिक्रीकर कार्यालय जाना भी बिल्कुल बन्द हो गया। प्रकाश ने उसमें नयी स्फूर्ति लाने के लिए उस पर घर तथा कार्यालय का पूरा वित्तीय प्रबन्ध सौंपा। यह जिम्मेदारी ही काफी थी जिससे वह फिर से कार्यालय पर प्रभुत्व जमा लेता। पर वह मानसिक रूप से ही कमजोर हो रहा था। अधिक तेज बोलने में भी उसे कमजोरी महसूस होने लगी। लगातार लिखने में भी हाथ काँपने लगे। अब वह केवल कम्प्यूटर के बटन दबाकर ही काम करने में समर्थ था। यह काम भी बड़ा महत्त्वपूर्ण था पर विशिष्ट पद पर अवस्थित व्यक्ति महत्त्वपूर्ण कार्य को भी आभाहीन बना सकता है तथा अर्थहीन या छोटे काम को ऊँचा उठाकर शिखर पर उपस्थित कर सकता है। इसलिए कहा जाता है मशीन से मशीन के पीछे बैठा व्यक्ति अधिक महत्त्वपूर्ण है। हमने देखा ही है कि 1965 तथा 1971 के भारत-पाकिस्तान युद्ध में अमेरिका के दिये हुए पैटन टैंकों तथा उच्च क्षमता वाले लड़ाकू जहाजों को भारत के सामान्य टैंकों तथा लड़ाकू जहाजों ने मार

गिराया। फलस्वरूप अमेरिका में निर्मित पैटन टैंकों तथा लड़ाकू जहाजों की अन्तर्राष्ट्रीय बाजार में कीमतें गिर गईं।

जब व्यक्ति शारीरिक रूप से दुर्बल हो जाता है तो उसका किसी भी व्यापार में मन नहीं लगता। वह चिड़चिड़ा हो जाता है। यदि व्यक्ति मानसिक रूप से समर्थ है, तो वह शारीरिक दुर्बलता पर विजय प्राप्त करके अपना काम तथा नाम स्थापित कर सकता है। पर पवन विशुद्ध सांसारिक व्यक्ति था। ईश्वर की भक्ति में भी उसका मन नहीं लगता था, ईश्वर की भक्ति के मन्त्रोच्चार उसके कानों में पश्चिमी संगीत जैसे अधिक शोर उत्पन्न करते थे। पवन के परिवार में पूजा-पाठ का विशेष वातावरण ही नहीं था। प्रतिदिन पण्डितजी रस्म अदायगी करने के लिए ठाकुर का स्नान तथा पूजा करने आते थे। पत्नी भी ऐसे परिवार से आई थी जहाँ पूरे दिन खानपान, आभूषणों तथा कपड़ों की चर्चाएँ हुआ करती थीं। ललिता मन्दिर में बैठती अवश्य थी क्योंकि पुरुलिया में नियम कड़े थे पर उसके मन पर भक्ति की छाप नहीं पड़ पायी। दूसरी ओर पवन शारीरिक तथा मानसिक रूप से तेजी से कमजोर होता जा रहा था। उसकी पतनावस्था को कोई ठोस सहारा न था। शायद उसके विवाह के पश्चात् दुर्बलता तेजी से घर कर रही थी। शारीरिक दुर्बलता के कारण पवन के स्वभाव में अजीबोगरीब परिवर्तन स्पष्ट हो रहे थे। शारीरिक रूप से दुर्बल पति यदि अपनी पत्नी को किसी के साथ बातें करते हुए या हँसते हुए देख ले, तो वह ईर्ष्या से जल जाता है। वह उसके चरित्र पर शक करने लगता है। पत्नी को भी कुछ अवकाश चाहिए ताकि वह मनोरंजन करके फिर से नयी ऊर्जा के साथ अपने पति की सेवा में जुट जाए अन्यथा पति की भाँति पत्नी भी अशक्त हो जाएगी। फिर परिवार और समाज के लिए दो लाचार पराश्रित या बोझ समझे जाने वाले व्यक्तियों की कौन सेवा सुश्रुषा करेगा? दोनों पर समाज हँसेगा। इस बात में समाज अति निपुण तथा त्वरित है। पर मानव-मन पर दुर्गुण इतने सवार रहते हैं कि वे उसे विश्लेषण का अवसर ही नहीं देते। हाँ में हाँ मिलाने वाले कुछ निठल्ले लोग सहज में मिल जाते हैं जो अपने स्वयं के जीवन तथा परिवार से त्रस्त रहते हैं। वे अपनी मनोवैज्ञानिक हताशा को सुखी पति-पत्नियों पर आरोपित करके उनके वैवाहिक सुख में बाधा-सृष्टि करते हैं।

पवन की भी यही स्थिति हो रही थी। वह छोटी-छोटी बातों पर ललिता के ऊपर बरस पड़ता। कभी-कभी वह ललिता पर ग्राहकों के सामने भी चिल्लाने लगता। ललिता ने श्वसुर प्रकाश से धन्धा बदलने के लिए अनुरोध किया पर ऐसा नहीं हो सका। फिर काम-धन्धा प्रतिदिन नहीं बदले जाते और ऐसा सम्भव भी नहीं है। उनके रास्ते में आनेवाली कठिनाइयों एवं बाधाओं का अतिक्रमण ही

एकमात्र उपाय है। ललिता अन्दर से टूट रही थी। पति भक्ति के पश्चात भी यदि पत्नी पर पति शक करे, तो वह नागिन हो जाती है, फिर भी उसने स्वयं को सँभाला, उसके श्वसुर प्रकाश ने उस समझाया, "किसी से नाराज होने या सम्बन्ध बिगाड़ने के पहले स्वयं को उसकी स्थिति में रखो, फिर निर्णय लो। बीमारियों की मार खाने वाला व्यक्ति अपने शरीर से इतना परेशान हो जाता है कि वह अपना कर्तव्य, शिष्टाचार तथा ज्ञान-विज्ञान भूल जाता है। उसकी सम्पूर्ण संसार से शिकायत रहती है कि उसका कोई ध्यान नहीं रख रहा है जबकि ऐसा नहीं है। यदि सभी बीमार व्यक्ति के पास बैठ जाएँ, तो संसार के व्यापार ही थम जाएँगे। यह संसार मृत हो जाएगा, भूचाल आ जाएगा, सुनामी लहरें कहर ढायेंगी। भूकम्प आएगा तथा प्रलय अपनी विनाशलीला से इस संसार को विलीन कर देगा। गति संसार का सर्वप्रथम नियम है। पृथ्वी निरन्तर अपनी धुरी पर तथा सौर मण्डल के चारों ओर घूम रही है। यदि कर्म न करें तो कौन खाना पकाएगा? कौन बीमारी के लिए पैसा अर्जन करके देगा? अतः बीमारी को डॉक्टरों के भरोसे छोड़कर व्यक्ति को अपने सामान्य कामकाज में लग जाना चाहिए। मेरे उसी सिद्धान्त ने मुझे परिवार में असाध्य बीमारियों का सामना करने की शक्ति प्रदान की। कष्ट में भी मुस्कराना सिखाया तथा युद्ध में पराजय को विजय में परिवर्तित करना सिखाया। तुम भी मेरे जीवन से कुछ सीखो जो खुली पुस्तक के समान तुम्हारे समक्ष सभी समय है। अपने जीवन में कुछ श्रद्धास्पद व्यक्ति रखो जिनका कथन, सलाह या मार्गदर्शन तुम्हारे लिए अचूक हो। फिर उनके अनुसार नयी स्फूर्ति तथा ऊर्जा के साथ कर्मयुद्ध में जूझो।"

ललिता ने प्रकाश की सलाह पर अपने पति-परमेश्वर धर्म को नहीं छोड़ा। पर पवन की उपेक्षा तथा अपमान से वह मन ही मन दुःखी रहती थी। पवन का प्रतिदिन का यह काम हो गया था कि दुकान पर आते ही ललिता को डाँटना-डपटना। यह व्यवहार पवन मेडिकल स्टोर पर एक युवा कर्मचारी गणेश से नहीं सहन हुआ। वह ललिता को ढाढ़स बँधाता। एक बार जब ललिता दुकान पर रोने लगी, तो उसने ललिता के आँसू पोंछे। इसका ललिता ने विरोध नहीं किया जिसका अर्थ गणेश ने यह निकाला कि दुकान-स्वामिनी उस पर आकर्षित थी। एक महिला द्वारा सहानुभूति स्वीकार करने का अर्थ भी संसार में अन्यथा लिया जाता है। जैसे-जैसे पवन का ललिता के प्रति अपमानजनक व्यवहार बढ़ता गया ललिता गणेश तथा अन्य कर्मचारियों के प्रति नम्र होती गई। उसका दुकान पर मन नहीं लग रहा था पर वह अपने श्वसुर के कड़े अनुशासन से डरती थी। अतः वह सहन करती रही तथा चुपचाप दुकान पर काम में लगी रही।

पवन अपने शरीर से परेशान था। उसकी माँसपेशियों का निरन्तर क्षय हो रहा था, साथ ही पुरुलिया की शुष्क ठण्ड वह सहन नहीं कर पा रहा था। पुरुलिया की ठण्डी हवाएँ उसके शरीर को झकझोर देती थीं। वह कहाँ तक, कब तक कमरे में बन्द होकर रहे? यह तो जेल-आवास जैसा हो रहा था। यदि वह कमरे में बन्द भी रहे, तो शरीर में निरन्तर ज्वार-भाटे आते रहते थे। वह कमजोर मानसिकता का व्यक्ति था। बीमारी ने उसे मानसिक रूप से और भी कमजोर बना दिया था। बात-बात में वह अब ललिता से ही नहीं सभी से झल्ला उठता था। बच्चे तो उसके पास जाने से डरते थे। उसका किसी भी वस्तु या व्यापार में मन नहीं लगता था। वह बैठा-बैठा बार-बार टेलीविजन की चैनलें बदलता रहता था पर किसी भी कार्यक्रम में उसका मन स्थिर नहीं हो पाता था। धार्मिक चैनलों के वह प्रवचन समझ ही नहीं पाता था। उसका कभी-कभार मन भक्ति गीतों में लगता था। वह दो-तीन भक्ति गीतों के गायकों का प्रशंसक था। उन्हीं कैसेटों को सुनता रहता था तथा झूमता रहता था। उन गानों को सुनकर वह ईश्वर से मन ही मन प्रार्थना करता– 'ऐसे शरीर को रखने से तथा घसीटने से क्या लाभ? हे ईश्वर! मुझे इस संसार से उठा लो।' पर ईश्वर सब समय अपने पुत्र मानव की इच्छा पूर्ति नहीं कर सकता है क्योंकि उसे भी सांसारिक व्यवस्था का ध्यान रखना पड़ता है। यदि ईश्वर सभी पर दयावान हो जाए तो उसके द्वारा नियुक्त यमराज का कार्यालय ही उठ जाएगा, चित्रगुप्त का रजिस्टर ही बन्द हो जाएगा। उसे परस्पर विरोधी माँगों तथा इच्छाओं में समन्वय करना पड़ता है। उसके सामने तो सभी समान हैं तथा उसे तो सभी के साथ न्याय करना पड़ता है। वह क्रिकेट का मुरीद था पर उसका स्थानीय क्रिकेट में मन नहीं लगता था। फिर भारतीय टीम विदेशी टीमों के विरुद्ध कैसे सब समय खेल सकती है? खिलाड़ियों को भी आराम करना पड़ता है, उन्हें अभ्यास करना होता है। वह तो चातक की भाँति अगले क्रिकेट मैच की प्रतीक्षा करता रहता था। फलतः क्रिकेट में वह जैसे मास्टर हो गया था।

दुकान पर बैठने से ही पवन की साँस फूलने लगती थी। धूल और परागकणों के साँस के साथ खिंचकर अन्दर पहुँचने से उसका दमा बढ़ जाता था। जिस कारण अन्दर उसका सारा शरीर टूट जाता था। वह मानसिक रूप से भी हार गया था। वह चिड़चिड़ा हो गया था। अब उसे दमे को नियन्त्रित करने के लिए सभी समय सूँघने वाली शीशी अपने पास रखनी पड़ती थी। सभी समय दवाओं की बैशाखी लेकर चलते-चलते वह थक गया था।

पवन के चिड़चिड़ेपन से घर में सभी परेशान थे। प्रकाश ने उसे समझाया, "आजकल तो भाँति-भाँति की बीमारियाँ हैं जिनमें मृत्यु निश्चित है, जैसे कैन्सर,

एड्स आदि। बीमारियों से पीड़ित व्यक्ति प्रतिदिन अपने चारों ओर मारे जा रहे हैं तथा सैकड़ों मरने की प्रतीक्षा कर रहे हैं।

"प्रतिदिन दुर्घटनाओं में लोग मारे जा रहे हैं। उनकी तुलना में तुम्हारी बीमारी नगण्य है। पर मैंने उन्हें चिड़चिड़ाता हुआ नहीं देखा है अपितु वे उनकी इलाज में सहायता करने वालों को धन्यवाद देते रहते हैं" हँसते रहते हैं। एक तुम हो जिसके लिए उत्तम इलाज तथा सेवा की व्यवस्था है जो एक करोड़पति के यहाँ भी नहीं होगी। उस पर भी तुम्हारे तेवर खराब रहते हैं। जितना जीवन भी है, उसे खुशी-खुशी जिओ। तुम्हारे तथा तुम्हारे परिवार के लिए मैंने सम्पूर्ण व्यवस्था कर दी है।"

जब उसने व्यवहार नहीं सुधारा, तो प्रकाश ने एक दिन पवन को डाँटकर कहा, "पवन! यह सब नहीं चलेगा। तुमने पूरे घर को अपने सिर पर उठा रखा है। तुमने सभी को परेशान कर रखा है। आखिर घर के सदस्य काम नहीं करेंगे तो कैसे यह घर की गाड़ी चलेगी? कैसे सभी को समय पर खाना मिलेगा? कैसे बच्चे समय पर स्कूल जायेंगे? कैसे हम लोग समय पर कार्यालय जायेंगे? कहाँ से इलाज तथा दवादारू के लिए पैसा आएगा? यदि घर में सभी का मन खराब होगा, तो काम भी अच्छा नहीं होगा। कैसे मेरा यह पूरा साम्राज्य चलेगा? हम लोग तुम्हारी बीमारी का पूरा इलाज करवा रहे हैं। तुम्हारी पूरी देखभाल तथा सेवा-सुश्रूषा कर रहे हैं। फिर यदि तुम ही परहेज न करो, खाना-पीना ठीक से न करो, गरिष्ठ भोजन करो, संयम न करो, तो कैसे तबियत ठीक होगी? योगासन तथा प्राणायाम करने के लिए तो मैं तुमसे कहता नहीं हूँ, क्योंकि मैं शत-प्रतिशत जानता हूँ कि तुम वह नहीं करोगे। तुमने मुझे जीवन भर योगासन करते देखा है। क्या तुम पर इसका तनिक भी प्रभाव पड़ता है? मुझे इसका अफसोस है, पर मैं यह दुःख का घूँट पीकर रह जाता हूँ। यदि तुम स्वामी रामदेव को टेलीविजन पर देखकर केवल लेटकर पैरों को घुमाने का योगासन करो तथा अनुलोम-विलोम प्राणायाम करो अर्थात् एक नथुने से साँस लो, रोको तथा दूसरे से आहिस्ते-आहिस्ते निकालो, उसी से तुम्हारे अन्दर यथेष्ट जीवन शक्ति संचार होगी। तुम जानते ही हो कि मैं तुम्हारे इलाज के लिए देश-विदेश के विशेषज्ञ डाक्टरों के सम्पर्क में हूँ पर अभी तक इस बीमारी का कोई इलाज नहीं निकला है, न ही इसके लिए कोई टीका या वैक्सीन ही निकली है। मैं पेशियों के आरोपण का भी अध्ययन कर रहा हूँ या कुछ ऐसे तरल पदार्थ अविष्कृत हुए हैं जिनको शरीर में प्रविष्ट कराने से पेशियों में शक्ति आ जाती है। पर जब तक तुम अपनी आदतें ठीक नहीं करोगे, मानसिक रूप से शान्त और सन्तुष्ट नहीं होगे, इन औषधियों और उपायों का सम्यक् प्रभाव नहीं पड़ेगा। तुम लोगों

की वजह से ही मैंने कई प्रकार की चिकित्सा पद्धतियों का अध्ययन किया है तथा सभी काम छोड़कर तुम्हारी बीमारी के विषय में सोचता रहता हूँ। इस पर भी यदि तुम तमाशा करो, तो तुम मेरे लड़के कहलाने योग्य नहीं हो।"

प्रकाश की नाराजगी को पवन सहन नहीं कर सका। वह अपने कमरे में गया एवं अकेले में खूब रोया। उसकी पत्नी को जब यह आहट हुई तो वह दुकान छोड़कर आई और पवन को समझाने लगी, "बड़ों का काम है समझाना और नाराज होना। अब हम इतने बड़े हो चुके हैं कि हमें प्यार तो कर नहीं सकते। इसलिए नाराज होने के अतिरिक्त उनके पास और कुछ नहीं है। फिर, पापा जी जो भी कहते हैं, हमारी भलाई के लिए कहते हैं। उन्होंने अपना आन्तरिक दुःख भुलाकर अपना सर्वस्व हमारे सुख तथा भलाई के लिए समर्पित कर दिया है। उनकी उम्र के लोग तथा उन जैसे कमाने वाले वृद्धावस्था में केवल बैठकर गपशप करते हैं तथा अपने जमाने का यशोगान करते हैं। आप उनका बुरा मत मानें। यदि आपने रोना बन्द नहीं किया, तो मुझे भी साथ में रोना पड़ेगा। हमारी खातिर ही आप रोना बन्द कीजिए।"

"मुझे पिता जी की नाराजगी का इतना अफसोस नहीं जितना कि उनके आखिरी शब्दों का कि 'मैं उनका बेटा कहलाने योग्य नहीं हूँ।' क्या मैंने जान-बूझकर इस बीमारी को न्यौता दिया है? मुझे यह बीमारी तो उनसे ही या माता जी से धरोहर के रूप में प्राप्त हुई है। क्या मैं कृत्रिम तमाशा करता हूँ कि मुझे दर्द हो रहा है अथवा मेरा शरीर शक्तिहीन है? क्या कोई भी युवा स्वयं को दुर्बल कहना पसन्द करेगा? तुम जानती हो कि यह शरीर मुझ से सँभल नहीं रहा है। मैंने पापा जी के सभी आदर्शों का पालन करने का पूर्ण प्रयत्न किया, पर अब वह सम्भव नहीं हो पा रहा है। ऐसी स्थिति में इस संसार में जीना व्यर्थ है। मैं पिताजी के बिना इस संसार में दो दिन भी जीवित नहीं रहना चाहता हूँ। यदि पापा मुझे क्षमा कर दें, तो मैं चुप हो जाऊँगा।" पवन ने उत्तर दिया।

शेर के मुँह में कौन हाथ दे? ललिता भली-भाँति जानती थी कि उसके ससुर किसी से भी बहुत सोच-समझकर नाराज होते थे। वे प्रथमतः उस व्यक्ति की समस्या स्वयं की समस्या की भाँति लेकर समझने का प्रयत्न करते थे। फिर उसके व्यवहार को कई दिन तक समझते थे। उसे अप्रत्यक्ष रूप से समझाने की कोशिश करते थे। वे उसकी कई गलतियाँ देखकर भी अनदेखा कर देते थे। उनका पवन के प्रति यह विस्फोट वस्तुतः उस घने बादल की भाँति था जो पानी को अपने वक्षस्थल में लेकर कई दिनों से बरसने की प्रतीक्षा कर रहा था। अतः ललिता ने यह समस्या अपने स्तर पर ही सुलझाने का प्रयत्न किया।

पवन का रोना बन्द न होते देखकर ललिता स्वयं उसके साथ रोने लगी तथा पवन को आलिंगन करके पलंग पर लेट गई। फिर दोनों एक अन्य संसार में खो गए जहाँ जाकर स्त्री पुरुष संसार की सभी चिन्ताओं से मुक्त हो जाते हैं। हुआ भी यही। पवन को ध्यान ही नहीं रहा कि वह कुछ देर पूर्व एक बालक की भाँति क्रन्दन कर रहा था। अब वह एक युवा की भाँति खिलखिला कर हँस रहा था तथा टेलीविजन देख रहा था। ललिता उसके स्वास्थ्य का सभी समय ध्यान रखती थी। उसने पवन को तुरन्त दूध तथा उसकी प्रिय नमकीन खाने के लिए दी। पवन ने कहा, "ललिता, सभी मुझे छोड़ भी दें पर तुम मुझे कभी नहीं छोड़ना। मैं तुम्हारे बिना नहीं जी सकता। तुम तो जानती ही हो कि मेरा धीरे-धीरे सभी के ऊपर से भरोसा उठता जा रहा है। जब आदमी का अपना शरीर ही साथ छोड़ दे, तो और कौन साथ देगा?"

"मैं तो यह जानती हूँ कि आस्थाहीन व्यक्ति उस जहाज की भाँति हो जाता है जिसका लंगर खराब हो गया है। वह या तो अमानुष हो जाता है अथवा वह विक्षिप्त हो जाता है। आज प्रातः काल ही टेलीविजन पर पिता जी द्वारा लगाया हुआ कैसेट चल रहा था कि कैसे जीवन की निराशा को दूर किया जा सकता है।" यह कहकर ललिता ने टेलीविजन पर वह कैसेट पुनः लगा दिया जिसमें स्वामी कलियुगानन्द जी यह प्रवचन दे रहे थे : "मनुष्य को निराश कभी नहीं होना चाहिए। वह मनुष्य नहीं जो निराश हो, जीवन से हार माने। आत्महत्या करना महापाप है। जो शरीर तुम्हें ईश्वर ने दिया है उसे नष्ट करने का तुम्हारा कोई अधिकार नहीं है। संसार के सभी रिश्ते यहाँ तक कि माँ, पिता, पति-पत्नी, पुत्र, पुत्री के सम्बन्ध भी अस्थायी हैं। यदि व्यक्ति का शरीर भी साथ छोड़ दे तो भी उसे घबराना नहीं चाहिए। उसका असली सम्बन्ध नित्य-नवीन परमात्मा से है। वह उसके अन्दर बैठी आत्मा के माध्यम से परमात्मा से जुड़ सकता है। यह आत्मा और परमात्मा वस्तुतः एक ही है। आत्मा कभी मरती नहीं है। केवल पुराने फटे वस्त्रों की भाँति शरीर बदलती है। यह आत्मा ही शरीर की नियन्त्रक है जो प्राण शक्ति द्वारा शरीर संचालन करती है। यह प्राण कभी दुर्बल नहीं होता है। पर इसकी शक्ति व्यक्ति के व्यामोह से ढक जाती है और वह अस्थायी रूप से दुर्बल आलोकित हो जाता है। व्यक्ति का कर्तव्य है कि वह इस प्राणशक्ति को पहचाने तथा स्वयं को कभी दुर्बल न अनुभव करे। उसके पास ईश्वरीय अंश है। शनैः-शनैः यह मानसिक शक्ति उसको शारीरिक शक्ति जुटाने में सहायक होगी। अतः उठो और स्वयं को पहचानो। यह संसार तुम्हारे द्वारा पुरुषार्थ की राह देख रहा है।"

पवन के लिए यह नया सन्देश था। उसने फिर से एक बार जीने के लिए

आस्था ग्रहण की। पवन ने योगासन तथा प्राणायाम प्रारम्भ किया। उससे उसे अप्रत्याशित लाभ हुआ। वह अब अपने नये जीवन क्रम की ओर अग्रसर होने लगा। ललिता भी उसे पूरा सुख दे रही थी। दोनों पति-पत्नी दाम्पत्य प्रेम में लीन थे। ललिता के मुखमण्डल पर सुहागिन औरत की आभा स्पष्ट थी। पवन के मानसिक रूप से स्वस्थ होने पर उसके मन में समाहित यह मूल धारणा भी वाष्पीकृत हो गई कि शारीरिक रूप से अशक्त व्यक्ति दाम्पत्य सुख में सक्रिय भागीदार नहीं हो सकता है।

पवन के दुकान पर उत्तम व्यवहार से दुकान की आमदनी भी बढ़ गई। पर पवन का अतीत काल उसका पीछा नहीं छोड़ रहा था। कर्म के संरक्षण का नियम अटल है। यह कभी व्यक्ति की प्रगति में बाधा पहुँचाता है तो कभी उसे अचानक सफलता की चौखट पर पहुँचा देता है। पवन के पुराने मित्र आकर उसकी दुकान पर बैठने लगे। वे उसे फिर पानबहार खाने के लिए प्रेरित करने लगे। धीरे-धीरे वे लोग जर्दे का पानबहार खाने लगे। पवन को भी उनकी संगत में आनन्द आता था। पवन इस बात से बेखबर था कि उसके एक मित्र की कुदृष्टि ललिता पर थी। जब मित्रगण आपस में बात करते, तो वे ललिता को भाभी-भाभी कहकर बातों में लगाते पर ललिता तो उन्हें चाय तथा नाश्ता देकर अपने ग्राहकों में व्यस्त हो जाती। पवन को अपने मित्रों के प्रति ललिता के उपेक्षापूर्ण रवैये से असन्तोष होने लगा तथा इस बात पर पति-पत्नी में प्रायः नोकझोंक होती। पवन ललिता से कहता तुम मेरी जोरू हो। मैं जो चाहूँ, तुम्हें करना पड़ेगा। तुम्हें अपने पति की प्रसन्नता के लिए कुछ करना चाहिए।

"मैं आपके लिए सभी कुछ कर रही हूँ तथा बाद में भी करने को सदैव तत्पर हूँ। चौबीस घण्टे मैं ईश्वर से आपकी अच्छी तबियत के लिए प्रार्थना करती हूँ। मैं चाहती हूँ कि आप अपनी लड़की के विवाह तक स्वस्थ रहें तथा अपने समर्थ हाथों से उसका कन्यादान करें। मैं इसलिए आपके मित्रों के साथ नहीं घुलती-मिलती क्योंकि वे आप में फिर से गन्दी आदतें डाल रहे हैं। पान बहार तथा जर्दा आपकी सेहत के जानी दुश्मन हैं। इन्हें वे फिर से आपके पास ले आए हैं। सुना है इन पुड़ियों में नशा भी मिला रहता है ताकि वह पानबहार और जर्दा अधिक बिके। और सुना है कि एक दो मामलों में पति के मित्रों ने ही उसकी पत्नी के साथ इश्क लड़ाया और उसे लेकर भाग गया। फिर, औरत की भी अपनी अस्मिता है। मैं उनका पूर्ण स्वागत करती हूँ पर मैं इस घर की लक्ष्मी भी हूँ। मैं उनके साथ सद्व्यवहार की लक्ष्मण रेखा पार नहीं कर सकती हूँ। वे आपसे हँसी-मजाक करें। मुझसे उनका हँसी-मजाक करने का कोई अधिकार नहीं है। मैं आपकी पत्नी हूँ।

उनके द्वारा उस व्यवहार की मैं अधिकारिणी हूँ जो देवर-भाभी के रिश्ते में होता है।" ललिता ने तर्क प्रस्तुत किया।

"तुम भी तर्क-वितर्क करने लगी हो। सम्यक् मैं जो कहूँ, तुम्हें करना पड़ेगा। मैं कुछ भी विरोध में नहीं सुन सकता।" पवन का क्रोधपूर्ण वक्तव्य था। जब कोई व्यक्ति बात सुनना ही नहीं चाहता तो आगे का संवाद अर्थहीन हो जाता है। इस परिस्थिति में ललिता ने चुप हो जाना ही उचित समझा क्योंकि ऐसी परिस्थिति में पवन को प्रायः शारीरिक झटका सा लग जाता था और वह निढाल होकर पलंग पर लेट जाता था जैसे वह निष्क्रिय हो गया।

पवन को योगासान प्राणायाम से लाभ अवश्य हुआ पर योगासन-प्राणायाम करने के लिए वह ब्रह्ममुहूर्त में न जाग सका। ब्रह्ममुहूर्त में योग-प्राणायाम करने से लाभ अधिक होता है। फिर योग प्राणायाम करने पर भी उसके खाने-पीने में सुधार न आया। वही घी के पराँठे, तेल की मसालेदार नमकीन तथा मेवायुक्त मिठाई का खाना। जब उसके योग प्रशिक्षक महोदय उसे समझाते तब वह असन्तुष्ट होकर कहता, "मैं कहाँ खा रहाँ हूँ? आप शान्ति से योग सिखाकर चले जाइए।" उसके इस प्रकार के व्यवहार से उसके योग प्रशिक्षक ने प्रशिक्षण छोड़ जाने की धमकी दी। पिता की डाँट खाने के भय से पवन तनिक अनुशासित हुआ। पर उसके और ललिता के बीच नोक-झोंक चलती ही रही। पवन को ललिता का दुकान के सहायक के प्रति मधुर व्यवहार अच्छा नहीं लगता था। उसके मस्तिष्क में शक की सूई घूम गई। वह छोटी-छोटी बातों को लेकर ललिता पर झल्ला उठता था। ललिता सोचती थी कि दुकान को सुचारु रूप से चलाने के लिए सहायकों के प्रति उत्तम व्यवहार आवश्यक है। ललिता का दुकान के सहायक के साथ उत्तम व्यवहार घर की महिलाओं को भी चुभा और उसकी शिकायत प्रकाश तक पहुँच गई।

प्रकाश ने एक दिन ललिता को समझाया, "ललिता बहू! तुम तो जानती ही हो कि संयुक्त परिवार धर्म और मर्यादा पर टिका हुआ है। हमारा धन हमारे प्रयत्नों तथा परिश्रम से अधिक धर्म की देन है। तुम तो जानती ही हो कि तुम्हारी सास के वर्षों से विकलांग होने के बावजूद भी हमारा दाम्पत्य प्रेम वही रहा जो विवाह के पश्चात् था। उसी दाम्पत्य प्रेम के कारण तुम्हारी सास इतने वर्षों तक जीवित रहीं। दाम्पत्य प्रेम ही सभी प्रेम का मूल है। यदि पति-पत्नी में दाम्पत्य प्रेम में कमी है तो उसी अनुपात में वे अपनी सन्तान को, माँ-बाप को, यहाँ तक कि मित्रों, पड़ोसियों तथा सम्बन्धियों को भी प्रेम नहीं दे सकते। शनैः-शनैः व्यक्ति की काम में भी रुचि कम हो जाती है। प्रेम का नद अबाध होना चाहिए। जहाँ

उसमें गन्ध आई, वह गन्ध चारों ओर बिखरती है। हम यह नहीं कह सकते हैं कि हम परिवार में तो प्रेम नहीं करेंगे, पर समाज को प्रेम करेंगे। यहाँ तक कि ईश्वर से प्रेम भी दाम्पम्य प्रेम का प्रथम पाठ न पढ़े हुए भली-भाँति से नहीं हो सकता है। तुम्हारा प्रेम और समर्पण ही पवन को मौत के मुख से बचा सकता है। मृत्यु तो उसके लिए जबड़े खोले खड़ी है। तुम तो देखती ही हो कि अब वह दस कदम भी अपने सहारे नहीं चल पाता है। मैंने सुना है कि वह प्रतिदिन ईश्वर से प्रार्थना करता है कि उसे उठा ले। बेटी, तुम मेरी सहायता करो। मैं तुमसे अपने लड़के के जीवन की भिक्षा माँगता हूँ। तुम उसे बचा लो।"

यह कहकर प्रकाश की आँखें डबडबा गईं। प्रथम बार ललिता ने उस पिता की आँखों में आँसू देखे जो अपनी पत्नी की मृत्यु पर भी नहीं रोया था। ललिता ने निश्चय किया कि वह अपने चरित्र को सन्देह से परे करेगी तथा दुकान सहायक को हटा देगी। वह अपने ससुर के निश्चय को भी भली-भाँति समझती थी। इसी बीच स्थानीय साम्यवादी दल (मार्क्सवादी) नेता का किसी को नौकरी देने का दबाव आया। ललिता खुश थी कि उसके भाग्य से छींका टूटा। वह प्रकाश से तुरन्त सहमत हो गई। पर उसने एक महिला सहायक रखने का सुझाव दिया। प्रकाश ने उस नेता से कहा, "आपको इस पुराने सहायक को सँभालना पड़ेगा तथा मैं केवल एक महिला को सहायक के रूप में रख सकता हूँ।"

प्रकाश ने यह काम पूरा किया। शक की सूई टूट गई। पवन मेडिकल स्टोर से सन्देहास्पद सहायक को हटा दिया गया। उसके स्थान पर एक सुशिक्षित युवा बेरोजगार बंगाली लड़की आ गई, जो जितनी पढ़ी-लिखी थी, उतनी ही देखने में भी सुन्दर थी।

पवन-ललिता के दाम्पत्य जीवन का नया अध्याय शुरू हो गया। पवन नये उत्साह से पवन मेडिकल स्टोर पर बैठने लगा। अब वह अपनी हीन ग्रन्थि को दूर रखकर समाज के विस्तृत भूखण्ड में विचरण करने लगा। समाज तो दुखालय है। जब व्यक्ति अपने घर की देहरी से बाहर निकलेगा, तब वह जीवन की ताजगी अनुभव कर पाएगा। यदि वह अन्दर ही अन्दर घुलता रहेगा, तो उसका कोई इलाज नहीं है। वह बाहर निकलकर पायेगा कि उससे भी कहीं अधिक दुखी व्यक्ति उससे कई गुना उत्साही हैं। सैकड़ों दुखी व्यक्तियों ने प्रसन्नता का मुखौटा इसलिए लगा रखा है ताकि वे दुःख के कारकों से संघर्ष कर सकें। वे उन्हें समाप्त करने की ऊर्जा अर्जित कर सकें जो प्रसन्नता से ही आती है।

पवन ने अपने बड़े भाई तुषार की भाँति अपने मुहल्ले में रात्रि-क्रिकेट का आयोजन आरम्भ किया, जिसका आयोजन तुषार अत्यन्त उत्साहपूर्ण ढंग से करता

था। वह प्राकृतिक चिकित्सा केन्द्र पर भी जाने लगा। वहाँ वह मालिश कराता तथा बीच-बीच में फिजियोथिरापिस्ट द्वारा भी अपने अंग प्रत्यंगों को सशक्त कराता। अपनी सन्तान के लिए और दुश्चिन्ता न करके पवन और ललिता ने बड़े भाई की लड़की सलिला को गोद लेने का निश्चय किया।

सलिला को गोद लेने का तुषार-वाटिका में एक विराट आयोजन हुआ। लगभग पाँच सौ लोगों के खाने-पीने की व्यवस्था हुई। डिस्को दल ठीक किया गया तथा विधिवत तरीके से गोद लेने का प्रपत्र तैयार किया गया।

यद्यपि रवि इस दत्तक ग्रहण के लिए पूर्णतः तैयार नहीं था पर परिवार में एक बार प्रकाश की 'हाँ' हो गई तो फिर किसी को विरोध करने का साहस नहीं था। यद्यपि पीठ-पीछे उनके निर्णय का विवेचन होता रहता था, पर वह सब विशुद्ध विश्लेषण तक ही सीमित रहता। कोई अन्य निर्णय उसका स्थान नहीं ले पाता था।

निश्चित समय पर दत्तक समारोह आयोजित हुआ। एक दत्तक विलेख के द्वारा सलिला की माँ राधा ने सलिला को पवन एवं ललिता को दत्तक दे दिया तथा दोनों पति-पत्नी ने उसे सौ लोगों के समक्ष सहर्ष अंगीकार किया। सलिला को परी की भाँति सजाया गया था। उसे केवल हीरे तथा हीरापालकी के आभूषणों से लादा गया था। आमन्त्रित व्यक्ति यह नहीं समझ पा रहे थे कि क्या यह सलिला वही है जो तुषार-वाटिका के आँगन तथा बाग में खेलती थी। वह तो किसी फिल्म या छोटे पर्दे की नायिका ज्ञात हो रही थी। वह अपने शृंगार से इतनी खुश थी कि उसे होश ही नहीं था कि वह उस दिन दूसरे माता-पिता के पास जा रही थी। वह खुश थी क्योंकि कई महीने से चाचा-चाची के पास ही रह रही थी। उसके जीवन में पिता की जो रिक्तता थी वह भी पूरी हो रही थी। फिर उसके लिए तो यह रस्म अदायगी मात्र थी। उसकी माँ भी वहीं थी तथा नयी माँ भी एक साथ थी। केवल चाचा-चाची से अब पापा-मम्मी हो गए थे। चाचा-चाची का कद ऊँचा हो गया था।

आमन्त्रित लोगों के लिए तुषार-वाटिका का प्रत्येक कार्यक्रम पुरुलिया नगर के लिए एक अनूठा कार्यक्रम होता था जिसमें पुरुलिया तथा बुन्देलखण्ड की सांस्कृतिक झलक के साथ-साथ कोलकाता के भोजों जैसा उच्च स्तर होता था। प्रत्येक कार्यक्रम में नयापन होता था। पुरुलिया के धनाढ्य व्यक्ति तुषार-वाटिका की नकल करते अपने यहाँ कार्यक्रम आयोजित करते थे। सभी ने प्रकाश को बधाइयाँ देते हुए कहा, "प्रकाश, तुम्हीं एक ऐसे व्यक्ति हो जिसने समाज को रास्ता दिखाया है कि विषम परिस्थितियों को कैसे अनुकूल बनाया जा सकता है।

कैसे काँटों के बीच मुस्कराया जा सकता है। कैसे आँसुओं को ओसकणों में परिवर्तित किया जा सकता है ताकि वे नयी सृष्टि को जीवन दे सकें। तुम वास्तव में साधुवाद के पात्र हो।'

प्रकाश घरौंदा बनाते थे, उसका संरक्षण करते थे तथा उसमें टूट-फूट होने पर उसको फिर से मौलिक स्वरूप में स्थापित कर देते थे। यह जीवन की कला कोई प्रकाश से ही सीखे। आजकल इस कला को सीखना अत्यावश्यक है क्योंकि भारत की संयुक्त परिवार परम्परा को जैसे नजर लग गई है। जिस गति से संयुक्त परिवार में विघटनशील तत्त्व सक्रिय हो गए हैं, उसी अनुपात में जोड़ने वाले तत्त्वों को सक्रिय होना पड़ेगा अन्यथा भारतीय समाज का प्रस्तर-दुर्ग शनै-शनैः मिट्टी के ढीले में परिवर्तित हो जाएगा।

पवन-ललिता के दाम्पत्य जीवन में आया भूचाल अन्य दिशा में चला गया था। प्रकाश ने अपने परिवार की अर्थोन्नति के लिए इस सुअवसर का पूरा उपयोग किया। वह स्वयं ही अपने कार्यालय के कार्य में दत्तचित्त होकर लग गए। रवि को भी उन्होंने कई अन्तरंग सूत्र दिए जिसके आधार पर उनका कर साम्राज्य टिका था। उन सूत्रों से जहाँ प्रकाश एण्ड कम्पनी को फीस के अतिरिक्त मोटी आमदनी होती थी, वहाँ दूसरी ओर प्रकाश एण्ड कम्पनी का मुवक्किल व्यापारी भी अत्यधिक खुश था। वह सदैव प्रकाश के कार्यालय में आवश्यकीय पारिश्रमिक से अधिक राशि जमा करने को आतुर रहता था। ये सूत्र उस गुरु-दक्षिणा में दिए गए जब रवि ने प्रकाश के सामने प्रतिज्ञा की कि वह प्रकाश एण्ड कम्पनी के हितों के अतिरिक्त और किसी में रुचि नहीं रखेगा। ये सूत्र प्रकाश ने अपने बंगाली गुरु एडवोकेट से सीखे थे तथा उन्हें अपनी अक्षुण्ण धरोधर की भाँति सँजोकर अपने हृदय से लगा कर रखा था। यदि प्रकाश एण्ड कम्पनी की आमदनी बढ़ेगी, तो घर में खटपट भी कम होगी तथा समाज कल्याण के कार्यों में भी अधिक सहयोग हो सकेगा।

पवन-ललिता ने अपने मेडिकल स्टोर में इतनी आमदनी बढ़ा ली कि पुरुलिया के कई मेडिकल स्टोर्स बन्द होने के कगार पर आ गए। उन मेडिकल स्टोरों के मालिक प्रकाश से आकर मिले। प्रकाश ने सुझाव दिया, "आप लोग तो जानते ही हैं कि आजकल व्यापार कम लाभ पर होता है पर व्यापार में आप तभी रह सकते हैं जब कम लाभ के साथ-साथ आप त्यापारावर्त (टर्नओवर) अधिक से अधिक बढ़ाएँ। आजकल ग्राहक ही देव हो गया है। वह तुरन्त सस्ते दामों और उत्तम गुणवत्ता की ओर भागता है। हम लोगों का सम्पर्क ख्याति प्राप्त कार्यालयों के ईमानदार थोक विक्रेताओं से हो गया है। वे हमें दवाइयाँ भी अच्छी देते हैं तथा

सस्ते दामों पर देते हैं। यदि तुम ऐसा न कर सको, तो तुम लोग पवन मेडिकल स्टोर की शाखा के रूप में ही अपनी दुकान बदल लो। जो तुम्हारी प्रति मास आमदनी थी वह हमसे लेते रहो।" प्रकाश का निर्णय पुरुलिया में सर्वमान्य था चाहे वे प्रकाश के प्रतियोगी ही हों, क्योंकि प्रकाश धर्म और सत्य की बातें करते थे जो सदैव धवल और चमकदार होती थीं। कुछ दिन सोच-विचार कर दो मेडिकल स्टोरों के मालिक, प्रकाश के प्रस्ताव से सहमत हो गए। एक को प्रतिमास चार हजार रुपया तथा दूसरे को पाँच हजार रुपया प्रतिमास देने के करार किये गए। इस प्रकार पुरुलिया में बहुदेशीय कम्पनियों की भाँति पवन मेडिकल स्टोर की दो और शाखाएँ खुल गईं।

पवन मेडिकल स्टोर का काम बढ़ जाने से पवन और ललिता उसे नहीं सँभाल पा रहे थे। प्रकाश को नियमित पवन मेडिकल स्टोर का हिसाब-किताब देखेने के लिए समय देना पड़ा। प्रकाश खुश थे कि उन्होंने परिवार की जो शाखाएँ लगाई थीं वे अब वट वृक्ष का रूप लेकर पल्लवित-पुष्पित हो रही थीं। पवन और ललिता को सलिला के रूप में जीवन की एक और संजीवनी प्राप्त हो गई थी। अब सलिला को लेकर उनके बीच कभी-कभी नोक-झोंक होती। ललिता कहती, "आप सलिला को मत बिगाड़िए। आजकल लड़कियों को लड़कों के समान ही पढ़ना है तथा नौकरी में आना है। बिना नौकरी वाली लड़की से आजकल अच्छे लड़के विवाह ही नहीं करना चाहते हैं। वे सोचते हैं कि खाली समय में बैठकर औरतों का दिमाग खराब होता है। फिर पति-पत्नी दोनों की आमदनी मिलाकर ही आजकल की महँगाई तथा बढ़ते हुए खर्चों का सामना किया जा सकता है। उसे अधिक घुमाने तथा बाहर का खाना खिलाने से वह मोटी हो रही है। बाद में उसे घर की चारदीवारी में रहना अच्छा नहीं लगेगा। आप तो जानते ही हैं कि घर की चारदीवारी ही औरतों का मन्दिर-मस्जिद है।"

पवन को ललिता की टोका-टाकी कभी पसन्द नहीं आयी चाहे वह कितनी ही नेक सलाह क्यों न हो। पर सत्य स्फटिक की भाँति चमकदार होता है। उसकी चमक कोई कम नहीं कर सकता। यह सम्भव है कि उस पर अस्थायी रूप से असत्य, स्वार्थ या माया-मोह के कारण धब्बा पड़ जाए। राधा तथा प्रकाश को भी ललिता के प्रति पवन का अत्यधिक लाड़-प्यार पसन्द नहीं आया। उन्होंने भी पवन को प्यार के साथ-साथ ललिता की पढ़ाई-लिखाई पर ध्यान देने की सलाह दी।

पवन ने ललिता के लिए एक निजी शिक्षिका रख दी जो उसे खेल के साथ-साथ पढ़ना सिखाए। ललिता ने भी इसका विरोध नहीं किया क्योंकि उसे

दुकान से ही फुर्सत नहीं मिलती थी। पर प्रकाश ने कहा, "तुमने सलिला के लिए मास्टरनी तो रखी है, मुझे इसमें किंचित मात्र भी आपत्ति नहीं है पर बच्चे के लिए शिक्षा पैसे से खरीदी नहीं जा सकती है। जिस प्रकार बच्चे के स्वास्थ्य के लिए माँ के दूध से बढ़कर कुछ नहीं है, उसी प्रकार बच्चे की शिक्षा के लिए माँ की गोद से बढ़कर शिक्षा का कोई स्थान नहीं है। माँ की गोद ही शिशु का प्रथम विद्यालय है। माँ के प्रेम को पाने पर कठिन से कठिन पाठ भी बच्चे आसानी से हृदयंगम कर लेते हैं। तुम लोग सलिला को बाहर ले जाओ, शिशु उद्यान ले जाओ, उसको समवयस्क लड़के-लड़कियों से मिलाओ, उनके साथ खेलो, उनके साथ खाओ, उससे बच्चों के मन में जो माता-पिता के प्रति प्रेम बैठ जाएगा, वह कभी नहीं निकलेगा। अपनी सुषुप्तावस्था में भी बच्चे भली-भाँति माता-पिता के प्रेम, उनका उनके प्रति त्याग तथा परिश्रम परख लेते हैं। यह ईश्वर ने उन्हें विशेष क्षमता प्रदान की है। वे उनसे प्रेम करने वालों को भी शीघ्र परख लेते हैं। बड़े होने पर वे इन उपकारों का बदला एक-एक करके चुकाते हैं।"

प्रकाश के लम्बे-लम्बे भाषणों का पवन अभ्यस्त हो चुका था। खुश था कि उसके पिता जी पहली बार खुश थे क्योंकि उसने अपने बलबूते पर पवन मेडिकल स्टोर से अप्रत्याशित आमदनी करके दिखा दी थी। मेडिकल स्टोर में सामान रखने की जगह नहीं थी, अतः प्रकाश ने यह प्रस्ताव किया कि पवन मेडिकन स्टोर से संलग्न जमीन पर एक नर्सिंग होम निर्मित किया जाए। वह सभी अधुनातन डॉक्टरी उपकरणों से युक्त हो ताकि पुरुलिया के किसी भी व्यक्ति को पास के शहरों के मेडिकल कॉलेज या नर्सिंग होम के चक्कर न लगाने पड़ें और न ही कोलकाता भागना पड़े। तुषार-वाटिका के पीछे की एक बीघा जमीन पर सलिला नर्सिंग होम के निर्माण की योजना बनाई गई। पर प्रकाश को यह दुःख था कि उसके उद्यान का क्षेत्र कम हो जाएगा। कुछ पपीते के पेड़ों को काटना पड़ेगा। फलतः वह अपने मित्रों को जो प्रतिवर्ष पपीते भेजा करता था, वह नहीं भेज पाएगा। इस योजना के निर्णय के लिए एक दिन परिवार की बैठक हुई। रवि ने नर्सिंग होम योजना का पुरजोर विरोध करते हुए कहा, "हम लोग एक ओर सभी को घरेलू, स्वदेशी, आयुर्वेदिक, होम्योपैथिक, एकूपन्चर, सूर्य प्रकाश एवं प्राकृतिक चिकित्सा पद्धति अपनाने की सलाह देते हैं, वहीं यदि पाश्चात्य चिकित्सा पद्धति पर आधारित नर्सिंग होम का संचालन करें तो सभी कहेंगे कि गोयल परिवार को केवल आमदनी, लाभ तथा पैसे से प्रयोजन है। उनके न तो कोई निश्चित सिद्धान्त हैं और न ही वे समाज तथा देश के हित का चिन्तन करते हैं। अतः हमें नर्सिंग होम योजना को यहीं विराम देना चाहिए।"

इस पर प्रकाश ने कहा, "पर हम कुछ भी करें, पर वास्तविकता यह है कि पुरुलिया के अधिकांश मध्य वर्ग के लोग अपने जीवन की गाढ़ी कमाई शहरों में डॉक्टर तथा अस्पतालों को भेंट चढ़ा देते हैं और उन्हें बदले में मिलता है अंग्रेजी चिकित्सा पद्धति का अन्तहीन बुरा परिणाम, जो हम भी भोग रहे हैं। वही व्यक्ति जीवन में सफल होता है जो युग की नस को पहचाने तथा तदनुसार कर्म करे। यह ध्रुव सत्य है कि अंग्रेजी चिकित्सा पद्धति का भी कुछ बीमारियों में विकल्प नहीं है। फोड़े आदि का आपरेशन ही उपाय है। शल्य चिकित्सा के सामने हमारी स्वदेशी पद्धतियाँ खड़ी नहीं हो सकती हैं। यदि कोई दुर्घटना हो गई, वहाँ सभी स्वदेशीय पद्धतियाँ मिलकर कुछ नहीं कर सकती हैं। तुरन्त चिकित्सा के लिए पाश्चात्य चिकित्सा उत्तम है। पश्चिमी देशों में गहन खोजें हो रही हैं। नयी-नयी बीमारियों के लिए नयी-नयी औषधियों तथा टीकाकरण का आविष्कार हो रहा है। हमारी आयुर्वेदिक तथा देशज पद्धति क्षेत्र में अन्वेषण के लिए उपयुक्त धन नहीं लगाया जा रहा है। यदि किसी को दिल का दौरा पड़ जाए, तो अग्नि शमन की भाँति शल्य चिकित्सा के पास ही दौड़ना पड़ता है। वास्तविकता यह है कि आदिवासियों को छोड़कर सभी आपातकाल में अंग्रेजी अस्पतालों की ओर भागते हैं। आजकल यही पद्धति देशी पद्धति हो गई है। आयुर्वेदिक, होम्योपैथिक तथा घरेलू चिकित्सा का उपयोग अपवाद के रूप में किया जाता है। हम जैसे कुछ व्यक्ति तथा संगठन अब सक्रिय हुए हैं पर इन पद्धतियों को अपना उचित स्थान प्राप्त करने में समय लगेगा। समृद्ध लोगों के लिए इन इलाजों की चर्चा करना सम्मान सूचक हो गया है जबकि निर्धन लोगों के लिए यह एक मजबूरी है। मध्यम वर्ग तो पागल की भाँति इन अस्पतालों की ओर भाग रहा है। अतः यदि हम एक अच्छा नर्सिंग होम खोल लें, तो मरीजों का शोषण कम हो जाएगा। दूसरी ओर उस नर्सिंग होम में बैठकर यदि हम अपनी आयुर्वेदिक, प्राकृतिक तथा घरेलू चिकित्सा पद्धति का प्रचार करें तो अधिक प्रभावी होगा। हम निश्चित ही नर्सिंग होम के स्वागत कक्ष के पास ही प्राकृतिक चिकित्सा कक्ष स्थापित करेंगे ताकि लोग हमारी समालोचना न कर सकें। मुझे उसका ज्ञान है। हम अपने आलोचकों को कोई अवसर नहीं देंगे। हम अपने नर्सिंग होम में सभी निजी अस्पतालों से कम दरें रखेंगे तथा सेवा सर्वोत्तम तथा अधुनातन रखेंगे। डॉक्टर भी पूर्ण कुशल रखेंगे चाहे उन्हें कितना ही वेतन देना पड़े। हमारे परिवार का सिद्धान्त है किसी भी क्षेत्र में सर्वोत्तम। इस नर्सिंग होम से प्राप्त आमदनी को प्राकृतिक चिकित्सा केन्द्र में लगायेंगे ताकि वह भी तीन सितारा हो सके। नर्सिंग होम योजना में हानि का सवाल ही नहीं उठता क्योंकि आपकी इमारत सभी समय आपके पास है जिसमें ही

अस्सी प्रतिशत पैसा लगता है। नर्सिंग होम में डॉक्टर अपनी मरीज से पृथक फीस लेते हैं तथा मरीज अपनी मर्जी से डॉक्टर से इलाज करवा सकता है। नर्सिंगि होम प्रशासन का काम है दोनों इच्छुक लोगों को मिलवा देना। आजकल मुझे इससे अच्छा कोई व्यवसाय नहीं दृष्टिगोचर होता है।"

परिवार के भीतर भी प्रकाश के तर्क कुशल एडवोकेट की भाँति होते थे। व्यक्ति किसी भी परिस्थिति में हो, वह अपने पेशे को नहीं छोड़ सकता। इसलिए सभी निरुत्तर हो जाते थे। फिर अभी तक प्रकाश की कोई भी योजना असफल नहीं हुई थी। अतः तर्क और अनुभव के आधार पर प्रकाश के विचार अकाट्य थे। परिवार की सहमति प्राप्त होने पर प्रकाश नर्सिंग होम योजना पर पूरी तरह लग गए। उन्होंने अपने विश्वसनीय एवं प्रिय प्रबन्धक रामनाथ बाउरी को इस काम में लगाया। इस समय तक रामनाथ बाउरी का परिवार भी प्राकृतिक चिकित्सा केन्द्र पर रहने लगा था क्योंकि रामनाथ बाउरी को रविवार के दिन भी घर जाने की फुर्सत नहीं मिलती थी। फिर रामनाथ और रामू ही प्रकाश के दो हाथ थे। जहाँ रामू पर प्रकाश अपने रहन-सहन, भोजन आदि के लिए निर्भर रहते थे, वहाँ रामनाथ बाउरी पर अपनी सभी दातव्य और समाज-कल्याण योजनाओं के लिए निर्भरशील थे। जब रामनाथ बाउरी का तुषार वाटिका में अधिक आना-जाना होता था तो परिवार के सदस्य समझ जाते थे कि पिता जी कुछ नयी योजना का ताना-बाना बुन रहे हैं। रामनाथ बाउरी का निचले कर्मचारी पूरा सम्मान करते थे तथा उन्हें आन्तरिक रूप से प्रेम करते थे। रामनाथ बाउरी भी उनका पूरा-पूरा ध्यान रखता था। वह उनके साथ स्वामी की भाँति व्यवहार नहीं करता था अपितु उनके दल के एक सदस्य की भाँति व्यवहार करता था। जिसे उनसे अधिक परिपक्व अनुभव था उसके पास अधिक क्षमता भी थी। जब रामनाथ मजदूरों के साथ बीड़ी पीने बैठता था तो ऐसा ज्ञात होता था कि गाँव की चौपाल पर बैठकर परस्पर दुःख सुख की बातें हो रही हों। रामनाथ बाउरी आदिवासी मजदूरों को समझाता था, "हमें बाहर के लोगों से सीखना चाहिए। देखो, किस प्रकार ये लोग बचत करते हैं तथा उसे हमारे हितों के लिए सामाजिक कार्यों में धन लगाते हैं। हम यदि उनसे घृणा करते रहे तो हम पूर्व की भाँति ही जंगलों में रहेंगे। खाना भी हमें ठीक तरह से नसीब नहीं होगा। हमें अपनी गन्दी आदतों को छोड़ना पड़ेगा। शराब पीना कम करना पड़ेगा। किसी से घृणा करना आसान है, पर उससे कुछ सीखना कठिन है। यह संसार ही एक बड़ी पाठशाला है। ये लोग अपना देश छोड़ कर आए और तुरन्त घर बसा लिया तथा हमसे आगे निकल गए। आज हम उनके काम कर रहे हैं, पर उपाय क्या है? पूँजी ही यह नाच नचाती है। हम इनका

बहिष्कार नहीं कर सकते।"

बड़ी धूमधाम ने नर्सिंग होम का शिलान्यास समारोह आयोजित हुआ। पुरुलिया जिला के प्रमुख राजनीतिक प्रभावशाली नेता, सभाधिपति, पुरुलिया जिला परिषद ने भूमि-पूजन किया। सैकड़ों लोग समारोह में उपस्थिति हुए। प्रकाश के सभी कार्यक्रमों को स्थानीय रूप से भरपूर समर्थन प्राप्त होता था। प्रकाश ने इस नर्सिंग होम का नाम रखा – 'रानी लक्ष्मी बाई नर्सिंग होम' क्योंकि सलिला नर्सिंग होम नाम पर कोई विशिष्ट व्यक्ति तैयार नहीं हुआ। जीवित व्यक्तियों के नाम पर विशेषकर बच्चों के नाम पर भवनों के नाम नहीं रखे जाते हैं उससे बच्चे बिगड़ जाते हैं ऐसी साामान्य धारणा थी। बड़ी धूमधाम से नर्सिंग होम का शिलान्यास समारोह आयोजित हुआ। कार्यक्रम का शुभारम्भ सरस्वती वन्दना से हुआ तथा समाप्ति वन्दे मातरम् के गीत से हुई। बीच में पुरुलिया का प्रसिद्ध लोकनृत्य 'छौ नृत्य' भी प्रदर्शित किया गया। भाषणों की लम्बी सूची भी पूरी की गई। चाय नाश्ते के साथ उत्सव का समापन हुआ।

अब रामनाथ बाउरी की बारी थी। प्रकाश रामनाथ पर इतना विश्वास करते थे कि जैसे उन्होंने उसे खुली चैकबुक दे रखी हो। रामनाथ भी पुरुलिया की आदिवासी परम्परा का अनुयायी था। हराम का पैसा लेना वह पाप समझता था। हराम की पाई-पाई का ईश्वर के सामने जवाब देना पड़ेगा। अपनी सहायता के लिए रामनाथ ने एक स्थानीय लाइसेन्स प्राप्त नक्शा नवीस को सलाहकार के रूप में नियुक्त किया जो दिन में दो बार अपनी साइकिल पर आकर उसका पथ प्रदर्शन करता था। वैसे नक्शे को देखकर भवन निर्माण में रामनाथ को कोई असुविधा नहीं थी फिर भी उसके विचार से एक से दो विभाग सदैव अच्छे होते हैं। नर्सिंग होम का भवन स्तम्भों पर निर्मित किया गया। पूरा विश्व एक ग्राम हो रहा था। अब पुरुलिया के लोगों के लिए भी ठीक न था कि वे पत्थर और लाल मिट्टी की नींव पर भवन बनाते। सभी क्षेत्र तथा दिशाएँ नव चेतन, नव तकनीकी तथा नयी सोच से आप्लावित थीं। पुरुलिया में मौकिक अधिवासी आदिवासियों से भी कहा जा रहा था कि वे लकड़ी, पत्ते तथा टीन की झोंपड़ियों को छोड़कर सरकार द्वारा निर्मित एस्बेस्टस अथवा ईंट, सीमेण्ट तथा कंक्रीट के मकानों में रहें। आदिवासी इन मकानों में प्रवेश करते थे पर वापस उन्हीं झोंपड़ियों में चले जाते थे क्योंकि उनके मवेशी आदि सभी झोंपड़ियों में उनके बहुत पास रहते थे। इन सरकारी निर्मित आवासों में उनके मवेशियों के लिए जगह नहीं छोड़ी जाती थी। उनकी जीविका वन, वन उत्पाद एवं पशु-पालन पर निर्भर थी। पुरुलिया में चार मंजिला मकान कम ही थे। अतः मिस्त्रियों को भी पास में झारखण्ड की राजधानी

राँची से लाया गया। नर्सिंग होम के निर्माण पर पैसा पानी की भाँति बह रहा था। प्रकाश तथा पवन का यह अहंम कुछ महीनों में ही वाष्पित हो गया कि उनके पास काफी नकद पैसा था। जितना धन उन्होंने आयकर अधिकारी की आँखों में धूल झोंक कर छुपा रखा था, वह भी निकल गया। निर्माण-तकनीकी परिवर्तन के साथ तालमेल रखते हुए नर्सिंग होम में सभी स्नानगृह, रसोईघर, शौचालय एवं बिजली सम्बन्धी अधिकांश साज-सामान दीवारों के अन्दर ही लगाया गया। साथ-साथ प्रकाश ने लकड़ी के सभी काम के लिए मध्य भारत के सागौन की खरीद के लिए आदेश दिया। इस कारण प्रारम्भ में ही कुल लागत का प्रायः साठ प्रतिशत धन खर्च हो गया। सीमेण्ट में भी तेजी की सम्भावना के कारण पूरा सीमेण्ट भी खरीद कर रख लिया गया। प्रकाश का सिद्धान्त था कि जो काम शुरू किया जाए वह समय से ही पूरा किया जाए। समय पैसा है। समय बर्बाद करने से लागत बढ़ती है साथ-साथ उस योजना से आमदनी होने में विलम्ब होता है। अतः उस आमदनी की हानि भी वस्तुतः उस योजना की लागत में बढ़ोतरी है।

रास्ताघाट में चलने वालों को विस्मय था कि जहाँ तीन माह में सरकारी इमारतों की नींव भी नहीं भरी जाती, लक्ष्मीबाई नर्सिंग होम का पूरा सीमेण्ट कंक्रीट का ढाँचा खड़ा हो गया था। पवन अपना पूरा समय निर्माण स्थल पर गुजारता। कभी-कभी वह ऊल-जलूल सुझाव देता जिसकी बाउरी उपेक्षा कर देता। एक बार पवन ने बाउरी की शिकायत प्रकाश से की। प्रकाश ने पूरी घटना सुनी तथा बाउरी को ही ठीक पाया। प्रकाश ने पवन को समझाया, "ये बड़े घरानों तथा उद्योगों के प्रासाद एवं मन्दिर मालिकों की सन्तानों ने नहीं बनाये। ये उनके द्वारा भाड़े पर लिये गए व्यावसायिक प्रबन्ध पेशेवरों द्वारा बनाये गए हैं। अतः यदि गोयल परिवार को आगे बढ़ना है तो उसे रामनाथ जैसे लोगों को उतना ही महत्त्व देना पड़ेगा जितना उसके परिवार के सदस्यों को। दूसरे हम जो दान तथा समाज कल्याण के कार्य करते हैं वह हम अपना काला धन सफेद करने के लिए करते हैं तथा आयकर बचाने के लिए करते हैं।"

प्रकाश का कथन पवन को नहीं रुचा। पर उसे हजम करने के अतिरिक्त उसके पास कोई उपाय न था। वह इसी उधेड़बुन में लगा था कि मैं मालिक होते हुए भी मालिक जैसा व्यवहार नहीं कर पा रहा हूँ। यह जीवन ही व्यर्थ है।

इन मानसिक तनाव से ग्रस्त होकर उसने नर्सिंग होम के निर्माण स्थल पर जाना बन्द कर दिया। अब वह केवल मेडिकल स्टोर में बैठकर उसका हिसाब-किताब देखता था। रामनाथ के हिसाब-किताब में त्रुटि निकालना कठिन था क्योंकि उसका तो पूरा ईमानदारी का कारोबार था। ईमानदारी से बोलना, ईमानदारी द्वारा

देना तथा ईमानदारी का खाना ही रामनाथ के जीवन का स्वर्णिम सिद्धान्त था। दान करने से मन को तृप्ति भी होती है। पर होता यह है कि दान करते-करते धनी लोग भूल जाते हैं कि वे अपना धन बचाने के लिए कार्य कर रहे हैं। उन्हें इन कार्यों में इतनी आत्म-सन्तुष्टि प्राप्त होती है जो धन कमाने एवं बचाने में नहीं, फलतः उनके ये धर्मार्थ के कार्य प्रमुख हो जाते हैं तथा व्यापार गौण। बस यहीं परिवार में कलह आरम्भ हो जाती है क्योंकि परिवार के सदस्यों के खर्चे में कटौती होती है, उनका भविष्य अनिश्चित हो जाता है।

रानी लक्ष्मीबाई नर्सिंग होम बनकर तैयार हुआ। उसमें पचास लोगों को नौकरी मिली। प्रकाश ने साम्यवादी दल तथा काँग्रेस के सिफारिशी लोगों को भी लिया पर उनकी संख्या दस से अधिक नहीं थी। यदि वे काम न करते तो भी नर्सिंग होम के परिचालन पर प्रभाव न पड़ता बशर्ते वे यूनियनबाजी करके अन्य कर्मचारियों के काम में बाधा सृष्टि न करें। प्रकाश ने प्रत्येक को नौकरी का ऐसा नियुक्ति-पत्र दिया कि उनको अनुशासनहीनता के लिए नौकरी से तुरन्त हटाया जा सकता था। प्रकाश भली-भाँति जानता था कि विभिन्न राजनीतिक दलों के कर्मचारियों का यदि एक वर्ष की उपस्थिति का लेखा-जोखा रखा जाए, तो केवल उसी कारण उनके विरुद्ध अनुशासनहीनता की कार्यवाही की जा सकती थी। राजनीतिक दल के सिफारिशी कर्मचारियों को अपने दल के आकाओं के घरों पर तथा दल के कार्यालय में नियमित उपस्थिति लगानी पड़ती थी तथा सभी राजनीतिक कार्यक्रमों, जुलूसों, आन्दोलनों आदि में भाग लेना पड़ता था।

प्रकाश ने उच्चकोटि के योग्य डॉक्टरों को अपने नर्सिंग होम में नियुक्त किया। दो-तीन डॉक्टर विशेषज्ञों की प्रत्येक रविवार को कोलकाता से आने की व्यवस्था की गई कि राँची से भी कुछ डॉक्टर विशेषज्ञों को ले आने तथा भेजने की व्यवस्था की, तथा उनके रहने के लिए नर्सिंग होम में ही दो वातानुकूलित घरनुमा कमरों की व्यवस्था की गई। इस प्रकार परामर्शदाता डॉक्टरों तथा शल्य चिकित्सा विशेषज्ञों का अभाव न हुआ। प्रकाश की ख्याति के अनुरूप ही नर्सिंग होम का संचालन आरम्भ हुआ। कुछ माह में लक्ष्मी बाई नर्सिंग होम पुरुलिया का सर्वोत्तम नर्सिंग होम हो गया। अब नर्सिंग होम तथा प्राकृतिक चिकित्सा केन्द्र को मिलाकर किसी भी व्यक्ति को किसी भी प्रकार की चिकित्सा के लिए बाहर जाने की आवश्यकता नहीं थी। प्राकृतिक चिकित्सा केन्द्र में प्रकाश ने आयुर्वेदिक मालिश तथा तैल चिकित्सा की व्यवस्था की। प्रकाश ने कहा, "कौन कहता है कि छोटे-छोटे शहरों में बड़े-बड़े प्रतिष्ठान स्थापित नहीं हो सकते हैं। आवश्यकता है कि इन प्रतिष्ठानों का कुशलतापूर्वक प्रबन्धन किया जाए। उनके द्वारा लाभकर्ता

या ग्राहक को उचित सेवा प्राप्त हो। उसे अपने पैसे की ठीक-ठीक वापिसी मिले। उसके साथ उचित व्यवहार हो। वह सन्तुष्ट होकर लौटे।" प्रकाश की आशानुरूप रानी लक्ष्मीबाई नर्सिंग होम में पुरुलिया जिले के अतिरिक्त बाँकुड़ा, जमशेदपुर, राँची आदि स्थानों से भी रोगी आने लगे। पुरुलिया की शुष्क जलवायु कोलकाता की आद्र जलवायु से पीड़ित लोगों के लिए स्वास्थ्य लाभ के लिए उपयुक्त थी। प्राकृतिक चिकित्सा द्वारा मोटापा घटाने की प्रवृत्ति भी बढ़ रही थी। लोग पुरुलिया आकर आयोध्या पहाड़ पर भी प्रदूषण मुक्त हवा का आनन्द लेने को आतुर रहते थे। कुल मिलाकर प्रकाश के योगदान के कारण पुरुलिया पश्चिम बंगाल में उपयुक्त चिकित्सा केन्द्र की भाँति विकसित तथा प्रचारित हो गया।

प्रकाश के नर्सिंग होम की सफलता से प्रेरित होकर कोलकाता के एक दो व्यवसायियों ने पुरुलिया में अत्यधिक विशेषज्ञता सम्पन्न नर्सिंग होम की स्थापना का प्रस्ताव दिया। पुरुलिया का कोई भी व्यवसायी प्रकाश के विरुद्ध नहीं जाना चाहता था। प्रकाश का जहाँ व्यावसायिक क्षेत्र में उत्तम व्यवहार था, वहाँ वह सभी राजनीतिक दलों के बीच में भी समान रूप से लोकप्रिय था। अतः कोलकाता के धनाढ्य व्यक्ति को प्रकाश से ही बातचीत करनी पड़ी। प्रकाश ने सहमति व्यक्त की, उसमें उसने अपनी पच्चीस प्रतिशत भागीदारी स्थिर की। यह सहमति गुप्त रखी गई। पुरुलिया के लोग प्रकाश के प्रति इसलिए श्रद्धा रखते थे कि वह पुरुलिया के लोगों के कल्याण तथा विकास हेतु समर्पित था न कि वह श्रेष्ठ व्यवसायी थे। पश्चिम बंगाल के निवासियों की व्यवसायियों के प्रति मानसिकता प्रारम्भ से ही नकारात्मक रही है। अर्थनीति में उदारीकरण के बावजूद उनकी सोच में उदारीकरण नहीं हुआ था। सामाजिक तथा सांस्कृतिक बिन्दु इतनी तेजी से नहीं बदलते जितनी तेजी से अर्थ शास्त्रीय पहलू परिवर्तित होते हैं, क्योंकि सामाजिक सांस्कृतिक आयामों का सीधा सम्बन्ध समाज की गत्यात्मकता से है।

रानी लक्ष्मीबाई नर्सिंग होम तथा अत्यधिक विशेषज्ञता सम्पन्न नर्सिंग होम स्थापित होने के पश्चात् पवन के इलाज की समस्या का पूर्णतः निराकरण हो गया। पवन भी खुश था – 'चलो मरूँगा तो अपनों के बीच में ही मरूँगा तथा अपनी माटी में ही मिल जाऊँगा। मुझे बड़े भाई की भाँति ट्रक गाड़ी में डालकर नहीं लाया जाएगा। मुझे कोलकाता जैसी सड़ी जगह में नहीं मरना पड़ेगा।' प्रकाश को झाँसी की माटी से अपनत्व था पर उनके लड़के-लड़कियों को तो पुरुलिया का धरती से ही लगाव था। वे पूर्ण जीवन यहीं जीते थे जबकि प्रकाश कभी-कभी अपनी बुन्देलखण्ड की माटी की सौंधी स्मृतियों के मकड़जाल में खो जाते थे। सभी के समझाने पर वह लक्ष्मीबाई नर्सिंग होम का प्रबन्धन फिर से देखने लगा।

प्रकाश के घर में धन का अम्बार लग रहा था। एक कमरे में नोटों के बण्डल ऐसे ही डाल दिए जाते थे। नोटों की गिनती करना ही कठिन था। न कोई आमदनी का हिसाब रखने वाला ही था न ही कोई खर्च का नियमन करने वाला। प्रकाश को भावना की असमर्थता अखरती थी क्योंकि वह बिस्तर पर लेटी-लेटी सभी के खर्चों, रहन-सहन, आचार-विचार तथा चाल-चलन पर निगरानी एवं नियन्त्रण रखती थी। पर प्रकाश की इतनी उम्र भी नहीं हुई थी कि वह अपने पेशे को छोड़कर यह देखरेख का काम करता। प्रकाश ने अपनी अस्सी वर्षीय माता से यह अनुरोध किया कि वह उसके घर पर आकर रहे। प्रकाश की माँ अपने छोटे लड़के के घर को छोड़कर नहीं आना चाहती थी क्योंकि वह इस परिवार में घुल मिल गई थी। पर प्रकाश का कहा टालना मुश्किल था। प्रकाश के उपकारों से सभी दबे हुए थे। अन्त में प्रकाश के छोटे भाई ने माँ को राजी कर लिया। माँ ने कहा, “बेटा, इस उम्र में मैं इस घर को छोड़कर नहीं जाना चाहती हूँ पर जब तुम ही नहीं रखना चाहते हो, तो मुझे जाना ही पड़ेगा। मैं इन दीवारों के बीच में ही मरना चाहती हूँ।”

प्रकाश की माँ के तुषार-वाटिका में प्रवेश के साथ ही प्रकाश के परिवार का वातावरण परिवर्तित हो गया। जहाँ सभी बच्चों को दादी का निश्छल प्रेम प्राप्त होने लगा वहाँ दूसरी ओर बहुओं-बेटों के खर्च तथा चाल-चलन पर भी निगरानी तथा देखरेख बढ़ गई। प्रकाश को माँ का अबाध प्रेम उपलब्ध हो गया। प्रकाश माँ के चरणों में प्रणाम करके अपना दिन प्रारम्भ करने लगे। प्रकाश की माँ अपनी स्नेहिल आवाज से सभी को नियन्त्रित करने लगीं। प्रकाश के परिवार में पुरानी परम्परा, प्रेम तथा समरसता लौट आई। तुषार-वाटिका फिर उत्सवमयी हो गई।

8. दुःख

पवन का जीवन आर्थिक तथा पारिवारिक रूप से स्थिर हो गया। रानी लक्ष्मीबाई नर्सिंग होम की देखभाल में वह पूर्णतः व्यस्त रहता था। प्रकाश उसके प्रबन्धन में बिल्कुल भी दखलंदाजी नहीं करता था। परिणामतः सभी को नर्सिंग होम में सुविधा प्राप्ति आदि के लिए पवन से ही सम्पर्क स्थापित करना पड़ता था। नर्सिंग होम में पवन का एक वातानुकूलित प्रकोष्ठ भी था जिस पर उसके नाम की पट्टी लगी थी तथा चपरासी उसकी घण्टी की आवाज सुनने के लिए कमरे के सामने सदैव स्टूल पर बैठा रहता था। यही पवन का स्वप्न था कि उसका अपना कार्यालय हो, उसका

अपने पिता से स्वतन्त्र व्यक्तित्व हो। उसके बिना उस संस्थान में पत्ता भी न हिले। उसके पास एक पृथक प्रकोष्ठ हो तथा सरकारी अधिकारियों की भाँति पुकार सुनने के लिए एक चपरासी हो। उसके प्रबन्धन की सभी प्रशंसा करने लगे। वह सभी के साथ मधुर नम्र व्यवहार करने लगा। लोकप्रिय होने के लिए आवश्यक नहीं है कि दूसरे व्यक्ति को आर्थिक लाभ ही दें। वचनों में उदारता और मधुरता का धन वितरित करने से भी लोग प्रसन्न होते हैं। मेज की दूसरी ओर वाला व्यक्ति विराजमान व्यक्ति की सीमा समझता है क्योंकि उसे भी वह संगठन चलाना है जो बिना धन के नहीं चल सकता है। नर्सिंग होम की स्थापना से पवन मेडिकल स्टोर भी पवन की गति से उड़ने लगा। ललिता को बिल्कुल फुर्सत नहीं मिलती थी। नई-नई औषधि के औषधपत्र डॉक्टरों से प्राप्त होने लगे। उसने उन सभी का अध्ययन किया तथा उनको मंगाने के लिए व्यवस्था की। पवन मेडिकल स्टोर की आमदनी पहले से दुगुनी हो गई। ललिता ने पवन से आज्ञा लेकर नर्सिंग होम की एक परिचारिका को भी मेडिकल स्टोर पर थोड़े समय के लिए रख लिया ताकि वह नयी औषधियों के विषय में ज्ञानार्जन कर सके। ललिता खुश थी। उसकी मांग का सिन्दूर अब अधिक चमकने लगा था। वह अपने तथा अपनी लड़की के भविष्य के प्रति आश्वस्त हो गई थी। नर्सिंग होम की आमदनी उनकी अपनी थी। पवन की ठीक न होने वाली बीमारी के लिए वह क्या कर सकती थी? वह सोचती– 'कम से कम ये कैन्सर से तो कम खतरनाक है। हो सकता है कि मुझे भविष्य में दाम्पत्य प्रेम न प्राप्त हो सके। पर अभी तक पवन ने मुझे जो सुख दिया है, वह किसी पुरुष से कम नहीं है। मैंने इस संसार में उत्तम से उत्तम कपड़े पहने हैं, भारी आभूषण पहने हैं। मेरे पास इतने गहने हैं कि मुझे अपने भविष्य की चिन्ता नहीं है। मैंने देश में सभी पर्यटन स्थलों की यात्राएँ की हैं। बड़े-बड़े होटलों में खाना खाया है। अच्छे मकान में रही हूँ। गाड़ी में चली हूँ। अब मैं इतने बड़े स्वास्थ्य-साम्राज्य की मलिका हूँ कि पुरुलिया की अन्य औरतें मुझे देखकर ईर्ष्या करती होंगी।'

पवन-ललिता जहाँ अप्रत्याशित तथा स्वतन्त्र आर्थिक समृद्धि के कारण आत्मविश्वास से लबालब थे, वहाँ अपनी गोद ली हुई कन्या के सुख से भी प्लावित थे। पवन तो नर्सिंग होम से थका-मांदा लौटकर ललिता के मेडिकल स्टोर की ओर ध्यान न देकर घण्टों सलिला के साथ खेलता रहता था। वह सलिला की दैनिकचर्या पूछता। सलिला भी जब पवन को पापा कहकर उसके सीने से चिपक जाती तो उसका चिपकना ललिता के दाम्पत्य प्रेम से कई गुना अधिक अच्छा प्रतीत होता। साँयकाल वह सभी चिन्ताओं से मुक्त होकर अपनी बीमारी की बातों

को विसारकर सलिला के साथ कभी टेनिस की गेंद से खेलता तो कभी टेबिल टेनिस के बल्ले-गेंद खेलता। कभी-कभी पवन सलिला को टेलीविजन पर गुड़ियों का खेल दिखाता, व्यंगचित्र दिखाता, उसे वीडियो गेम खिलाता या काँच की गोलियों से कन्च खेलता। सलिला की नन्ही-नन्ही प्यारी-प्यारी बातों को सुनकर पवन का हृदय आनन्द से हिलोरें लेने लगता। उसे जीवन में अन्य किसी व्यापार में इतना आनन्द नहीं आता शायद अपने प्रिय खेल क्रिकेट में भी। क्रिकेट देखते समय कभी-कभी अपनी शारीरिक दुर्बलता या शैथिल्य का ध्यान आ जाता पर सलिला के साथ खेलते समय वह सभी कुछ भूल जाता। जब सलिला थक जाती, वह प्रेम से उसे खाना खिलाता और सुला देता। सलिला के सो जाने के बाद उसके जीवन में वही रिक्तता आती। वह सोते समय सलिला की हरकतों के बारे में सोचता, उसके नरम-नरम हाथ किस प्रकार उसकी जेब में जाते। किस प्रकार उसके चेहरे पर उसने हाथ फेरा। उसके हाथ लगने से जैसे शक्तिहीन अंगों में ऊर्जा का प्रसार हो गया था। पर सोते समय उसकी साँस फूलने लगी। कभी-कभी खाँसी का धसक उठता। कभी श्वास नलियों से बलगम भी निकलता जिसके लिए ललिता अब पीकदान रखने लगी थी क्योंकि प्रातः झाड़ू तथा पोंछा करने वाली बाई बलगम को फर्श पर देखकर बड़बड़ाती।

जब ललिता उससे कहती, "बाई, तुम्हें काम करना है तो प्रसन्नता से करो, अन्यथा काम छोड़ दो। मन ही मना हमारा बुरा चाहकर हमें और कष्ट न दो। तुम तो जानती हो कि हम कितना कष्ट भोग रहे हैं, कोई खुशी से तो बलगम नहीं निकालता है। जब शरीर में तकलीफ होती है, तभी बलगम निकलता है।"

"क्षमा बहू जी! आपको मैं कैसे कोस सकती हूँ? हमारा घर का भात आपकी दया पर ही चलता है। यदि आपकी यह माहवारी तनख्वाह बन्द हो जाए तो हम भूखों ही मर जाएँ। हमारा खसम हमारी कमाई का ऊपरी पैसा तो हमें पीटकर ले जाता है तथा शराब पीकर उसे खत्म कर देता है। इसीलिए आपके पास से तनख्वाह लेकर मैं आपका राशन कार्ड लेती हूँ तथा उस पर अपने लिए राशन खरीद लेती हूँ ताकि बाल-बच्चे भूख से न मरें। मैं तो अपने आपको कोसती हूँ। एक तो आप लोग हैं जिन्हें खाने के लिए भूख नहीं है, एक हम लोग हैं जिन्हें भूख है, पर उनके पास खाने के लिए नहीं है।" काम करने वाली बाई ने अपना पिटारा खोला।

पवन बीच में चुटकी लेते हुए बोला, "बाई जी बहुत चतुर हैं। उन्हें तो विदेशी प्रतिनिधियों के साथ वार्ता के समय भारतीय राजनीतिक प्रतिनिधि मण्डल में होना चाहिए। उनके प्रत्येक कथन के दो अर्थ होते हैं। ये क्या यहाँ झाड़ू, चौके

का काम कर रही हैं? मैं यदि भारत का प्रधानमन्त्री होता तो बाई जी को अवश्य ही संयुक्त राष्ट्र संघ में भारत का स्थायी वार्ताकार नियुक्त कर देता।"

"मैं बाबू की बात न समझ पाई।"

"तुम्हें समझने की आवश्यकता भी नहीं है। तुम अपना काम किए जाओ और हरि का नाम लेती जाओ।"

"क्या मेरा यही भाग्य है।"

"और क्या है? क्या तुम स्वयं को पुरुलिया के पंचकोट राज की महारानी समझती हो? सोनिया गाँधी समझती हो?" ललिता ने कटाक्ष किया। आजकल घरों में झाड़ू मारते समय चुपके-चुपके टेलीविजन देखने के कारण घरेलू नौकरानियों के ज्ञानकोश में बेतहाशा वृद्धि हुई है।

पवन को नर्सिंग होम में काफी समय देना पड़ रहा था। इस कारण उसका स्वास्थ्य तथा ललिता दोनों उपेक्षित हो रहे थे। पूरे दिन वातानुकूलित कार्यालय में बैठने के कारण उसके शरीर में ऐंठन-जकड़न आ जाती थी। वह कार्यालय से आकर रामू से शरीर को दबवाता तथा कुछ-कुछ शरीर के बिन्दुओं पर लाल तेल की मालिश करवाता, तब जाकर वह सामान्य हो पाता। रामू कहता, "भइया, आप अपने कार्यालय की वातानुकूलित मशीन क्यों नहीं बन्द करके रखते ताकि आपको इस जकड़न की समस्या हो ही नहीं। आप तो पहले इससे अच्छे थे।"

"पूरा नर्सिंग होम वातानुकूलित हो और उसके प्रबन्धक का कार्यालय वातानुकूलित न हो, यह कैसे हो सकता है? जो मुझसे मिलने आते हैं, वे गर्मी की शिकायत करने लगते हैं। वे यह भूल जाते हैं कि उनके दादा-परदादा वातानुकूलित मशीनों के बिना रहते थे। अब तो जैसे पैसे का अम्बार लग गया है। यह चारों ओर कहाँ से पैसा आ रहा है। मैं तो यह समझ पाने में असमर्थ हूँ। यही कारण है कि लोगों की चाहतें बढ़ गई हैं।"

"भइया, अभी यह पैसा शहरों तक ही केन्द्रित था पर इसकी हवा धीरे-धीरे गाँवों में फैल रही है। टेलीविजन देखकर ही गाँव के लोग समझ रहे हैं कि उनका जीवन-स्तर उन्नत हो गया है। पर मुझे यह परिवर्तन स्थायी नहीं ज्ञात हो रहा है। गाँव के लोगों के खाने का वही स्तर है। उसमें दूध तथा फलों में वृद्धि नहीं हुई है। पेप्सी-कोला जरूर आ गया है। पर यह समृद्धि गाँवों के शोषण पर आधारित नहीं है क्योंकि गाँववाला पहले की तरह एक-दूसरे गाँववालों का शोषण नहीं कर रहा है। शायद ये बहुदेशीय कम्पनियों के शोषण के हाथ हैं जिससे किसी को कोई शिकायतें नहीं है। शायद ये धन विदेशों की कमाई से आ रहा है। गाँवों में आजकल अच्छी सड़कों, अच्छे मकानों तथा चौबीस घण्टे बिजली की माँग जोरों पर

है। जमीन की माँग तथा जमीन सम्बन्धी शोषण पृष्ठभूमि में चले गए हैं। गाँव के लड़के भी पढ़-लिखकर बड़ी-बड़ी नौकरियाँ कर रहे हैं, विदेशी कम्पनियों में नौकरियाँ कर रहे हैं। वह पैसा गाँव में आ रहा है। गाँव में चारों ओर नये पक्के मकान बन रहे हैं। मोटर साइकिलें, स्कूटरें खरीदी जा रही हैं। पहले हमारे गाँव में केवल प्रधान के पास ही एक लूना थी जो उसने प्रधान बनते ही ग्राम पंचायत के पैसे मारकर खरीदी थी, अब हमारे गाँव में बीस मोटर साइकिलें हैं। मैंने भी बाबू से घर के लिए एक मोटर साइकिल देने के लिए कहा है नहीं तो हमारी गाँव में जो इज्जत है, वह कम हो जाएगी। शायद बाबू दे दें। भइया, आप बाबू से मेरी सिफारिश कर दो।"

"रामू तुम्हारी ऐसी कोई इच्छा नहीं है जो बाबू ने पूरी न की हो। बाबू एक बार को हमें छोड़ सकते हैं, पर तुम्हें नहीं। तुम्हारे लिए यदि हम बोलेंगे तो बाबूजी को बुरा लगेगा। मुझे तो आश्चर्य होता है कि बाबूजी तुम्हें मेरी सेवा के लिए कैसे छोड़ देते हैं। वास्तव में तुम तो जानते ही हो कि हमारी बीमारी ऐसी है कि इसमें शरीर के अंगों-प्रत्यंगों का निरन्तर क्षय होना अनिवार्य है। वह ही हो रहा है। तुमने तो तुषार भाई साहब की बीमारी को सबसे नजदीक से देखा है। तुमने ही उनके अंगों-प्रत्यंगों को सबसे अधिक स्पर्श किया है। तुम भली-भाँति जानते हो कि यह टुच्ची बीमारी क्या है। प्रकृति के नियमों को कौन बदल सकता है? तुम नाटक न करो। यह बड़े-बड़े नर्सिंग होम, विदेशों में पढ़े-लिखे डॉक्टर, बहुमूल्य दवाइयाँ तथा आधुनिक कारखानों में इसके इलाजों के लिए बनी नई-नई मशीनें भी इसके बाल भी सीधा नहीं कर पाईं। गाड़ी खिंच रही है। देखो, कितने दिन यह गाड़ी खिंचेगी। वह समय सापेक्ष है। यमराज की बही को देखकर ही कोई बता सकता है कि यह बीमारी कितने दिन और चलेगी क्योंकि इस बीमारी का अन्त तो मनुष्य के साथ ही होता है अथवा यह मनुष्य को कालकवलित करके ही छोड़ती है। कोई इससे पीछा नहीं छुड़ा सकता है।"

"सुख में तो सभी हँसते हैं। मनुष्य वही है जो दुःख में भी प्रसन्न रहे। भइया, आप निराशा की बातें न करें। मनुष्य वही है जो निराश न हो। इस जीवन यात्रा का अन्तिम पड़ाव मृत्यु ही है। देखो, तुषार भइया अन्तिम दिन तक कार्य करते रहे तथा मस्त रहे। आप कम से कम सुबह-शाम इस वातानुकूलित मशीन का खटका अवश्य बन्द कर दें। फिर देखिए, आपको कुछ आराम अवश्य मिलेगा।"

"तुम जैसा कहते हो, करूँगा। उसके अतिरिक्त और क्या उपाय है?"

सभी कोशिशों के बाद भी पवन की बीमारी में कोई सुधार दृष्टिगोचर नहीं हो रहा था। पवन भी इस कारण बात-बात पर क्रुद्ध हो जाता है। कोई भी उसके पास

खड़ा नहीं रहना चाहता था। ललिता के खुश चेहरे को देखकर पवन को प्रसन्नता कम ईर्ष्या अधिक होती थी। उसके मित्र दरवेश से उसकी बातचीत को देखकर पवन को क्रोध आता था। दरवेश भी पवन से कभी-कभी ललिता की प्रशंसा करता था। वह कहता, "आजकल भाभी जी अच्छी हो गई हैं। उनके चेहरे पर निखार आ गया है। वे आत्मविश्वास से लबालब हैं। यही कारण है कि उनकी मांग का सिन्दूर तथा माथे की बिन्दी दिन—प्रतिदिन बड़ी और लाल होती जा रही है।"

"पर तुम दोनों तो आपस में बहुत झगड़ते थे। ये दो शत्रु कैसे मित्र हो रहे हैं?" पवन ने उत्सुकता जाहिर की।

"यह नोंक झोंक तो देवर भाभी में चलती रहती है। यही देवर भाभी के सम्बन्धों का आधार तथा उसकी विशेषता है। पर मैं तुम्हारे हित की बात को कैसे अनदेखा कर सकता हूँ?"

पवन के मस्तिष्क में यह शक घूम रहा था कि कहीं उसकी दुकान पर अनुपस्थिति में ललिता का चरित्र खराब तो नहीं हो रहा था। इसी कारण वह ललिता से अपनी शरीर सेवा कम कराता था। इसी जिद्द में वह एक दिन स्नान गृह में गिर पड़ा और उसके बायें हाथ की हड्डी में पतली रेखा जैसी दरार हो गई। उसे तुरन्त नर्सिंग होम ले जाया गया, जहाँ उस जगह पर प्लास्टर कर दिया गया।

प्लास्टर होने से उसका जीवन नारकीय हो गया। उसे शौचालय जाने में परेशानी होने लगी। वह भगवान से प्रार्थना करने लगा, 'मुझे कम से कम शौचालय जाना पड़े तो अच्छा होगा। कुछ पशु-पक्षी तो सप्ताह में एक बार शौच करते हैं, क्या मनुष्य के लिए यह सब सम्भव है?' उन्हीं सोच-विचारों में प्लावित होकर पवन फिर निराशा के गर्त में फिसलने लगा। नर्सिंग होम में बार-बार काम के लिए न्यौता आने पर उसे जाना पड़ता तब उस समय के लिए वह चिन्तामुक्त रहता। वह सोचता 'वास्तव में व्यस्त जीवन ही सबसे अधिक सुखी जीवन है।' तब उसे नशे में मदमस्त व्यक्ति की भाँति अपने सभी शारीरिक, आर्थिक, सामाजिक तथा पारिवारिक अभावों का होश नहीं रहता। फिर जब उसे होश आता तो काम की चिन्ताएँ उस पर हावी हो जाती हैं एवं व्यस्त समय में उपलब्ध ताजगी उसे इस चिन्ता के समर को जीतने में मदद करती है। पर जैसे ही वह भोजन के पश्चात् टेलीविजन देखने के लिए तैयार होता, शारीरिक चिन्ता उसे घेर लेती और चिन्ता के अन्धकार में वह डूबने लगता। ललिता ने तुरन्त शौचालय में नये प्रकार के छिड़काव की नली लगवायी जिसको चलाने पर दूसरे की सहायता की आवश्यकता नहीं होती। फिर भी कभी-कभी पवन को ललिता की सहायता लेनी पड़ती थी। इस पर वह अप्रसन्न हो जाता था। तब ललिता उसे समझाती, "देखिए, आपने

मुझे जो सुख दिया है वह तो अधिकांश पति अपनी पत्नियों को सम्पूर्ण जीवन में नहीं दे पाते हैं। आपने मुझे जो शारीरिक सुख दिया है तथा दे रहे हैं, वह तो पहलवान भी अपनी स्त्रियों को नहीं दे पाते हैं। ऐसा कई स्त्रियाँ कहती हैं कि उनके पति देखने में ही पहलवान हैं, बिस्तर पर ये स्त्री के सामने कायर सिद्ध होते हैं। सम्भोग करते समय उनकी घिग्घी बँध जाती है। फिर आपने मेरे भविष्य के लिए सभी कुछ कर दिया है। मेरे भविष्य का बीमा कर दिया है। उसे समृद्धि और खुशी के राजपथ पर ला खड़ा कर दिया है। यदि मैं बाकी जीवन में कुछ भी न करूँ तो लड़की का विवाह करने के बाद भी बिना कुछ किए अपनी जिन्दगी गुजार सकूँगी। इससे अधिक और क्या होता है? इससे अधिक सुनिश्चित भविष्य क्या होता है? यदि मैं आपके चरण धोकर भी पिऊँ, तो भी मैं आपका एहसान न चुका सकूँगी।"

"ललिता डार्लिंग, पति-पत्नी के बीच में कोई कृतज्ञता हो ही नहीं सकती है। तुम मेरे लिए हो, और मैं तुम्हारे लिए हूँ। तुम जो कर रही हो, वह मेरे लिए है और जो मैं कर रहा हूँ, वह तुम्हारे लिए है। मैं जो कर रहा हूँ, तुम्हारे पेट के लिए कर रहा हूँ और जो तुम खा रही हो, वह मेरे पेट में जा रहा है। तुम मेरे लिए ईश्वर से प्रार्थना कर रही हो और मैं तुम्हारे लिए प्रार्थना कर रहा हूँ। तुम मेरे लिए कमा रही हो और मैं तुम्हारे लिए अर्जन कर रहा हूँ। तुम मेरे लिए दुःख भोग रही हो और मैं तुम्हारे लिए दुःख भोग रहा हूँ। मैं तुम्हारे स्थान पर सामाजिक अनुष्ठानों तथा विवाहोत्सवों में सम्मिलित हो रहा हूँ और तुम मेरे स्थान पर उत्सवों में भाग ले रही हो। तुम्हारा कथन मेरा है तथा मेरा कथन तुम्हारा है। वास्तव में हम दोनों एक ही हैं जैसे हम दो शरीर में एक आत्मा है। यदि हम भी न मानें तो भी संसार यही मानता है। बल्कि इसके विपरीत होने पर सांसारिक मनुष्यों को आश्चर्य होगा। पति-पत्नी का जीवन एक दूसरे के बिना अपूर्ण है, एकांगी है, अधूरा है, शून्य है।"

पन्द्रह दिन बाद जब पवन के बायें हाथ का प्लास्टर कटा पवन को तसल्ली मिली। अपने नर्सिंग होम में प्रतिदिन दहाड़कर रोने वालों, छुप-छुप कर रोने वालों, बिना रोए बड़ी-बड़ी लाल आँखें करने वालों तथा दुःख को अन्दर छिपाने वालों को देखकर पवन अपना दुःख भूलने सा लगा था। फिर भी जब उसके हाथ-पैर जवाब दे देते थे, तो वह तंग हो जाता था। उसके सुख का दर्शन दुःख के यथार्थ के सामने हार मान जाता था। पवन ने शरीर के दर्द से तंग आकर एक मालिश करने वाले को रखा जो केरल के आयुर्वेदिक तेल से उसकी प्रतिदिन मालिश करने लगा। उसे पवन प्रायः एक घण्टे मालिश करने के लिए तीस रुपया भुगतान करता था। वह जाति का मुसलमान था। उसका अपना कोई भी नहीं था। आसपास के

लोग उसे गोरा के नाम से पुकारते थे। उसने विवाह भी नहीं किया था तथा वह पागलों की भाँति यहाँ-वहाँ घूमता रहता था। वह अपने एक मुँहबोले भाई की बाल काटने की दुकान पर बैठता था। पर वह अभी तक बाल काटना भी नहीं सीख पाया था। वह पशु-पक्षियों की भाँति केवल खाने का जुगाड़ करना चाहता था। कभी किसी ने कपड़ा दे दिया, उसी से अपना शरीर ढक लिया। चाय की दुकान पर मुफ्त चाय पी ली। उसकी भी कुछ बेगार कर दी। पास के होटलवाला उसे बिना लाभ लिए खाना दो रुपया में देता था। वही उसका जीवन का सहारा था। यदि किसी ने बाजार से सब्जी, फल, आटा या चावल खरीदा, तो ये वस्तुएँ खरीददार के घर तक पहुँचा देता था। एवज में उसे एक दो रुपए मिल जाते थे। बस यही उसकी नियमित आमदनी थी। रात को खाना मिला तो खाया अन्यथा भूखा ही सो गया। गोरा अपने अर्थाभाव को छुपाते हुए गर्व से कहता, "मुझे रात को भूख ही नहीं लगती। मैं जल्दी सो जाता हूँ तथा सुबह जल्दी उठता हूँ।" पर दिन भर यहाँ-वहाँ घूमने के कारण उसका शरीर सुगठित था। स्थानीय साम्यवादी राजनीतिक दल का वह पक्का समर्थक था। इस कारण लोग उससे कुछ नहीं बोलते थे। उसे पागल कह कर बुलाने का साहस नहीं करते थे।

वह साम्यवादी दल का झण्डा लेकर सबसे आगे चलता था। कभी-कभी उस पर रास्ता चलने वाले या दुकानदार लोग कटाक्ष जरूर करते थे। उनकी वह राजनीतिक दल के कार्यालय में शिकायत करता जो अनसुनी कर दी जाती। किसी के यहाँ दावत हुई, गोरा तुरन्त दृष्टिगोचर हो जाता था। उसी दावत में वह महीने भर की कसर निकाल लेता था। ईद तथा मुहर्रम की वह विशेष तौर से प्रतीक्षा करता था क्योंकि उस दिन उसे अवश्य ऊँट या गाय का माँस खाने को मिलता था। सामान्य दिनों में तो वह मछली की सुगन्ध लेकर ही मछली से पेट भर लेता था। दुर्गा-पूजा महोत्सव में अवश्य वह पाँच दिन मछली, बकरा तथा मुर्गे का माँस पेट भर कर खाता था तथा इसी कारण वह अल्ला से अधिक दुर्गा का भक्त हो गया था। दुर्गापूजा के समय में उसे कहीं न कहीं से नये कपड़े अवश्य प्राप्त होते थे तथा वर्ष भर के बोनस रूप में एक-दो मालिकों से दो-तीन सौ रुपए प्राप्त हो जाते थे, तब वह भाई-बहिन के घर हो आता था। इसके अतिरिक्त वह अपने उस दो सौ मीटर के मुहल्ले के बाहर जाने से भी कतराता था कि कहीं वह खो न जाए। कोई नहीं जानता था कि वह मुसलमान था। उसके जहन में खोने तथा पुलिस का डर बैठा हुआ था। पुलिस से वह बहुत डरता था क्योंकि पुलिस वालों ने एक-दो बार स्थानीय चोरी में किसी अभियुक्त को न पकड़कर उसे दो बार जेल की हवा खिला दी थी। पुलिस के सिपाही देखने पर उसे टोकते रहते थे। वह

उनसे बचता रहता था। एक सँकरी गली में एक मुँह बोली दीदी के घर में रहता था जो घरों में बर्तन-कपड़े, झाड़ू-पोंछे तथा खाना बनाने का काम करती थी। गर्मियों में तो उसका कमरा वह गली ही होती जहाँ उसकी टूटी-फूटी खाट पड़ी रहती।

गोरा के सम्पर्क में आकर पवन के जीवन में फिर से उत्साह-उद्दीपन का संचार हुआ। पवन से प्रतिदिन मालिश के तीस रुपए पाकर गोरा बहुत खुश था जैसे उसकी जीवन में सर्वश्रेष्ठ नौकरी लग गई हो। वह होटल वाले का पुराना कर्जा उतारने के लिए दस रुपए प्रतिदिन करके चुकता करता। अब पवन ही उसके ज़ीवन में सब कुछ था– उसका भाई बाप, उसका बाबू, उसका मालिक। गोरा ने पवन को समझाया, "बाबू आपको कुछ नहीं हुआ है। मैं तो इतने लोगों की मालिश करता हूँ उनसे आपका शरीर बेहतर है। इसमें ताकत है, यह सुडौल है, कोई खराबी नहीं है। आप चिन्ता न करें, मैं ठीक कर दूँगा। आपकी मालिश करने से पूर्व प्रतिदिन मजार के दर्शन करके आता हूँ ताकि आप शीघ्र ठीक हों तथा मेरे हाथ की मालिश आपके शरीर पर जादुई काम करे।"

गोरा मजार के दर्शन इसलिए करता था कि उसकी रोजी-रोटी इसी प्रकार चलती रहे। उसके पास उस समय केवल एक साहब थे जो सप्ताह में प्रत्येक रविवार को मालिश करवाते थे। किसी रविवार को यदि वे बाहर चले गए, तो गोरा को पूरा सप्ताह प्रायः भिक्षाटन करके खाना पड़ता था अथवा व्रत करना पड़ता था। अतः गोरा के लिए पवन ही एक मात्र सहारा था। उसने पवन को अपना जीवन दर्शन पेश करते हुए कहा, "मालिक आप दुनिया में अपने नीचे वालों को देखिए। कितने लोग अभाव में, पारिवारिक कलह में अथवा परस्पर खूनी संघर्ष में प्रतिदिन मच्छर-मक्खी की भाँति मर रहे हैं। आपके जीवन को फिलहाल तो कोई खतरा नहीं है। जब होगा देखा जाएगा, पता नहीं तब तक क्या जादू हो और आप को कुछ न हो। भविष्य और त्रियाचरित्र को कोई नहीं जान सकता।"

पवन जीवन में प्रथम बार स्वावलम्बी हुआ था। उसका अपना कार्यालय था। अपना सेवा करने वाला था तथा सभी कुछ अपना स्वयं का बनाया हुआ था। पवन को खुश देखकर परिवार में प्रकाश से लेकर ललिता तथा सलिला तक सभी प्रसन्न थे। गोयल परिवार में प्रसन्नता की लहरें उठ रही थीं, मुरझाए चेहरों से झुर्रियाँ कम हो रही थीं, बच्चों के खेलने की तेज आवाजें गूँजने लगीं थीं। पर ललिता को अपने भविष्य की चिन्ता सताने लगी। वह इस बाह्य खुशी के गर्भ में छिपे अपने अन्धकारमय भविष्य से भली भाँति परिचित थी। एक स्त्री बिना पुरुष के सहारे कैसे अपनी नौका पार कर सकती है?

वह पवन के मित्र दरवेश में अपने भावी जीवनसाथी की कल्पना करने लगी। वह सोचती, 'यदि पवन की असामयिक मृत्यु हो गई और प्रकाश ने मुझे घर से निकाल दिया तो मैं किस की छाया में रहूँगी।' दरवेश भी उसकी ओर प्रेमपग बढ़ा रहा था। दरवेश की पत्नी को भी सीने में कैन्सर की बीमारी हो गई थी। दोनों को जीवन साथी की तलाश थी। 'जैसे भी होगा मैं दरवेश के साथ रहूँगी। यदि दरवेश मुझे चाहेगा तो मैं पीछे नहीं हटूँगी चाहे रेडियो भी एड्स के नाम पर वफादारी निभाने का सन्देश दे।'

ललिता के दृढ़ निश्चय का परिणाम सामने आने लगा। जैसे-तैसे ललिता ने तुरन्त ही पवन मेडिकल स्टोर पर काम करने वाले बर्खास्त कर्मी से छुटकारा पाया। ललिता ने उससे एक दिन दृढ़तापूर्वक कह दिया, "वह हम दोनों की भूल थी। तुम मुझे दुकान पर आकर विरक्त न किया करो। हमारा तुम्हारा कोई भी सम्बन्ध नहीं था और न है। तुम मेरे परिवार की खुशी में बाधा न बनो। मुझे अपना जीवन जीने दो।" वह बंगाली युवा था। यह उसके पुरुष अहम् को कड़ी चोट थी। यही अहम् कभी-कभी आपराधिक मनोवृत्ति को जन्म देता है तो कभी-कभी बड़ा संरचनात्मक हो जाता है। यह उसके एक सच्चे प्रेम के लिए चुनौती थी। उसने सभी कुछ भूलकर बहुत दूर रघुनाथपुर सबडिवीजन के कोयला खानों के क्षेत्र में दवाइयों की दुकान खोली जो तुरन्त चलने लगी। वह अपनी दुकान के लिए सामान पुरुलिया से न खरीदकर आसनसोल से खरीदने लगा। एक सच्चे प्रेमी की भाँति उसने ललिता के दाम्पत्य जीवन में और विघ्न डालना उचित न समझा। दूसरी ओर वह प्रकाश के पुरुलिया में प्रभाव से भली भाँति परिचित था। पुरुलिया के सभी राजनीतिक दल प्रकाश की ओर थे। पुलिस-सिपाही से जिला पुलिस अधीक्षक तक तथा औषधि निरीक्षक से लेकर मुख्य चिकित्सा अधिकारी तक प्रकाश की झोली में थे। वे उनके दरवाजे पर हाजिरी देते थे। यह प्रकाश के सद्व्यवहार का कमाल था। यदि वह प्रकाश से अपना ललिता के प्रति प्रेम प्रकाशित करता तो प्रकाश उसे भी पचास हजार रुपया उसका मुँह बन्द करने के लिए दे देते पर उसने ललिता के प्रति अपने सच्चे प्रेम को ब्लैकमेल द्वारा बेचना उचित नहीं समझा। प्रकाश भी पवन की ओर से तनिक लापरवाह हो गए क्योंकि पवन के खाली समय पर अब सलिला का अधिक अधिकार होने लगा था। प्रकाश को भी पाले हुए पशु-पक्षियों का विशेष ध्यान रखना पड़ रहा था क्योंकि पास में नर्सिंग होम स्थापित हो जाने के पश्चात् उन्हें घुटन होने लगी थी। प्रकाश ने निश्चय किया कि वह अपने पास के फ्लैटों के ऊपर पक्षियों के लिए वहीं प्राकृतिक आवास की व्यवस्था करेंगे जो पूर्व में था। बस, क्या था। फ्लैटों की छतों को वाटरप्रूफ

बनवाया। फिर प्रकाश ने उन पर मिट्टी बिछवायी तथा पक्षियों के लिए वृक्ष की डालियों जैसी हल्के प्लास्टिक तथा स्टील की कई आकृतियाँ बनवाईं। पक्षी भी कृत्रिम वातावरण में रहते-रहते इस परिवेश के अभ्यस्त हो गए थे। अतः पक्षियों को यह नयी सुविधा पसन्द आयी क्योंकि वहाँ से उनका प्राकृतिक आवास, प्रकाश स्पष्ट दृष्टिगोचर होता था तथा वृक्षों के झाड़ तथा लटकती हुई शाखाएँ उनको सहज मिल गई थीं। सागरदीघी की अपार जल राशि भी अब सब समय उनकी आँखों के सामने थी। वे जब भी चाहते सागरदीघी के ऊपर उड़ान भरकर ही सन्तोष कर लेते थे। तुषार-वाटिका के उद्यान में लम्बे समय से वास करते हुए शायद उनके लिए एक साथ लम्बी यात्रा करना कठिन हो गया था।

प्रकाश खुश थे कि जिस परिवार के वृक्ष को वह सिंचित कर रहे थे वह अब पूर्णतः स्थायी तथा सुरक्षित था। सभी अपने-अपने कामों में लगे थे। पवन भी अब उनसे स्वतन्त्र हो गया था। वह अपनी बीमारी पर कभी-कभी हाबी होने लगा था। वैसे बीमारी उस पर हावी रहती थी। अब पवन पण्डितों और ज्योतिषों के चक्कर में पड़ गया। स्थानीय एक ज्योतिषी ने कहा, "आपको एक लाख महामृत्युंजय जाप कराना अत्यावश्यक है। वैसे यह सब प्रारब्ध है। हम जितनी शीघ्र प्रारब्ध के सत्य को स्वीकार कर लें, उतना ही उत्तम रहेगा। गोस्वामी तुलसीदास को भी मृत्यु के पूर्व सारे शरीर पर फोड़ों के दर्द को भोगना पड़ा। स्वामी रामकृष्ण परमहंस की मृत्यु के समय उनके मुँह में कैन्सर था। हमारे प्रधानमन्त्री अटलबिहारी वाजपेयी दुर्बल घुटनों के कारण चल नहीं पाते थे। उन्होंने नये घुटने लगवाए, पर अधिक लाभ नहीं हुआ। पूर्व प्रधानमन्त्री चन्द्रशेखर के गले में कैन्सर हो गया था तो दूसरे श्री वी. पी. सिंह को रक्त कैन्सर था। यह जिन्दगी है। इस पर कभी कोई नियन्त्रण नहीं कर सका। यदि मनुष्य यह कर सकता तो ज्योतिषियों की दुकानें बन्द हो जातीं तथा उन्हें भूखों दिन गुजारने पड़ते।" ज्योतिषी जी को पवन की कुण्डली तथा हाथ की रेखाओं में कुछ दाल का काला दृष्टिगोचर हुआ। ज्योतिषी के चेहरे पर हवाइयाँ उड़ती देखकर पवन ने जिज्ञासापूर्वक पूछा, "ज्योतिषी जी, आप चिन्ता न कीजिए। सच-सच बोलिए। मुझे क्या भय हो सकता है? मेरे शरीर में और रखा क्या है? बस आत्मा वैसी की वैसी है। इस कारण आप लोग मुझे झूठा ढाढस बँधाते रहते हैं। आप तो देखते ही हैं कि मेरे हाथ-पैर मुश्किल से उठते हैं। कब तक दूसरों के सहारे जिन्दगी चलाता रहूँगा? इससे अच्छा तो मरना ही है। यदि हमारे देश के कानून का यह विधान होता कि व्यक्ति मरने की दवाई ले सकता है तो मैं सर्वप्रथम अपना जीवन समाप्त करने के लिए उसका प्रयोग करता। मैं तो पिता जी से डरता हूँ। यदि मैंने कुछ कर लिया तो परिवार की बदनामी होगी। घर

की बहू-बेटियों के विवाहों में समस्या आयेगी। मेरी सबसे प्रिय बेटी सलिला के विवाह में बाधा आयेगी।"

ज्योतिषी जी ने अपने स्वधर्म का विश्लेषण किया और गोलमाल बोलने का निश्चय किया क्योंकि अप्रिय सत्य बोलने से यह उत्तम है। मृत्यु की चिन्ता से पवन का बाकी जीवन और नारकीय हो जाता तथा ज्योतिषी की भविष्यवाणी के कारण एक मुस्कराते हुए परिवार का चेहरा दुःख की रेखाओं से पट जाता। ज्योतिषी होते हुए भी उन्होंने अपने पेशे में जहाँ तक हो सका 'सत्य बोलो पर प्रिय सत्य बोलो' सिद्धान्त का परिपालन किया।

ज्योतिषी ने सलाह दी, "आप यदि महामृत्युंजय के एक लाख जप तथा सत्यनारायण की पूजा करवा लें तो आसन्न विपत्ति कट सकती है। फिर ज्योतिषी भाग्य में लिखी तो काट नहीं सकता है। कभी-कभी ये हाथ की रेखाएँ दुर्घटना या मृत्यु के समय इतनी तेजी से बदलती हैं कि हस्तरेखा विशेषज्ञ भी आश्चर्य में पड़ जाते हैं। कुछ महाज्ञानी कर्मयोगी हमारे सभी भविष्यों को मिथ्या सिद्ध कर देते हैं। फिर कई जन्मपत्रियाँ भी ठीक नहीं बनी रहती हैं। पुराने समय में बच्चे के जन्म का बिल्कुल ठीक समय माताओं को पता नहीं रहता था। माताएँ प्रसव की पीड़ा से उस समय इतनी व्याकुल रहती हैं कि उन्हें कुछ भी ध्यान नहीं रहता। फिर कई माताएँ अशिक्षित भी थीं। इसीलिए हम लोग दोनों को मिलाकर ही देखते हैं। मैं यह विश्वास के साथ कह सकता हूँ कि आपकी पत्नी तथा लड़की का जीवन तथा भविष्य लम्बा तथा मंगलमय रहेगा।" यह कहकर ज्योतिषी एक मोटी रकम जेब में रखकर विदा हुए।

महामृत्युंजय पाठ की भनक प्रकाश के कानों में पड़ी। प्रकाश ढकोसलों तथा अन्ध-विश्वासों में कम विश्वास करते थे। उनकी पत्नी ने कई धार्मिक अनुष्ठान तथा पूजा-पाठ करवाए पर कुछ शुभ परिणाम न निकला। एक बार तो उन्होंने श्मशान पर रहने वाले तान्त्रिक से सम्पर्क किया तथा उनके द्वारा अपने परिवार के कुशल मंगल के लिए पूजा अर्चना करवाई। प्रकाश इस ओर धन बहाव को मूक-दर्शक की भाँति देखते रहते थे। कौन एक पत्नी को मना कर सकता है कि वह अपनी सन्तान तथा पति के लम्बे तथा उत्तम जीवन के लिए कामना न करे? पर हुआ वही जो सभी जानते थे। तुषार का जीवन अल्प समय में शेष हो गया तथा प्रकाश की पत्नी की भी माँसपेशियों के क्षय की बीमारी ठीक न हो सकी।

महामृत्युंजय जाप में ब्राह्मणगण वाराणसी से आते थे। एक-दो ब्राह्मण स्थानीय भी रहते थे। वाराणसी के पण्डितों से समय मिलना उतना ही कठिन था जितना कि जिलाधीश, पुरुलिया से मिलना। फिर उनके आने-जाने की वातानुकूलित श्रेणी

में व्यवस्था करना तथा उनके ठहरने-खाने की स्पेशल व्यवस्था करना। यह अनुष्ठान विवाह अनुष्ठान से भी अधिक खर्चीला तथा श्रमसाध्य था। अतः प्रकाश ने विशाल पैमाने पर सत्यनारायण पूजा का आयोजन किया।

तुषार वाटिका को दुल्हन की भाँति सजाया गया। चूँकि धार्मिक अनुष्ठान था, अतः इस बार केवल फूलों, नारियल, आम तथा कदली पत्तों से ही तुषार वाटिका को सजाया गया था। उस दिन शायद पुरुलिया के सभी केलों के पेड़ों पर बड़े-बड़े पत्ते तोड़ कर लाए गए थे तथा कई आम के पेड़ों के डालें कम हो गईं। सत्यनारायण पूजा के लिए प्रकाश ने अपनी सभी बहिनों, जीजाओं, ससुरालवालों, ललिता के मायके वालों सहित सभी सम्बन्धियों को दूरभाष तथा निमन्त्रण पत्र द्वारा आमन्त्रित किया। निश्चित तिथि पर सत्यनारायण पूजा की तैयारी हुई। तुषार वाटिका में एक सौ व्यक्तियों के भोजन की व्यवस्था हुई। अतिथियों की बड़ी संख्या को देखते हुए कई किलो पंजीरी, पंचामृत बनाया गया तथा कई दर्जन भुसावली केले मंगाए गए। पवन पूजा में बैठा। उसकी दायीं तरफ ललिता बैठी। पूजा प्रारम्भ होने के पहले पण्डितों ने पूजा की तैयारी की जिसमें दो घण्टे का समय लगा। मन्त्रोच्चारों तथा धूप के सुगन्धित धुएँ से तुषार वाटिका का परिवेश बदल गया। सभी जगह ईश्वर की महिमा एवं भक्ति छाई हुई थी। प्रकाश ने पूजा आरम्भ होने से पूर्व पुरोहितगणों से प्रार्थना की, "भगवान ने हमें परिवार सुख के लिए आवश्यक पारिवारिक प्रीती, एक्य तथा संपत्ति प्रदान की है पर आरोग्यता छीन ली है। आप सालिगराम से हमारे परिवार के लिए विशेषतः पवन की आरोग्यता के लिए अर्चना-वन्दना करें।"

पण्डित जी ने विभिन्न देवी-देवताओं अर्थात गणेश जी, लक्ष्मी जी, सरस्वती तथा नौ ग्रहों की पूजा-अर्चना के पश्चात् सत्यनारायण की कथा बाँची जो प्रत्येक बार सुनने पर नयी ज्ञात होती है। पवन को वैसे नींद नहीं आती थी पर धार्मिक अनुष्ठान में बैठने पर उसे नींद घेर लेती थी। कथा के पश्चात् हवन हुआ। इतनी बड़ी हवन की वेदी बनाई गई ताकि उसके चारों ओर पन्द्रह हवन देनेवाले तथा बीस पण्डित बैठ सकें। अग्निपूजा के बाद कपूर तथा घी की आहुति दी गई। आम की सूखी लकड़ियाँ तुषार वाटिका के बाग से ही थीं, अतः उन्होंने शीघ्र ही आग पकड़ ली। हवन करते समय पवन के हाथ के कुछ रोयें जल गए पर वह इस घटना को छुपा गया अन्यथा सभी का ध्यान पूजा से हटकर उसके साथ सहानुभूति प्रकट करने में लग जाता। हवन में बैठी ललिता पूर्ण सुहागिन लग रही थी। सुहागिन स्त्री का तेज उसके चेहरे से टपक रहा था। सत्यनारायण पूजा में वर्णित लीलावती-कलावती कथा का सारांश था कि लालच बुरी बला है। कथा तथा हवन

के पश्चात् मुख्य पुरोहित जी ने संकल्प करवाया तथा पुरुषों के दायें हाथ में कलावा बाँधा जबकि स्त्रियों के बायें हाथ में कलावा बाँधा गया। उपस्थिति लोगों ने पण्डित जी के हाथों से पंजीरी, फलों तथा पंचामृत का प्रसाद ग्रहण किया। इसके तुरन्त बाद ही, सभी को पूजा के प्रसाद के रूप में पूड़ी-सब्जी का भोज परोसा गया। साथ में रायता, कद्दू की सब्जी, नमकीन सेव, कचौड़ी तथा पापड़ दिया गया। बाद में सूजी का हलुवा, बेसन एवं मगज लड्डू परोसे गए जिन्हें ब्राह्मणों ने जमकर ग्रहण किया। दो लोगों में तो शर्त हो गई। फलतः उन्हें अलग ले जाकर समझाना पड़ा अन्यथा डॉक्टर को बुलाना पड़ता। इसी बीच वे तीस-तीस लड्डू खा चुके थे।

पण्डितों-पुरोहितों से अधिक सत्यनारायण कथा में सम्मिलित श्रोताओं ने प्रकाश तथा उसके परिवार वालों को आशीर्वाद तथा शुभकामनाएँ दी। प्रकाश के कई पण्डित परिवारों पर एहसान थे जिन्हें उन्होंने आपातकाल में पैसा देकर, उनके बच्चों की नौकरी लगाकर उन्हें समाज में पतित होने से बचाया था। ऐसे ही एक पण्डित जी ने कहा, "प्रकाश जी, आप लोग इतने उत्तम व्यक्ति हैं कि आपके दुःखों को देखकर मेरा ईश्वर की सत्ता पर से भरोसा उठने लगता है। आपके परिवार में दुःख देखकर मेरी छाती फटने लगती है। भगवान आपके परिवार को प्रेम, सम्पत्ति तथा आरोग्यता प्रदान करें।" अभी भी प्रकाश का समाज के उज्ज्वल स्वरूप के ऊपर से भरोसा नहीं उठा था। वह समाज के प्रति प्रेम, श्रद्धा, कृतज्ञता तथा सहानुभूति के सहारे जी रहे थे तथा निरन्तर अधिक से अधिक कल्याणमूलक कार्यों में समर्पित हो रहे थे। वे समझ रहे थे कि पुरुलियावासियों के उनके प्रति उद्गार कृत्रिम नहीं थे बल्कि वे उनके हृदय के कोने से निकलते थे। यही उनका पुरस्कार था।

सत्यनारायण की पूजा के पश्चात् सम्पूर्ण परिवार में आत्मविश्वास की ज्योति जल गई। सभी अपने-अपने कार्यों में नये उत्साह और लगन से जुट गए। नर्सिंग होम योजना की सफलता से प्रेरणा लेकर रवि ने पानीय जल का कारखाना लगाने का विचार किया। इसके दो विशेष कारण थे— पुरुलिया में गर्मी के समय एक-एक बोतल पीने के पानी की किल्लत हो जाती थी तथा अयोध्या पहाड़ में कई ऐसे प्राकृतिक जल स्रोत थे जिनका पानी स्वयमेव खनिज जल और जो पीने के योग्य तो था ही, साथ ही उससे कई बीमारियाँ दूर होती थीं।

प्रकाश ने परिवार में बढ़े हुए आत्मविश्वास को देखते हुए सभा बुलाई तथा सभी को समझाया, "देखो मेरी तो उम्र होती जा रही है। संयुक्त परिवार के कर्ता की यही इच्छा रहती है कि उसकी शाखाएँ अपने बल पर आगे बढ़ें तथा वह मुख्य

तने से और लम्बी तथा मजबूत हों। वे वट वृक्ष की भाँति चारों ओर फैलें। पर आगे बढ़ने के लिए आवश्यक है कि व्यक्ति अपने क्षुद्र स्वार्थों को त्यागे तथा अपने सामने महान आदर्श रखे। धन जुटाना ही आदर्श नहीं हो सकता है। महान् आदर्श है– समाज की सेवा करना, कोई खोज करना, कोई पुस्तक लिखना या राजनीतिक क्षेत्र और औद्योगिक क्षेत्रों को उन्नत करना। व्यक्ति उद्योग के द्वारा भी आदर्श प्राप्त कर सकता है जैसे टाटा, इन्फोसिस, विप्रो, रिलायंस, लक्ष्मी मित्तल ने नये-नये उद्योगों की स्थापना करके देश के लिए इतना धन जुटा दिया है कि देश के पिछले पचास वर्षों के सभी ऋण चुकाये जा सकते हैं। पर यह तभी सम्भव है जब व्यक्ति अपने परिवार के साथ प्रेम, शान्ति, सद्भाव तथा समतापूर्वक रहे। परिवार में अशान्ति से कुछ भी नहीं प्राप्त हो सकता है। व्यक्ति को परिवार के साथ योगस्थ होना पड़ेगा। इसमें सभी योगदान कर सकते हैं जैसे बच्चे स्वयं पढ़कर आगे निकलें न कि बाहर के शिक्षक से पढ़कर।"

सत्यनारायण की पूजा तथा प्रकाश के सदुपदेश ने परिवार में अद्भुत प्रेरणा उत्पन्न कर दी। बच्चे भी जी-जान लगाकर पढ़ने लगे।

प्रकाश संयुक्त परिवार के कर्तारूप में अपना कर्तव्य निर्वाह करते-करते थक चुके थे। पवन अपनी आदतों से बाज नहीं आ रहा था। उसकी दोस्तों के साथ निठल्लू बैठकें फिर शुरू हो गईं। प्रकाश ने इस अवस्था में एक मित्र बनाए जो पुरुलिया में एक निजी कम्पनी के क्षेत्रीय निदेशक बनकर आए थे। वह भी पचास वर्ष से ऊपर की उम्र के थे तथा उ.प्र. के पास म.प्र. के रहने वाले थे। प्रकाश ने कहा, "कृष्णलाल जी, मैं तो अपने संयुक्त परिवार से थक गया हूँ। परिवार के सदस्यों को दो सौ मीटर आगे बढ़ाता हूँ, वे फिर एक सौ मीटर पीछे चले आते हैं। अपने लड़के पवन से तो मैं थक गया हूँ। वह इतने बड़े नर्सिंग होम का स्वामी होने पर भी क्षुद्र हरकतें नहीं छोड़ता है। अब तो अपने सन्देहास्पद मित्रों के सामने ललिता को भी बुलाने लगा। यदि ललिता का किसी से सम्बन्ध हो गया तो हमारे परिवार की इज्जत धूल में मिल जाएगी। मेरा बनाया गया प्रासाद एक क्षण में ढह जाएगा। मैं उसकी बीमारी के कारण उसे डाँट भी नहीं पाता हूँ। मैंने सोचा था कि वानप्रस्थ ग्रहण करके अपने आत्मकल्याण में समर्पित हो जाऊँगा पर यह गृहस्थाश्रम ही मेरा पीछा नहीं छोड़ रहा है। मेरी सामाजिक और मानवीय प्रशंसा के बावजूद मेरा मन इस गृह के प्रति, परिवार के प्रति विमुख हो उठता है। मैं क्या करूँ? आप मुझे इस धर्मसंकट से निकलने का रास्ता दिखाओ।"

"प्रकाश जी, जीवन से जितना पलायन करोगे, वह उतना ही तुमसे चिपकेगा। समस्याएँ उतनी ही बढ़ेंगी। जीवन में जितना संघर्ष करोगे उतना ही जीवन से

मुक्त होगे। मैं जीवन में कर्मयोग के अतिरिक्त कोई पथ नहीं देखता हूँ। यदि भक्त या ज्ञानी भी भिक्षाटन करके अथवा श्रम करके भोजन न करे, तो उसकी भक्ति अथवा ज्ञान साधना में विघ्न पड़ सकता है। व्यक्ति कर्म में जब ओतप्रोत हो जाता है, तो उसे न तो दूसरे से ईर्ष्या करने का समय रहता है, न माया-ममता में पड़ने का और न ही कर्म से प्राप्त सफलता-असफलता के विषय में सोचने का अवकाश मिलता है। आपने जीवन भर कर्म में व्यस्त रहकर ही सभी चिन्ताओं, दुःखों तथा अभावों को अपने पास फटकने नहीं दिया है। आपको तो दूसरे से नहीं सीखना है। अपने विगत जीवन पर केवल एक विहंगम दृष्टि डालनी है। कलियुग में गृहस्थाश्रम की अवधि भी दस वर्ष बढ़ गई है। अभी इस संसार रूपी कड़ाही में हमें और पकना है। हो सकता है कि उस कहाड़ी में पककर कभी हम भगवान के प्रसाद रूप में चढ़कर मुक्ति प्राप्त करें।"

"कृष्णपाल जी, मैंने आपकी भाँति इतना दर्शन तो नहीं पढ़ा है पर मनुष्य जीवन में सभी कुछ से वितृष्णा विरक्ति तथा उदासीनता का भाव उत्पन्न होता रहा है। भावना की खराब तबियत के विषय में अपने सुख-दुख की बात मैं किसी से कह भी नहीं सकता हूँ क्योंकि वे मुझसे उम्र में बहुत छोटे हैं। मैं तो आपके साथ सुख-दुख बाँटने आ गया हूँ।"

"आप चिन्ता न करें। मैं आपके पास खड़ा रहूँगा। रिलायंस कम्पनी ने प्रयोग के रूप में मुझे यहाँ भेजा है कि क्या देश के छोटे-छोटे शहरों में भी मोबाइल फोन आदि आधुनिक उपकरणों तथा सेवा-साधनों के व्यापार में वृद्धि की जा सकती है जिससे कम्पनी को लाभ हो। क्या वे कृषि के बाजारों में प्रवेश कर सकते हैं, जैसे कि इण्डियन टोबेक्को कम्पनी ने किया है। आप जानते ही हैं कि ये दूरभाष कम्पनियाँ सरकार के साथ वचनबद्ध हैं कि ये गाँवों को भी अपनी टेलीफोन लाइनों से जोड़ेंगी। यह तभी सम्भव होगा जब उन्हें ग्रामीण क्षेत्रों से कुछ कम अनुपात में लाभ हो। पर बिना लाभ के निजी क्षेत्र नहीं आगे बढ़ता चाहे उन्हें बड़े-बड़े अधिवक्ताओं को अपनी ओर से न्यायालयों के सामने खड़ा करना पड़े। पता नहीं उन मोटी रकम पाने वाले वकीलों को देखकर न्यायमूर्तिगण क्यों डर जाते हैं?" कृष्णलाल ने प्रकाश को समझाया।

इसी बीच तुषार-वाटिका में होली का पर्व मनाया गया। तुषार-वाटिका में कुछ रंग के हौज भरे गये। कई गुलाल की प्लेटें रखी गयीं, चारों तरफ इत्र छिड़का गया। सेमल के लाल गुलाबी फूलों से भी एक हौज भरा गया क्योंकि पुरानी परम्परा के लोग और वृद्धजन कोई रंग स्वीकार नहीं करते थे। उन पर अन्य रंग डालने से ही चिढ़ जाते थे। भाँग की बर्फी, ठण्डाई, गुजिया तथा पालक की भुजिया

बनाई गई। होली के एक दिन पूर्व मिठाई वाले ने तरह-तरह की मिठाइयाँ तैयार की। बंगालियों तथा मुसलमानों को होली पसन्द नहीं थी। केवल होली-प्रेमी अबंगाली लोग तुषार-वाटिका में इकट्ठे हुए। तेज संगीत की धुनों पर थिरकते हुए होली के रंगों की वर्षा हुई। बच्चों ने यह काम नौ बजे से ही प्रारम्भ कर दिया था। जब तक वयस्क लोग होली खेलने आते, बच्चे होली के रंगों में सराबोर हो चुके थे। जिन्होंने ठण्डाई पी ली थी, वे आपा खो चुके थे, एक ओर लुढ़क चुके थे तथा खाने की और माँग कर रहे थे। फलतः उन्हें भाँग चढ़ती ही गई क्योंकि नमकीन को छोड़कर सभी मिठाइयों में कम-बेशी भाँग मिश्रित थी। नमकीन खाने मे नशे में निखार आता है। सारांश यह कि जैसे-जैसे होली बढ़ती गई नशा चढ़ता गया। एक सज्जन ने तो अपने कपड़े फाड़ लिए और उन्हें होली का भड़ुआ बनाया गया। लोग तुषार-वाटिका में रंग तथा खाने में मस्त थे।

दरवेश तुषार-वाटिका पहुँच चुका था। वह बाथरूम गया था, वहाँ उसे ललिता दिख गई। उसने आव देखा न ताव, होली की उमंग में ललिता को पकड़ कर उसके सीने पर रंग लगा दिया। ललिता स्तब्ध रह गई। पर दोनों तुरन्त अलग हो गए। ललिता यह कह कर हँसती हुई भीतर भाग गई, "आपने यह क्या किया।" दरवेश समझ गया कि यह अस्वीकृति नहीं अपितु प्रेम का निमन्त्रण था। पर यह दृश्य एक बच्चे ने देख लिया। औरतों की निगाहें बड़ी तिरछी होती हैं– ईर्ष्या जो उनके अन्दर भरी पड़ी है। ललिता ने ब्लाउज के ऊपर का बटन लगाया पर उसके सीने में लगा गहरा रंग एक महिला ने देख लिया। उसने पूछा भी ललिता से। यह होली का रहस्य बनकर रह गया। प्रकाश के कड़े अनुशासन के कारण ललिता के सीने में लगे होली के रंग के विषय में तुषार-वाटिका में केवल कानाफूसी होती रही। किसी ने उसके विषय में बोलने का साहस नहीं किया। यही विषय औरतों के परस्पर गपशप का मुख्य विषय बन गया। कुछ औरतें कहतीं, "उसका आदमी क्या होली का रंग उसके सीने पर लगाता। वह तो स्वयं ही चल फिर नहीं पाता है। उसे वह एक बच्चा तो नहीं दे सका। यह जरूर और किसी ने लगाया है। ललिता का कोई नया प्रेमी है।" ललिता चिन्तित हो गई और अब अपने चचेरे भाई के लड़के पर दृष्टि रखने लगी ताकि वह उस घटना को कहीं उगल न दे। अब दोनों को स्पष्ट हो गया कि उनका प्रेम एकपक्षीय नहीं है। दोनों के अन्दर प्रेम की ज्वाला जल रही थी, वह भी उस उम्र में। वे प्रेम के हौज में गोते लगाने लगे। प्रकाश को होली पर्व का कार्यक्रम पसन्द नहीं आया। कुछ अधिक ही हुड़दंग हो गया था। प्रकाश ने कहा, "आजकल तो हमारे प्रमुख पर्व भी युवा पीढ़ी के नियन्त्रण में चले गये हैं जो पश्चिमी संस्कृति के घेरे में हैं। हम लोग तो फाग

आदि लोकगीतों का लुत्फ ले ही नहीं पाते हैं।”

ललिता दरवेश का ऐसा एक भी दिन नहीं जाता था जब वे या तो एक दूसरे को कनखियों से देख न लें अथवा टेलीफोन पर बात न कर लें। पवन भी ललिता के मुखमण्डल पर चमक, उत्साह तथा प्रसन्नता देखकर आश्चर्यचकित था। उसे आश्चर्य हो रहा था कि दरवेश उसे प्रतिदिन याद कर लेता था। पूर्व में तो वह सन्देश भेजने पर भी तुषार-वाटिका अथवा नर्सिंग होम न आने का बहाना बना देता था। दरवेश प्रतिदिन इसी प्रत्याशा से फोन करता था कि शायद ललिता ही फोन उठा ले और वह उससे कह सके कि वह कैसी थी। यद्यपि ललिता तुरन्त ही पवन को फोन पकड़ा देती थी पर दोनों के बीच इतना ही प्रेमालाप काफी था। प्रेम और यौन के अखाड़े में दोनों अभ्यस्त खिलाड़ी थे। वे अविवाहित जोड़ों की भाँति प्रेम के संसार में खो जाते थे। इसीलिए तो लेखक, कवि तथा चित्रकार प्रेम को आँकते-आँकते थक गए हैं पर ईश्वर की भाँति वे प्रेम का ओर-छोर पाने में आज भी असफल हैं। प्रेम उच्छ्वास है, प्रेम उत्साह है, प्रेम भावना है, प्रेम आशा है, प्रेम विचार है, प्रेम इच्छा है, प्रेम कामना है और प्रेम लालच है और प्रेम है अपने प्रेमी के लिए सर्वस्व त्याग तथा उससे योग की उत्कण्ठ आशा। वह उम्र, समय, काल, देश, परिस्थिति, सामाजिक तथा धार्मिक बन्धनों से परे है। प्रेम आकाश की भाँति विस्तृत पारदर्शी तथा स्पष्ट, पृथ्वी की तरह सभी को समेटने वाला, धारण करने वाला तथा समुद्र की भाँति अपने हृदय में गरल पीकर भी प्रेमी के लिए वर्षा रूपी जीवन देता है। पति शकी होता है। उसे पत्नी के चरित्र के विषय में समझने में देरी नहीं लगती है। ललिता तथा दरवेश के बीच बढ़ती हुई नजदीकियों को भाँपकर पवन मन ही मन चिन्तित था। पति दोगला जानवर है। वह बाहर से जो रहता है, वह अन्दर से नहीं चाहता है। वह पत्नी को अपने मित्रों से सहृदयता पूर्वक व्यवहार करने की सलाह देता है, पर मन ही मन खुश होगा यदि उसकी पत्नी उसके पुरुष मित्रों या सम्बन्धियों से रूखा-सूखा व्यवहार करे। उन्हें देखकर मुस्कराए न, वह महिलाओं तक ही सीमित रहे। वह अपनी पत्नी को बाहर ले जाएगा, पर वह नहीं चाहेगा कि वह अन्य पुरुष की ओर देखे या उसकी प्रशंसा करे। खैर, कोई पत्नी भी पति के मुँह से किसी दूसरी स्त्री की प्रशंसा सहन नहीं कर सकती। इसके बदले में उसे भूख सहना मंजूर है। पति पत्नी को रात्रि में सर्वोत्तम वेश्या के स्वरूप में अनुभव करना चाहता है पर दिन में पत्नी को सती सावित्री के रूप में देखना चाहता है। वह अपनी पत्नी को अपने बच्चों की सफल माँ के रूप में देखना चाहता है पर जब उसका प्रेमी बच्चों के प्रति उससे अधिक स्नेही हो जाता है तो वह पानी के साँप की भाँति भय दिखाने लगता है। वह

चाहता है कि स्त्री ईश्वर की भक्ति में मन लगाए पर जब वह पूर्ण ईश्वर भक्ति में लीन हो जाती है, तो वह उसे त्यागने की सीमा तक उतर आता है। वह चाहता है कि पत्नी उसे पैसे कमा कर दे पर उसका श्रेय स्वयं न ले। इस पति रूपी जानवर के रूप का वर्णन करने में कलम को भी शर्म आती है।

एक विकलांग पति की पत्नी कुछ स्वप्न देखे तो इसमें क्या बुराई है? उसकी शिराओं में यदि कुछ स्वप्नों के कारण गरम रक्त का कुछ समय के लिए संचार हो तो यह पति के लाभ के लिए ही है। वह उसके लिए कम समस्या होगी, मानसिक रूप से स्वस्थ होगी और उसकी अधिक सेवा करेगी। पर पति रूपी पुरुष सिंह उससे पूर्ण स्वामिभक्ति यहाँ तक कि गुलामी की उम्मीद करता है। अपने पति की मृत्यु सुनिश्चित जानकर भी यदि ललिता कुछ बहक जाए तो इसमें क्या बुराई थी। ललिता भी इस यौवन के प्रेम को अछूत मानती थी पर क्या करे प्रेम का डंक ही विषैला होता है। वह उससे जितना उबरना चाहती थी, उतना ही अधिक डूबती जा रही थी। वह जानती थी कि इस प्रकार के स्वप्नों को समाज की इजाजत नहीं है पर वह असहाय थी। शायद कोई दूसरा ही इस प्रेम से मुक्ति दे सकता था। इस पुरुष संसार की मान्यताओं ने उसे यद्यपि आभूषणों, सुन्दर वस्त्रों, अद्भुत शृंगार सामग्री तथा बहुमूल्य उपादानों से पूरित कर दिया है, पर बदले में उसकी स्वतन्त्रता छीन ली है। आदिवासियों के समाज में भी, जहाँ पति-पत्नी अपेक्षाकृत अधिक स्वतन्त्र जीवन निर्वाह करते हैं, अधिकांश अपराध एवं हत्याएँ आदिवासी समाज के कठोर विवाह-व्यवस्था के परे जाने पर ही घटती हैं। यदि कोई आदिवासी अपनी स्त्री को पर पुरुष के साथ संदेहावस्था में देख ले तो तुरन्त हत्या कर देता है। ललिता में परिवर्तन को देखकर पवन दिन पर दिन कमजोर होता जा रहा था। उसका नर्सिंग होम में भी मन नहीं लग रहा था और वह ललिता पर चौबीस घण्टे निगरानी रखने के लिए मेडिकल स्टोर पर बैठने लगा। उसने दरवेश की भी कन्नी काट दी। उसके अजीबोगरीब व्यवहार के कारण दरवेश का आना-जाना कम हो गया। दरवेश के फोन भी कम हो गए। ललिता ने इसे सहर्ष स्वीकार कर लिया। पर पवन की निराशा कम न हुई। निराशा अवस्था में उसका क्रिकेट देखने में ही मन लगता था।

गोयल परिवार की हवा में यह बह रहा था कि पवन का स्वास्थ्य दिन-प्रतिदिन गिरता जा रहा था। वह अब तनिक भी चल नहीं पाता था। उसके अंग-प्रत्यंग उठ नहीं रहे थे। केवल थोड़ा हाथ उठते थे। तुषार-वाटिका के सदस्यों के सामने यह समस्या थी कि पवन को कैसे नर्सिंग होम में लाया जाए। गरिष्ठ भोजन करने से उसका शरीर भी भारी हो गया था। उसे दो लोगों का सहारा लेना पड़ता था। अब

वह केवल रामू से नहीं सँभलता था। कभी-कभी रामू अपनी पत्नी मंगला को सहायता के लिए बुला लेता था पर वह भी अपनी गृहस्थी में व्यस्त रहती थी।

प्रकाश के सिर को दबाते हुए एक दिन रामू ने कह दिया, "बाबू, पवन भइया की हालत तो दिन-प्रतिदिन गिरती जा रही है। आप कुछ करें।"

"उससे कहा कि वह अपने खाने तथा आदतों पर संयम करे। यदि उसका यही हाल रहा तो कोई भी औषधि काम नहीं करेगी। दवा के साथ परहेज भी समान रूप से प्रभावशाली होता है।"

प्रकाश ने रामू से क्रोध में तो कह दिया पर वह पवन के स्वास्थ्य के लिए चिन्तित हो गया। उसने पुरुलिया के सर्वश्रेष्ठ योग प्रशिक्षक को पवन के लिए नियुक्त किया।

'योगासन के बाद स्नान करना मुझे अति कष्टदायक लगता है। आप तो जानते ही हैं कि पुरुलिया की यह शीत लहर तथा मेरे दुर्बल अंग-प्रत्यंग। यदि दिनचर्या के काम से मुझे मुक्ति मिल जाए, तो कोई यह कह ही नहीं सकता कि मुझे कमजोर माँसपेशियों की बीमारी है।"

योग प्रशिक्षक ने पवन को समझाया, "योगासन करना ही स्नान करना है। प्राणायाम करना पानी में गोता लगाना है। स्वयं ही अपने अन्तरतम में गोता लगाना, आत्मा को परमात्मा में मिलाना है। कौन कहता है कि योगासन तथा प्राणायाम के पश्चात् स्नान करने की आवश्यकता है। यह तो पातंजलि ऋषि ने कहीं नहीं लिखा है। यह तो हमारी सामान्य दिनचर्या का अंग है, इसलिए उसके साथ योगासन को सम्बद्ध किया जाता है। योगासन प्राणायाम के पश्चात् शरीर में जो स्फूर्ति, उत्साह तथा उद्दीपन का संचार होता है, वह स्नान करने के समान है। योगासन-प्राणायाम के पश्चात् व्यक्ति स्वयं से निवृत्त अनुभव करता है।"

नये योग प्रशिक्षक की सलाह पर पवन ने योगासन-प्राणायाम फिर से प्रारम्भ किया। योग प्रशिक्षक ने पवन को सरल योगासन सिखाए जो गुरु रामदेव टेलीविजन के पर्दे पर सामान्य जनों को सिखाते थे तथा जिससे सम्पूर्ण देश में योग-क्रान्ति आ गई थी। देश में रोग कम हो गए थे तथा औषधियों की खपत कम हो गई थी।

नये योग प्रशिक्षक द्वारा पवन को आसन कराने में कठिनाई हो रही थी, क्योंकि पवन के हाथ और पैर ठीक तरह से उठते ही नहीं थे। पर उन्होंने पराजय स्वीकार नहीं की। यह योग को चुनौती थी। अतः उन्होंने पवन के शरीर के अनुसार आसनों को धीरे-धीरे करवाया। प्रत्येक आसन का चौथाई भाग ही पवन द्वारा सम्भव हो सका। फिर भी प्रशिक्षक महाशय लगे रहे।

उन्होंने पवन को श्री श्री रविशंकर द्वारा प्रसारित सुदर्शन क्रिया सिखाई। यह

ऐसी क्रिया है जो व्यक्ति तब तक कर सकता है जब तक उसके पास साँस बाकी है। प्रशिक्षक ने सुदर्शन क्रिया के माध्यम से पवन के शरीर में जान फूँकने का प्रयास किया। प्रत्येक दिन सुदर्शन क्रिया करने के पश्चात् पवन के अन्दर अद्भुत ऊर्जा प्रवाहित हुई। उसका रक्त संचार ठीक हो गया तथा उसे पूरे दिन अपने शरीर में शक्ति का अनुभव होने लगा। वह योग प्रशिक्षक की प्रेरणा से अपने कार्यालय में भी बैठने लगा। दिन में एक बार प्रशिक्षक महाशय उससे मिलने आते थे तथा कार्यालय में चाय, कॉफी, भुजिया या चनाचूर कम खाने की सलाह देते थे। उन्हें आश्चर्य होता था कि वे जब भी पवन के कार्यालय पहुँचते तब वह या तो कुछ चबाता हुआ मिला या कुछ पीता हुआ।

योग प्रशिक्षक ने दृढ़ता से कहा, "ये सभी प्रक्रियाएँ शास्त्र-सम्मत हैं। इनका सम्यक् प्रभाव तब पड़ेगा, जब व्यक्ति शारीरिक तथा मानसिक संयम का पालन करे। यदि तुम आसन भी ध्यानपूर्वक तथा विधिपूर्वक करो तो यही प्रक्रिया तुम्हें ईश्वर से मिला देगी। इसीलिए आसन को योगासन कहते हैं। पहले-पहल आसन व्यक्ति को उसके अन्दर विराजमान आत्मा से जोड़ता है। वह अन्तर्मुखी होता है। वह आत्मनिर्भर बनता है। वह स्वयं में खोना सीखता है। उसका लालच, ईर्ष्या तथा क्रोध कम होता है। फिर जब उसके ये सांसारिक आवरण वाष्पित हो जाते हैं तो वह ईश्वर के मिलन के पथ पर स्थित हो जाता है। यदि तुम आसन तथा सुदर्शन क्रिया करने के बाद मरोगे, तो सीधे स्वर्ग जाओगे।"

पवन चुप रहा क्योंकि उसे आत्मा-परमात्मा का ज्ञान समझ में नहीं आया। वह तो सांसारिक व्यक्ति था तथा उसने अपने जीवन में सभी सांसारिक भोगों का पूरा-पूरा उपभोग किया था। वह तो शरीर से लाचार था अन्यथा वह हवाई जहाज में बैठकर सारी दुनिया की सैर करता। उसकी आमदनी इतनी अधिक थी कि दुनिया की सैर करना उसके लिए नगण्य बात थी।

विशुद्ध योगासन तथा प्राणायाम के अभ्यास तथा सुदर्शन क्रिया के माध्यम से पवन के जीवन में उत्साह लौट आया। अब वह सामाजिक कार्यों में भी रुचि लेने लगा जो पहले कभी नहीं देखा गया था। वह कार्यालय से आता और सलिला के प्रेम में खो जाता। सलिला से वह कम से कम आधे घण्टा बात करता, तब जाकर वह सामान्य होता। रानी लक्ष्मीबाई नर्सिंग होम के कर्मचारी, परिचारिकाएँ तथा डॉक्टर खुश थे कि उनका प्रबन्धक काम पर लौट आया था। उनके लिए भी यह अपमानजनक था कि वे अपने प्रबन्धक का ही इलाज नहीं कर पा रहे थे। इसकी चर्चा बाहर होती थी कि वे कैसे बाहर वालों को ठीक करेंगे? नर्सिंग होम के विषय में यह दुष्प्रचार थम नहीं रहा था। उससे सभी परेशान थे। प्रतियोगिता के युग में

सभी चलता है। पर इलाज की भी एक सीमा है। यदि वैज्ञानिक या डॉक्टरगण मानव की कोशिकाओं को परिवर्तित कर दें तो मनुष्य सभी बीमारियों पर विजय प्राप्त कर सकता है। पर शायद ईश्वर ने मनुष्य को उत्पन्न करते समय सभी प्रकार की क्षमता, शक्ति तथा ज्ञान देते समय कुछ अपने पास भी रोक लिया था, ताकि मनुष्य को अभिमान न हो और वह स्वयं को ईश्वर से उच्चतर न समझ बैठे।

पवन की बीमारी ऐसी ही थी। चन्द्रमा, मंगल आदि ग्रहों पर पहुँचने के पश्चात् भी मनुष्य कैन्सर, एड्स, कुष्ठ, मांसपेशियों के क्षय की बीमारियों पर विजय प्राप्त नहीं कर सका। मृत्यु इस भुवन की शासक है। ललिता खुश थी कि उसकी पारिवारिक खुशी लौट आयी थी। पवन भी उससे कम चिढ़ने लगा था। अब वह अपना कुछ समय घर के पालतू पक्षियों में लगाने लगी थी, तो कुछ फूलों में। अब वह थोड़ा समय भगवान की पूजा अर्चना में भी लगाने लगी थी, क्योंकि घर के पुरोहित ने दो चार मन्त्र बताये थे जिनका उच्चारण-मनन करने से पवन का जीवन दीर्घायु हो सकता था। पवन और ललिता का दात्पत्य जीवन फिर से लहलहा उठा था। वह जीवन की सामान्य पटरी पर लौट आया था।

पवन को पुरुलिया के नागरिकों की ओर से पश्चिमी चिकित्सा-पद्धति के द्वारा सस्ता एवं अचूक इलाज की व्यवस्था करने के लिए सम्मान दिया गया। उसके नर्सिंग होम में इलाज की सफलता का प्रतिशत सत्तर था जो औसत से बहुत अधिक था। जब पवन को उसकी व्हील चेयर पर आकर सम्मान दिया गया तो प्रकाश की आँखों में आँसू आ गए। प्रकाश को इस अवसर की वर्षों से प्रतीक्षा थी। अब प्रकाश तथा उसका परिवार स्थानीय नायक बन चुके थे। पुरस्कार वितरण अनुष्ठान में अध्यक्षीय भाषण देते हुए पुरुलिया जिला परिषद के सभापति ने कहा, “आज हमारे देश में ऐसे ही स्थानीय नायकों की आवश्यकता है जो स्थानीय धरती माता की धूल को आत्मसात करके स्थानीय लोगों को आगे लाएँ। राष्ट्रीय तथा अन्तर्राष्ट्रीय स्तर का नायक होते ही अभिनेता हो जाता है। वह वास्तविक कार्य के स्थान पर नाटक अधिक करता है तथा उसके पास स्वयमेव प्रचुर धन इकट्ठा हो जाता है। फलतः वह शनैः शनैः अपनी जड़ों से पृथक हो जाता है।”

प्रकाश तथा पवन के त्याग की चर्चा पुरुलिया शहर के प्रत्येक घर में होने लगी। अब उनकी ख्याति पुरुलिया जिला के ब्लॉकों तथा गाँवों तक फैलने लगी थी। कोई भी राजनीतिक दल या व्यक्ति प्रकाश तथा उसके संगठन की आलोचना करके जनाक्रोश को आमन्त्रित नहीं करना चाहता था। इसी कारण यदि राजनीतिक

दल के नेता प्रकाश की प्रशंसा नहीं करते तो उनकी बुराई भी नहीं करते थे। प्रकाश की नकल करते हुए पुरुलिया के कई धनाढ्य व्यापारी घराने समाज-सेवा हेतु आगे आए। राजनीतिक दलों ने भी अपनी ओर से सेवाकार्य आरम्भ किया। यह एक शुभ प्रतियोगिता थी, जिसके कारण पुरुलिया के नागरिकों को प्रत्यक्ष एवं परोक्ष रूप से प्रचुर लाभ पहुँचने लगा।

9. प्रेम

रवि स्वच्छन्द था। उसका काम था कॉलेज में पढ़ना और कार्यालय में काम सीखना। रवि की बुद्धिमत्ता के किस्से फैलने लगे। आस-पास के लोगों को यह जानते देरी नहीं लगी कि रवि ही प्रकाश की वकालत का सच्चा उत्तराधिकारी होगा। प्रकाश की वकालत ही अधिकांश धन का स्रोत थी। रवि भी अपने भविष्य के प्रति निश्चिंत होकर घूमता था। भविष्य के प्रति आश्वस्त युवा के व्यक्तित्व में एक विशेष ही आकर्षण होता है जो सहसा दूसरों को आकर्षित कर लेता है। रवि के साथ भी कुछ ऐसा ही हुआ।

रवि केवल बीस वर्ष का ही था। उसकी मुलाकात कॉलेज में अपनी सहपाठी पाखी से हो गई। पाखी देखने में सुन्दर थी। यद्यपि उसका रंग गेहुँआ था पर उसका नाक नक्शा आकर्षक था। ऐसा ज्ञात होता था कि ईश्वर ने उसके प्रत्येक अंग-प्रत्यंग में रति का आकर्षण भर दिया हो। उसको देखकर कोई भी युवा उसकी उपेक्षा नहीं कर सकता था।

कक्षा में रवि अंक गणित तथा विधि के विषयों में तेज था, जिनमें पाखी कमजोर थी। अतः पाखी गणित की समस्याओं के समाधान हेतु रवि के पास आती थी। गणित की समस्या सुलझाते-सुलझाते वे आपस में उलझ गए। खाली कक्षा में बैठकर दोनों की घण्टों बातचीत होती। यद्यपि पुस्तकें तथा अभ्यास पुस्तकाएँ खुली रहती, पर वे अब गणित एवं विधि के अतिरिक्त और सभी बातें करते। दोनों अपने भविष्य की योजनाओं के विषय में चर्चा करते तथा एकान्त में मिलने की योजनाएँ बनाते। वैसे भी बंगाल में लड़के-लड़कियाँ स्वतन्त्र रूप से अपना जीवन साथी चुनते हैं। जाति का भेदभाव भी अधिक नहीं है। रवि का तो बंगाल में ही जन्म हुआ। अतः वह बुन्देलखण्डी से अधिक बंगाली था। उसका खान-पान, चाल-चलन तथा वार्तालाप बिल्कुल बंगालियों की भाँति था।

एक दिन दोनों एकान्त कॉलेज के मैदान में एक किनारे चले गए तथा

प्रेम-प्रसंग में मदयुक्त हो गए। दोनों में प्रेम वार्ता कुछ इस प्रकार होती रही, "मुझे फूल बहुत प्रिय हैं। जब मैं अपने बाग में घूमता हूँ तो प्रतीत होता है कि मैं ईश्वर के साहचर्य में हूँ," रवि ने कहा।

"मुझे भी फूल बहुत प्रिय हैं पर फूलों के पौधों में पानी देना, उनकी गुड़ाई करना और भी पसन्द करती हूँ," पाखी ने उत्तर दिया।

"वह मैं पसन्द नहीं करता, यह तो मेरे पापा करते हैं। मैं तो भौंरों की भाँति उनके सौन्दर्य का रसास्वादन करता हूँ।"

"यह तो पुरुषों का संसार है। पुरुष सभी समय तैयार वस्तु का उपयोग करना जानता है। हम महिलाओं को उसको तैयार करने तथा सँवारने में कितनी साधना तथा परिश्रम करना पड़ता है, यह पुरुष नहीं समझना चाहता है।"

"पुरुष और स्त्री में अन्तर ही क्या है। एक ही सिक्के के दो पहलू हैं। एक ही गाड़ी के दो पहिए हैं। यह तो केवल पुरुषों के तथा भाषणों के लिए चर्चा का उत्तम विषय है। मेरी प्रत्येक वस्तु तुम्हारी है तथा तुम्हारी प्रत्येक वस्तु पर मेरा अधिकार है। जो मैं खाऊँगा, उसका आधा तुम्हें अवश्य दूँगा। पर स्त्रियों के वस्त्र तथा आभूषण कीमती होते हैं, उसमें मैं अपना अंश नहीं रखूँगा। वह स्त्रीधन है जिस पर केवल और केवल स्त्री का ही अधिकार है।"

"यह अधिकार की चिकनी-चुपड़ी बातें करके ही पुरुष ने स्त्री को व्यामोहित कर रखा है। वह तो अपना सर्वस्व त्याग करने में ही अपनी इति समझती है।"

"मुझे कार चलाना पसन्द है। कार में यदि संगीत चले तो और भी आनन्द आता है। मैं कार को इस प्रकार चलाना चाहता हूँ कि वह संगीत की भाँति एक लय में दौड़े तथा ब्रेक की कोई आवश्यकता न पड़े।"

"मुझे तुम्हारे साथ कार में आगे की सीट पर बैठना पसन्द है। यदि कार खुली हो तो और भी मजा आता है। हवा में उड़ते हुए बाल तथा उन्हें बार-बार सँभालना मुझे बहुत अच्छा लगता है।"

"मुझे तालाब, नदी तथा समुद्र में तैरना बहुत पसन्द है। पानी देखकर ही मेरा मन होता है कि कपड़े उतारकर पानी में कूद जाऊँ। ऐसा मैं कई बार कर भी चुका हूँ। एक दो बार मरते-मरते बच चुका हूँ क्योंकि पानी की तेज धार मुझे बहा ले गई।"

"मुझे तैरना नहीं आता। पर दूसरे को तैरता हुआ देखकर खुशी होती है। पर मैं अपनों को तैरता देखकर डरती हूँ, कहीं वह डूब न जाए। मैं तुम्हें अपने सामने कभी भी एकाएक पानी में नहीं कूदने दूँगी।"

"पर मुझे नाव में बैठना अच्छा लगता है--विशेषतः जो नौका मशीन से चले,

तेज चले। मैं उसमें बैठी अपने उड़ते हुए बालों को सँभालूँ तथा जल पर खड़े होकर आसमान में खो जाऊँ।"

"अभी तो कुछ भी नहीं हुआ है पर मेरे जैसी स्वच्छन्द पक्षी को पिंजरे में बन्द करने की तैयारी शुरू हो गई है। मैं कैसे इन बन्धनों में रह सकूँगी।"

"स्त्री सर्वप्रथम पुरुष के प्रेम के बन्धन में बँधती है। एक बार बँध जाने पर, वह अपने प्रेम की रक्षा के लिए सभी प्रयत्न करती है। पति को अपने बन्धन मे बाँधना चाहती है, ताकि वह उससे ओझल न हो। यदि तुम्हें कुछ हो गया तो मेरा क्या होगा?"

"मैं इसलिए तो दादाजी से कार्यालय का कार्य भली-भाँति सीख रहा हूँ, ताकि तुम्हारे बन्धन में बँधने के पूर्व ही इतनी आमदनी करके रख दूँ कि तुम्हारे जीवन भर के सुख का बीमा हो जाए और तुम मुझे सभी बन्धनों से मुक्त कर दो। आवश्यकता पड़ने पर तुम अपने पैरों पर खड़ी होकर अपना जीवन निर्वाह कर सकोगी।"

"उड़ना तो तुम्हें नहीं, मुझे चाहिए क्योंकि मैं पाखी हूँ, तुम नहीं। मैं तुम्हें अपने पंखों पर बैठाकर सात समुन्दर की यात्रा कराऊँगी।"

"मैंने इतने रुपए तो जुटा लिए हैं कि हम दोनों सारे संसार की यात्रा कर सकें। हाँ, तुम्हारी तो यह कल्पना मात्र ही है पर मैं तुम्हें वायुयान के पंखों पर बैठाकर सात-समुन्दर पार ले जाऊँगा। मैं तो तुम्हारे बालों को सँभालने के लिए हूँ। ईश्वर ने औरत के शरीर में इतना सौन्दर्य डाल दिया है, उसे इतना कोमल तथा लचीला बनाया है कि वह औरत से स्वयं नहीं सँभलता है। उसे पुरुष को ही सँभालना पड़ता है।"

"मुझे घूमने का बड़ा शौक है। मन करता है कि मैं पहाड़ों पर घूमूँ-फिरूँ, बर्फ पर चलूँ तथा बर्फ पर फिसलूँ। अपने प्रियतम के साथ बर्फ पर फिसलना कितना आनन्दमय होगा। सुन्दर-सुन्दर उद्यानों, पार्कों में विहार करूँ। फूलों तथा पेड़ों के पत्तों के सौन्दर्य को निहारूँ तथा आकर होटल के कमरे में खाना खाकर सो जाऊँ, फिर शाम को सज-धज कर निकलूँ। सड़कों, बाजारों, नदी तथा समुद्र के किनारे बैठकर अपना सौन्दर्य बिखेरूँ, कुछ सामान खरीदूँ, सुन्दर-सुन्दर कपड़े तथा आभूषण खरीदूँ तथा रात्रि में टेलीविजन पर कोई कहानी देखकर प्रियतम के साथ खो जाऊँ।"

"मैं चाहता हूँ कि रविवार के दिन भोजन के पश्चात् एक छोटी पर गहरी नींद लूँ। उठकर गरम-गरम चाय पिऊँ तथा उसके बाद नमकीन खाऊँ, फिर कुछ गरम-गरम खबर पढ़कर मैदान पर खेलने जाऊँ। वहाँ जाकर क्रिकेट, टेनिस खेलूँ,

लौटकर पसीना पोछूँ तथा फिर रात्रि में जमकर खाऊँ और निद्रा की गोद में खो जाऊँ।"

"मैं चाहती हूँ कि तुम जब मेरे सामने हो तो केवल मुझे ही निहारते रहो, मेरी बात ध्यानपूर्वक सुनो। दूसरी लड़की या महिला की बात न करो। व्यापार की बात न करो तथा किसी भी हालत में अपने मोबाइल पर बात न करो।"

"मैं नहीं चाहता कि तुम मुझसे बात करते समय यहाँ-वहाँ ताक-झाँक करो। पर यदि मैं मोबाइल पर बात न करूँगा तो ऑफिस का काम कैसे करूँगा? तुम्हें कार में कैसे घुमाऊँगा?"

"यह सब मैं नहीं जानती। स्त्रियाँ तो शर्त रखना जानती हैं तथा अपनी भृकुटी के इशारे पर मनवाना चाहती हैं। यदि ऐसा न होता तो पुरुष क्यों स्त्री के पीछे दुम हिलाता फिरता। तुम कुत्ते को भी देखो, मोर को देखो, हिरन को देखो, वे मादा को प्रसन्न करने के लिए कैसे-कैसे नृत्यु प्रस्तुत करते हैं।"

"पर मेरे लिए प्रेम को सभी के सामने प्रकट करना मुश्किल है। दादाजी के सामने तो मैं अपने प्रेम को स्वीकार ही नहीं कर सकता। मैं उनसे बहुत डरता हूँ।"

"पर मेरे लिए यह कठिन नहीं है। स्त्रियाँ प्रथम तो किसी से प्रेम नहीं करती हैं। यदि करती हैं तो सोच समझकर करती हैं। पर यदि एक बार वे मन बना लेती हैं तो इन्हें अपने प्रेम को प्रकट करने में भय-लज्जा नहीं आती। यद्यपि वे दूसरों के सामने लज्जा का प्रदर्शन करती हैं, पर उनका हृदय अन्दर से चट्टान की भाँति मजबूत होता है। उनका निश्चय पर्वत की भाँति अचल होता है। यदि एकाध बार उन्होंने अपना प्रेम प्रकट कर दिया या उन्हें अपना प्रेम मजबूरी में प्रकट करना पड़ा तो वे फिर मुड़कर पीछे नहीं देखतीं चाहे उन्हें अपने प्रेम के लिए मान-सम्मान, परिवार या जीवन का बलिदान भी करना पड़े। प्रेम किया तो डरना क्या?"

"दूसरा अर्थ है कि स्त्रियाँ प्रेम के मैदान में राजपूतों की भाँति होती हैं। एक बार वचन दिया तो अपनी जान न्यौछावर करके भी वे उसकी रक्षा करेंगी।"

"यह ठीक है कि स्त्रियाँ तुम पुरुषों की भाँति नहीं होतीं जो जीविकोपार्जन की चिन्ता करें तथा घर के बड़े-बूढ़ों के सामने प्रेम प्रकट करने से भी डरें।"

"मैं तो स्वीकार करता हूँ कि मैं डरता हूँ। यदि दादाजी ने मुझे आँख दिखाई तो मेरे होश गुम हो जाते हैं। फिर यदि पुरुष अपने भविष्य तथा जीविकोपार्जन की चिन्ता न करे तो स्त्रियों के सामने कौन भोजन बनाने की सामग्री लाकर रखेगा? प्रेम की खुमारी समाप्त होने पर भूख लगती है। मैं तो असमंजस में हूँ कि इस अभागे पेट का मुँह सभी समय खुला रहता है। जो न कोई समय देखता है और न

ही अवसर। श्मशान घाट से लौटने पर सर्वप्रथम लोग भोजन करने का काम करते हैं। बनारस में कचौड़ी की गली इसीलिए प्रसिद्ध है। सभी श्मशान घाटों के पास की गली में खाने की दुकानें इस कारण खूब चलती हैं।"

"दूसरा अर्थ यह है कि तुम प्रेम करने योग्य नहीं हो क्योंकि प्रेम वही कर सकता है जो लोक-लज्जा का त्याग करके प्रेम के क्षेत्र में कूदे। कायरों से बालाएँ एवं स्त्रियाँ प्रेम नहीं करतीं। वे उन वीर पुरुषों का वरण करती हैं जो उन्हें सभी लोक-लज्जा से दूर ले जाएँ, उन्हें उड़ाकर ले जाएँ। उनके मार्ग में जो बाधा बने उन्हें अपनी तलवार या शक्ति से वहीं धराशायी कर दें।"

इस बातचीत के पश्चात् रवि और पाखी की महीनों तक मेल-मुलाकात नहीं हुई। एक सम्वादहीन स्थिति उत्पन्न हो गई। दोनों बेचेन थे। पाखी बेचैन थी क्योंकि उसने स्वयं को रवि को मानसिक रूप से पूर्ण समर्पित कर दिया था। वह स्वप्न में भी किसी अन्य लड़के को अपना जीवन-साथी मानने को तैयार नहीं थी। उसका एकमात्र धीरोदात्त नायक था-रवि। उसके विचार में अन्य सभी लड़के केवल पासंग थे। न तो उसके सामने रवि के समान कोई व्यक्ति था और न ही किसी के पास जीवन में वह स्थिरता तथा सुख प्रदान करने की शक्ति एवं क्षमता थी। कुछ युवागण चंचल अवश्य थे पर उनका व्यक्तित्व न तो रवि की भाँति सुड़ौल था न सुन्दर था। रवि की भाँति बुद्धिमत्ता से तो वे कोसों दूर थे। उनमें से कुछ लड़कियों को रिझाने की कला जानते थे पर लड़कियाँ तो उन लड़कों का वरण करती हैं जो उन्हें संसार से उड़ा ले जाएँ, उन्हें पूरा संरक्षण दें ताकि उन्हें किसी अन्य के सामने कोई याचना न करनी पड़े, न अपना आंचल फैलाना पड़े।

रवि बेचैन था। उसे अभी तक पाखी जैसी समर्पित साथी नहीं मिली थी, जिसे केवल रवि से प्रेम था। वह नहीं जानती थी कि रवि के पास कितनी सम्पत्ति तथा सोहरत थी। वह नहीं समझना चाहती थी कि रवि विराट सम्पत्ति का उत्तराधिकारी होने के साथ-साथ शिक्षा में भी श्रेष्ठ था। वह नहीं जानना चाहती थी कि क्या रवि के दादाजी उसके तथा रवि के विवाह की सहमति देंगे। उसको यह होश-हवाश नहीं था कि विवाह के पश्चात् रवि अपना अधिकांश समय तो अपने कार्यालय में अथवा कर-विभाग के दफ्तरों में बिताएगा और वह पाखी के लिए नगण्य समय ही निकाल पाएगा। वह नहीं जानना चाहती थी कि क्या रवि विवाह के पश्चात् उसके वृद्ध माता-पिता को अपनी कोठी में रखेगा या नहीं, जैसा कि अधिकांश बंगाली लड़कियाँ विवाह के पश्चात् करती हैं। क्या वह भी अन्य लोगों की भाँति एक पृथक मकान किराए पर लेकर रहेगा? उसकी यह आकांक्षा नहीं थी कि रवि उसे सैकड़ों लोगों के सामने ब्याह कर लाए तथा तुषार-वाटिका में रखे। उसकी एक ही

कामना थी कि रवि उसकी आँखों के सामने सदैव रहे। यदि वह सामने नहीं रह पायेगा तो भी वह उसे अपनी पलकों पर बैठा लेगी। रवि के साथ व्यतीत किये हुए क्षण, कुछ लम्हें फिल्म की भाँति मानस-पटल पर बार-बार कौंध जाते थे, उसका मन दूसरे लोक में चला जाता था। कभी बेचैन होता था तो कभी आह्लादित। वह उन बिताए हुए क्षणों को भूलना चाहती थी पर अतीत मनुष्य का कभी पीछा नहीं छोड़ता। यदि उसे अधिक दबाने की कोशिश की जाती तो वह स्वप्नों के तहखानों में चला जाता है और गहन निद्रा में ही गोते लगा लेता है। यह उसका प्रिय खेल है।

अतीत से लड़ना मनुष्य के वश में नही है। रवि के साथ सिनेमा हॉल में वे क्षण उसे बार-बार याद आते जब रवि और वह चित्रपट पर एक यौन दृश्य देखकर उत्तेजित हो गये और रवि उसे अपने आगोश में लेकर उसका बार-बार चुम्बन करने लगा। फिर दूसरे ही क्षण उन्हें अपनी भूल का अहसास हुआ और वे क्षण भर के लिए अलग-अलग हो गए। पर उस क्षण का आनन्द तो उसे रवि के वियोग में घण्टों आनन्द देता था। वह रवि की थी। रवि को समर्पित थी। वह रवि की सुडौल बाहों में लिपट जाना चाहती थी। पर उस समर्पण के बीच अब एक लक्ष्मणरेखा खिंच गई थी। उसे ही निश्चय करना होगा कि क्या वह रवि की विवाहित प्रेमिका हो सकेगी, ताकि वह जीवनभर उसके साथ रहे। यदि यह सम्भव नहीं होगा तो वह रवि को अपना सर्वस्व समर्पित करने के पश्चात् बेमन से दूसरे की नहीं होना चाहती थी। तो क्या वह रवि के साथ केवल एक स्त्री-मित्र होना भी स्वीकार करेगी?

उसके अन्दर यह मानसिक उठा-पटक निरन्तर चल रही थी। पुरुष और स्त्री की मित्रता में यौन न हो, यह हो ही नहीं सकता। दोनों के मिलने पर जो आग उत्पन्न होती है, वह सैकड़ों अग्नि-कुण्डों और यज्ञों से अधिक तप्त तथा विद्युत से अधिक तेज होती है। जो पुरुष स्त्री के संसर्ग में आने पर भी निर्विकार रहते हैं, वे योगी हैं। पर पाखी की उम्र जवानी की उमंगों की उम्र थी। वह भी भली-भाँति जानती थी कि रवि कितना ही पढ़ा-लिखा हो, विद्वान हो, पर उसके सामने वह पुस्तकीय ज्ञान की बातें नहीं करता था। उसकी आँखें पाखी के यौवन पर होती थीं। वह प्रेम-रस की बातों में ही डूबा रहता था।

अब यदि प्रेम यह निर्णय लेता है तो आग में कूदना होगा। भविष्य की परवाह किए बिना रवि से प्यार करना होगा अन्यथा घर के मन्दिर में कृष्ण के प्रेम में दीवानी होना होगा। यह विचार बार-बार पाखी के मस्तक में उठ रहे थे।

दूसरी ओर रवि सोच रहा था, 'मेरा मन भी पाखी के बिना न तो ऑफिस में लगता है न ही पढ़ाई में। अच्छा हो पाखी को उड़ाकर एक जुआ खेला जाए, एक

खतरा मोल लिया जाए। हो सकता है दादा प्रकाश हम पर दया करके हमें अपना लें। खतरा सभी जगह मोल लेना पड़ता है। कोई भी व्यापारी या उद्योगपति बिना खतरा मोल लिए करोड़पति नहीं बन पाया। राजनीतिज्ञ भी अपने भविष्य का खतरा उठाते हैं, सैनिक भी अपने जीवन का खतरा मोल लेते हैं। जिन्होंने खतरा मोल नहीं लिया वे जीवन की गाड़ी सामान्य रूप से घसीटते हुए दम तोड़ देते हैं। न उन्हें गाँव वाले जानते हैं, न देश वाले। कुछ दिनों में उनके परिवार वाले भी उन्हें भूल जाते हैं। खतरा पुरुषत्व का प्रतीक है। मैं पुरुष हूँ। पहल मुझे ही करना पड़ेगी। मैं फिर से पाखी को प्रस्ताव दूँगा।'

रवि ने पाखी को एक दिन फोन किया तथा दोनों ने एकान्त में मिलने का निश्चय किया। पाखी भी निश्चित समय पर समुद्र की उन लहरों की भाँति चली आई, जिन्हें पता नहीं होता कि वे किस किनारे से टकरायेंगी। पर पाखी के हृदय में प्रेम की लहरें इतनी तीव्रता से टक्कर मार रही थीं कि वह उन लहरों के संग बहती चली गयी। वे बहुत दिनों बाद मिले पर वे ऐसे मिले जैसे दो प्रेमी सदियों गुजरने के बाद मिल रहे थे। मिलते ही पाखी की आँखों में आँसू आ गए। पाखी ने कहा, "मैं तुम्हारे बिना नहीं रह सकती। जो भी हो, हमें मिलते रहना चाहिए। तुमसे मिले बिना मैं तो पागल हो जाऊँगी। सोते-जागते तुम्हारा ही ध्यान आता है। तुम्हारे साथ बीते हुए क्षण याद आते हैं। मुझे कुछ अच्छा नहीं लगता है। न ही पढ़ने में मन लगता है और न ही अन्य किसी काम में। माँ कुछ काम बोलती है और मैं कुछ कर बैठती हूँ। सब जगह डाँट खाती हूँ। कॉलेज में और घर में भी। तुमने ही यह प्रेम की बीमारी लगा दी है और तुम ही इसका इलाज करो। मैं तो असहाय हो गयी हूँ। छोटी-छोटी बातों में मेरे हाथ पैर फूलने लगते हैं।"

रवि ने ढाढंस बँधाते हुए कहा, "तुम चिन्ता क्यों करती हो, अभी दादाजी ने अपने विवाह के लिए मना तो नही किया है। यह हमारा अन्दाजा ही है कि से मना कर देंगे, क्योंकि मैं तो उनके साथ प्रतिदिन कार्यालय में बैठता हूँ तथा उनकी सोच के विषय में अच्छी तरह से वाकिफ हूँ। पर कोई अपवाद भी हो सकता है। यदि ईश्वर को हमारा प्यार स्वीकार हुआ तो वे दादाजी की मति बदल देंगे और हमें हरी झण्डी मिल जाएगी। फिलहाल हम भविष्य की चिन्ता में अपना वर्तमान क्यों बिगाड़ें। हम इसी प्रकार मिलते-जुलते रहें।"

"पर प्रत्येक लड़की अपना सर्वस्व समर्पण करने के पूर्व निश्चिंत होना चाहती है कि उसका भविष्य क्या है। मैं अँधेरे में नहीं भटक सकती। पुरुष को आत्मसमर्पण करने के पश्चात् स्त्री के पास बचता ही क्या है?"

"वह निर्णय तुम लो। मुझे तो वर्तमान में प्रेम के अतिरिक्त भविष्य अन्धकारमय

ही दृष्टिगोचर हो रहा है। हाँ, भविष्य में मैं यदि तुम्हारे साथ विवाह-बन्धन में न बँध सका तो कम से कम तुम्हें जीवन भर तुम्हारी आवश्यकतानुसार धन तो उपलब्ध कराता रहूँगा। यह मेरा वायदा है।"

"पर यह भी तुम्हारा मौखिक वायदा है। जो लड़की प्रेम करती है, वह धन की भूखी कदापि नहीं होती। वह अपने प्रेमी पर दूसरी स्त्री का अधिकार सहन नहीं कर सकती।"

"इसका हल मेरे पास नहीं है। तुम एक बार फिर सोच लो। हो सकता है कि हम मिलने पर कभी एक दूसरे के हो जाएँ। इससे उत्तम होगा कि हम प्रथम निश्चय कर लें कि मिलेंगे या नहीं। यदि न मिल सके, तो वह भी चलेगा। हम पूर्ण सोच-विचार के पश्चात् अपनी सहमति से आज से मिलना बन्द कर देंगे तथा धीरे-धीरे सभी को भूल जायेंगे। इसके पश्चात् हम एक दूसरे की सहायता करें, ताकि हम अपने प्रेम को शीघ्र से शीघ्र भूल सकें।"

"यही तो मुश्किल हो रहा है, मेरे लिए। इसलिए तो मैं दुबारा तुम्हारे पास चली आई। चलो, इस बार हम अपनी मुलाकात यहीं समाप्त करते हैं। इसके बाद यदि हम मिलेंगे तो तुम निश्चित समझना कि मैं आग में कूदने को तैयार होकर आयी हूँ।"

दोनों की आँखें नम हो गयीं। दोनों ने एक दूसरे का चुम्बन लिया तथा हाथ मिलाते हुए वे 'अलविदा' कहकर अपनी-अपनी दिशा में चले गए।

पर रवि और पाखी अपने प्रेम के क्षणों को भूल नहीं पा रहे थे। प्रत्येक मिलन नई स्मृति को जन्म दे रहा था, प्रेम में और मिठास घोल रहा था। जहाँ रवि को कॉलेज की पुस्तकों के पृष्ठों में तथा कार्यालय की फाइलों में दोनों के वार्तालाप दृष्टिगोचर होते, वहीं पाखी के मन मस्तिष्क पर सुबह उठते ही रवि के साथ बिताए हुए क्षण हवा के झोकों की भाँति बार-बार टकराते एवं टकराने के बाद कुछ देर तक ठहर जाते तथा कभी-कभी तो वापिस जाने का नाम ही नहीं लेते। तब पाखी तुरन्त ही स्वयं को सँभालती। कहीं ऐसा न हो कि उसके घर वाले उसे यादों में खोया समझकर या तो पागल करार दें अथवा उसके प्रेम का राज प्रकट हो जाये। पाखी भली-भाँति समझती थी कि वह जिस मार्ग पर जा रही थी उसका कोई गन्तव्य नहीं था। उसका अन्तिम छोर बन्द हो चुका था। पर प्रेम ऐसा ही है जो गन्तव्य नहीं जानता। वह तो प्रेम करने वाले के आगे, पीछे, बायें तथा दायें या चारों दिशाओं में घूमता रहता है। वह प्रेमी के सारे शरीर में ही सराबोर रहता है। अतः उसे बाहरी भौतिक उपादानों की परवाह नहीं रहती।

कभी-कभी उसके प्रेम-भाव में इतनी टीस उठती कि वह व्याकुल हो जाती।

वह नहीं समझ पाती कि वह रवि से क्यों प्रेम करती थी। रवि ही उसके क्रोध का पात्र था और स्नेह का भी। वह सोचती, 'रवि घर-बार छोड़कर उसे क्यों नहीं अपना लेता? क्यों वह प्रेम में इतना भीरू है? ऐसे व्यक्ति से प्रेम करने से क्या लाभ है? मैंने क्यों उसे चुना? उससे भी अच्छे लड़के थे, पर मैं रवि पर ही क्यों आकर्षित हुई?'

उसे प्रतीत हो रहा था कि वह रवि द्वारा ठगी गई। तब, उसके लिए कोई अन्य रास्ता नहीं था। चूँकि वह रवि को दिल दे चुकी थी, इसलिए दूसरा कोई उसे अपनाएगा ही नहीं। वास्तविकता यह थी कि अन्य किसी को पता भी नहीं था कि रवि और पाखी एक दूसरे के प्रेम-पाश में आबद्ध थे। वह अपने प्रेम को दूसरे से प्रकट भी नहीं करना चाहती थी, न ही रवि। प्रेम की परिणति होने के पूर्व ही प्रेम बिखर चुका था। रवि ने स्पष्ट कर दिया कि वह अपने दादाजी के निर्णय के विरुद्ध नहीं जा रहा था तथा दादाजी का निर्णय उन दोनों के विवाह के विरुद्ध ही जायेगा। पाखी को भी यह निश्चय नहीं था कि उसके माता-पिता दो समाजों के बीच विवाह स्वीकारेंगे। बंगाली समुदाय के लोग मारवाड़ियों को हेय दृष्टि से देखते हैं क्योंकि वे लोग उनके बंगाल में आकर बस गये हैं तथा बंगालियों के अधिक बुद्धिमान होते हुए भी उन्होंने बंगाल के धन पर कब्जा कर लिया है।

इतनी अनिश्चितता की पृष्ठभूमि में भी पाखी का प्रेम-ज्वर नहीं उतर रहा था। वह रवि को पूर्ण तौर से चाहने लगी थी। उसे रवि का आत्मसंयम अति प्रिय था। रवि ने कभी भी पाखी की मर्जी के बिना उससे छेड़खानी नहीं की। इससे उसके मन में रवि के प्रति अगाध विश्वास एवं सम्मान जम गया था।

अपने मित्र की सलाह पर रवि ने पाखी से दूर रहने के लिए पाखी में कमियाँ ढूँढ़ी। उसकी सुन्दरता में ढलाव देखा जब वह अस्वस्थ थी। उसको कभी-कभी ऊट-पटाँग पोशाक में देखकर उसे वितृष्णा हुई। कभी उसकी कम बुद्धि पर उसे तरस आया। उसकी रवि पर कब्जा करने की मनोवृत्ति से उसे नफरत उत्पन्न हुई। उसकी शिक्षा में न के बराबर उपलब्धि पर चिन्ता हुई। उसके बढ़ते हुए अधिकार पूर्ण हाव-भाव से रवि को यह दुश्चिन्ता हुई कि कहीं वह उसके स्वछन्द जीवन का ही अपहरण न कर ले। पाखी के पर्यटन-प्रेम से रवि को चिन्ता हुई कि क्या वह उसके साथ काम छोड़कर इतने दिनों के लिए बाहर जा सकेगा? क्या परिवार एवं रिश्तेदार उसे अपनायेंगे? विवाह के कुछ महीनों पश्चात् कुटुम्ब एवं सगे-सम्बन्धियों के बन्धन ही पति-पत्नी को एक सूत्र में बाँधे रखते हैं। वे पति-पत्नी को निरन्तर याद दिलाते रहते हैं कि वे इस दुनिया के सबसे सुखी पति-पत्नी हैं, चाहे उनकी आपस में बनती न हो। पर सामाजिक दबाव तथा सामाजिक परम्परा के कारण ही

पति-पत्नी एकजुट रहते हैं। पाखी कैसे उसके कुटुम्ब के साथ जुड़ेगी? यह असम्भव था। ये सभी तार्किक प्रश्न एवं समाधान उसके मस्तिष्क को बार-बार झकझोरते पर प्यार की आँधी इतनी प्रबल होती है कि उसके आने पर ये सभी समस्याएँ एवं वास्तविकताएँ जैसे तिनके की भाँति उड़ जातीं और पाखी का भोला-भाला समर्पित चेहरा उसके मन-मस्तिष्क पर छा जाता। उसकी बुद्धि काम करना बन्द कर देती। वह पाखी से दूर जाने की जितनी कोशिश करता, पाखी उसके उतने ही और करीब आ जाती। इन मानसिक घोर संकट से उबरने के लिए रवि ने किसी ज्योतिषी एवं पुरुलिया के बाहर स्थित स्वामी जी से मिलने का निश्चय किया। पर पुरुलिया के सभी स्थानीय लोग प्रकाश को भली-भाँति जानते थे तथा उन्होंने रवि का नाम भी सुन रखा था, क्योंकि वह ही प्रकाश के कार्यालय की देख-रेख करता था।

रवि ने अग्रवाल और मारवाड़ियों में भी कई लड़कियाँ देखीं। कुछ को सम्बन्धियों के यहाँ देखा तो कुछ को विवाहोत्सवों में। कुछ पाखी से अधिक पढ़ी-लिखी थीं, कई पाखी से अधिक सुन्दर थीं तो कई धनाढ्य परिवारों की थीं। पर किसी में अपनी सुन्दरता का घमण्ड था तो किसी में अपने माता-पिता के पैसे का। वे मेकअप को ही अपने ऊपर चढ़ाये रहती थीं तथा सीधे मुँह बात ही नहीं करती थीं। अधिक पैसे वालों की लड़कियाँ केवल आभूषणों, कपड़ों तथा कारों की बातें करती ही सुनी जाती थीं तो कुछ केवल बाहर सैर-सपाटे की बातें करतीं, विशेषतः विदेशों में घूमने की बातें। रवि सोचता था कि इन लड़कियों के साथ विवाह करने का अर्थ केवल एक बोझ लेना ही था। कौन इनकी इतनी इच्छाओं की पूर्ति करेगा? वह कार्यालय देखेगा कि यहाँ-वहाँ सैर करेगा। उसके लिए कार्यालय का काम ही ईश्वर की पूजा था जो उसने अपने योग्य दादाजी से सीखा था। वह सोचता 'मैं अपने दादाजी का केवल नाती ही नहीं हूँ, एकलव्य की भाँति उनका परम शिष्य हूँ। उनका प्रत्येक वाक्य मेरे लिए ब्रह्म वाक्य है। उसके ऊपर बुद्धि दौड़ाना मेरे लिए अन्याय होगा।'

पाखी में रवि को सभी गुण दृष्टिगोचर हो रहे थे। वह सामान्य परिवार की एक समर्पित लड़की थी, जिसका जीवन की वास्तविकताओं से सीधा सम्पर्क था। उसने धन के अभाव से अपने परिवार वालों को परेशान देखा था। पैसे के अभाव के कारण माता-पिता में महाभारत देखा था तथा किसी दर्शनीय स्थान पर सैर-सपाटे के लिए जाने के पूर्व छः महीने योजना बनाते हुए देखा था। उसने अपनी पढ़ाई हेतु पुस्तक खरीदने के लिए पैसा जुगाड़ करने का प्रयत्न किया था। वह उसके घर में आने पर कृतज्ञता अनुभव करेगी। जब सुन्दरता की चकाचौंध समाप्त हो

जाएगी तो उसकी यही कृतज्ञता रवि में उसका पूर्ण समर्पण सुनिश्चित करा देगा। पर दादाजी चट्टान की भाँति उन दोनों के प्यार के बीच खड़े थे। वह उनकी प्रतिक्रिया भी निन्यान्वे प्रतिशत जानता था कि वह उसको तथा पाखी के सम्बन्धों के विपरीत होगी। पर शायद दादाजी दया करके उसके क्षमा कर दें, क्योंकि वे उसे अत्यधिक प्रेम करते थे। पर उसे सभी समय सन्देह था, क्योंकि उसके दादाजी धन-सम्पत्ति इकट्ठी करने पर भी सिद्धान्तों के लिए जीते थे। वे सिद्धान्तों के लिए बड़ी से बड़ी सम्पत्ति का बलिदान कर सकते थे। इन संशयों के घटाटोप में रवि का दिमाग गोते लगाता रहता था।

पाखी भी सोचती, 'मैं रवि के साथ विवाह करके क्या करूँगी? रवि के घर में तो मुझे भात-मछली खाने को नहीं मिलेगी। मांस तो बहुत दूर है। मुझे सभी समय घास-फूस खाकर जीवित रहना पड़ेगा। बिना भात-मछली के एक बंगाली का जीवन सारहीन है। मैं उसके बिना कैसे जिऊँगी? ऐसा न हो कि इस चक्कर में मेरा प्यार भी रफूचक्कर हो जाए? सुना है कि उसके परिवार वाले सभी समय कार्यों में जुटे रहते हैं। कर्म ही उनकी पूजा है। मुझसे कौन मीठी-मीठी गल्प करेगा? मेरी मीठी-मीठी बातें सुनने का किसको अवकाश रहेगा? क्या दुर्गा पूजा के समय भी मैं अपने माता-पिता तथा अपने सम्बन्धियों से नहीं मिल पाऊँगी? इससे उत्तम तो बंगाली लड़का ही रहेगा जो हृष्ट-पुष्ट हो। उसके रोम-रोम में मछली की बास हो तथा उसका स्टील जैसा शरीर हो। उसके द्वारा कम आमदनी करने से भी चलेगा पर सुख तो मिलेगा। रातें तो अच्छी गुजरेंगी। दिन तो सभी गुजार लेते हैं। वह व्यक्ति ही जीवन में सफल है जो अपनी रातें सुहावनी कर सके तथा शान्ति एवं बेफिक्री से सो सके। बंगाली लड़के के साथ रिक्शे में घूमना भी बेहतर होगा अपेक्षाकृत रवि के साथ कार में घूमने थे। सुना है कि रवि के घर में कोई रवीन्द्र संगीत नहीं सुनता है। सुबह से ही रामायण तथा गीता का पाठ शुरू हो जाता है तथा पौ फटते-फटते साधुओं के प्रवचन टेलीविजन पर आने लगते हैं। सुना है कि सुबह एक घण्टा तथा रात्रि को एक घण्टा ही विविध-भारती के गाने सुने जाते हैं। टी.वी. पर सीरियल कम देखे जाते हैं। सभी काम में ही लगे रहते हैं। मेरा तो बंगला बोलना ही बन्द हो जायेगा। एक बंगाली का जीवन बंगला भाषा, रवीन्द्र संगीत, भात और मछली के बिना व्यर्थ है। अच्छा होता कि मैं जन्मने के पहले ही मर जाती। यह मैं क्या निर्णय लेने जा रही हूँ। जैसे मैं स्वयं को उबलती कड़ाई में डाल रही हूँ। जैसे मैं स्वयं को जेल में बन्द करने जा रही हूँ। इसीलिए तो लोग कहते हैं कि लरिकाई का प्रेम कमरे के दरवाजे से प्रवेश तो करता है, पर खिड़की से शीघ्र ही बाहर निकल जाता है। मुझे रवि के साथ अपने विवाह के विषय में

फिर नये सिरे से सोचना होगा।’

इस प्रकार मानसिक उथल-पुथल से पाखी परेशान रहने लगी।

रवि के पास प्रकाश के द्वारा दिया गया इतना काम होता था कि वह सामने फाइल एवं बैठे हुए मुवक्किलों की समस्याओं के अतिरिक्त कुछ सोच नहीं पाता था। वह कभी अपनी इस व्यस्तता को धन्यवाद देता था क्योकि वह इस व्यस्तता के कारण ही पाखी तथा उसके साथ बिताये हुए क्षणों को भूला रहता था। खेलते समय भी वह सभी कुछ भूलकर केवल क्रिकेट में रन बनाने में लगा रहता था। पर इन दो व्यापारों को छोड़कर सभी समय पाखी उसके मस्तिष्क में परी की भाँति आती रहती थी। सभी लड़कियों में उसे पाखी का प्रतिबिम्ब दृष्टिगोचर होता और वह उनके अंग-प्रत्यंगों तथा हाव-भाव की तुलना पाखी से करता हुआ खो जाता। नहाते समय, खाते समय, घूमते समय, यात्रा करते समय तथा पढ़ते समय तो जैसे पाखी उसके सामने बैठ जाती थी। पर अब उसके काम करने की गति भी कम हो गई थी। उससे मिलने वाले व्यापारी भी प्रकाश से शिकायत करने लगे थे कि रवि उनके मामलों को पूर्व की भाँति मनोयोगपूर्वक नहीं सुनता था। प्रकाश ने रवि को एक बार डाँटा, “तुम्हारी नई शिकायतें सुनने में आ रही हैं कि तुम आजकल फाइलों को ठीक तरह से नहीं निबटा रहे हो। सामने वाले की बातें ठीक तरह से नहीं सुनते हो। तुम जानते ही हो कि हम यहाँ पर केवल एक दरी तथा दो थाली-कटोरी लेकर आए थे। हमने यह साम्राज्य केवल अपने कड़े परिश्रम के आधार पर एक-एक ईंट जोड़कर खड़ा किया है। क्या तुम जानते हो कि पैसा कमाना किसी को खराब लगता है? पर पैसा कमाने के लिए जिस परिश्रम, अध्यवसाय तथा सद्व्यवहार की आवश्यकता है, वह लोगों को खराब लगते हैं। चाहे आप बंगाली हों, मारवाड़ी हों या अन्य हों, सभी वकील बनकर पैसा अर्जन करना चाहते हैं। पर वे फाइलों के अन्दर इतना प्रवेश नहीं करना चाहते हैं जितना कि हम करते हैं। उसके लिए हमें विधि की अनेक पुस्तकों, व्याख्याओं, पत्र-पत्रिकाओं तथा विधि से सम्बन्धित अन्य समाचारों को अत्यन्त बारीकी से पढ़ना पड़ता है जो अन्य कोई नहीं करना चाहता है। हमारे लिए प्रत्येक मुकदमा एक अन्वेषण के लिए चुनौती है। हम उसमें से ऐसा नया बिन्दु निकालते हैं जो न तो अधिकारी जानते हैं और मुवक्किल की समझ से तो वह परे ही होता है। वित्त मन्त्रालय, भारत सरकार द्वारा जैसे ही विधि में परिवर्तन किया जाता है, वह दूसरे दिन पुरुलिया में मेरी मेज पर होता है। बाहरी व्यक्ति यह कल्पना ही नहीं कर सकता है। अन्य एडवोकेट मुवक्किलों को केवल बेवकूफ बनाकर, झूठे वायदे करके फीस हड़प लेते हैं। हम किसी मुवक्किल से वायदा नहीं करते न ही अधिकारी तथा

उसके बीच में दलाली करते हैं। हमारी फीस की दरें पूर्व निर्धारित हैं, मुवक्किल केस पूरा होने के बाद भुगतान कर सकता है। तुमने देखा ही होगा कि कितनी खुशी-खुशी मुवक्किल हमारे ऑफिस में पैसा जमा करते रहते हैं। हमारे रोकड़िया को पैसा गिनने अथवा चेक की रसीदें देने से फुर्सत नहीं मिलती। हमें नोट गिनने की मशीन अपने ऑफिस में लगानी पड़ेगी। यह है प्रकाश एण्ड कम्पनी की गुणवत्ता तथा गुडविल। यह सभी तुम्हें मुफ्त में उत्तराधिकारी के रूप में मिल रहा है। इसे महत्त्वहीन न समझो। तुमने देखा ही है कि पुरुलिया के सभी एल.एल.बी. पास वकील हमारी कम्पनी में काम सीखने एवं अभ्यास करने के लिए हम पर कितना दबाव डालते हैं, पर मैं प्रति वर्ष पांच से अधिक लड़कों को नहीं लेता हूँ। वे सभी तुमसे अधिक शिक्षित एवं योग्य होते हैं। तुम्हारा यही हाल रहा तो मुझे तुम्हारे छोटे भाई तथा भतीजे को दसवीं कक्षा से ही कार्यालय में बैठाना होगा, ताकि कम से कम वे कम्प्यूटर सीख सकें तथा एकाउण्ट का काम कर सकें।"

रवि ने माफी माँगते हुए कहा, "दादाजी, अब मैं प्रयास करूँगा कि आपकी आशा के अनुरूप स्वयं को ढाल सकूँ। मैं आपको विश्वास दिलाता हूँ कि मैं आपकी आशा और विश्वास पर शीघ्र ही खरा उतरूँगा तथा सभी मुवक्किलों को सन्तुष्ट करूँगा। इसके बाद आप मेरी कोई शिकायत नहीं सुनेंगे।"

ग्रीष्मवकाश में रवि की चाची ललिता की छोटी बहिन देवश्री पुरुलिया आई। दोनों की आँखें मिलीं। रवि ने पाखी को भूलने के लिए देवकी से इश्क लड़ाना शुरू किया। वह अभी स्वतन्त्र पक्षी थी तथा केवल पढ़ाई में लगी थी। रवि का बहिन के घर में प्रभुत्व देखकर वह अत्यन्त प्रभावित हुई। वह प्रकाश के समृद्धशाली परिवार के चमकते हुए सितारे की चकाचौंध से मोहित हो गई। प्रकाश के घर आने वाले प्रत्येक अतिथि को यह स्पष्ट हो जाता था कि प्रकाश की समृद्धि के पीछे तुषार के पश्चात् रवि का हाथ था। इस कम उम्र में रवि ने प्रकाश के कार्यालय का कार्यभार भली-भाँति सँभाल लिया था, यह सभी को विस्मित करता था। प्रकाश के कानों में रवि और देवश्री के मिलने की भनक उठी। प्रकाश ने प्रतिक्रिया में कहा, "आजकल हम लड़के-लड़कियों को बातचीत करने, मिलने तथा प्रेम करने से मना नहीं करते हैं क्योंकि यह तो समय की पुकार है। हम भारत को फिर से उन्नीसवीं सदी में नहीं ले जाना चाहते हैं। हम उनसे सिर्फ यह कह सकते हैं कि वे जो भी निर्णय करें वह अपने तथा अपने परिवार के हित को ध्यान में रखकर करें। हमें इन छोटी-छोटी बातों को अनावश्यक तूल नहीं देना चाहिए।"

प्रकाश के इस कथन की भनक रवि को लगी। वस्तुतः यह रवि के दूसरे प्यार के लिए हरी झण्डी थी।

10. मृत्यु

रवि की समस्या फिलहाल सुलझ गई पर भावना प्रतिदिन एक नई समस्या से जूझते हुए जी रही थी। प्रकाश तो बाहर से ढाँचा खड़ा कर देते थे पर भावना को तो परिवार के सदस्यों की समस्याओं को सुनने तथा सुलझाने में अपना अधिकांश समय व्यतीत करना पड़ता था। फलस्वरूप वह अपने शरीर की उपयुक्त देखरेख न कर सकी। उसके पास अपने शरीर के लिए सोचने का समय ही नहीं था। मानसिक रूप से यह उसकी बेइलाज बीमारी को भूलने का एक उत्तम पथ था, पर शारीरिक रूप से वह क्रमशः बिस्तर पर सिमटती गई। उसकी व्यस्तता के ये क्षण उसे जीने की चाह देते रहते थे।

भावना के परिवार पर बढ़ते हुए प्रभुत्व को अन्य महिलाएँ सहन न कर पातीं। वह शरीर से तो लाचार पर क्षमता में सबसे ऊपर। यदि चाहे तो किसी को भी तुरन्त हजारों रुपया दे सकती थी; उसे किसी से पूछने की आवश्यकता नहीं थी। प्रकाश तो अपने कार्यालय तथा सामाजिक कार्यों में इतने व्यस्त रहते थे कि उन्हें घर में प्रवेश करते ही खाने के पश्चात् बिस्तर ही नजर आता था।

"आप अपने को क्यों इतना व्यस्त रखते हैं? इस प्रकार तो आपका भी शरीर खराब हो जाएगा। फिर आपकी भी उम्र कम नहीं है। आप पचपन वर्ष के हो चुके हैं। आप कोई जवान तो नहीं हैं कि सभी काम स्वयं कर लें। यदि काम अत्यधिक हो तो दूसरे पर भार दे दें। मुझे भी तो आपके समय की दरकार है। चाहे वह पन्द्रह मिनट ही क्यों न हो।"

"मैं क्या करूँ? तुम तो जानती हो कि मैं सामाजिक कार्य करने से सभी दुःखों को भूला रहता हूँ। कुछ लोग गम भूलने के लिए नशा करते हैं, तो कोई वेश्या के कोठे पर जाते हैं, कुछ लोग कवि या लेखक हो जाते हैं तो कोई दार्शनिक। यदि मैं अपने धन्धे के साथ-साथ सामाजिक कार्य करता रहूँ, तो उसमें कोई आपत्ति की बात नहीं है। फिर मैंने तुम्हें घर की मालकिन बना रखा है। क्या तुम्हें इसमें कोई परेशानी है?"

भावना ने प्रकाश के तीखे तेवर देखकर अपने वार्तालाप का रुख नरम किया और कहा, "मैं तो आपको देखकर ही जीवित हूँ। भारतीय नारी का सुहाग ठीक-ठाक रहे, फिर उसे इस संसार में और कुछ नहीं चाहिए। वह पति के सच्चे प्रेम के साथ घोर गरीबी में तथा घोर नरक में रहकर भी प्रसन्न रहती है। पर पत्नी को पति चाहिए। पति का साहचर्य की उसका अभीष्ट है। आपको देखकर मेरी बीमारी जितनी ठीक होती है, उतनी दवाओं को लेकर नहीं। यह आप निश्चित

जानिए। आप सदैव की भाँति सक्रिय रहें, यही मेरी कामना है। फिर पत्नियों की शिकायतें तो पति-पत्नी सम्बन्धों के साथ जुड़ी रहती हैं। यदि आपका स्वास्थ्य खराब हो गया, तो मुझे दुःख होगा। तब मेरे ये शिकवे-शिकायतें कष्ट भरे होंगे। मैं तो यह चाहती हूँ कि मेरी चिता पर आप ही मेरी मांग में सिन्दूर भरें तथा मेरी चिता को आप ही अग्नि दें। मेरी इच्छा है कि मरने पर आप मेरी मांग ही नहीं शरीर पर सिन्दूर पोत दें। बस मैं खुशी-खुशी जाऊँगी सुहागिन होकर, एक पूर्ण सुहागिन होकर, जो एक पतिव्रता स्त्री का स्वप्न होता है। आपके बिना इस परिवार के वृक्ष का कोई अर्थ ही नहीं। आप ही तो मेरे तन-मन के सभी कुछ हैं। आप नाराज होकर मेरे दिल को छोटा न करें। वह पूरा बैठ जाएगा। बस, मुझे आपका ही सहारा है।" यह कहकर भावना की आँखों में आँसू आ गए।

भावना के आँसुओं ने प्रकाश को पिघला दिया। "अच्छा मैं कल से तुम्हारे लिए खाने के बाद प्रतिदिन पन्द्रह मिनट दूँगा। मैं कोशिश करूँगा रात्रि-भोज भी तुम्हारे पास बैठकर करूँ। पर यदि अतिथियों के आने के कारण वह न हो सका तो भोज के बाद सोने के पूर्व अवश्य ही पन्द्रह मिनट तुम्हारे साथ गपशप में बिताऊँगा। पर उस समय वार्तालाप हल्का हो। भारी-भरकम समस्याएँ न हों। वह तुम ही सँभाल लेना। मेरे पास तक नहीं लाना। कार्यालय की समस्याएँ हल करते-करते घर की समस्याओं का समाधान करने की न तो ऊर्जा ही बचती है और न ही इच्छा-शक्ति। बस यह चाहता हूँ कि खाने के बाद हल्की-फुल्की बातें करते विश्राम करूँ, ताकि अगले दिन नये उत्साह तथा शक्ति से फिर काम कर सकूँ।"

प्रकाश और भावना के दाम्पत्य-जीवन में फिर से नया जीवन-संचार हुआ। प्रकाश नियमित रूप से भावना के पलंग के पास पन्द्रह मिनट बिताने लगे। कभी-कभी प्रकाश को रात्रि-भोज में अति देर हो जाती, घर पर सभी सो जाते, तो दोनों एक हो जाते जैसे वे विवाह के तुरन्त पश्चात हुआ करते थे। तब प्रकाश कहता, "पता नहीं लोग क्यों बहुत स्त्रीगामी हो जाते हैं। एक में जो मजा है, वह अनेक में नहीं। सभी में वह ही है। सभी समान हैं। ऊपर दिखावे में कोई कैसा भी हो, पर नीचे सभी समान है। सभी औरतें समान हैं। लोग बेवकूफ हैं जो अन्य स्त्रियों के चक्कर में अपना तन-मन नष्ट करते हैं, अपनी ईमानदारी को क्षति पहुँचाते हैं तथा जीवन में पीछे हो जाते हैं। क्या यौन-आनन्द ही जीवन का एकमात्र गन्तव्य है? क्या जीवन में और कुछ करने को नहीं है? मैं भ्रम में हूँ," यह कहकर प्रकाश भावना को खूब प्यार करता। भावना भूल जाती कि उसे कोई बीमारी भी है। पति का प्रेम ही स्त्री के सभी दुःख दूर करने का एकमात्र उपाय है।

भावना भी प्रत्युत्तर में कहती, "ऐसी ही कुछ नागिनें होती हैं जो धन के चक्कर में, किसी स्वार्थ की पूर्ति के लिए अथवा अपने शरीर की भूख को शान्त करने के लिए दूसरे के पतियों को डस लेती हैं तथा उनके शरीर में ऐसा विष घोल देती हैं कि मर्द को उस औरत से ही शान्ति प्राप्त होती है। उन्हें न तो अपने शरीर से प्रेम है, न समाज की मर्यादा का डर है और न ही खुद की बदनामी से लज्जा है। बस वे एक बार इस मार्ग पर जो निकलीं फिर पीछे मुड़कर नहीं देखती हैं। ऐसी औरतों ने कई हँसते-खेलते परिवारों को नष्ट कर दिया है। उनके लड़के-लड़कियाँ भी ऐसे ही निकलते हैं। न उनका जीवन में कोई उद्‌देश्य होता है और न ही कोई संयम। सभी समय पार्टियों में वे व्यस्त रहती हैं। केवल शरीर की भूख मिटाना ही उनके जीवन का उद्‌देश्य होता है।"

भावना के इस कथन ने प्रकाश की नैतिकता को झकझोर दिया। प्रकाश तभी चिन्तन में लग गया कि श्रीमती गुप्ता ने कहीं उसके शरीर में विष तो नहीं घोल दिया था। पर उसे विश्वास था कि वह तुरन्त ही शरीर से क्या अपने मन से श्रीमती गुप्ता के विष को निकाल फेंकेगा। एक बार फिर से प्रकाश नया जीवन शुरू करेगा जैसा उसने जीवन के प्रारम्भ में किया था। प्रकाश स्वयं भी प्रतिदिन योग एवं प्राणायाम में एक घण्टा का समय देने लगा।

जहाँ परिवार के लोग दादा-दादी की बढ़ती नजदीकियों से अत्यन्त प्रसन्न थे, वहाँ पास-पड़ोस के लोग तथा कुछ महिला रिश्तेदार ईर्ष्यावश जलने लगे। परिवार में सभी प्रसन्न थे क्योंकि दादा-दादी से उन्हें अब सुबह से लेकर शाम तक डाँट नहीं पड़ रही थी। जो डाँट भी होती भी, उसमें शहद घुली होती। दाम्पत्य-प्रेम से उत्तम कोई भी सूत्र अभी तक मानव बुद्धि नहीं बना सकी, जिसके द्वारा मधुरता, करुणा तथा स्नेह रस रूपी जीवन-रस का निर्माण हो सके, जिसका पान करके व्यक्ति घोड़ों की भाँति दौड़कर परिवार एवं समाज की उन्नति में अपना योगदान दे सके। इसीलिए तो ऋषियों-मुनियों ने दाम्पत्य-प्रेम को संयुक्त परिवार की रीढ़ की संज्ञा दी है। कितने महान थे हमारे ऋषि मुनि जिन्होंने दाम्पत्य प्रेम का अनुभव किये बिना दाम्पत्य-प्रेम को महिमा-मण्डित किया है।

भावना ने अपने विवाह की कुछ साड़ियाँ और आभूषण निकलवाये तथा उन्हें भी पहनना शुरू कर दिया। एक नये उत्साह का संचार हो गया था, भावना के अन्दर। इस उत्साह तथा उल्लास में वह मन्दिरों के लिए दान-दक्षिणा भी अधिक भेजने लगी। प्रकाश ने भी ऐसी व्यवस्था की कि भावना डी.वी.डी. प्लेयर तथा सी. डी. कैसेट आदि के माध्यम से सभी विवाहोत्सवों को देख सके। अपनी ससुराल के एक विवाहोत्सव में तो मंच के पास ही प्रकाश ने भावना का बिस्तर लगवा दिया।

दर्पण के माध्यम से उसने चारों ओर के विवाहोत्सव के विहंगम दृश्य का आनन्द लिया। भावना को ले जाने तथा लाने की व्यवस्था का पूरा खर्च प्रकाश ने स्वयं वहन किया जो प्रायः बीस हजार रुपया था।

भावना ने इस बार तीज का व्रत धूमधाम से मनाने का निश्चय किया। फिर क्या था तुषार-वाटिका में पूरे जोर-शोर से तैयारियाँ शुरू हो गईं। पण्डित को पहले से न्यौता भेजा गया। पण्डित जी ने अपने सभी कार्यक्रम रद्द करके प्रकाश के घर का निमन्त्रण स्वीकार किया। पण्डित जी समझते थे कि प्रकाश के घर में उन्हें जो दक्षिणा तथा चढ़ावा मिलेगा, वह उनकी तीस मास की आमदनी के बराबर होगा। गरीब जजमानों की पण्डितों को कहाँ परवाह है? यद्यपि पुरुलिया में कई लोग प्रकाश से अधिक धनी तथा समृद्ध थे पर वे प्रकाश की भाँति उदार एवं समाजवादी नहीं थे। पण्डित जी ने पूजा के सामान की एक बड़ी सूची तैयार कर दी तथा प्रकाश के सन्देशवाहक को पकड़ा दी और कहा, "माँ जी से कहना कि वे इस सूची में कम-बढ़ कर सकती हैं। यदि कुछ समझ में न आए तो वे मेरे मोबाइल पर फोन कर लें।"

घर के नौकर ने पण्डित जी की सूची भावना को सौंप दी। सूची के साथ ही तीज की तैयारियों ने गति पकड़ ली। भारत में प्रत्येक उत्सव में धर्म का समावेश होता है और धर्म में उत्सव का।

भावना के कमरे को कमल के फूलों से सजाया गया। बलरामपुर के पास शंकर जी के मन्दिर से लगे हुए पोखर से लाल तथा नीले कमल के सैकड़ों पुष्प लाए गए। कुछ लोगों को फूल लाने के लिए राँची भेजा गया तो पूजा के लिए सामग्री तथा बाकी श्रृंगार-सजावट के सामान के लिए एक व्यक्ति को कोलकाता भेजा गया। प्रकाश ने कहा, "हम कितना ही कहें गाँवों की ओर चलो पर जो सामग्री तथा सामान बड़े शहरों में आसानी से एक ही स्थान पर मिल जाती है, वह गाँवों एवं छोटे शहरों में नहीं मिल पाती। पता नहीं कोलकाता की भीड़-भाड़ की धकेल-पकेल में चित्रकार तथा मूर्तिकार कैसे अपनी कला का कौशल निखार लेते हैं। मेरी तो कोलकाता के यातायात को देखकर ही बुद्धि बन्द हो जाती है। यही कारण है कि कोलकाता के लोग संसार में कहीं भी जाकर प्रगति कर सकते हैं तथा स्वयं को श्रेष्ठतम सिद्ध कर सकते हैं। ईश्वर करे कि वह स्वर्ण दिन शीघ्र ही आए और कोलकाता फिर से अपनी प्राचीन सर्वोच्चता अर्जित करे।"

तीज की सजावट के लिए एक स्थानीय कलाकार को लगाया गया। उसने भावना के कमरे को मन्दिर तथा महल के स्वरूप में बदल दिया। पूर्व में राजा महाराजाओं के महलों में अनिवार्य रूप से मन्दिर अवस्थित होते थे। उद्यान में

महिलाओं तथा बच्चों के लिए झूले डाले गये। आसाम के बाँस तथा पटसन से बने झूलों ने सभी झूलों को पीछे छोड़ दिया। उसकी जगह केवल उड़ीसा से बने रस्सी के झूले ही ले सकते थे। सुबह से ही बच्चे, बालायें, बहुयें, रिश्तेदार तथा सम्बन्धियों के घरों से आने वालों का ताँता लग गया। आगत महिलायें झूलों में झूलने का लुत्फ उठाने लगीं। एक दिन पहले लगी मेंहदी से राजस्थानी चित्र इतने वैविध्य-पूर्ण तथा सुन्दर उभरे जैसे सम्पूर्ण राजस्थान का वास्तु-शिल्प महिलाओं की हथेलियों, हाथों, पैरों एवं उनके सम्पूर्ण शरीर पर उतर आया हो। इन्हीं हाथों से वे अपने पति के स्वस्थ, प्रसन्न, समृद्ध तथा सफल जीवन की कामना करेंगी। करें भी क्यों नहीं? पति की सफलता पर ही उनकी सन्तानों का भविष्य निर्भर है। पर निष्ठुर पति क्यों कोई व्रत नहीं करते? शायद पत्नियाँ उनके व्रत भी स्वयं कर लेती हैं, ताकि वे कामकाज तथा अर्जन हेतु पूर्णतः स्वतन्त्र एवं चिन्तामुक्त रहें। निश्चित समय पर पुरोहित जी आए। भावना ने उठ कर बैठने की अत्यन्त कोशिश की पर सम्भव नहीं हो सका। अन्त में विशेष तौर से बनी व्हील चेयर पर बैठाया गया। गणेश वन्दना से पूजा शुरू हुई तथा दस पन्द्रह मिनट तक विभिन्न मन्त्रोच्चारण के साथ विभिन्न देवताओं की वन्दना चलती रही। फिर महालक्ष्मी की कहानी हुई जो पण्डिताइन ने पढ़ी। इसके बाद हवन हुआ तथा हवन के पश्चात् आरती हुई। जब पण्डिताइन ने भावना के माथे पर सिन्दूर लगाया तब प्रकाश भी आ पहुँचे।

प्रकाश को सामने पाकर जैसे भावना की सभी इच्छाएँ पूरी हो गई थीं। बहू-बेटियों ने भी पूजा में भाग लिया। पर दुर्भाग्य से विधवाओं को पूजा से दूर रखा गया। पर जब प्रकाश आए तो राशी को बुला लिया गया क्योंकि प्रकाश के घर में स्पष्ट आदेश था कि उनके घर में किसी को विधवा नहीं माना जाए। पति के मरने के बाद लड़का ही माँ की देखभाल करता है। वह ही पति की पत्नी को सबसे प्रिय देन है। उसको सँभाल कर रखना उसका परम कर्तव्य है। यदि वह विधवा होकर सांसारिक व्यापारों से स्वयं को अलग कर ले तो वह कैसे अपने लड़के को सर्वगुण सम्पन्न बना पायेगी। उससे उसके मृत पति की आत्मा को अपार कष्ट पहुँचेगा। फिर उसके घर में तो ऐसी बीमारी का प्रकोप था, जिसका उस समय तक पूरी दुनिया में भी कोई इलाज नहीं था। किसी की भूल, खराब आदतों अथवा पापों के कारण तो वह बीमारी नहीं आती। फिर भी रवि की माँ की आँखों में आँसू आ गए, जिन्हें देखकर प्रकाश ने उसे बहुत फटकारा।

"तुम लोगों को तो मैं समाज की मुख्य-धारा में लाना चाहता हूँ और तुम लोग उसके विपरीत ही हरकत करती हो। मैं तुषार-वाटिका में कोई अनावश्यक रोना-धाना

नहीं देखना चाहता।"

प्रकाश ने भी पूजा का प्रसाद लिया और तीज की पूजा समाप्त हो गई। बाग में आज पक्षी भी खूब चहक रहे थे। ज्ञात हो रहा था कि जैसे उन्होंने तुषार-वाटिका के सुख-दुख के साथ स्वयं को एकसार कर लिया हो। प्रकाश ने कहा, "लोग कहते हैं कि पशु-पक्षी जीवन खराब है। पशु-पक्षी योनि भुक्त योनि है। खाने-पीने एवं जीवन चलाने के अतिरिक्त उनका कोई काम नहीं है। वे अच्छे-बुरे को नहीं समझते हैं, पर आज तो वे इस उत्सव में ऐसे आह्लादित हो रहे हैं कि जैसे वे स्वयं ही तीज का व्रत कर रहे थे। माली कह रहा था कि एक मोरनी ने तो सुबह से कुछ खाया-पिया ही नहीं जैसे वह भी व्रती हो।"

तीज उत्सव के उपलक्ष में प्रकाश ने तुषार-वाटिका में एक छोटे से भोज का आयोजन किया। उसमें प्रकाश के कुछ अधिकारी मित्रगण भी आये। उनके परम मित्र की पत्नी ने भावना से कहा, "आज तो ऐसा ज्ञात हो रहा है जैसे आपने भाई साहब के खूँटे से ही स्वयं को बाँध दिया है। जैसे कोल्हू का बैल चलता है आप भी उनके पीछे-पीछे चलती हैं।"

भावना ने तपाक से उत्तर दिया, "भाभी जी, पति के पीछे चलने में और ही आनन्द है। वही है परमानन्द। यदि कोई किसी को पूर्ण रूप से समर्पित कर दे, तो ऐसा ज्ञात होता है कि उसने ईश्वर को समर्पित कर दिया है। न कोई तर्क रह जाता है न बुद्धि। केवल भक्ति-भावना से आप आगे बढ़ती रहती हैं, शायद पढ़ी-लिखी औरतों से भी तेज एवं सफल मार्ग पर। मैं तो इस समर्पण योग पर ही किताब लिखने वाली थी पर यह काम मैंने आपके लिए छोड़ रखा है। आप मेरी पक्की सहेली हैं, आप मेरे लिए यह काम कीजिए ताकि हमारी नारी-जाति उपकृत हो सके। उसे सही दिशा मिल सके। आजकल के नारी आन्दोलन, विभिन्न स्वयंसेवी संगठन आदि उन्हें उकसा तो देते हैं पर जब उनके अन्दर आग जलने लगती है, ऊर्जा निकलती है, तब वे उनसे दूर हो जाते हैं। इस कारण ये नवजात नारी मस्तिष्क पथ भ्रष्ट हो रहे हैं। मैं नहीं कहती मेरी भाँति सभी नारियाँ पति के प्रति समर्पित हों। मैं तो अक्षम हूँ तथा मेरे लिए इसके अतिरिक्त कोई भी मार्ग नहीं है। पर मैं जब पूर्ण स्वस्थ थी तब भी मेरी यही धारणा थी। अब वही धारणा परिपक्व हो गई है। वह मेरी विचारधारा का ठोस आधार बन चुकी है। हो सकता है कि मैंने आप लोगों के मापदण्ड के अनुसार जीवन में सफलता न पायी हो, पर मैं जिस परिवेश में पैदा हुई, जैसे पढ़-लिखकर बड़ी हुई, उसके अनुसार मैं कह सकती हूँ कि मैं अक्षम होते हुए भी सफल हूँ। हम दोनों के प्रेम ने यह विशाल साम्राज्य खड़ा कर दिया है जो पुराने छोटे-मोटे राजे-रजवाड़ों से कम नहीं है। हमारी

सभी विधियों तथा प्रतिष्ठानों को मिलाकर प्रायः डेढ़ सौ लोग हमारे यहाँ काम करते हैं। हमारे बल पर प्रायः एक हजार लोगों का जीवनयापन चल रहा है। वे सुबह उठकर हमें धन्यवाद देते हैं। सैकड़ों निर्धनों, विकलांगों तथा बीमारों की हमारे द्वारा प्रतिदिन सेवा की जाती है। कोई भी नई कार निकले, वह पहले तुषार-वाटिका में आती है। नौकरों की फौज-फाट तो आपने देखी ही है। मैं चुटकी बजाते ही हजारों रुपया खर्च कर सकती हूँ। मैं अपने को सफल मानती हूँ।" भावना का कथन इतना तर्कसंगत था कि उपस्थित सभी महिला अतिथियों ने उसे स्वीकार किया।

प्रकाश ने कई डॉक्टरों की सलाह लेकर तुषार-वाटिका में ऐसे खेलों की व्यवस्था की जो भावना जैसे असमर्थ व्यक्ति खेल सकें। सभी डॉक्टरों ने सलाह दी कि यदि भावना के शरीर के ऊपरी भाग द्वारा अभ्यास चलता रहे तो उत्तम ही रहेगा। प्रकाश ने प्लास्टिक गेंदों की व्यवस्था की जिन्हें फेंक कर भावना अपना मनोरंजन कर सकती थी। छोटे-छोट बच्चे उसे उठाकर तथा भावना के पास वापिस फेंक कर आनन्द लेते थे। इस कारण बच्चे भी भावना के इर्द-गिर्द रहते थे। प्रकाश ने खड़े होने के लिए भी एक कृत्रिम स्टैण्ड मँगवाया, जिसमें भावना को पट्टी से बाँध देने से वह खड़ी हो सकती थी। भावना के कमरे में महाभारत, रामायण के साथ-साथ भजन कीर्तन चलाने की व्यवस्था की गई तथा चौबीसों घण्टे के लिए परिचारिका को रखा गया ताकि घर के किसी व्यक्ति का भावना के कारण कार्यक्रम व्याधित न हो। इन व्यवस्थाओं पर भावना ने आपत्ति की पर प्रकाश ने समझाया, "आजकल सभी का अपना-अपना कार्यक्रम रहता है। उनके कार्यक्रम में बाधा पड़ने से उन्हें खराब लगेगा, यद्यपि कोई तुमसे कुछ नहीं कहेगा। पर हमें तो देखना है कि परिवार में और प्रेमभाव बढ़े। सभी प्रसन्न रहें। हमें भी समय के अनुसार स्वयं को बदलना होगा। आखिर पैसा आराम के लिए है। आजकल संयुक्त परिवार में भी एक सीमा से अधिक चाप या दबाव नहीं देना चाहिए अन्यथा परिवार की समरसता में शनैः शनैः दरारें आने लगेंगी। यह आधुनिक तथा कम्प्यूटर, टी.वी. संस्कृति की उपज है जिसने फालतू से फालतू व्यक्ति को व्यस्त बना दिया है। उसका टी.वी. कथाओं को देखने का समय निश्चित है तथा पूरे दिर ही फिल्में, कथानक आदि कार्यक्रम विभिन्न टी.वी. चैनलों पर आते रहते हैं। आपकी जो पसन्द हो, इच्छा हो, समय हो तो आप वह तुरन्त देख लें।"

"पर संयुक्त-परिवार में एकता और मिठास की मधुरता तब रहती है जब सदस्यगण एक-दूसरे के साथ उठें बैठें, सम्वाद करें, तर्क-वितर्क करें। वे एक दूसरे का सुख-दुःख बाँटें। सुख बाँटने से बढ़ता है और दुःख बाँटने से कम होता है।

यही तो जीवन है। आजकल लोगों के पास भौतिक सम्पदा है, पैसा है, टी.वी. है, वातानुकूलति संयन्त्र लगे हैं, कम्प्यूटर है, स्तरीय खाना एवं उच्चकोटि का रहन-सहन है, पर उनका सुख-दुःख बाँटने वाला कोई नहीं है। आजकल हम जिस युग से गुजर रहे हैं उसमें सामाजिक तथा मनोवैज्ञानिक गरीबी है। व्यक्ति सब समय कुछ अभाव अनुभव करता है। आप देखो, पुरुलिया में आदिवासी लोगों के चेहरों पर कितनी प्रसन्नता रहती है। नौकर लोग भी सदा हँसते रहते हैं। उन्हें फर्क नहीं पड़ता कि मालिक के पास कितनी अकूत सम्पत्ति है। वे अपनी पगार से खुश हैं। यदि इसमें से बचाकर वे कुछ अपने घर भेज सके तो मानों उन्होंने लक्ष्मी मित्तल की भाँति विदेश में स्टील कारखाना लगा लिया हो। पर आजकल कुछ नौकरों पर भी आधुनिक सभ्यता सवार हो रही है। बहुओं, बच्चों तथा वृद्धों को घरों में इतना काम नहीं है। सभी कामों के लिए नौकर लगे हैं। पूरे दिन में वे क्या करेंगे। युवा लड़के-लड़कियाँ काम पर चले जाते हैं, उन्हें क्षण-भर के लिए फुर्सत नहीं है। स्कूल-कॉलेजों में इतनी पढ़ाई है कि अवकाश का नाम नहीं है। घर पर आने पर ट्यूशन लगे हैं। ढेर सारी कहानियों की पुस्तकें बाजारों में आ गयी हैं। उन्होंने वृद्ध लोगों का काम भी छीन लिया है। उनका सुख-दुःख तभी बँटेगा जब काम के बाद उनकी दिमागी सोच बाहर आए और उसका ज्येष्ठ लोग हल दें। तब परिवार स्वर्ग बनेगा। जब पतिगण घर पर लौटकर आयेंगे तो उन्हें घर पर मुस्कराकर सम्मान करती हुई उनकी बहुएँ मिलेंगी अन्यथा उनकी रात्रि में केवल एक और शिकायतकर्ता से मुलाकात होगी जिन्हें वे अपनी दुकान या कार्यालय में छोड़ कर आये हैं।"

"तुम जैसा समझो करो। तुम घर की मालकिन हो। मैंने तुम्हारे निर्णयों का कभी विरोध नहीं किया। तुम्हें कुछ मैं सुझाव जरूर देता हूँ, तुम चाहो तो उन पर अमल करो, अथवा जैसा उचित समझो, करो। तुम इन लोगों के साथ दिन भर माथापच्ची करती हो। तुमसे अधिक घर के सदस्यों को कौन समझ सकता है? मैंने तो इसलिए कहा कि आजकल के समय यह एक सामाजिक प्रतिष्ठा का सूचक है कि किसके यहाँ कितने नौकर काम करते हैं। फिर हम दूसरे घरों की लड़कियों को नौकरानी बनने के लिए अपने यहाँ नहीं लाये हैं। घर में ठाट-बाट होने से लड़कों की शादियाँ करने में सुविधा होती है। सुविधाएँ देखकर आजकल की लड़कियाँ स्वयं दौड़ी चली आती हैं चाहे लड़का या पति उनका कैसा हो।"

"पर घर वही घर होता है, जिसमें स्त्री-पुरुष समान परिश्रम करें ताकि दोनों के बीच में श्रम का ठीक बँटवारा रहे। पूर्ण एकरसता तो वैवाहिक जीवन में तभी आती है। बड़े-बड़े घरों में देखा जाता है कि नौकरों से ही घर की लड़कियों तथा बहुओं के अवैध सम्बन्ध हो जाते हैं। मेमसाहिबों में तो यह बीमारी और शीघ्र

पकड़ती है। आपने सुना ही होगा कि यहाँ के जिलाधिकारी की पत्नी के अवैध सम्बन्ध डी.एम. के रक्षक (बॉडी गार्ड) के साथ हो गये थे। सारे पुरुलिया ने उन पर थू-थू किया। अन्त में उन्हें यहाँ से अपना स्थानान्तरण कराना ही पड़ा। सुना है कि स्थानान्तरण के बाद भी वह सिपाही उनके पास कोलकाता भी पहुँच जाता था। मुझे घर में इन सभी बातों का ध्यान रखना पड़ता है। बिल्ली की भाँति सचेत आँखें चारों ओर दौड़ानी पड़ती हैं, ताकि कोई अनहोनी न हो जाए, जिससे कि हमारे परिवार की प्रतिष्ठा पर काला धब्बा लगे। उससे तो परिवार की प्रतिष्ठा का एक दिन घड़ा फूट ही जायेगा। मुझे पूरे दिन व्यस्त रहना पड़ता है, पर वही मेरा आनन्द है।"

"ठीक है। आज से मैंने कान पकड़े। मैं तुम्हारे गृह मन्त्रालय के कार्य में आज से बिल्कुल दखल नहीं दूँगा।" यह कहकर प्रकाश कार्यालय चले गये क्योंकि कार्यालय से बार-बार फोन आ रहा था।

कार्यालय में पहुँचने पर प्रकाश को बताया गया कि नये आयकर अधिकारी अत्यधिक खराब व्यवहार कर रहे थे। सामने मेज पर फाइल फेंक देते थे तथा कहते थे कि प्रकाश गोयल को बुलाओ। सामने मुवक्किल भी बैठे थे। वे भी बड़े दुखी थे। सभी का विचार था कि उसकी माँग के अनुसार रिश्वत देने से तो उत्तम होगा कि कर ही भर दिया जाए। प्रकाश ने सलाह दी, "उन्हें आदेश करने दो। हम अपील में छुड़वा लेंगे। अपील में और सस्ता निपट जायेगा। यदि उसकी ये माँगें पूरी की गयीं तो सभी अधिकारियों की माँगें बढ़ जाएंगी जो हमारे व्यापार के लाभ से भी अधिक होंगी।" आयकर अधिकारी के व्यवहार से पीड़ित होकर व्यापारी भी सहमत थे कि उन्हें लड़ना ही होगा। विरोध करना ही होगा। कब तक वे इस अन्याय को सहते रहेंगे? एक व्यापारी ने कहा, "हम व्यापार करते हैं चोरी-डकैती नहीं। हम अठारह घण्टे दुकान पर परिश्रम करते हैं, खटते हैं। हमारा पूरा परिवार हमारे साथ खटता है। इन्हें तो केवल पंखे के नीचे ठण्डे घर में बैठकर आदेश देना है। यदि हम अपना वेतन भी इस लाभ से निकाल लें तो नाममात्र का ही लाभ होगा। सरकार को चाहिए कि दुकान या व्यापारिक प्रतिष्ठान पर काम करने वाले व्यक्ति का वेतन भी निर्धारित करे और वह लाभ से घटे अन्यथा इन छोटे-छोटे दुकानदारों को तो ये लुच्चे अधिकारी मगरमच्छ की भाँति निगल जायेंगे, जबकि बड़े व्यापारी घराने से ये घबराते हैं। उनकी ऊपर तक पहुँच है। उन्होंने कई आयकर आयुक्तों को खरीद, रखा है जो इनके नियमित भुगतान पर हैं। वे उन्हें होली, पूजा, दिवाली तथा नये वर्ष पर मोटी-मोटी भेंटें देते हैं। वहाँ से भी नहीं हुआ तो राजनीतिज्ञों की पैरवी करके उनका स्थानान्तरण करवा देते हैं।"

"मुम्बई में तो माफिया इन्हें गोली से मार ही देते हैं। इसलिए कोई भी आयकर अधिकारी या सीमा-शुल्क अधिकारी माफियाओं को नहीं छेड़ता। इन अधिकारियों की जितनी पहलवानी उतरती है, वह हम जैसे छोटे-छोटे व्यापारियों तथा उद्योगपतियों पर जो कुएँ के मेढक के समान हैं। हम अधिक पढ़े-लिखे भी नहीं हैं। अपने पैतृक व्यवसायों में लगे हुए हैं। हम अपने घरों तथा व्यापार की समस्याओं में इतने उलझे हुए हैं कि हमें बाहर जानने का अवसर ही नहीं मिलता। आजकल तो गली-कूचों में भी स्थानीय गुण्डे या राजनीतिक दलों के लोग टिड्डी दलों की भाँति पैदा हो गये हैं, जिन्हें दिन भर चन्दा देते-देते ही हम परेशान हैं। व्यापार करें तो कैसे? जैसे-तैसे कुछ लाभ दिखाते हैं, उस पर आयकर विभाग की तलवार हमारी गर्दन पर लटक जाती है। ज्ञात होता है कि व्यापारियों को भी आत्महत्या करनी पड़ेगी। पर हमें तो अपने प्रकाश पर भरोसा है। तुम्हीं प्रकाश की किरण दिखाओ। भरोसा दो। सुना है कोलकाता में जो आयकर आयुक्त इनका स्थानान्तरण करता है वह एक समय पुरुलिया में था। हमारे प्रकाश बाबू तो पुरुलिया से निकले सभी अधिकारियों से अच्छे सम्बन्ध रखते हैं। उनके सुख में हों न हों पर दुःख में अवश्य ही सम्मिलित होते हैं।"

प्रकाश ने समझाया, "आप चिन्ता क्यों करते हैं। गीता में आत्महत्या निषिद्ध है। यदि आत्महत्या एक पथ होता तो मैं कई बार आत्महत्या कर चुका होता। मैं एक बार नये अधिकारी से मिल लूँ। तत्काल सब ठीक हो जाएगा। मैं उसे कोलकाता से फोन करवा दूँगा। इस पर भी वह नहीं मानता तो उसका स्थानान्तरण करवाना होगा और वह भी दण्ड के साथ। बीच-बीच में ऐसा मैं न करवाऊँ, तो अपने कार्यालय में तीन हजार आयकर की फाइलें नहीं सँभाल सकता। जाइए, आप घर पर आराम की नींद लें, आपकी समस्या अब मेरी समस्या है। इसी के लिए तो मैं आपसे फीस लेता हूँ, ताकि आप लोग निश्चिन्त होकर सो सकें।"

सभी मुवक्किल विश्वस्त होकर घर लौट आये।

प्रकाश ने सम्बन्धित आयकर अधिकारी का कच्चा चिट्ठा तैयार किया और अगले दिन वह उससे मिलने गये। मिलने के पूर्व रात्रि में ही उन्होंने अपने पुराने परिचित मित्र आयकर आयुक्त से बात की तथा आयकर अधिकारी घोष को सचेत होने के लिए सलाह देने को कहा। आयकर आयुक्त का प्रकाश से प्रायः बीस वर्ष का परिचय था और वे प्रकाश के फोन की गम्भीरता को भली-भाँति समझते थे। प्रकाश पहले सभी विकल्प तलाशता था तथा अन्तिम विकल्प के रूप में ही अधिकारियों के विरुद्ध शिकायतबाजी में लगता था। आयुक्त ने दूसरे दिन प्रथम अवधि में ही फोन करने का वायदा किया। तदनुसार प्रकाश ने आई. टी. ओ. घोष

से मिलने का चार बजे का समय लिया।

आयकर आयुक्त ने घोष को समझाया, "श्री प्रकाश एक अत्यन्त सज्जन व्यक्ति हैं। वे अधिकारियों का पुरुलिया से जाने के बाद भी ध्यान रखते हैं। आप उनका पूरा-पूरा ध्यान रखो तथा जो वे कहते हैं गम्भीरता से लो। वे गलत कामों के लिए कम कहते हैं।" आयकर आयुक्त का फोन घोष जैसे भ्रष्ट अधिकारियों के लिए आदेश था। घोष तिलमिला उठा। आयकर आयुक्त की जहाँ विभाग में ख्याति थी, वहाँ घोष की बदनामी थी। वास्तव में घोष का पुरुलिया स्थानान्तरण शिकायतों के आधार पर किया गया था चूँकि उनका व्यापारियों तथा वकीलों के साथ आसनसोल में अत्यन्त खराब व्यवहार था। स्वभावतः जिनके घर काँच के बने होते हैं, वे दूसरों के घरों पर पत्थर नहीं फेंकते।

प्रकाश जब आयकर अधिकारी घोष से मिलने गये तो वे उनकी आवभगत देखकर सकते में आ गए। उनको विश्वास हो गया कि आयकर आयुक्त महोदय ने आई० टी० ओ० को ठीक से सचेत कर दिया है। प्रकाश ने घोष को समझाया, "मैं आपके यहाँ इसीलिए नहीं आता क्योंकि मैं बड़े-बड़े मुकदमें करता हूँ तथा प्रायः अपील में व्यस्त रहता हूँ, पर मेरे ऑफिस की प्रत्येक फाइल आप तक पहुँचने के पहले मेरे पास से जरूर गुजरती है। मेरा अनुमोदन होने पर ही मेरा कार्यालय फाइल आगे बढ़ाता है। कुछ दिनों से मेरा जूनियर एडवोकेट तथा मुवक्किल आपके पास आने से कतरा रहे हैं। मुझ पर सभी आपका बहिष्कार करने का जोर डाल रहे हैं पर मैं सभी को मना करता आ रहा हूँ। आप तो जानते ही हैं कि मुवक्किल हो या वकील, कोई भी अपनी पूँजी में से आपकी सेवा नहीं करेगा। वह अपना अंश ही आपको देगा, जितना अधिकतम सम्भव है। जहाँ मुवक्किल को अपना पूरा व्यापार, अपना घर-खर्च, विवाह-खर्च तथा दवा-दारू का खर्च चलाना है, वहाँ मुझे भी दस लोगों का बड़ा कार्यालय चलाना है। कोई भी हड्डी से तेल निकालकर रिश्वत नहीं देगा। मेरे कार्यालय से प्रत्येक फाइल का पैसा तय कर दिया जाता है, उससे अधिक उसमें गुंजाइश नहीं रहती। यह मुवक्किल से पूछकर ही हम तय करते हैं। इसके अतिरिक्त यदि आपको आवश्यकता हो, आप मुझे सीधे फोन करें। मैं अपनी ओर से प्रयत्न करूँगा। यदि आपने फाइल फेंकी अथवा मुवक्किल या हमारे कनिष्ठ वकील का अपमान किया, उससे समस्याएँ बढ़ेंगी ही। मैं तो पुरुलिया से जाने वाले सभी अधिकारियों का अभी तक ध्यान रखता हूँ। आप तो जानते हैं कि यहाँ तक कि भारत-सरकार के अतिरिक्त सचिव तक की फाइलें मेरे कार्यालय में ही होती हैं। यह हमारी ईमानदारी, सदाशयता तथा स्वामिभक्ति की बानगी है। आप तो जानते ही हैं कि

अग्रवाल तथा मारवाड़ी प्रायः व्यापार तथा उद्योग में थे। उन्हें राजनीति तथा सरकारी नौकरियों से कोई प्रयोजन नहीं था। पुराने घरानों में नौकरी निम्न कोटि का काम समझा जाता था। पर जब अधिकारियों ने व्यापारियों, प्रतिष्ठानों एवं घरों पर जाकर तथा उनके घरों की तलाशी लेकर उनका अपमान करना शुरू किया तो उन्होंने अपने घर के लड़कों को उच्च-पदस्थ सरकारी नौकरियों में भेजना प्रारम्भ किया। व्यापारी वर्ग कुशाग्र तथा बुद्धिमान होता है। यही कारण है आज आइ. ए. एस., आई. आई. टी., मैनेजमेण्ट में अग्रवाल और मारवाड़ियों के लड़के भर गये हैं। कोई भी मानक परीक्षा परिणाम उठाकर देखिये, आपको अग्रवाल, गोयल, गुप्ता, केडिया आदि भरे मिलेंगे। आप तो जानते ही हैं कि आज कोलकाता में कई उच्च-पदस्थ आयकर आयुक्त अग्रवाल एवं गुप्ता ही हैं। अन्य कई तो अपना शीर्षक लिखते नहीं हैं।"

आई. टी. ओ. घोष प्रकाश के तेवर से घबरा गया। भ्रष्ट लोग कायर होते हैं। उसने समझ लिया कि अब तो आरपार की लड़ाई होने वाली है। उसने रक्षात्मक होते हुए कहा, "वास्तव में ऐसा कुछ नहीं है। आपका जूनियर वकील छोटे-छोटे सवालों के भी जवाब नहीं दे पाता है और न ही मुवक्किल को बोलने देता है। प्रत्येक तीसरे वाक्य के पश्चात् वह यही कहता है कि मेरा मुवक्किल बहुत गरीब है अथवा प्रकाश बाबू ने हमें ऐसा ही प्रस्तुत करने के लिए आदेश दिया है। तब मैं कहता हूँ कि प्रकाश बाबू को ही बुलाकर लाओ। मैंने आपका यहाँ बहुत अच्छा नाम सुना है। हाँ, कुछ आपके कार्यालय से पृथक हुए एडवोकेट आपके विरुद्ध कान भर जाते हैं। चलिये, जैसा आप हल करेंगे, हमें मान्य होगा। आप कम से कम सप्ताह में एक बार मुझसे अवश्य मिल लिया करें अथवा फोन पर बात कर लें, ताकि हमारे बीच यह भूल बूझाबूझि न उत्पन्न हो।"

प्रकाश ने उत्तर दिया, "मैं आपके यहाँ मुकदमा करने तो नहीं आऊँगा पर सप्ताह में एक बार एक कप चाय पीने अवश्य आऊँगा।"

इस प्रकार एक जटिल समस्या का निदान हुआ। सभी ओर से शान्ति स्थापित हुयी। प्रकाश और भावना ने निश्चय किया कि तुषार की लड़की के लिए वर की तलाश की जाए। भावना की इच्छा थी कि तुषार की लड़की सलिला का विवाह उसके जीते जी हो। प्रकाश को भी कुछ ज्योतिषियों एवं पण्डितों ने सलाह दी, "घर के क्लेश को काटने के लिए आवश्यक है कि घर में कुछ पूजा-पाठ या उत्सव होते रहें। वैसे घर में विवाह, जन्म या नव दुर्गा में पूजा-पाठ करने से ही घर के बड़े क्लेश दूर होते हैं।" इसलिए प्रकाश भी सलिला के विवाह के लिए तैयार हो गये। सलिला यद्यपि सत्रह वर्ष की ही थी पर ज्यों-ज्यों उसकी सुन्दरता निखर

रही थी, त्यों-त्यों उसका शरीर भी भारी हो रहा था। प्रकाश उससे योगासन करने को कहते पर वह कुछ नहीं सुनती। सभी जानते थे कि वह घर में दादा-दादी की सबसे अधिक लाड़ली थी। उसी कारण वह प्रकाश के आदेश की खुल्लमखुल्ला अवहेलना भी करती थी। प्रकाश भी चुप रहते थे। अधिक लाड़-प्यार भी बच्चों को बिगाड़ देता है। प्रकाश ने भावना से सलाह की और निश्चित किया कि उसके विवाह पर चालीस-पचास लाख रुपया खर्च किया जाएगा।

प्रकाश ने चिन्तित होते हुए कहा, "भावना, सलिला के लिए लड़का खोजना आसान नहीं होगा क्योंकि लड़के वाले को तुरन्त पता लग जाएगा कि हमारे यहाँ इस बीमारी का निवास है। हम कोई सामान्य लोग तो हैं नहीं कि बाहरी लोग हमें नहीं जानें। पुरुलिया के किसी व्यक्ति से यह आसानी से पता लग जाएगा कि हमारे यहाँ मांसपेशियों के क्षय की बीमारी है। चाहे वह बीमारी सलिला को न हो, पर शक की सूई तो घूम ही जाती है। मैं किसी को अन्धकार में रखकर सलिला का विवाह नहीं करना चाहता क्योंकि बाद में उसे ससुराल में प्रचुर कष्ट होगा।"

"हम उसके डॉक्टरी परीक्षण का प्रमाण-पत्र लड़के वाले को देंगे। फिर उनकी मर्जी है।"

भावना तथा प्रकाश दोनों सलिला के लिये उपयुक्त वर ढूँढ़ने के में जुट गए।

प्रकाश ने सलिला को कोलकाता भेजा तथा वहाँ उसका मांसपेशियों की बीमारी के लिए परीक्षण करवाया जो निगेटिव था अर्थात् सलिला में इस बीमारी के लक्षण नहीं थे। अब प्रकाश दुगुने उत्साह से सलिला के लिए लड़का खोजने लगे। उन्होंने अपने सभी रिश्तेदारों और मित्रों को फोन किया। कोलकाता में एक दो मध्यस्थों को भी फोन किया जो विवाह करवाते थे। पर उनकी फीस वैवाहिक खर्च के दो प्रतिशत से लेकर तीन प्रतिशत थी। उसे सुनकर प्रकाश ने मुँह मोड़ लिया। भावना ने भी सलिला के विवाह के लिए वस्त्र, आभूषण तथा खाद्य-पदार्थों की व्यवस्था आरम्भ की।

रवि आदि ने सलिला के विवाह का विरोध किया, "अभी सलिला की क्या उम्र है जो आप लोग उसके पीछे पड़ गए हो। वह अभी तो अट्ठारह वर्ष की भी नहीं हुई है। दादाजी तो देश के सम्मानित नागरिक हैं। उन्हें तो कम से कम देश के कानून को नहीं तोड़ना चाहिए।" पर यह आवाज केवल भावना तक ही पहुँच सकी, प्रकाश तक नहीं। भावना का एक ही उत्तर था, "देखने में तो सलिला अठारह वर्ष से अधिक की लगती है। फिर, वह अपने शरीर पर भी नियन्त्रण नहीं रख रही है। बाद में तो हमें उसके लिए लड़का ढूँढ़ना मुश्किल होगा। फिर, मैं जीते जी उसका विवाह अपने हाथ से करना चाहती हूँ।"

आखिरी कथन का कोई उत्तर न था। परिवारों में वृद्ध लोगों की इच्छाओं की पूर्ति करने के कारण कई विवाह अपरिपक्व उम्र में ही करने पड़ते हैं। कई युवाओं तथा युवतियों को खुशी-खुशी सूली पर चढ़ना पड़ता है। जब सलिला ने अपने विवाह की चर्चाएँ सुनीं तो सलिला ने पढ़ना और कम कर दिया तथा खाना और बढ़ा दिया पर उसे इस बार प्रकाश का आदेश मानना पड़ा और वह नियमित रूप से तुषार प्राकृतिक एवं योग संस्थान जाने लगी। तुषार प्राकृतिक एवं योग संस्थान में प्रशिक्षण का सलिला के शरीर पर जादुई प्रभाव पड़ा। उम्र भी कम थी। शरीर के अंग भी नए थे। उसका रंग तो गोरा था ही। योगासन करने से सलिला के शरीर पर छवि आ गयी। चेहरे पर लाली आ गई। अब सलिला पुरुलिया की सुन्दर लड़कियों में गण्य होने लगी। उसे देखकर नवयुवकों के हृदयों की धड़कन बढ़ जाती थी।

सलिला के सुखी दाम्पत्य जीवन का समाचार पाकर भावना अति सन्तुष्टि थी। भावना अब और जीना नहीं चाहती थी। वह ठीक ही जानती थी कि पवन उसके नियन्त्रण से पूर्णतः बाहर था तथा सुरेश एवं रवि भी अपनी मनमानी कर रहे थे। अतः भावना ईश्वर से उसे इस संसार से उठाने के लिए प्रार्थना करने लगी।

भावना ने एक दिन रवि को बुलाकर समझाया, "सुना है कि तुम यहाँ-वहाँ ताक-झाँक कर रहे हो। यहाँ-वहाँ अपने पर फेंक रहे हो। इससे कुछ होने वाला नहीं है। गोयल परिवार में आज तक अन्य जाति की बहू नहीं आई और न ही किसी प्रेम विवाह का समर्थन किया गया। अतः तुम निश्चित कर लो कि तुम्हें केवल परिवार की पसन्द की लड़की से शादी करनी पड़ेगी। और कुछ करोगे तो तुम्हें कष्ट के अतिरिक्त और कुछ नहीं मिलेगा। कम से कम बंगालिन अथवा मुसलमान नहीं लाना क्योंकि उनके हमारे घर में कदम रखने के साथ-साथ हमारे चौके में मछली चली आएगी, जिससे हमारी रसोई भ्रष्ट हो जाएगी तथा हमारे परिवार की एकरसता में खलल पड़ेगा, उसे हम कभी भी स्वीकार नहीं करेंगे।"

भावना की यह सलाह सुनकर रवि घोर धर्म-संकट में पड़ गया और वह उद्विग्न रहने लगा।

भावना के शरीर में कुछ रह नहीं गया था। वह सलिला के विवाह की प्रतीक्षा में ही जीवित थी। अब वह बिस्तर से उठ ही नहीं पाती थी। पाखना तथा पेशाब भी बिस्तर पर करना पड़ता था। नर्सिंग होम से दो परिचारिकाएँ चौबीस घण्टे भावना की सेवा-सुश्रूषा में तैनाव की गईं। पर भावना की प्राण-शक्ति का पूर्ण-रूपेण के ह्रास हो चुका था। कभी-कभी प्राण-शक्ति के ह्रास होने पर भी व्यक्ति किसी

आकांक्षा या आशा के सहारे जीता रहता है। भावना का यह उदाहरण कि शरीर में कुछ न होते हुए भी व्यक्ति मानसिक रूप से सतर्क रह सकता है, वस्तुतः यह सिद्ध करता है कि मानसिक सोच शरीर को अत्यधिक प्रभावित करती है, जबकि शारीरिक दुर्बलता व्यक्ति की मानसिकता को नियन्त्रित नहीं कर सकती है।

भावना ने राधाकृष्ण मन्दिर के पण्डित जी को बुलाया तथा अपने स्वर्गारोहण का शुभ मुहूर्त जानना चाहा। पण्डित जी ने कहा, "आपके ग्रह तो उसी दिशा में चल रहे हैं पर मनुष्य अपनी मृत्यु का दिन तथा समय न तो निर्धारण कर सकता है और न ही जान सकता है। मनुष्य को सभी कुछ देते समय ईश्वर ने यह अधिकार अपने पास रख लिया था। यद्यपि कई ज्योतिषीगण इसकी भविष्यवाणी करते हैं पर उनकी भविष्यवाणियाँ सही के स्थान पर गलत अधिक सिद्ध होती हैं, जैसे कि मौसम-विभाग द्वारा वर्षा या तूफान के विषय में भविष्यवाणी। बाई जी, आपका भरापूरा परिवार है। आपको क्या कमी है? आप तो तब तक जिओ जब तक भगवान आपको जिलाए। आपको ऊपर जाने की तत्परता नहीं दिखानी चाहिए।"

भावना ने कहा, "मैं परिवार के लोगों पर अत्यधिक बोझ बनती जा रही हूँ। ये कब तक और कितनी हमारी सेवा करते रहेंगे। मैं तो उलट कर उन्हें कुछ दे नहीं पा रही हूँ। अपनी इच्छाओं और आकांक्षाओं को उल्टा इन पर अनावश्यक रूप से लाद रही हूँ। पण्डित जी, आप तो मुझे शीघ्र ऊपर उठाने के लिए भगवान से प्रार्थना करें।"

पण्डित जी ने उत्तर दिया, "बाई जी, कोई पण्डित शीघ्र मृत्यु प्रदान करने के लिए कभी भी प्रार्थना नहीं करेगा, आप चाहे उसे करोड़ रुपया भी दें। यह हमारे धर्म के विरुद्ध है। हमारी नैतिकता के विरुद्ध है। आप मुझे क्षमा करें। आपने जीवन भर इस परिवार की सेवा की है। यदि ये सभी इस समय आपकी सेवा करें, तो इसमें कोई दोष नहीं है। इस लेन-देन पर ही हमारी सामाजिक तथा पारिवारिक व्यवस्था टिकी हुई है। मैं आपको यह विश्वास दिलाता हूँ कि आपका स्वर्ग-गमन शुभ मुहूर्त में होगा तथा परिवार के सभी सदस्य तथा आपके पति आपके पास होंगे।"

"यदि हमारे पति मरने के समय मेरे पास रहें फिर मुझे चिन्ता नहीं। मैं खुशी-खुशी मृत्यु का वरण करूँगी। फिर मैं चाहे जब मरूँ। पर ये मेरा अन्तिम सत्कार करें, मुझे मुखाग्नि दें, यही मेरी अन्तिम आकांक्षा है।" भावना ने आँखों में आँसू लाकर कहा।

भावना में इस परिवर्तन की भनक पूरे परिवार में फैल गई। प्रकाश ने अपने

बाहर जाने के सभी कार्यक्रम रद्द कर दिए।

एक, रात्रि में भावना की तबियत अधिक खराब हुई। पुरुलिया तथा नर्सिंग होम के बड़े-बड़े डॉक्टरगण आए पर सभी ने मना कर दिया। डॉक्टरों ने कहा, "शरीर पर इलाज का उस अवस्था में प्रभाव होता है, जब मनुष्य के शरीर में रक्त हो जो उस इलाज या औषधि का प्रभाव सारे शरीर में ले जाए। पर भावना जी के शरीर में कुछ नहीं है। डेरीफाईलिंग सूई भी काम नहीं कर रही है। बस आप इन्हें नींद की सुई देकर सुला सकते हैं।"

"इसकी आवश्यकता नहीं है," प्रकाश ने स्पष्ट कहा। भावना ने प्रकाश के सामने सभी बहुओं को बुलाया और अपने आभूषणों का बँटवारा कर दिया। रवि की बहू के लिए उसने जेवरात प्रकाश को सौंप दिए जो उसके तुषार-वाटिका में पदार्पण करने पर उसको चढ़ाए जायेंगे।

प्रायः ब्राह्म मुहूर्त में चार बजे प्रकाश की बहिन ने तुलसीपत्ता तथा गंगाजल मँगाया। प्रकाश की गोदी में भावना का सर था। जैसे ही भावना के मुहँ में तुलसीपत्ता तथा गंगाजल रखा गया, भावना के प्राण पखेरू उड़ गए, जैसे उसके प्राण गंगाजल की प्रतीक्षा कर रहे थे। पूरे परिवार में कोहराम छा गया। चारों ओर रोने-चिल्लाने की आवाजें गूँजने लगीं। परिवार की मालकिन परिवार को छोड़कर चली गयी थी।

रवि ने दादी की अन्त्येष्टि की सुव्यवस्था की। भावना की इच्छानुसार सभी व्यवस्थाएँ की गईं। सभी की इच्छा के अनुसार प्रकाश ने उसकी मांग तथा शरीर को सिन्दूर से पोत दिया। भावना की अन्तिम यात्रा भी उसी सज-धज के साथ आयोजित हुई जैसी कि उनके गोयल परिवार में बहू के रूप में आगमन पर हुई थी।

प्रकाश को सभी सान्त्वना दे रहे थे तथा प्रकाश भी स्थिर होने का प्रयत्न कर रहे थे, पर जीवन-साथी के बिछुड़ जाने पर इतनी शीघ्रता से स्थिर होना आसान नहीं होता। फिर भी जीवन की गाड़ी का दूसरा नाम 'चलना' ही है। वह सभी को स्थिर बना देती है तथा काम में मन लगाने के लिए विवश कर देती है।

11. शोक

प्रकाश के परिवार के सभी की अपनी स्वतन्त्र आमदनी हो गई थी। केवल कर कार्यालय से सम्बद्ध होने के कारण रवि ने आगे बढ़ने की दौड़ में स्वयं को पीछे पाया। वह बार-बार उन विचारों से जूझ रहा था– 'कुछ भी हो कार्यालय दादा जी

का है। दादा का ही नाम चलता है। मैं कितना ही कर, विधि तथा हिसाब-किताब सीख लूँ, मुवक्किल दादा जी के नाम से ही कार्यालय में आते हैं। यदि कभी नाराज होकर दादा ने मुझे कार्यालय से निकाल दिया, तो मैं न घर का रहूँगा न घाट का। मुझे भी पवन चाचा की भाँति कुछ स्वतन्त्र काम करना चाहिए जिस पर केवल मेरा और मेरी होने वाली पत्नी का ही अधिकार हो।'

रवि ने गम्भीर विमर्श के पश्चात् यह तय किया कि वह अयोध्या पहाड़ में खनिज जल को शुद्ध करने का संयन्त्र लगाएगा तथा उसे बोतलों में भर कर बाजार में बेचेगा। अयोध्या पहाड़ के छोटे-छोट झरनों का पानीय जल अति प्रसिद्ध था। स्थानीय आदिवासी लोग उस जल का उपयोग छोटी-छोटी बीमारियों विशेषतः पेट की बीमारियों का इलाज करने में करते थे।

रवि ने कोलकाता की प्रसिद्ध कम्पनी जिओलाइट से जल शुद्धिकरण संयन्त्र के पर्चे मँगाए। कम्पनी के विपणन कार्यालय के अनुसार जल की गुणवत्ता के अनुसार ही संयन्त्र लगाया जाएगा। अतः रवि ने अयोध्या पर्वत के मुख्य झरने के जल के दो-तीन नमूने भरकर प्रयोगशाला में उनका परीक्षण करवाया तथा जिओलाइट कम्पनी के साथ आगे वार्ता बढ़ाई। जिओलाइट कम्पनी ने ही उसका पथ प्रदर्शन किया कि वह जल शुद्धिकरण संयन्त्र किस प्रकार लगाए। संयन्त्र स्थापना की कोई समस्या नहीं थी पर उसके पूर्व उसे ग्राम पंचायत तथा वन-विभाग से 'अनापत्ति प्रमाण-पत्र' लेना अति आवश्यक था। ग्राम पंचायत प्रधान ने काफी आनाकानी की। पंचायत प्रधान झारखण्ड मुक्ति मोर्चा दल के थे जो आदिवासी बहुल राजनीतिक दल था। रवि ने बिचौलिए को पकड़ा और प्रधान साहब के पास सौ-सौ रुपया की दो गड्डियाँ पहुँचा दीं। प्रधान ने दूसरे दिन कार्यालय में आकर थोड़ा नाटक करके ग्राम पंचायत का 'अनापत्ति प्रमाण-पत्र' दे दिया। प्रधान ने ग्राम पंचायत के सचिव के आने तक की भी प्रतीक्षा नहीं की। इस सफलता पर रवि बहुत खुश था। उसने कहा, "यदि मैं प्रधान साहब के पास हजार रुपए की दस गड्डियाँ भिजवा देता तो वे ग्राम पंचायत-भवन तथा ग्राम पंचायत की सभी जमीन मेरे नाम लिख देते।"

सचिव महोदय केवल भिनभिनाते रहे तथा मौके की तलाश में थे कि जब भी उन्हें अवसर प्राप्त होगा वे रवि के जल संयन्त्र पर आपत्ति लगा देंगे। उनसे बिना पूछे 'अनापत्ति प्रमाण-पत्र' निर्गत होने की घटना को उन्होंने अत्यन्त गम्भीरतापूर्वक लिया। उन्होंने सोच लिया कि वे भी एकाध कार्य प्रधान से बिना पूछे कर देंगे। फलस्वरूप प्रधान और सचिव में शीत युद्ध आरम्भ हुआ जो एक दो प्रतिकूल पत्रावलियों के आदान-प्रदान से शुरू हुआ। पर वन-विभाग से 'अनापत्ति प्रमाण-पत्र'

निकलवाना टेढ़ी खीर थी। वन-विभाग की ओर से अयोध्या पहाड़ पर अवस्थित अधिकांश आरक्षित वन अधिसूचित था। इस कारण अयोध्या पर्वत श्रेणी पर कोई भी जंगल को कम करने का कार्यक्रम नहीं लिया जा सकता था। जल वन का अभिन्न अंग है। अधिक जल—सघन वन। कम जल—विरल वन। जल के थोकमात्रा में संदोहन से अयोध्या पहाड़ के पारिस्थितिक सन्तुलन पर खराब प्रभाव पड़ेगा। पेड़-पौधों को कम पानी मिलेगा। जंगल के जो पशु-पक्षी वन के जल पर अपनी जीविका के लिए निर्भर थे, उन्हें अपना आवास-स्थल या बसेरा अन्य स्थान पर बदलना पड़ेगा। दूसरे नये अधिनियमों के अनुसार वन में स्थित सरोवर, झरना, नदियाँ अथवा छोटी-छोटी धाराएँ वन के संरक्षण के लिए अत्यन्त महत्त्वपूर्ण हैं तथा उनसे किसी प्रकार की छेड़-छाड़ नहीं की जा सकती। यदि कुछ करना ही है तो उसकी अनुमति देने की क्षमता केवल केन्द्रीय सरकार के पर्यावरण तथा वन मन्त्रालय की एक समिति के पास थी जो पूरे देश से प्रस्तावित मामलों पर क्रमिक विचार करती थी। रवि को आभास हो गया था कि भारत सरकार की आँखों में धूल झोंककर 'अनापत्ति प्रमाण-पत्र' प्राप्त करना अति दुरूह था।

इस प्रक्रिया में साधारणतया एक वर्ष का समय लगता था। इतने लम्बे अन्तराल तक रवि के लिए प्रतीक्षा करना कठिन था। रवि ने स्थानीय वन-मण्डलाधिकारी के साथ सम्पर्क स्थापित करने का प्रयत्न किया, पर उन्होंने रवि से स्पष्ट कहा, "यदि आप पैसा फेंकना चाहते हैं तो फेंक सकते हैं। मुझे आपकी सफलता पर कम ही विश्वास है, क्योंकि भारत-सरकार कम ही मामलों में अनुमति प्रदान करती है। फिर आपके संयन्त्र में नौकरियाँ भी कम हैं तथा स्थानीय परिवेश का उन्नतिकरण कम है। केवल जल-स्रोतों का दोहन ही है। यदि अयोध्या पहाड़ के जल-स्रोत काफी होते, तो मैं भी आपके साथ होता। हाँ, केवल वर्षा ऋतु के लिए आप चाहें तो जल-शुद्धीकरण संयन्त्र लगा लें। पर अन्य ऋतुओं में तो अयोध्या पहाड़ के पेड़-पौधों, जीव-जन्तुओं तथा स्थानीय जनसंख्या और उनके कृषि कार्यों के लिए जल का अभाव हो जाता है। आपके संयन्त्र को कहाँ से जल उपलब्ध होगा?"

रवि को वन मण्डलाधिकारी की सलाह तर्क-संगत प्रतीत हुई। उसने प्रकाश की सलाह के बिना यह प्रथम योजना बनाई थी। इसमें प्रथम अवस्था में ही अवरोध खड़ा हो गया। रवि ने निश्चय किया कि वह पुरुलिया नगरपालिका की जल-आपूर्ति का उपयोग करके या तीन-चार नलकूप लगाकर इस योजना को मूर्त रूप देगा। उसने नगरपालिका के अधिशासी-अधिकारी तथा अध्यक्ष से वार्ता की। दोनों ने कोई वायदा नहीं किया। उन्होंने कहा, "हम पुरुलिया नगरवासियों को ही

उनकी आवश्यकतानुसार जल उपलब्ध नहीं करा पाते हैं। यदि आपके संयन्त्र को जलापूर्ति की तो उसको लेकर हमें जनाक्रोश का सामना करना पड़ेगा। हमारा दल भी इसका विरोध करेगा।”

रवि पुरुलिया जिला के सी.पी.एम. दल के मुख्यालय में जिला सचिव महातो से मिलने गया। उन्होंने भी उससे कोई वायदा नहीं किया। उन्होंने इतना कहा, “यदि आप कारखाना खोलेंगे, तो उसमें कर्मचारी तथा श्रमिक हमारे प्रमुख श्रमिक संगठन (सीटू) से सलाह-मशविरा करके ही नियोग करना।”

रवि का माथा घूमने लगा। उसे लगा कि वह चक्कर खाकर गिर पड़ेगा। वह गया था सहायता प्राप्त करने, उसे दायित्व दे दिया गया। फिर सी.पी.एम. दल के सचिव की सलाह का अर्थ था उनका आदेश, जिसके पीछे उनके दल के कट्टर समर्थकों तथा सरकार का बल था। वह उसकी उपेक्षा करके पुरुलिया में रह ही नहीं सकता था। वह प्रकाश की शरण में गया।

प्रकाश ने शान्ति से रवि की पूरी योजना समझी। रवि ने कहा, “दादा जी, मैं आपके जन्म दिन पर एक अच्छी भेंट देना चाहता था - जल निर्मलीकरण संयन्त्र। आपको तो सभी परेशान करते हैं। मैं आपको बिना परेशान किए यह काम सम्भव करना चाहता था। पर वह न हो सका।”

प्रकाश ने रवि को धीरज बँधाया क्योंकि रवि ही गोयल परिवार का भविष्य था। अभी भी कार्यालय की आमदनी नम्बर एक पर थी और उसका पूरा भार रवि के कन्धों पर था। प्रकाश ने समझाया, “भारत में समस्याएँ उत्पन्न की हुई हैं। स्वतन्त्रता के प्रायः साठ वर्ष बाद भी हमें इतने विभागों तथा अधिकारियों से कारखाना खोलने के लिए अनुमति लेने के लिए चक्कर लगाने पड़ते हैं। यह सभी तो पहले से बेबसाइट पर होना चाहिए। तुम समझते नहीं। बेबसाइट जरूर बन गई है पर जो बेबसाइट में दिखाया नहीं जाता है, वह दिखाये जाने वाले से अधिक महत्वपूर्ण होता है। इन्हीं अप्रत्यक्ष हाथों एवं पंजों ने देश तथा समाज को जकड़ रखा है। युवा वर्ग इनसे मुक्त होने का भरसक प्रयत्न कर रहा है पर वह केवल आंशिक रूप से ही सफल हुआ है। इन प्रतिबन्धों को हम पूरी तरह नकार भी नहीं सकते क्योंकि जो अनुमति प्राप्तकर्ता है उसके भी दाँत खाने के और दिखाने के और हैं। इस बेईमान समाज से और क्या आशा की जा सकती है? कैसे नए उद्योग लगेंगे तथा लगे हुए उद्योग पनपेंगे? सभी बन्द हो जाएगा। चारों ओर केवल उलझन, छटपटाहट, असहायता तथा हताशा। पर खुशी है कि हमारी अर्थव्यवस्था तेज गति से वृद्धि पा रही है। अर्थव्यवस्था ही सामाजिक तथा सांस्कृतिक आयामों को दृढ़ता प्रदान कर रही है। गंगा की धार उल्टी दिशा में बह रही है।

"समाज में अपना आत्मविश्वास लौट आया है। समाज का स्वाभिमान स्थिर हो रहा है। जनता अपने व्यक्तित्व तथा आत्मबल के सहारे खड़ी हो रही है। अब समाज सरकार के चन्द टुकड़ों या आर्थिक सहायता पर निभर्रशील नहीं है। शनैः शनैः यह आत्मबल समाज के निम्नतम व्यक्ति तक पहुँचेगा, जिसे अभी तक राजनीतिक व्यक्ति उसके कल्याण की जिम्मेदारी स्वयं ओढ़कर भ्रमावस्था में रखे हुए थे, केवल उसके वोट के लिए। मैं क्या मूर्ख हूँ जो सामाजिक कार्यों पर इतना खर्च करता हूँ। इसका मुझे उसी अनुपात में अप्रत्यक्ष लाभ भी प्राप्त हो जाता है। मेरा सामाजिक कार्यकलाप हानि का सौदा नहीं है। यदि मैं आज नगरपालिका कार्यालय जाऊँ, तो मेरे सभी कार्य सहज में ही हो जाएँगे। वे ही बाबू, अधिकारी तथा स्थानीय जन-पदाधिकारी मेरे लिए अधिनियम तथा नियम की धाराओं को तोड़-मरोड़ कर मेरा काम करके देते हैं।

"मैंने पुरुलिया में अपनी जो साख स्थापित की है, वह तुम किसी भी हालत में नहीं गिरने देना। देखो, उसका लाभ उठाना पर उसका शोषण मत करना। शोषण करने से साख नष्ट हो जाएगी। हम पैसे के क्षेत्र में हैं, यहाँ ईमानदारी का बड़ा महत्व है। यदि दूसरे को आपकी ईमानदारी पर भरोसा नहीं है, तो वह आपसे कभी अनुबन्ध नहीं करना चाहेगा, आप चाहे जितने पढ़े-लिखे एवं बुद्धिमान हों। बुद्धिमान तो बहुत हैं पर ईमानदार कम हैं। मैं तुम्हें अपनी इस साख की विरासत सौंपता हूँ। तुम इसे सँजो कर रखना।"

प्रकाश ने मार्क्सवादी दल के सचिव को फोन किया। उन्होंने अध्यक्ष नगरपालिका को प्रकाश का तुरन्त काम करने का आदेश दिया। प्रकाश ने अध्यक्ष से भी फोन पर अनुरोध किया। अध्यक्ष ने कहा "प्रकाश जी, आप पुरुलिया के सम्मानित नागरिक एवं समाज-सेवी हैं। मैं आपकी बात कैसे टाल सकता हूँ।" प्रकाश ने फिर नगरपालिका के अधिशासी-अधिकारी को फोन किया। प्रकाश का सिद्धान्त था कि वे अपने प्रभाव तथा सम्बन्धों का गलत इस्तेमाल नहीं करते थे तथा प्रत्येक अधिकारी को उसके पद के अनुसार सम्मान देते थे।

प्रकाश के फोन करने से ही रवि के जल शुद्धीकरण संयन्त्र के लिए पुरुलिया नगरपालिका से अनुमति प्राप्त हो गई। रवि ने इस संयन्त्र को शहर से दूर प्राकृतिक चिकित्सा केन्द्र पर लगाने का निश्चय किया। इसका नाम रखा गया 'अमृत जल'। जिओलाइट कम्पनी के प्रतिनिधिगण ने भी प्रस्तावित स्थल का अनुमोदन कर दिया। रवि ने बैंक से भी दस प्रतिशत ऋण के लिए प्रार्थना पत्र दिया अन्यथा पुरुलिया के लोग प्रकाश को टाटा-बिड़ला कहने लगते।

रवि की आवश्यकता के अनुसार ही कम्पनी के पास एक संयन्त्र उपलब्ध

था। कारखाने की स्थापना की आहट होते ही स्थानीय युवा संगठित होने लगे तथा 'हमें नौकरी दो, हमें नौकरी चाहिए' के विज्ञापन लेकर प्रकाश के इर्द-गिर्द चक्कर लगाने लगे तथा इसी प्रकार की नारेबाजी करने लगे। कारखाने का नाम ही खराब है। इससे दसगुना बड़े नर्सिंग होम के लिए प्रकाश के पास दो-तीन से अधिक फोन भी नहीं आए। प्रकाश ने सोचा कि इस योजना को रद्द कर दें पर उनका काफी पैसा फँस चुका था। अब वापिस जाना भी नुकसान का सौदा था। प्रकाश, और रवि ने इस योजना को आगे ले जाने का निश्चय किया।

रवि अयोध्या पहाड़ के परिवेश से इतना प्रभावित हुआ कि उसने प्राकृतिक चिकित्सा केन्द्र के पास अपने 'अमृत जल' शुद्धीकरण उद्योग का परिवेश अयोध्या पहाड़ की भाँति निर्मित किया। उसने अयोध्या पहाड़ से भाँति-भाँति के वृक्षों के पौधे मँगवाये तथा उनका 'अमृत जल' उद्योग के परिवेश में रोपण करवाया। वह खुश था कि वह अपने उद्योग परिवेश में भी कोकिल की सुमधुर आवाज सुनता था। पर तितलियाँ यहाँ नहीं देख पाया और न ही वे वन की चिड़ियाँ तथा अद्भुत पक्षी जो निश्चिन्त होकर मस्ती में यहाँ-वहाँ उड़ते थे। वह उन जंगली मोरों, मुर्गों, सियारों तथा बन्दरों को खो रहा था जो स्वतन्त्र तथा निर्भीक होकर अयोध्या पहाड़ पर घूमते थे। एक बार तो एक बन्दर ने इतनी तेजी से उसके नाश्ते पर खिड़की से झपट मारी कि वह सँभल ही नहीं पाया था कि नाश्ता उसकी मेज से गायब था। बन्दर ने रवि को स्पर्श भी नहीं किया था पर नाश्ते की थैली ले जाते समय कुछ खाना वहीं गिर गया था। रवि ने वह भी बन्दर को फेंक दिया और उसे नमस्कार करके कहा, "जय हनुमान जी, बाकी नाश्ता भी आपको भेंट है।" पर रवि को यह दुःख हुआ कि उस बन्दर से बड़े तथा बलवान बन्दर ने उसका अधिकांश खाना छीन लिया। रवि ने देखा कि वन में भी वही हो रहा है जो मनुष्य के समाज में होता है अर्थात् शक्तिशाली दुर्बल का शोषण करता है, बुद्धिमान मूर्ख पर शासन करता है तथा बड़ा संगठन छोटे समूह को खदेड़ देता है। उसने ईश्वर को धन्यवाद दिया : 'कम से कम हमसे कोई छीनने वाला नहीं है। दादा जी ने हमारे परिवार की इतनी सुन्दर व्यवस्था कर दी है। उसे किले की भाँति चारों ओर से ऐसा सुरक्षित कर दिया कि हमें केवल देखभाल करनी है तथा अपनी क्षमता के अनुसार उसमें वृद्धि करनी है।'

अयोध्या पहाड़ के सौन्दर्य की पृष्ठभूमि में रवि बार-बार खो जाता था। अयोध्या पहाड़ के आदिवासियों के घरों में सूर्य की रोशनी से टिमटिमाते हुए बल्ब अति सुन्दर लगते थे। इस कारण से उसे प्रधान को बीस हजार रिश्वत देना भी बुरा नहीं लगा। कम से कम प्रधान ने आदिवासियों के लिए कुछ तो किया है।

वह प्रधान से रुपया वापस माँगने गया तो प्रधान ने साफ कर दिया, "मेरा काम तुम्हें व्यापार लाइसेन्स देना था। वह मैंने कर दिया। इसके लिए मुझे अपने दल से लेकर अधिकारियों तक की डाँट सहनी पड़ी। और तुम पैसा वापस चाहते हो? मैंने तो उस पैसे से मोटर-साइकिल खरीद ली है।"

"यदि ऐसा ही है तो मैं इस लाइसेन्स के आधार पर अयोध्या पहाड़ के झरनों से पानी भरता रहूँगा तथा अपने पुरुलिया कारखाने से उसे बोतलों में भरकर बेचूँगा।" रवि ने उत्तर दिया।

"आप कुछ भी करें, मैं आपका सहयोग करूँगा," प्रधान ने कहा।

रवि ने संयन्त्र के उपकरणों के लिए आदेश दिया। साथ-साथ एक जनरेटर तथा अन्य सहायक मशीनों की खरीद के लिए भी अनुबन्ध किया। 'अमृत-जल उद्योग' की इमारत बननी आरम्भ हो गयी। सर्वप्रथम चारदीवारी का निर्माण कार्य आरम्भ हुआ। इसके बाद पचास फीट लम्बे तथा तीस फुट चौड़े शेड का निर्माण आरम्भ हुआ। निर्माण कार्य में प्रकाश परिवार के दायें हाथ रामनाथ बाउरी को लगाया गया।

रामनाथ बाउरी अपने काम में प्रकाश बाबू के अतिरिक्त किसी का हस्तक्षेप पसन्द नहीं करते थे। उनकी परिवार में हैसियत 'काकू' की थी। कोई उनका नाम लेने का साहस नहीं करता था। वे प्रकाश साम्राज्य के प्रमुख निर्माताओं में एक थे। रवि उस ओर से निश्चिंत था। उसने अनुषंगी मशीनों के लाने की पक्की व्यवस्था की। इस कार्य के लिए उसे जिओलाइट कम्पनी से ही विशेषज्ञ की सहायता मिल गई जो तीन मास के लिए पुरुलिया जैसी जगह में भी रहने के लिए तैयार हो गया।

जैसे ही अमृत-जल उद्योग के भवन निर्माण तथा मशीन आने की सूचना मिली, राजनीतिक दलों के स्थानीय नेता सक्रिय हो गए। मार्क्सवादी दल के स्थानीय नेता ने कुछ युवकों को अपने साथ लिया तथा लाल झण्डा लेकर वे अमृत-जल उद्योग के सामने नौकरी के लिए नारेबाजी करने लगे। "पूँजीवादी होशियार। कालो हाथ गुड़िये देबो।" रवि अभी तक तो केवल बिक्रीकर तथा आयकर की वकालत करना जानता था। कार्यालय में विधि तथा लेखा की पुस्तकें पढ़ लीं, मुवक्किल से उसका मुकदमा समझ लिया और बिक्रीकर तथा आयकर अधिकारी के सामने उपस्थित होकर कहा, "श्रीमान् मेरा मुवक्किल बहुत गरीब व्यक्ति है। आप इसके मामले पर सहानुभूतिपूर्वक विचार करें।" बस साहब से बात कर ली और यदि विधि के बिन्दुओं पर न जीते, तो साहब को ले-देकर निपटा लिया। इसी सरल पथ पर चलकर रवि स्वयं को तीसमार-खाँ समझने लगा

था।

रवि जानता था कि उस समय की राजनैतिक परिस्थिति में यदि कुत्ता भी लाल पार्टी का झण्डा लेकर आए, तो उसे उससे मिलना पड़ेगा। उसकी बात सुननी पड़ेगी तथा कोई तर्कसंगत समाधान निकालना पड़ेगा। रवि उनको न टाल सका न लौटा सका तथा रामनाथ बाउरी की सलाह पर रवि समूह के तीन-चार लोगों के साथ बातचीत के लिए बैठा।

लाल पार्टी के नेता सपन चटर्जी ने प्रस्ताव दिया, "आपको हमारे तीन-चार लोगों को इस संयन्त्र में नौकरी पर लगाना ही होगा। इस संयन्त्र से जो माल ढुलाई होगी, वह भी हमारे द्वारा निर्धारित ट्रकों से होगी।"

"पर हमारे कारखाने में कुल तीन लोगों की आवश्यकता है। एक निरीक्षक को हम जिओलाइट कम्पनी से ला रहे हैं जो इस संयन्त्र की पूरी देखभाल करेगा तथा उसका संचालन करेगा। इन तीनों में केवल एक मजदूर होगा तथा दो मुझे प्रशिक्षित व्यक्ति चाहिए। एक मजदूर हमारे बाग में बहुत दिनों से काम कर रहा है, उसको ही हमें इस संयन्त्र में लगाना है। उससे कई वर्षों से हमारे परिवार ने नियमित नौकरी पर लगाने के लिए वायदा कर रखा है।"

"यह राजस्थान नहीं है, पश्चिम बंगाल है। यहाँ कारखाना खोलने वाले की केवल पूँजी लगती है, बाकी हमारी चलती है। सभी पदों पर हमारे लोग लगेंगे। यदि तुम्हें स्वीकार नहीं, तो कारखाना खुलने से पूर्व ही बन्द कर दो।"

"श्रीमान्, मैं राजस्थान का मारवाड़ी नहीं हूँ। मैं उ.प्र. का निखालिस बनिया हूँ। यदि मैंने आपके सभी लोगों को नौकरी दी तो कारखाना छः माह चलने के बाद ही बन्द हो जाएगा। कारखाना हमारी पूँजी भी हज़म कर जाएगा। फिर दूसरे राजनीतिक दल हैं जो हम पर उनके दल के लोगों को नौकरियाँ देने के लिए दबाव डाल रहे हैं। यह कारखाना है, बेरोजगार दफ्तर नहीं। कारखाना लगेगा, तो स्थानीय आर्थिक गतिविधियाँ बढ़ेंगी जिससे सभी को लाभ होगा। क्षेत्र में समृद्धि आएगी। यही हम योगदान करना चाहते हैं। वह योगदान कुछ छोटी-मोटी नौकरियों से कहीं बड़ा होगा।"

"यह सब मैं जानता हूँ। आप मुझे शिक्षा न दें। मैं आप जैसे पूँजीपतियों के हथकण्डों को भली-भाँति समझता हूँ। चाहे वह पूँजीपति राजस्थान का हो या उ.प्र. का। सभी समान होते हैं। उनके शोषण का ढंग अलग-अलग हो सकता है।"

"ठीक है, मैं प्रकाश बाबू से कहूँगा। वे आपके दल के अध्यक्ष से बात करेंगे।"

इस प्रकार रवि और लालदल के शिष्टमण्डल में प्रथम बातचीत परिणाम के

बिना ही समाप्त हुई।

इस वाद-विवाद की मुठभेड़ के पश्चात् रवि गम्भीर रूप से विषादग्रस्त हो गया। 'यह कैसा प्रदेश है जहाँ कारखाने के मालिक को अपने कर्मचारी तथा मजदूर चुनने का अधिकार नहीं है। अपने पसन्द के कर्मचारी न होने पर प्रबन्धक कैसे सफलतापूर्वक काम करेगा? प्रबन्धक ही कारखाना चलाने का जिम्मेदार है। उसका आधा समय तो इन नये कर्मचारियों अथवा श्रमिकों को प्रशिक्षण देने तथा उनका पर्यवेक्षण करने में ही चला जाएगा। वह कैसे अपने ज्ञान को कारखाने के संचालन में लगाएगा? फिर, विभिन्न अधिनियमों, नियमों तथा उच्चतम न्यायालय के विभिन्न निर्णयों के परिप्रेक्ष्य में उन्हें उनके पद से हटाया नहीं जा सकता। संगठन का अधिकांश समय कर्मचारियों के विरुद्ध कार्यवाही करने में ही चला जाएगा।'

इन मानसिक उथल-पुथल के साथ रवि ने सम्पूर्ण समस्या प्रकाश के सामने पेश की। प्रकाश ने उसे डाँटते हुए कहा, "मैंने तुम्हें समस्या सामने लाने के लिए नहीं बड़ा किया है। इस उम्र में मैं तो केवल हल सुनना चाहता हूँ। अब मेरी भी कार्य क्षमता तेजी से कम हो रही है। मैं इस परिवार का सूर्यास्त हूँ, तुम सूर्योदय हो। यदि मेरा सूर्योदय भी ऐसा होगा, तो कैसे उसकी लालिमा फूटकर परिवार को प्रकाशित करेगी?

"मुझे तुम और केवल तुम पर भरोसा है। तुम्हें मैंने बार-बार सिखाया है कि समस्या को दूसरे की स्थिति में डालकर देखो, तो हल शीघ्र निकलेगा। तुम तो जानते ही हो कि हम लोगों में कितने उद्योगपति तथा व्यापारी हैं जिन्होंने इन भोले-भाले तथा मेहनतकश मजदूरों का सदियों से शोषण किया है, उनके न्यायसंगत अधिकारों को नकारा है, उनकी मेहनत के बदले में उन्हें केवल अभाव दिया है, जबकि उनकी मजबूरी तथा मजदूरी के आधार पर अपने महल खड़े कर लिए हैं। यदि यह सत्य न होता तो मार्क्स के सिद्धान्त को आज कोई मान्यता नहीं देता, पर मार्क्स की मजदूरों के शोषण सम्बन्धी स्थापित अवधारणा उतनी ही सत्य है, जितनी सार्वभौम। यह दूसरी बात है कि आजकल ये मेहनतकश लोग भी कुछ अन्याय कर रहे हैं, अपनी भड़ास निकाल रहे हैं। सदियों से शोषण से भरे ये बादल आज बरसने को आतुर हैं।

"हमें उनकी माँगों पर सहानुभूतिपूर्वक विचार करना चाहिए तथा उन्हें समझा-बुझाकर काम निकालना चाहिए। तुम देखोगे कि बाद में ये ही कुत्ते की भाँति दुम हिलाते हुए तुम्हारे पीछे घूमेंगे। पर आज यदि तुम किसी भी पूँजीपति को समझाओ तो वह घूम फिर कर अपने स्वार्थ पर अडिग रहेगा। इस सुन्दर

संसार का किसने निर्माण किया है– मजदूर के श्रम तथा उसके पसीने एवं रक्त ने। पूँजी ने केवल अपनी बुद्धि तथा प्रबन्ध कुशलता से समाज में समृद्धि एवं उच्च स्थान प्राप्त किया है। हमारी समृद्धि में क्या हमारा पसीना लगा है? हमारे ये भवन किसने बनाये हैं? हम तो बुद्धि तथा पूँजी को ठीक स्थान पर लगाते हैं, और फल पाते हैं। ये लोग अपनी मजदूरी से प्राप्त पैसे को अनाप-सनाप मद्य-सेवन तथा धार्मिक व सामाजिक अनुष्ठानों पर खर्च कर देते हैं। बंगाल में युगबोध सलाह देता है कि कारखाना हमारा है पर मजदूर आदि लाल दल के होंगे। मैं सी.पी.एम. के जिलाध्यक्ष से बात करूँगा। तुम देखोगे कि समस्या का तुरन्त हल निकल आएगा।"

प्रकाश अपनी सामाजिक सेवा तथा साख का ठीक समय पर उपयोग करते थे। उन्होंने सी.पी.एम. के जिलाध्यक्ष से फोन पर बात की और वह उनके एक मजदूर को अपने जल शुद्धीकरण संयन्त्र में रखने को सहमत हो गए। रवि बहुत खुश था। जिओलाइट कम्पनी ने भी जल शुद्धीकरण संयन्त्र के सभी उपकरण पुरुलिया भेज दिए। अब रामनाथ बाउरी के नेतृत्व में एक-एक करके अमृत-जल उद्योग की मशीनें स्थापित होने लगीं। रवि इस प्रगति से पूर्ण सन्तुष्ट था तथा अपने अन्दर एक नए उत्साह एवं उद्दीपन का अनुभव कर रहा था।

रवि ने संयुक्त परिवार का महत्व स्वीकार करते हुए बाउरी से कहा, "देखो बाउरी जी, दादा जी से ही हमारा पूरा परिवार चल रहा है। वे ही हमारी सफलता या विफलता हैं। वे जैसा करते हैं हम आँख बन्द करके उनके आदेशों को मान लेते हैं जैसे वह ईश्वर की वाणी हो। हो भी क्यों न? उन्हें हमसे अधिक जीवन का अनुभव है। वे किसी भी समस्या का पूर्णांग विश्लेषण कर सकते हैं। हमारी आधुनिक प्रबन्ध प्रणाली उनके सोने की भट्ठी में तपे हुए अनुभवों के सामने फीकी है। आपने इस मामले में देखा ही है। इसी प्रकार भारतीयों की विदेशों में सफलता का रहस्य भी है उनकी पत्नियाँ जो पतियों के दुख-सुख में चट्टान की भाँति उनके साथ खड़ी रहती हैं। पति के जीवन में कोई भी झंझावात उनके पतिव्रता चरणों को नहीं उखाड़ सकता। जहाँ अमेरिका और यूरोप में महिलाएँ असफलता, दुर्दिन या जानलेवा बीमारी में पति को छोड़कर चली जाती हैं वहाँ भारतीय नारी पति के साथ और दृढ़ता से जुड़ जाती है जैसे सीमेण्ट ने दोनों को जोड़ दिया हो। खैर, चरित्र की बात क्या करूँ? वह तो भारत तथा विदेशों में कम-वेशी है। भारत में ही हम विभिन्न प्रान्तों या जातियों को लें तो पाएँगे कि अग्रवालों, मारवाड़ियों, गुजरातियों, दक्षिण के चटियार तथा सिन्धियों की सफलता का रहस्य भी यही है कि उनकी पत्नियाँ पति एवं परिवार की सेवा में पूर्ण समर्पित

रहती हैं। पति के अतिरिक्त भगवान की भक्ति ही उनका कर्म और धर्म है। दूसरी ओर बंगाली, दक्षिण भारतीय एवं मराठी, मुसलमान, पंजाबी, उड़ीसा या आदिवासी क्षेत्रों में महिलाएँ अधिक स्वच्छन्द हैं। यही कारण है कि हम लोग पूरे भारत के व्यापार तथा समृद्धि के क्षेत्र में छा रहे हैं। वस्तुतः महिलाएँ ही संयुक्त परिवार की धुरी हैं। वे संग्रहप्रिय हैं तथा एक साथ रहना उनके स्वभाव में है।"

कारखाने के उद्घाटन का कार्यक्रम निश्चित हुआ। सभापति पुरुलिया जिला-परिषद को उद्घाटन के लिए निमन्त्रित किया गया, क्योंकि पश्चिम बंगाल में उद्योग केवल साम्यवादी दलों के मजदूर संगठनों से घबराते हैं, जिस प्रकार वरिष्ठ अधिक.री केवल अपनी वार्षिक चरित्र-पंजिका से डरते हैं। दूसरे पुरुलिया नगरपालिका का अध्यक्ष भी सी.पी.एम. दल का था। स्थानीय निकायों में परम्परागत नौकरशाही दुर्बल हो गई थी तथा स्थानीय निकाय के अध्यक्ष की ही चलती थी।

जिओलाइट कम्पनी के अभियन्ताओं ने लगकर दो मास में संयन्त्र पूरी तरह स्थापित कर दिया था। उद्घाटन समारोह भव्य था। स्थानीय सभी महत्वपूर्ण व्यक्ति उपस्थित थे। राज्य मुख्यालय से भी वाणिज्य एवं उद्योग विभाग से एक प्रतिनिधि सम्मिलित हुआ क्योंकि नये उद्योगों की स्थापना करना मुख्यमन्त्री की प्रमुख कार्य-सूची में सम्मिलित था। परिश्चम बंगाल जैसे घनी आबादी वाले राज्य में नये उद्योगों की स्थापना के माध्यम से ही लाखों बेरोजगार व्यक्तियों को रोजगार उपलब्ध कराया जा सकता था। बंगाली लोग भी नौकरी जीवी हैं, क्योंकि अंग्रेजों के सम्पर्क में वे ही सर्वप्रथम आए तथा वे ही सर्वप्रथम तथा सबसे बड़ी संख्या में ब्रिटिश नौकरशाही के अंग बने। यही कारण है कि उनसे नौकरी के अतिरिक्त और कोई काम नहीं बनता है। उद्घाटन के समय एक स्थानीय नागरिक की बेवाक टिप्पणी की सभी ने सराहना की, "आशा की जाती है कि पुरुलिया को ग्रीष्म काल में सूखे के समय अमृत-जल उसी दाम पर पानीय जल उपलब्ध कराएगा।" सभी एक पहेली के हल में लग गए। यदि ग्रीष्मकाल में पुरुलिया नगरपालिका जल ही उपलब्ध नहीं कराएगी, तो संयन्त्र ही कैसे चलेगा? पर प्रकाश ने अपनी ख्याति के अनुसार वचन दिया, "हमें यदि ग्रीष्मकाल में जल आयात भी करना पड़ा तो हम पुरुलिया में जल उसी दाम पर उपलब्ध कराएँगे, जिस दाम पर हम अन्य ऋतुओं में कराएँगे।"

उद्घाटन समारोह के पश्चात् रवि अमृत जल की बिक्री का जाल बिछाने में लग गया। उसने पाया कि उद्योग लगाने से अधिक कठिन है, निर्मित वस्तु की खपत करना। आसपास के जिलों में 'पानीय जल' की इतनी खपत नहीं थी। फिर भी उसने हार नहीं मानी। वह पूरी श्रमशक्ति से इस कार्य में लग गया और सफलता की किरणें देखने लगा।

दूसरी ओर पवन गोरा द्वारा प्रतिदिन मालिश कराकर अति प्रसन्न था। गोरा भी प्रसन्न था कि प्रथम बार उसे जीवन में कोई नियमित काम मिला। वह घूम-घूम कर सभी से कहता, "पवन बाबू बहुत अच्छे हैं। मेरा तो नमक उन्हीं से चलता है। हे अल्ला, पवन बाबू को अच्छा कर दे तो मेरा भी जीवन उनके जीवन के सहारे कट जाएगा। लाल पार्टी ने तो मुझे जीवन भर जोता पर मैं जहाँ का तहाँ हूँ। लाल पार्टी ने मुझे मुहल्ले वालों के कटाक्ष, पुलिसवालों की मार तथा रिश्तेदारों की झिड़की दी है।"

गोरा से एक पड़ोसवाली ने पूछा, "फिर तुम लाल पार्टी के जुलूस में झण्डा लेकर क्यों सबसे आगे चलते हो?"

"मुझे लाल पार्टी ने पहचान दी है। तुमने तो आज के गोरा को देखा है। पार्टी में शामिल होने के पूर्व मेरे साथ सभी पागलों की भाँति व्यवहार करते थे। अब इक्का-दुक्का आदमी को छोड़कर कोई मुझे पागल तो नहीं कहता है।"

"पर तुम्हें लाल पार्टी ने क्या दिया है?"

"लाल पार्टी ने मुझे कुछ नहीं दिया हो, पर उसने मेरा शोषण तो नहीं किया है। मुझसे बेगार तो नहीं कराई है। आज किसी का साहस नहीं है कि मुझसे जबर्दस्ती काम करा सके। मैं नेताओं के यहाँ जाता हूँ तो वे कम से कम मुझे कुत्ते की भाँति दुत्कारते तो नहीं हैं। वे वायदा तो करते हैं। पहले तो कोई मुझे कुछ देने के लिए ही नहीं कहता था। उसी आशा तथा भरोसे में मेरा जीवन बीत रहा है, अच्छी तरह से बीत रहा है। मेरी आप लोगों से एक ही विनती है कि चाहे आप लोगों ने मुझे कुछ भी दिया हो या नहीं, पर मरने पर कम से कम इस गोरा के शरीर को ठीक-ठाक कब्र दे देना। उसे सड़ने मत देना। उसे सड़क पर कुत्तों, गिद्धों तथा कीड़ों-मकोड़ों के हवाले मत छोड़ना। मैं कोशिश करूँगा कि अपनी कब्र के लिए कुछ पैस छोड़ जाऊँगा। पर आप लोग जानते ही हैं कि मैं तो उन लोगों में हूँ जो रोज कुआँ खोदते हैं तथा जल पीते हैं। शायद पैसा जोड़ना और छोड़ना सम्भव न हो। मैं अपनी लाल पार्टी के कामरेडों से भी यही विनती करूँगा। पर आप पर हमारा ज्यादा हक है क्योंकि आप लोग मेरे पड़ोसी हैं।"

"तुमसे अच्छा जीवन तो गाँव के गरीबों का है, जिन्हें कम से कम दो बार भोजन तो मिल जाता है तथा उनका गाँव में तुमसे अधिक सम्मान है। शुद्ध हवा है। सोने के लिए जगह है तथा दिनचर्या के लिए विशाल खेत है।"

"दादा, मैं तो गाँव में रहा नहीं हूँ। यह जरूर सुना है कि गाँव में प्रत्येक आदमी सरल ढंग से रहता है, इसलिए अमीर-गरीब की खाई का इतना आभास नहीं होता है। पर मैं यहाँ गाड़ियाँ देखता हूँ, चारों ओर टेलीविजन लगे हैं, फैशन

परस्ती है, तरह-तरह के व्यंजन हैं। यदि मैं न खा सकूँ तो कम से कम उनकी खुशबू तो ले लेता हूँ। मैं अब गाँव में जाकर नहीं रह सकता हूँ। वहाँ मेरा दो दिन से अधिक मन नहीं लगता है। वहाँ क्या है? बस दाल-भात खा लिया और कभी-कभी बैगुनी, आलू भाजी अथवा मछली की गन्ध ले ली।"

"चाहे तुम्हें यहाँ एक वेला ही खाना मिले।"

"एक बार क्या, अगर मुझे खाना भी न मिले तो भी मैं इसी गली में मरना पसन्द करूँगा। यहीं जिऊँगा, यहीं मरूँगा। लोग मुझे कुछ भी कहें।"

गोरा के जीवन-दर्शन तथा उसके आत्मविश्वास का सभी मुहल्ला-वासी लोहा मानते थे। वही उनके मुहल्ले का स्थायी अधिवासी था। उच्च शिक्षित व्यक्ति तो धनार्जन हेतु विदेशों में जाकर बस रहे थे, पर गोरा के लिए पुरुलिया की उस तंग गली की धूल तथा उस गली के नल से उपलब्ध पानी जैसे स्वर्ग की सुविधाएँ हों।

पवन गोरा पर अति प्रसन्न था। उसको गोरा के जीवन-दर्शन में अपने और जीने के लिए आशा की किरण दृष्टिगोचर हुई। उसने निश्चित किया कि वह गोरा की जी भर कर सहायता करेगा। गोरा भी पवन को दयालु देखकर पवन से प्रत्येक त्योहार पर बख्शिश माँगने लगा। पवन ने एक दिन पूछा, "तुम्हारे कितने त्योहार होते हैं? पहले तुम केवल बड़ी पूजा अर्थात् दुर्गापूजा पर बोनस के रूप में बख्शिश माँगते थे। मैं भी बंगाल में परम्परा के अनुसार तुम्हें पूरे वर्ष के वेतन के बीस प्रतिशत के बराबर बख्शिश दे देता था। पर अब तुम दिवाली पर, बड़े दिन पर, मुहर्रम पर, ईद पर, सरस्वती पूजा पर तथा होली पर भी बख्शिश माँगने लगे हो। तुम मुसलमान हो, ख्रिस्तान हो या हिन्दू हो?"

"मालिक, आपने मुझे पहचाना नहीं। मैं यह कोई नहीं हूँ। मैं तो केवल भूखों की सेना का एक सिपाही हूँ। पेट की भूख ही मेरा धर्म है, पेट भरना ही मेरा काम है, वह ही मेरा जीवन का लक्ष्य है। फिर हिन्दुओं के त्योहार जैसे होली और दुर्गापूजा तो दूसरे धर्म वाले आजकल और अधिक उत्साह से मनाते हैं।"

"पर तुम मुझसे आदिवासियों के त्योहारों के लिए पैसा न माँगने लगना। उनके तो प्रत्येक माह में ही कई त्योहार पड़ते हैं। तीन सौ चौंसठ दिन में तीन सौ पैंसठ त्योहार। हाँ, सुना है कि हड़िया तैयार हो गई और सभी त्योहार मनाने के लिए चल पड़े।"

"बाबू, मुझे उनका ज्ञान नहीं है। आप ही जो जानकारी देंगे, वह मैं ले लूँगा। आपकी कृपा है।"

पवन गोरा से मालिश करने के पहले मुस्करा कर पूछता है, "गोरा, तुम्हारा इस समय तो कोई त्योहार नहीं है?"

गोरा भी आस-पास से और त्योहारों के बारे में जानकारी एकत्रित करने लगा, ताकि वह पवन से जब कभी बख्शिश माँग सके।

पवन ने गोरा को सुझाव दिया, "तुम्हें मेरे अतिरिक्त और कोई मालिश कराने वाला मिल नहीं रहा है। मैंने भी बहुत कोशिश की पर मैं असफल रहा। मैं सोचता हूँ कि तुम्हारा मेरे बाद क्या होगा?"

"बाबू आप चिन्ता न करें। अल्ला बहुत मेहरबान है। वह सभी को खाने भर का देता है। हो सकता है कि वह लोगों को उसकी इच्छानुसार ओढ़ने और पहनने के लिए न दे, उनका लालच पूरा न करे, पर सभी को खाने के लिए अवश्य जुगाड़ कर देगा, ताकि कोई भूख से न मरे। देखिए, लाल पार्टी ने मेरे लिए कुछ नहीं किया है, पर मैं फिर भी जीवित हूँ। खाता हूँ सफेद पार्टी के बड़े लोगों का और झण्डा लेकर चलता हूँ लाल पार्टी का। बस, ऐसे ही जीवन चलता रहता है।"

"मेरा सुझाव है कि तुम एक काम पकड़ लो। उसमें तुम्हारा कोई प्रतियोगी नहीं होगा। वह है कोई भी आदमी मरे, तुम उसकी शवयात्रा के आगे अग्नि या अन्य कुछ लेकर चलने का अर्थात् श्मशान यात्रा के लिए झण्डा लेकर चलने का काम। आजकल जिस प्रकार आबादी बढ़ गई है, उस हिसाब से ऐसे जुलूस रोज ही निकलेंगे और उनकी संख्या प्रतिदिन बढ़ेगी। तुम्हारी माँग कम नहीं होगी। मैंने सुना है कि तुम प्रत्येक जुलूस में प्रारम्भ से अन्त तक रहने वाले एकमात्र व्यक्ति हो। आजकल तो शव को अग्नि देने करने अथवा कब्र को खाक देने के पूर्व शोकातुर व्यक्ति बार-बार घड़ी देखते हैं तथा मुखाग्नि देते ही चल पड़ते हैं। मुखाग्नि देते ही उनका शोक हवा हो जाता है। उनमें इतना भी सब्र नहीं रहता है कि कम से कम पूरा शव राख में मिल जाए अन्यथा आस-पास के कुत्ते, सूअर या गिद्ध आकर उस शव से छेड़खानी करेंगे। दूसरे आजकल सभी चीजों नें मिलावट है। पता नहीं कब शव की लकड़ियाँ धोखा दे जाएँ। सुना है कि शव को जलाने या गाड़ने के पश्चात् लोग पास की दुकान पर खूब पकवान, पूड़ी-कचौड़ी खाते हैं। तुम्हारा खाना तो वहीं हो जाएगा। जो पैसे ऊपर से मिलेंगे, उससे दो-तीन दिन का खाना तो चल ही जाएगा। इस पेशे में तुम्हें कभी दूसरों की ओर नहीं ताकना पड़ेगा। केवल मृत्यु का समाचार सुनते ही तुरन्त उस घर के दरवाजे पर पहुँचना होगा। यदि तुमने शव की डोली सजाना सीख लिया तो सोने में सुहागा। फिर तो तुम पुरुलिया के वी. आई. पी. हो जाओगे। तुम्हारी चारों ओर माँग होगी और एवज में तुम्हें बहुत सारा पैसा मिलेगा। तुम्हारे सभी अभाव तथा ऋण फुर्र हो जाएँगे।"

"बाबू, आपका हिसाब तो ठीक कहता है पर मुझे डर लगता है। ऐसा सुना है

कि एकाध बार शव ही उठकर भागने लगा तथा उन लोगों पर झपट पड़ा जो उसे श्मशान घाट ले जा रहे थे। मुझे भूत-प्रेतों से बहुत डर लगता है। मैं तो अकेला सड़क पर सोता हूँ। यदि किसी भूत-प्रेत ने मुझे रात में सोते हुए दबोच लिया, तो मुझे कौन बचाएगा? सभी मुझे फिर पागल करार देकर पुलिस के द्वारा राँची के पागलखाने में भर्ती करा देंगे। मैं पुलिस तथा पागलखाने की पिटाई से बहुत डरता हूँ। आजकल सुन रहा हूँ कि एक जिन्न ने आकर पास के एक व्यक्ति को कौड़ीपति से करोड़पति बना दिया है। सुना है कि पास की एक बहू-माँ को प्रेत आता है तथा उसका प्रेत उतारने के लिए बाहर से गुणीजन बुलाए जाते हैं। अन्त में श्मशान में रहनेवाले एक अघोरी बाबा ने उसके प्रेत को उतारा। मुझे भी स्वप्न में कभी-कभी वह मारवाड़ी बुड्ढा व्यक्ति आता है जो छः माह पहले मरा था तथा मरने के पूर्व तक मैं उसकी मालिश करता था। बाबू साहब, मैं भूखा मर जाऊँगा, पर मुझसे यह काम नहीं होगा।"

"गोरा तुम चिन्ता न करो, मैं तुम्हारे लिए इतना कर जाऊँगा, ताकि तुम जीवन पर्यन्त कम से कम एक बेला भात खा सको और भूख से मर न सको।"

"बाबू, मैं तो आपकी कृपा पर जिन्दा हूँ। मैंने आपका नमक खाया है। आप मेरे लिए जो भी करेंगे, अब तो गोरा के भविष्य का जीवन ही आपके हाथों में है। आप चाहे उसे रखें या मटियामेट कर दें। मेरे मरने पर तो दो रोने वाले भी किराए पर नहीं मिलेंगे।"

पवन ने निश्चय किया कि वह गोरा के बचत खाते में पाँच सौ रुपए प्रतिमास जमा करेगा, ताकि उसके मरने के पश्चात् गोरा को पाँच रुपया प्रतिदिन के हिसाब से पेट भरने के लिए ब्याज के रूप में मिल सके। गोरा का जीवन्त उदाहरण पवन के जीने के लिए संजीवनी का काम करता था।

इसी बीच ललिता के दूर के रिश्तेदार कमल का आगमन हुआ। वह छिन्नमस्ता देवी के दर्शन करने आया था। वह ललिता की बुआ का दामाद था तथा ललिता का समवयस्क था। जब उसकी नयी-नयी शादी हुई थी, तब ललिता अविवाहित थी। वह कई बार अविवाहित ललिता के साथ निर्विरोध छेड़छाड़ कर चुका था तथा उसके साथ छेड़छाड़ करना अपना अधिकार समझता था। उसने ससुराल में ललिता को अकेला पाकर उसके साथ कुछ छेड़खानी की। ललिता ने यह मामला वहीं दबा दिया, जैसे उसके साथ कुछ नहीं हुआ। उसे कमल ललिता की सहमति समझ बैठा। ललिता कमल के स्वप्नों से नहीं निकल रही थी। वह बार-बार उस दृश्य को तथा पुराने दृश्यों को याद करके सिहर उठता था। ललिता यह नहीं जानती थी कि कमल अभी भी उसके लिए एक मधुर कोना रखता था। हजारीबाग जिले में

छिन्नमस्ता देवी के दर्शन करने के पश्चात् वह दो दिन के लिए पुरुलिया में और ठहर गया। प्रकाश ने उसके घूमने-फिरने के लिए उपयुक्त व्यवस्था की। तुषार कुटी अतिथियों के यथेष्ट स्वागत-सत्कार के लिए प्रसिद्ध थी तथा उनके लिए वाहन तथा चालक की पृथक व्यवस्था रहती थी।

कमल के लिए पुरुलिया के प्रमुख पर्यटक दर्शनीय स्थल अयोध्या पहाड़ की सैर का कार्यक्रम ठीक हुआ। कमल ने ललिता को साथ चलने के लिए प्रस्ताव दिया पर ललिता ने तुरन्त मना कर दिया। ललिता कमल के गन्दे उद्‌देश्य को न भाँप सकी। कमल के अयोध्या पहाड़ पर एक रात्रि के आवास की व्यवस्था 'नीहारिका' अतिथि गृह में हुई। पुरुलिया की चौड़ी सड़क से संकरी सड़क तथा पहाड़ पर केवल कच्ची सड़क पर गाड़ी दौड़ाते हुए कमल अयोध्या पहाड़ के ऊपर पहुँचा। अयोध्या पहाड़ पर प्रायः एक सौ आदिवासी ग्राम बसे हुए हैं। उनमें से कुछ आदिवासी जिन्हें बीरहर कहते हैं, अभी भी वृक्षों के ऊपर घर बनाकर रहते हैं। इन घरों को गाछबाड़ी कहते हैं। अन्य आदिवासी सबर तथा खेरिया अभी भी अत्यन्त कम वस्त्रों में रहते हैं। उनकी औरतें घरों में तो बिना कपड़े पहने रहती हैं, क्योंकि उनके पास कपड़े ही नहीं हैं। वे एक दो साड़ी रखती हैं जो बाहर निकलते समय पहनती हैं।

एक स्वयंसेवी संगठन ने कोलकाता से पहने हुए वस्त्र एकत्रित करके उन्हें वितरित किए पर वे इतने नहीं थे कि वे दिनरात कपड़ों में रह सकें। दूसरे आदिवासी जैसे सन्थाल, मुण्डा, महाली, बेडिया, भूमिज, औरांग समाज की मुख्य धारा में क्रमशः शामिल हो रहे हैं। फिर आदिवासियों का मुख्य पेशा है–जंगल की जलाऊ लकड़ी काटना तथा उसे पास के बाजार या हाट में बिक्री करना। उसके बदले में चावल तथा नमक तेल खरीदना एवं रास्ते में शराब की दुकान या मोदभाटी से शराब पीकर टुन होकर घर लौटना।

उनकी और उनके परिवार की और जिम्मेदारियाँ या तो उनकी औरतें लें अथवा सरकार। सरकार ने उनके बच्चों के पढ़ने के लिए अतिथि-गृह के पास ही एक आश्रम छात्रावास की व्यवस्था की है, जिसमें एक सौ आदिवासी लड़के-लड़कियाँ रहते हैं। छात्रावास में सभी आधुनिक व्यवस्था है, यहाँ तक कि शुद्ध पानीय जल। आदिवासियों को ख्रिस्तान होने से रोकने के लिए कई हिन्दू धार्मिक संगठनों ने कई मन्दिर तथा छात्रावास स्थापित किए हैं, जिनमें आदिवासियों के बच्चों के निःशुल्क पढ़ने एवं रहने की व्यवस्था है। इन सभी में भारत-सेवा संघ आश्रम ने सभी संगठनों को पीछे छोड़ दिया है, यहाँ तक कि सरकार के आश्रम स्कूल तथा छात्रावास को भी। भारत-सेवा संघ आश्रम ने सुन्दर व्यवस्था एवं अनुशासन

स्थापित कर रखा है। अब तो अयोध्या से आकर भी साधु-सन्त यहाँ डेरा डालने लगे हैं तथा आदिवासियों में हिन्दू देवी-देवताओं का प्रचार कर रहे हैं, ताकि वे अपने स्थानीय देवताओं से छुटकारा पाएँ और अन्धविश्वास तथा रूढ़ियों से दूर रहें। इस प्रकार आदिवासियों को समाज की मुख्य धारा में लाने के लिए चारों ओर से प्रयास हो रहे हैं। इन संगठनों को ईसाई संगठनों तथा संस्थाओं से कड़ी टक्कर लेनी पड़ रही है, क्योंकि उनके पास विदेशों से अजस्र पैसे का बहाव है।

अयोध्या पहाड़ पर अब मन्दिर की घण्टियाँ गूँजने लगी हैं, जिससे आदिवासियों के जीवनयापन में काफी परिवर्तन आया है। मन्दिर की घण्टियों के बजते ही ईसाई संगठनों के पैर उखड़ने लगे हैं और वे अपना बोरिया-बिस्तर बाँधकर स्वदेश लौटने की तैयारी में हैं। पहाड़ पर जो भी धार्मिक अनुष्ठान होते हैं, आदिवासी उसमें अवश्य सम्मिलित होते हैं पर देवी-देवताओं या गिरजाघर में चढ़ोत्तरी हेतु उनके पास धातु के सिक्के तथा कागज के नोट कम होते हैं। उनके पास चढ़ाने के लिए है उनकी आन्तरिक श्रद्धा और सच्ची भक्ति। अधिक हुआ तो वे अपने घर से बचाकर कुछ चावल तथा घर के पास लगी साग-सब्जी देवी-देवताओं को चढ़ाते हैं। उनका भोजन है– आलू, बाडलर नामक जंगली फल, धान के खेतों में पाये जानेवाले बड़े-बड़े चूहे। वे मुर्गियाँ, बत्तख, गाय तथा बकरियाँ पर्यटकों के लिए पालते हैं, ताकि अण्डा, दूध अथवा मुर्गियाँ या बकरे का मांस बेचकर वे दो पैसे अर्जित कर सकें। इस बिक्री से ही उनका संसार चलता है व इससे आवश्यक नमक तथा मसाला खरीद लेते हैं। पहाड़ के जोरबाँध से वे पानी पीते हैं। उनके बच्चों को दूध तो केवल माताओं का मिलता है, जिनके मुखमण्डल खेतों अथवा जंगल में काम करते-करते सूख जाते हैं। यही बाजारू सभ्यता की विशेषता है– जो चीज पैदा करता है, वह उसे खा नहीं पाता है। न तो आदिवासियों को उनके बकरे-बकरियों तथा मुर्गियों का मांस उपलब्ध है और न ही उनकी गायों का दूध। वे यदि उसे न बेचें, तो शायद वे अपना पेट भी न भर पाएँ।

पूँजीवादी सभ्यता ने इसीलिए यह नारा दिया– 'यदि चाय की दुकान वाले ने स्वयं चाय पी, मिठाई वाले ने मिठाई खाई तथा शराब वाले ने शराब पी, तो उसकी दुकान बन्द हो जाएगी।' पर उनके जीवन का उज्ज्वल पक्ष भी है। शाम ढलते ही वे संसार के राजा होते हैं। सभी मिलकर शराब पीते हैं। चावल से शराब बनती है जो नशे के साथ-साथ पुष्टिकारक भी होती है। उसके बाद युवा लड़के-लड़कियाँ ढोलक या मजीरे की ताल पर रातभर नाचते रहते हैं। कभी-कभी वे साथी का चुनाव करने के लिए साथ-साथ सोते हैं। पशु-पक्षी भी रात-दिन चहचहाते रहते हैं। वे बरबस पर्यटकों के पास आ जाते हैं। सूर्यास्त तथा सूर्योदय अति सुन्दर

होता है। सूर्योदय होते ही कोकिला का स्वर सम्पूर्ण वन में गूँजने लगता है। शाल, सैगोन, महुआ के पेड़ जंगल में नेताओं सरीखे खड़े हैं। प्रायः अस्सी प्रतिशत तो शाल के ही वृक्ष हैं। इसीलिए वे 'सत्यशाल' देवता की पूजा करते हैं, ताकि शाल वृक्ष उन्हें पूरे वर्ष लकड़ी, पत्ते, फूल तथा फल देता रहे एवं उनके जीवनयापन का आधार बना रहे।

बसन्त में शाल के झुण्डों में नये पत्ते देखकर आदिवासीगण उमंग से झूम उठते हैं। नये पत्ते ही इतने रंग-बिरंगे होते हैं जो शहर के फूलों को भी मात करते हैं। कमल एक आदिवासी गाइड को लेकर जंगल में गया। वहाँ उसने युवा लड़के-लड़कियों को झूमते हुए देखा। उसने सोचा, 'इन्हीं लोगों का जीवन धन्य है। इतने अभावों के बावजूद वे कितनी मस्ती में हैं। कितने स्वच्छन्द, कितने उन्मुक्त, चिन्तारहित तथा भयमुक्त हैं ये लोग।' उन्हें देखकर कमल का माथा घूम गया। उस पर कामवासना सवार हो गई और उसने पुरुलिया लौटकर ललिता को छेड़ने का निश्चय किया। वह विश्वस्त था, ललिता उसका विरोध नहीं करेगी क्योंकि वह भी उसको उतना ही चाहती होगी। फिर ललिता भी तो अब तक अपने विकलांग पति से तंग आ चुकी होगी।

कमल पुरुलिया लौटा। वह ललिता से अकेले में मिलने की उधेड़-बुन में लग गया। दोपहर का भोजन करके सभी सो रहे थे। तभी कमल ने नीचे आकर ललिता को बुलाया। ललिता उसके कमरे में चली गई। कमल उससे छेड़खानी करने लगा। ललिता कहती रही, "आप क्या कर रहे हैं?" पर कमल ने ललिता को बिस्तर पर गिरा दिया। यह आवाज पवन के कमरे तक गई। वह शक के वशीभूत होकर ऊपर आया तथा दोनों को एक होते हुए देखकर चिल्ला उठा, "यह क्या हो रहा है? यह क्या हो रहा है?"

उसको देखकर दोनों तुरन्त अलग-अलग हो गए। पर पवन यह दृश्य न सहन कर सका और वह वहाँ ही बेहोश होकर गिर पड़ा। ललिता ने कमल से कहा, "तुम चले जाओ अन्यथा ये लोग तुम्हें मार डालेंगे।" ललिता की सलाह पर कमल तुरन्त अटैची लेकर अपने घर के लिए वापिस चल दिया। ललिता ने पवन को सम्भाला। पर वह होश में नहीं आ सका। वह लम्बी-लम्बी गर्म उच्छ्वासें ले रहा था। उसका मुखमण्डल दुख, भय और आवेश से ओतप्रोत था। रामू आया। प्रकाश आये। डॉक्टर को बुलाया गया। पवन की हालत चिन्ताजनक थी। उसे अपने ही नर्सिंग होम के गहन चिकित्सा कक्ष में भर्ती किया गया। डॉक्टरों की निरन्तर मशक्कत के पश्चात् दो दिन के बाद पवन को होश आया। तब तक वह अपनी आधी स्मृति खो चुका था। बस, उसकी आँखों में ललिता के प्रति घृणा

दृष्टिगोचर हो रही थी। उसने ललिता को दूर रहने के लिए कहा। ललिता समझ गई कि इस बार उसे अग्नि परीक्षा से गुजरना पड़ेगा। उसे अपनी भूल पर अत्यन्त पश्चात्ताप था। वह अपनी जीवनलीला का अन्त करके इसका प्रायश्चित्त करना चाहती थी। पवन का भोला-भाला चेहरा उसको बार-बार आत्महत्या करने से रोक रहा था। दूसरे वह समझ रही थी कि आत्महत्या करने में उसका अपराध प्रमाणित हो जाएगा, जबकि वह अपने को कोई घोर अपराधी नहीं समझ रही थी। पवन जैसे पति की सेवा करते हुए यदि मैं कुछ हँसी-मजाक करके जी बहला लेती हूँ तो इसमें क्या खराबी है? यह हँसी-मजाक तो मुझे पवन की सेवा करने के लिए अतिरिक्त ऊर्जा एवं उत्साह प्रदान करता है। इन विचारों के बियाबान में उसकी अपराध भावना क्षीण हो रही थी। 'चलो, एक बार फिर से पूर्ण सतीत्व एवं चरित्र का जीवन व्यतीत करूँगी। यह लफंगपन त्याग दूँगी। उसे जड़ से नष्ट कर दूँगी। इस प्रकार की भूल जीवन में फिर से नहीं दोहराऊँगी। इतना व्रत, उपवास तथा भजन-पूजन करूँगी कि काम-वासना मन से पूर्णतः रफूचक्कर हो जाए। मैं संसार से लड़ूँगी। देवी! मुझे इस बार क्षमा करो तथा नये जीवन में प्रवेश करने के लिए आवश्यक आत्म-विश्वास तथा शक्ति प्रदान करो।'

देवी ने सिंह पर विराजमान अपने पूर्ण सुसज्जित स्वरूप में ललिता को अभयदान दिया और वह संसार की परवाह न करते हुए जीवन में फिर से नए उत्साह के साथ आगे चल पड़ी। उसे विश्वास था कि उसके श्वसुर अवश्य ही उसका समर्थन करेंगे क्योंकि वह ही परिवार में एक सत् तथा दृढ़चरित्र व्यक्ति थे।

पवन ललिता और कमल के उस दृश्य से उबर नहीं पा रहा था। वह दिन-प्रतिदिन निराशा के गर्त में डूबता जा रहा था। उसकी बुद्धि ने सोचना बन्द कर दिया था। 'यह भी हो सकता था कि वे केवल छेड़छाड़ कर रहे हों।' पर एक पति का शकी मन यह नहीं स्वीकार कर रहा था। वह ललिता को देखकर ही चिल्लाने लगता था। डॉक्टरों ने उसके कमरे को ही गहन चिकित्सा-कक्ष में परिवर्तित कर दिया था। वह पूर्णतः रोगाणुओं से मुक्त था। पर वह अपने मस्तिष्क में प्रविष्ट शक के रोगाणुओं से नहीं लड़ पा रहा था। पवन के इर्द-गिर्द इतने यन्त्र लगा दिए गए थे जैसे चिकित्सा उपकरणों तथा साधनों से उसको अपने कमरे में ही कैद कर दिया गया हो। शायद ये आधुनिक चिकित्सा उपादान उस शक के जीवाणुओं को नष्ट कर सकें।

उसका योगासन तथा प्राणायाम बन्द हो गया था जिससे उसकी हालत और भी दुर्बल होती जा रही थी। कृत्रिम जीवन-सहायक यन्त्रों पर शरीर को कब तक

रखा जा सकता है? वह थक चुका था। इसी बीच भारत की पाकिस्तान तथा इंग्लैण्ड के साथ क्रिकेट-श्रृंखला भारत में आयोजित होने जा रही थी। पवन की उसमें रुचि थी। फिर क्या था। उसके कमरे में उन्तीस इन्च का टेलीविजन लगा दिया गया तथा एक बड़ा डिजिटल पर्दा भी लगाया गया ताकि वह बिना किसी चेष्टा के क्रिकेट मैच का प्रत्येक अंश चारों दिशाओं से देख सके।

ललिता ने भी एक दिन अकेले में जाकर पवन के पैर पकड़ते हुए कहा, "स्वामी मुझे क्षमा कर दीजिए। मेरी कोई भूल नहीं है। उसने मुझे जबरदस्ती पकड़ लिया था। मैं उससे छूटने का प्रयत्न कर रही थी इतने में आप आ गए। मैं आपकी पवित्र पत्नी हूँ।"

"पर तुम भी उस जबर्दस्ती का मजा ले रही थी। तुमने तो कोई विरोध नहीं किया, न तुम चिल्लाई?"

"मैं उस पापी के साथ वह व्यवहार नहीं करना चाहती थी, क्योंकि वह हमारी बुआ का दामाद है। यदि आप लोग उसे मार डालते तो फिर बुआ की लड़की के वैधव्य का पाप मुझ पर चढ़ता। बस, मैं यह चिन्ता करके ही रह गई। मैं स्वयं ही उससे लड़ती रही। अकेली ही। मैं कसम खाकर कहती हूँ।"

"तुम मुझे सफाई न दो। मैं शरीर से अवश्य कमजोर हूँ, पर आँखों से नहीं। हे ईश्वर! वह दृश्य देखकर मैं अन्धा क्यों नहीं हो गया? हे चुड़ैल! तुम मुझे मार डालो। अब मैं और कष्ट नहीं सहन करना चाहता हूँ।"

ललिता पवन के पैरों के नीचे लेटकर रोने लगी। यद्यपि पवन ने उसे क्षमा नहीं किया पर पवन के दिमाग में एक सच्चाई का कीड़ा प्रवेश कर गया। यद्यपि पति-पत्नी, स्वामी-नौकर के सम्बन्धों का कीड़ा शक के कीड़े से कमजोर होता है, पर वह ही शक के कीड़े से लड़ाई कर सकता है। इसलिए कहते हैं कि पति एवं पत्नी को सच्चरित्र तथा एक पति एवं एक पत्नीधारी होना ही नहीं चाहिए, अपितु ऐसा उनके व्यवहार से प्रकट होना चाहिए अन्यथा इन शक के रोगाणुओं द्वारा खुशियों से भरे परिवारों को उजाड़ते देरी नहीं लगेगी।

ललिता के पैरों से धरती जैसे फिसल रही थी। उसने कभी सोचा भी नहीं था कि उसकी चंचलता या चुलबुलापन उसे इतना मँहगा पड़ेगा। वह जब भी एकान्त में अवसर देखती, पवन के सामने हाथ जोड़कर खड़ी हो जाती। वह अपने पति के पैर पकड़कर प्रणाम नहीं कर पाती थी क्योंकि केवल मरे हुए व्यक्ति के ही लेटी हुई स्थिति में पैर पड़े जाते थे। वह समझती थी कि यदि गोयल परिवार को इस घटना का आभास भी हो गया तो उसका सिर मुड़ाकर वे उसे तुषार-वाटिका के दरवाजे के बाहर कर देंगे। वह पवन के प्रति हृदय से कृतज्ञ थी कि वह अपने

जिगर में छिपाये हुए विष को अकेला पी रहा था। पता नहीं यह उसके किन पुण्यों का प्रताप था। आखिर पति-पत्नी के बीच कुछ ऐसी बातें होती हैं जो दूसरा कोई नहीं जान पाता है।

जब पवन ने उसकी आँखों में प्रायश्चित देखा तो वह मक्खन की भाँति पिघल गया। आखिर ललिता उसे गरम करने में अभ्यस्त थी। वह भी उसका अभाव लम्बे समय से अनुभव कर रहा था। फिर ललिता उस समय उससे कह रही थी, "आपको सलिला की कसम है यदि आपने इस घटना का किसी और से जिक्र भी किया। मैं विष खाकर जान दे दूँगी।" पवन जानता था कि ललिता भी जिद्दी थी। वह कुछ भी कर सकती थी। उसकी जिन्दगी तो कुछ दिन की थी, पर यदि ललिता चली गई तो उसकी सलिला की कौन देखभाल करेगा? सलिला की कौन शादी करेगा? यह विचार बार-बार उसके दिमाग में दस्तक दे रहा था। सलिला का चेहरा एवं उसका भविष्य ही जैसे उसके सामने सब समय था। उस दिन वह खुशमिजाज था। भारत पाकिस्तान के विरुद्ध अच्छी बल्लेबाजी कर रहा था तथा भारत जीत के कगार पर था। इसी बीच ललिता उसके सामने हाथ जोड़कर खड़ी हो गई। ललिता ने कहा, "यदि आपने इस बार मुझे क्षमा नहीं किया तो मैं स्वयं को क्षमा नहीं करूँगी और कुछ भी कर सकती हूँ।"

"औरतें स्वयं चरित्रहीनता करें और पुरुषों को धमकी दें, यह कहाँ का न्याय है?"

"यदि आपने मुझे क्षमा नहीं किया तो मैं इस पश्चाताप के साथ नहीं जी सकूँगी।"

पवन ने सोचा, 'यदि मैं अपने मानसिक बवण्डर को ललिता की ओर मोड़ दूँ, तो कोई लाभ नही होगा। बहुत से बहुत तो मेरा जीवन छः माह के लिए और बढ़ जायेगा। पर ललिता का जीवन समाप्त होने पर तो सलिला का आधा जीवन जाता रहेगा तथा प्रकाश परिवार पर जो धब्बा तथा लाँछन लगेगा, उसका आने वाली पीढ़ियों द्वारा भी परिष्कार नहीं किया जा सकेगा। अतः उसने ललिता को क्षमा करने का निश्चय किया। पवन ने कहा, "देखो, मैं अन्दर से तुम्हें क्षमा तो मरते समय तक नहीं कर पाऊँगा। पर दुनिया की दृष्टि में मैं तुम्हें क्षमा कर दूँगा। तुम्हें चरित्रहीना तथा कलंकिनी नहीं बनने दूँगा। मैं इस घटना का किसी के सामने इजहार नहीं करूँगा।"

दोनों पति-पत्नी की भाँति एक दूसरे से लिपट गए। ललिता ने पवन को भरपूर प्यार दिया। पवन ललिता के काम तथा प्रेम से लबालब होकर पूर्णतः सन्तुष्ट हो गया।

क्रिकेट का मौसम था। पाकिस्तान के साथ भारत क्रिकेट मुकाबला इतना रोचक तथा तनावपूर्ण होता है जैसे पाकिस्तान और भारत के बीच युद्ध हो। जो इस क्रिकेट-शृंखला में जीतता है वह सैन्य दृष्टि से भी अधिक शक्तिशाली माना जाता है। हो भी क्यों न। भारत का पाकिस्तान के साथ चार बार युद्ध हो चुका है। चारों बार पाकिस्तान हारा पर क्रिकेट की जीत पाकिस्तान की विजित मनोदशा के ऊपर कुछ मरहम पट्टी कर देती है।

पवन क्रिकेट खेल में ऐसे रम जाता जैसे कामी पुरुष कामी स्त्री में रम जाता अथवा भक्त ईश्वर में रम जाता। जो आता उससे क्रिकेट के विषय में चर्चा करता। रामू और भाड़े का गोरा भी पवन से किक्रेट पुराण सुनकर थक चुके थे। जैसे ही पवन क्रिकेट के आँकड़े आरम्भ करता, रामू बगलें झाँकने लगता। पर गोरा 'हाँ' में 'हाँ' मिलाता रहता था। पवन का क्रिकेट वाचन एकतरफा था। वह दूसरे देश के क्रिकेट-दल या खिलाड़ी की प्रशंसा करना नहीं सीखा था। बस भारत ही बल्लेबाजी करता रहे तो पवन का स्वास्थ्य तथा मिजाज उस दिन ठीक रहता था। वह चाहता था कि प्रत्येक गेंद पर चौका, छक्का पड़े, पर यह सम्भव नहीं था। दूसरा दल भी घास नहीं चरता था। फिर खेल तो एक प्रतियोगिता है। खेल को खेल भावना से खेलना एवं देखना चाहिए। कभी एक व्यक्ति या दल विजयी होता है तो दूसरे क्षण दूसरा दल विजयश्री से महिमा-मण्डित होता है।

भारत के दल ने प्रथम मुकाबला हारा। पर दूसरा मैच भारत ने जीता। तीसरे एक दिवसीय मुकाबले में कांटे की टक्कर थी। वह भी भारत ने जीत लिया। सभी ने विशेषतः पाकिस्तानी दर्शकों ने आशा की थी कि तीसरा एक दिवसीय मुकाबला पाकिस्तान जीतेगा, पर वह पाकिस्तान हार गया। पाकिस्तान की दर्शक दीर्घाओं से उठा शोरगुल तथा हुड़दंग भारत के बल्लेबाजों तथा गेंदबाजों का सन्तुलन विचलित न कर सका। लम्बे बालों वाले नये खिलाड़ी महेन्द्र सिंह धोनी ने इतनी तेज-तर्रार बल्लेबाजी की कि पाकिस्तान के होश उड़ गए। उसने तीस गेंदों पर सत्तर रन जड़ दिए तथा गेंदों की बुरी तरह धुनाई की। धोनी की धुनाई के सामने सचिन तेन्दुलकर की आतिशी बल्लेबाजी लोग भूलने लगे। विश्व का सर्वश्रेष्ठ बल्लेबाज सचिन केवल बीस-तीस रनों पर सिमट गया। शायद उनके प्रति देशवासियों की उच्च प्रत्याशा ही उसके तनाव का प्रमुख कारण थी। उन्हें गीता का उपदेश देने के लिए कई एस.एम.एस. (मोबाइल सन्देश) आए, पर सचिन को उन्हें देखने का समय नहीं था। दूसरी ओर उसको एक सौ करोड़ रुपया देने वाले विज्ञापन-दाताओं का आर्थिक दबाव भी था। धोनी की सफलता ने चयन-कर्ताओं में नयी जान फूँक दी।

आस्ट्रेलिया से आये प्रशिक्षक ग्रेग चैपल ने इसमें अगुवाई की। उन्होंने सर्वप्रथम पुराने कप्तान सौरभ गांगुली को चलता किया क्योंकि वे पुरानी लकीर के फकीर थे तथा पुराने खिलाड़ियों को रखने में उनका निहित स्वार्थ था, ताकि उनके एकक्षत्र राज को चुनौती न दें। चयन-कर्ताओं ने नये गेंदबाजों को अवसर दिया, जिनकी उम्र बीस से तेइस वर्ष की थी। भारत बाकी दो मैच भी जीत गया। लाख कोशिश करने पर भी पाकिस्तान आखिरी कराची का मैच भी न बचा सका। पाकिस्तान का राष्ट्रीय अहम् चकनाचूर हो गया।

पाकिस्तान के शीशे का महल ध्वस्त हो गया। यद्यपि पाकिस्तान भारत के विरुद्ध कोई युद्ध नहीं जीत पाया, पर क्रिकेट एवं हॉकी में जीत दर्ज करके वहाँ के तानाशाह पाकिस्तान के निवासियों को यह भरोसा देते रहते थे कि वे भारत से श्रेष्ठ हैं। पर मैदान में एवं मैदान के बाहर दोनों दलों में सहृदयता तथा एकता का प्रकटीकरण हुआ, उससे वहाँ की जनता का हृदय तथा सोच परिवर्तित होने लगी। सभी हार-जीत को भूलकर खेल-भावना को बड़ा बताने लगे। जो उपलब्धि दोनों देशों की कई सरकारें नहीं हासिल कर सकीं, वह क्रिकेट के खेल ने कर दिखाया। भारत की समृद्धि और भारत के निवासियों में पाकिस्तानवासियों के प्रति मैत्री-भावना को देखकर पाकिस्तान के क्रिकेट प्रेमी अचम्भित रह गए। भारत और पाकिस्तान का क्रिकेट मैच देखने गए भारत के दर्शक वस्तुतः प्रेम और सहृदयता का पैगाम लेकर गए थे। उन्होंने अपने देश के शासकों को ही दोनों देशों के अनावश्यक रूप से बिगड़ते हुए सम्बन्धों के लिए दोषी पाया तथा उन कठमुल्लों तथा मौलवियों को जो धर्म के नाम पर जनता को अशिक्षित, निर्धन तथा असभ्य बनाये रखना चाहते थे, ताकि उनके सामने धर्म के अतिरिक्त कोई सोच-विचार का बिन्दु ही न आ सके। फलतः पाकिस्तान के सैन्य शासकों को पाकिस्तान में पनप रहे उग्रवादी संगठनों के विरुद्ध कार्यवाही करनी पड़ी। सरकार भी देशवासियों की मति के अनुसार चलती है। आतंकवादियों ने पाकिस्तान के सैन्य राष्ट्रपति पर भी आक्रमण करना प्रारम्भ कर दिया। भारत की एक दिवसीय मैचों में विश्वसनीय जीत ने टेस्ट मैच में भारत की हार को धो दिया।

इस क्रिकेट शृंखला के अच्छे परिणामों को देखकर पवन बिस्तर से उठ गया। वह इन मैचों के प्रत्येक अंश को सभी को फिर से दिखाता, सुनाता तथा क्रिकेट का आँखों देखा हाल सुनाने वालों से उत्तम वर्णन करता। प्रकाश भी पवन में नव उत्साह सृजन को देखकर आश्वस्त था कि उसकी कुछ उम्र बढ़ गई थी।

दस दिन बाद भारत और इंग्लैण्ड के बीच टेस्ट एवं एक दिवसीय क्रिकेट शृंखला प्रारम्भ हुई। पवन के लिए जैसे यह दीपावली या दुर्गा-पूजा का महोत्सव

हो। वह सभी कष्ट, बीमारी, दुःख एवं चिन्ता विस्मृत कर क्रिकेट मैच देखने में व्यस्त हो गया। जब तक भारत अच्छा खेलता, पवन का मन अच्छा रहता। जैसे ही भारत का प्रदर्शन खराब होता, पवन का शरीर दुर्बलता का शिकार होता चला जाता। यदि कोई भारत का खिलाड़ी गलत गेंद पर आउट हो जाता अथवा कोई गेंद नहीं लपक पाता, तो पवन चिल्लाकर उसे कोसने लगता। वह चिल्ला-चिल्ला कर उसे गाली गलौज करते हुए कहता, "सालों को किसने भारत की टीम में चुन लिया है? ये तो सड़क पर क्रिकेट खेलने वाले मुहल्ले के दल में भी शामिल होने योग्य नहीं हैं। कैसे इन बेवकूफों को भारत जैसे विशाल तथा धनी देश का प्रतिनिधित्व करने के लिए लाकर खड़ा कर दिया है? इनसे अच्छा तो हमारा रामू ही क्रिकेट खेलता है। इन्हें मुझसे क्रिकेट खेलने के गुर सीखने चाहिए।"

वह अधिकतर कहता, "इन खिलाड़ियों को खेल तथा भारत के गौरव से खिलवाड़ करने की अनुमति नहीं देनी चाहिए।" पर जो होना था, वही हुआ। पुरुष का भाग्य, स्त्री का स्वभाव तथा क्रिकेट खेल का परिणाम कोई भी नहीं जानता है। अभी टेस्ट खेलों में भारत और इंग्लैण्ड एक-एक मैच जीतकर बराबरी पर थे। तीसरा मैच अति महत्त्वपूर्ण था, क्योंकि चौथी जगह खेले गए मैच अधिकांश अनिर्णीत रहते थे। सबसे बड़ी भूल भारत के कप्तान ने की। उसने बल्लेबाजी लेने के स्थान पर इंग्लैण्ड को बल्लेबाजी करने का मौका दिया। इंग्लैण्ड ने चार सौ रन बना लिए। इतने रनों के दबाव में भारत की पारी सिमटने लगी। एक-एक करके भारत के महारथी बल्लेबाज ताश के पत्तों की भाँति ढहने लगे।

तेन्दुलकर के आउट होने पर तो जैसे पवन पागल हो गया। एक बार जोर से चिल्लाया और बेहोश होकर पलंग पर लेट गया। ललिता, रामू दौड़े। उन्होंने पानी दिया पर पवन के गले के नीचे कुछ जा ही नहीं रहा था। नर्सिंग होम के डॉक्टर दौड़कर आए। उन्होंने उसके सीने में गर्मी दी। उसको मुँह से साँस दी। तब पवन कुछ बड़बड़ाने लगा। पर वह इस अवस्था में स्वयं से बात कर रहा था। दूसरी ओर टेलीविजन पर भारत के बल्लेबाज गिरते जा रहे थे। उसके चारों ओर कृत्रिम जीवन-सहायक उपकरण लगाये गए। उसे दूसरे दिन जब कुछ होश आया तो देखा कि भारत हार के कगार पर था। जैसे ही पवन ने सुना कि भारत हार गया था, वह चिल्लाकर पलंग पर निढाल होकर लेट गया। उसके सारे अंग निष्पन्द हो गए। उसकी स्मृति जाती रही।

चार दिन बाद भारत और इंग्लैण्ड के बीच अन्तिम मैच आरम्भ हुआ। पवन इस आशा में अटका था कि शायद भारत यह अन्तिम मैच जीतकर टेस्ट शृंखला बराबर करे। वह लेटे-लेटे मैच का विवरण सुन रहा था। कान अभी भी सक्रिय थे।

वह सुन सकता था, पर देख नहीं सकता था। उसके अन्दर बोलने की शक्ति नहीं थी। अचानक आखिरी दिन पिच ने मोड़ खाया। पिच पर से घास उखड़ चुकी थी। कई छोटे-छोटे गड्ढे हो गए थे। गेंद टप्पा खाने के बाद कहीं से उठकर कहीं चली जाती थी। बल्लेबाज के लिए गेंद की उठान समझ पाना मुश्किल था। दूसरी ओर फिरकी गेंद भी खूब नाच रही थी, जैसे वह शिवजी का ताण्डव नृत्य कर रही हो। गेंदबाज की अपेक्षा से अधिक गेंद उछल रही थी। भारत के दल के एक पर एक बल्लेबाज धराशायी होते जा रहे थे। केवल आखिरी बल्लेबाजों की जोड़ी अंग्रेज गेंदबाजों का सामना कर रही थी। भारत की पराजय उतनी ही निश्चित थी, जैसे सूर्य का डूबना। जैसे ही आखिरी विकेट गिरा, पवन ने अपने शरीर से लगे ऑक्सीजन तथा इन्जैक्शन के उपकरणों को निकालकर टी.वी. के पर्दे पर फेंककर मार दिया। उन्तीस इन्च के टेलीविजन का पर्दा जमीन पर बिखर गया तथा मूर्ख बक्से का नंगा रूप सामने आ गया– कितना कुरूप और असुन्दर। केवल कुछ मशीनों, उपकरणों तथा पुर्जों का ढेर। आवाज सुनकर तुरन्त ही रामू तथा ललिता दौड़कर आए। प्रकाश को तुरन्त सूचना दी गई। पवन को नर्सिंग होम में भर्ती कराया गया। डॉक्टरों ने भली-भाँति परीक्षण करके निर्णय दिया कि पवन को मानसिक रोग हो गया है जो उसके शारीरिक रोग से प्रबल था।

प्रकाश ने परिवार की बैठक बुलाई। पारिवारिक डॉक्टर भी बैठक में सम्मिलित हुए जो पवन की माँ, तुषार तथा पवन की इस बीमारी को लगातार देखते चले आ रहे थे। सभी के चेहरों पर उदासी छायी हुई थी। कोई हल दृष्टिगोचर नहीं हो रहा था। पारिवारिक डॉक्टर ने पवन का रोग असाध्य घोषित कर दिया। उन्होंने कहा कि पवन की स्थिति भावना एवं तुषार से भी अधिक बिगड़ चुकी थी। वस्तुतः उसके शरीर में कोई प्राणवान तत्व विद्यमान नहीं थे जो उसे पूर्व स्थिति में आने में सहायता करें। उनके विचार से पवन को राँची के मानसिक अस्पताल में भेज दिया जाए। वहाँ रहकर पवन का दिमाग ठीक हो जाएगा तथा उसकी जिद तथा हिंसा करने की प्रवृत्ति छूट जाएगी। प्रकाश ने कहा, "एक बार और देख लें। राँची भेजने से कम से कम पवन को यह अपमान नहीं झेलना पड़ेगा कि नर्सिंग होम का प्रबन्धक स्वयं अपने नर्सिंग होम में लाइलाज पड़ा है। दूसरे, वह पागलों को देखकर डर जाएगा तथा वहाँ के डॉक्टर भी कड़े हैं। वह कुण्ठाग्रस्त होकर वहाँ कुछ उल्टा-सीधा न कर बैठे क्योंकि उस अस्पताल में 'पागलों' की देखभाल में पूर्ण लापरवाही है।" पर पवन इतना हिंसक हो रहा था कि कोई उसके पास जाने से कतराता था यहाँ तक कि गोरा तथा रामू भी भय की स्थिति में उसके पास खड़े होते थे। केवल सलिला ही उसके पास जाती थी, जिसे देखकर वह प्यार से भर

जाता था। वह सलिला को प्यार करने के लिए बिस्तर से उठ नहीं पाता था पर उसकी आँखों में आँसू देखकर अनजान व्यक्ति भी कह सकता था कि ये आँसू उसकी इकलौती बेटी सलिला के लिए थे। कभी-कभी रामू सलिला को उसके बिस्तर पर बैठा देता पर डॉक्टरों तथा प्रकाश का सख्त आदेश था कि उसे भी पवन से सुरक्षित दूरी पर रखा जाए।

उधर ललिता को भी जाना ही पड़ता था। पति कैसा भी हो, वह पत्नी के लिए पति होता है और वह होती है उसकी एक मात्र परिचारिका, साथी, मित्र तथा सलाहकार।

पवन को खिलाने-पिलाने का जिम्मा वह ही चौबीस घण्टे निभा रही थी। जब सभी दूर चले जाते हैं तब पत्नी पति के तथा पति पत्नी के पास खड़ा रहता है। न दिन में खाना न रात में सोना। यही दिनचर्या थी उसकी। वह ईश्वर का नाम लेकर पवन की सेवा में संलग्न थी पर शायद बहुत देर हो चुकी थी। उसकी लगन तथा सेवा को देखकर प्रत्यक्षदर्शी आश्चर्य में थे। पर ईश्वर को उससे अधिक सत्कर्म करने वालों का भला पहले देखना था। शायद ईश्वर के सामने उस पंक्ति में वह बहुत पीछे थी। शायद उसका क्रम उसके अगले जन्म में ही आएगा। अचानक एक अपशकुन हुआ। प्रातःकाल से ही उसकी दायीं आँख तथा दायाँ अंग फड़क रहा था। वह किसी से कह भी नहीं सकती थी क्योंकि प्रातःकाल का स्वप्न या अपशकुन प्रकट करने पर निश्चित रूप से सत्य हो जाता है।

ललिता भयाक्रान्त थी। जो अनहोनी थी, हो गई। दूध लेते समय पवन ने दूध का ग्लास ललिता के मुँह पर दे मारा। ललिता की नाक में गहरी चोट आई। तुरन्त ही ललिता को नर्सिंग होम में भर्ती कराया गया जहाँ उसकी नाक का ऑपरेशन किया गया, जिसमें छः टाँके आए। सभी आए। इस बार निश्चय किया गया कि कुछ दिनों के लिए पवन को राँची के मनोचिकित्सालय में दाखिल किया जाए। ललिता ने अपनी दबी जबान से बिस्तर पर लेटे-लेटे इस निर्णय का विरोध किया पर अब प्रकाश सुनने वाले नहीं थे। प्रकाश ने तुरन्त रवि को राँची भेजा, ताकि वह पवन के लिए एक अच्छे कमरे की व्यवस्था करे। खर्च कुछ भी हो। पर राँची के पागलखाने में उत्तम कमरे थे ही नहीं। जो भी थे, वे भी सामान्य अस्पताल से गये-बीते थे। झारखण्ड की राजधानी होने के पश्चात् राँची के पागलखाने का भी पुनरुद्धार प्रारम्भ हो गया था, पर उस काम के पूर्ण होने में भी कम से कम एक वर्ष का समय बाकी था।

आसपास कोई अच्छा मनोरोग अस्पताल नहीं था क्योंकि भारत में अभी इतनी समृद्धि नहीं हुई थी कि मरीज की सेवा-सुश्रूषा में लोग इतना पैसा खर्च करें। पर

गोयल परिवार पवन के इलाज के लिए कुछ भी पैसा खर्च करने को तैयार था। पर साधन-सुविधाएँ उपलब्ध थी ही नहीं। फलतः पवन को चारों ओर से घेर कर राँची के राज्य मनोरोग चिकित्सालय लाया गया। उसके साथ बैठने वालों ने राम-राम का भजन करते हुए पुरुलिया से राँची तक की दो-घण्टे कार-यात्रा तय की क्योंकि पागल को यकायक दौरा पड़ने पर शक्ति आ जाती थी। रवि ने पवन के चिकित्सालय में भर्ती की व्यवस्था पहले ही कर रखी थी। पवन को सीधे उसके विशेष रूप से सुसज्जित कमरे में ले जाया गया। डॉक्टरों को रवि ने विशेष रूप से कृतज्ञ कर रखा था। अतः उन्होंने पवन पर विशेष ध्यान दिया। सरकारी अस्पताल में भी निजी अस्पताल से अधिक सेवा की व्यवस्था हो गई। मनोरोग चिकित्सालय के कर्मचारियों तथा परिचारिकाओं के लिए यह प्रथम अवसर था, जबकि किसी एक पागल पर उसके परिवार वाले इस प्रकार धन लुटा रहे थे। फिर भी पवन को वहाँ परिवेश पसन्द नहीं आया। उसका चित्त और बिगड़ गया। यह चिकित्सालय के कर्मचारियों तथा परिचारिकाओं के लिए कोई अस्वाभाविक नहीं था। वे प्रतिदिन उससे अधिक बिगड़ेल रोगियों का सामना करते थे। यही उनका कर्म था, यही उनका धर्म था। पर सरकारी अस्पताल में नौकरी करते हुए उन्होंने रोगियों के साथ केवल कठोर व्यवहार करने का अभ्यास किया था।

पवन के साथ उन्होंने अपनी ओर से पूर्णतः मृदु व्यवहार किया। पर पवन को उनके व्यवहार का अत्यन्त कटु अनुभव हुआ। पवन का हृदय वितृष्णा से भर गया और उसने अपने जीवन का अन्त करने का निश्चय किया। उसने सोचा– मैं क्यों दर-दर की ठोकरें खाता फिरूँ। उससे अच्छा है अपनी माँ के पास चला जाऊँ। माँ मुझे ऊपर बुला रही है। वह आत्महत्या करने के उपाय खोजने लगा। वह बार-बार कहता, "अब मैं जीना नहीं चाहता हूँ।" अस्पताल के डॉक्टर भी मनोरोगियों को नींद की गोलियाँ एक साथ खाने के लिए नहीं देते थे, ताकि वह एक साथ कई गोलियाँ खाकर अपने जीवन का अन्त न कर सकें। उन्हें डर था कि रोगी की जान जाने से उनकी नौकरी का अन्त हो सकता था। वैसे उन्हें रोगियों के जीवन से कोई सहानुभूति नहीं थी। उन्हें एक मात्र चिन्ता अपने परिवारजनों की थी कि वे किस प्रकार नौकरी समाप्त होने पर अपना जीवनयापन करेंगे। पवन के जिद्दी तथा हिंसक स्वभाव को ठीक करने के लिए डॉक्टरों ने उनके परिवारजनों को उसकी आँखों से दूर रहने की सलाह दी, कम से कम तीन-चार दिन ताकि पवन उनकी बात ध्यान से सुने तथा उनकी आज्ञा का पालन करे।

दूसरे दिन रात अस्पताल में बिजली गुल हुई। पवन के कमरे में मिट्टी के तेल की लालटेन रखी गई। पवन को तुरन्त उपाय मिल गया। बिल्ली के भाग्य से

छींक टूटा। मोमबत्ती तथा माचिस भी बिजली गुल होने पर रखी गई तथा मच्छरों को भगाने हेतु धूपबत्ती जलाने के लिए रखी गई। रात का अँधेरा बढ़ता गया। उसके कमरे के सभी पहरेदार सो गए। उसने ईश्वर से प्रार्थना की, 'ईश्वर! आप मुझे माँ के पास उड़ाकर ले चलो। माँ! मेरी तुम्हारे पास आने की उत्कट इच्छा है। मैं इस संसार से थक गया हूँ। तुम मेरी अन्तिम इच्छा शीघ्रातिशीघ्र पूरी करो। ईश्वर! सलिला का आप ख्याल रखना।' इसके पश्चात उसने अपने कपड़ों पर लालटेन का पूरा मिट्टी का तेल उड़ेल लिया। तुरन्त ही माचिस की काठी निकाली और उसे जलाकर अपने कपड़ों पर लगा दिया। क्षण भर में पवन के शरीर पर कपड़े धू-धू कर जलने लगे।

पवन खुश था। पर वह नहीं जानता था कि अस्वाभाविक मृत्यु भी उतनी ही कठिन है जितना जीना। उसकी दाह तो जीवन की दाह से कठिन है। वह चारों ओर विक्षिप्तों की भाँति दौड़ा, चिल्लाया पर कोई भी स्वयं जलने के भय से उसके पास भी नहीं फटका। जब मनोरोग चिकित्सालय की जेल के रक्षकगण और तीन-चार लोग एकत्रित हुए तो उन्होंने उस पर तीन-चार कम्बल फेंके, पर तब तक बहुत देर हो चुकी थी। पवन का शरीर प्रायः नब्बे प्रतिशत झुलस चुका था। सभी को आश्चर्य था कि मरते समय पवन में कहाँ से भागने की शक्ति आ गई थी, जिससे वह चिल्लाते हुए चारों ओर दौड़ रहा था। शायद आत्मा ऊपर उड़ने के पूर्व कष्ट पा रही थी तथा वह फड़फड़ाते हुए पवन के शरीर से पूर्ण शक्ति लगाकर उड़ने का प्रयास कर रही थी। यही कारण था कि आखिर में पवन के अन्दर प्राण-शक्ति जाग्रत हो गई थी।

पवन को राँची के सर्वोत्तम अस्पताल के जले-कटे वार्ड में भर्ती कराया गया। पूरा गोयल परिवार उपस्थित था। पवन की अवस्था किसी से भी देखी नहीं जा रही थी। दूसरी ओर ललिता नर्सिंग होम में पड़ी कराह रही थी। उसे किसी ने अभी तक यही सूचना दी थी कि पवन की स्थिति अति शोचनीय थी। प्रकाश प्रथम बार विचलित हुआ। उन्होंने भी ईश्वर से मन ही मन में प्रार्थना की और कहा, 'पवन को ईश्वर और कष्ट न दो। उसे अपने राज्य से उठा लो।' उधर प्रकाश ने कामना की और दूसरी ओर पवन की आँखें मुद गईं— सदैव के लिए। प्रकाश के परिवार का दूसरा चिराग बुझ गया। प्रकाश की आँखों से आँसू टपके पर वे तुरन्त स्वयं को सँभालते हुए पवन को पुरुलिया ले जाने की व्यवस्था में जुट गए।

उत्सव की धनी तुषार-वाटिका आज शोक संतप्त थी। सभी इस बात से चिन्तित थे कि कैसे ललिता को पवन के शव के पास लाया जायेगा तथा उसके वैधव्य की औपचारिकता की जाएगी। ललिता को पवन की मृत्यु की सूचना प्राप्त

हो गई और वह निरन्तर बिस्तर पर ही लेटे-लेटे आँसू बहा रही थी। डॉक्टरों ने तुषार-वाटिका में ही उसके लिए नर्सिंग होम का एक कमरा तैयार कर दिया था।

प्रकाश ने पवन की अन्त्येष्टि की कवायद की फोन पर ही सभी व्यवस्था कर दी थी। पवन की लाश आयी। प्रकाश ने तुरन्त ललिता को बुलाया। उसके साथ दो डॉक्टर और दो परिचारिकाएँ खड़ी थीं। उसकी मांग का सिन्दूर मिटाया गया तथा काँच की चूड़ियाँ तोड़ी गईं तथा पैर के बिछुए उतार दिए गये। इसी अल्प औपचारिकता के बाद ललिता ने पवन के पैरों को स्पर्श किया और डॉक्टर तथा परिचारिकाएँ उसे तुरन्त बिस्तर पर ले गए अन्यथा पवन के पास दूसरी अर्थी सजानी पड़ती। प्रकाश ने ललिता से कहा, "बेटी, तुम चिन्ता न करो। जब तक तुम्हारा श्वसुर जीवित है, तुम्हें कोई कष्ट नहीं होगा। तुम्हें सलिला की देखभाल करनी है। क्या कोई माँ विधवा होती है? जिस दिन से इस धरती पर माँयें विधवा होने लगेंगी, यह धरती भी उठ जाएगी। शेषनाग इस पापी धरती का बोझ सहन नहीं कर पाएँगे तथा वह धरती रसातल में चली जायगी।"

ललिता के मस्तिष्क में विचारों के बवण्डर उठ रहे थे। दूसरी ओर तुषार-वाटिका में रोना-धोना चल रहा था। वह सोच रही थी– मैं तो उसी दिन विधवा हो चुकी थी जब मेरा विवाह पवन के साथ हुआ था। दूसरी बार मैं विधवा उस दिन हुई जब पवन की बीमारी का पता चला। तीसरी बार विधवा मैं उस दिन हुई जब दरवेश के साथ मेरे अवैध सम्बन्ध स्थापित हुए। चौथी बार मैं विधवा उस दिन हुई जब कमल के साथ मैं गलत स्थिति में पवन द्वारा पकड़ी गई। यह पाँचवीं बार सांसारिक मान्यता प्राप्त मेरा वैधव्य है। जो भाग्य में है, वह स्वीकार करना ही होगा। फिर श्वसुर का सहारा ही मेरे जीवन का सम्बल है। मैं दिखा दूँगी कि एक स्त्री नीचे से कितनी ऊँचाई तक जा सकती है। वह अपनी खोई हुई जिन्दगी को कैसे दुबारा प्राप्त कर सकती है। वह अपनी खोई हुई अस्मिता को कैसे प्राप्त कर सकती है। मैं आसमान में उड़ूँगी। अच्छा हुआ, भगवान ने मुझे मेरे पाप का यहीं दण्ड दे दिया। अब तो मेरा चेहरा देखने लायक ही नहीं है। मैं अपने सुकर्मों से ख्याति प्राप्त करूँगी। मैं प्रयोग करके देखूँगी कि यह संसार सुकर्मों को जितना महत्त्व देता है या केवल मौखिक सहानुभूति भरता है। मैं दिखा दूँगी कि स्त्री के चेहरे को उसके सुकर्मों द्वारा भी देखा जाता है, केवल गोरी-चिकनी चमड़ी द्वारा नहीं।'

प्रकाश अपने जीवन में आये आँधी-तूफान से काँप गये। उनके एक घनिष्ठ मित्र ने उन्हें समझाया, "आप समझते हो कि पवन की मृत्यु से आप पर तुषारापात हुआ है। पर सभी लोग कहते हैं कि यह उत्तम हुआ। पवन को सुगति प्राप्त हो

गई। वह कष्ट भोगते-भोगते थक गया था। आप लोगों द्वारा दी गई दवाओं से अघा गया था। चिकित्सा सम्बन्धी उपकरणों ने उसके शरीर को जगह-जगह वेध दिया था तथा डॉक्टरी देखभाल तथा सेवा-शुश्रूषा से वह उब चुका था। आपने देखा ही था कि उसके शरीर में कुछ बाकी नहीं रह गया था। उसके सभी आन्तरिक अंग-प्रत्यंग निष्क्रिय हो चुके थे। वह केवल दवाओं तथा आप लोगों की अतुलनीय सेवा के सहारे जी रहा था। वह न चाहते हुए भी आप लोगों के प्रेम-वश होकर जी रहा था। आपके परिवार ने उसके लिए यथेष्ट किया। यह भी एक आदर्श है। आप समाज के एक महत्त्वपूर्ण व्यक्ति हैं। समाज को अभी भी आपसे बहुत आशाएँ हैं। अभी आपको मीलों दूर जाना है। आपको कई और मानदण्ड एवं आदर्श स्थापित करने हैं। निराशा की बातें मेरे मित्र के मुँह से शोभा नहीं देतीं। मेरा मित्र कभी दुर्बल तथा हताश नहीं हो सकता। चलते रहो। निरन्तर चलते रहो। जैसे स्थिर पानी दूषित हो जाता है, वैसे ही आलसी, शिथिल अथवा निष्क्रिय व्यक्ति कहीं का नहीं होता है। न तो उसकी संसार में गति है न परलोक में। अतः चलते रहो, कर्म करते रहो। क्षितिज के उस पार एक सुन्दर भविष्य तुम्हारी अविरल प्रतीक्षा में इन्द्र-धनुष सजा रहा है। देखो और जागो।"

12. घृणा

पवन की मृत्यु के पश्चात् रवि का परिवार में दबदबा हो गया। प्रकाश का वकालत करने में मन नहीं लगता था। वह प्रातःकाल से तुषार प्राकृतिक चिकित्सा एवं योग केन्द्र चले जाते तथा सायंकाल ही वहाँ से लौटकर आते। कर कार्यालयों में बढ़ते हुए भ्रष्टाचार के कारण उन्हें अपने पेशे से वितृष्णा हो रही थी। व्यक्ति जब स्वयं से परेशान हो जाता है, तो संसार की बाह्य प्रकृति तथा व्यापार भी उसे उदासीन एवं अर्थहीन प्रतीत होते हैं। पर संसार का चक्र ऐसा है जिसकी गति कभी नहीं रुकती। गति उतनी ही सत्य है जितना सूर्य का उदित होना और सूर्य के डूबने पर चन्द्रोदय। यदि संसार में कोई एक व्यक्ति नेतृत्व छोड़ देता है तो दूसरा व्यक्ति उसका स्थान लेने के लिए स्वयमेव ही ऊपर आ जाता है। यह धरती कभी नेतृत्वहीन नहीं रहती। स्वाभाविक रूप से रवि ही परिवार का कर्ता-धर्ता बन गया। जो मुवक्किल प्रकाश के मोबाइल पर फोन करते, प्रकाश उनसे रवि से सम्पर्क स्थापित करने की सलाह देते। व्यापारीगण भी रवि से बात करके पूर्ण सन्तुष्ट होते तथा उन्हें कर निर्धारण अधिकारी के द्वारा उनके पक्ष में आदेश प्राप्त

हो जाता। मुवक्किल को और क्या चाहिए? शनैः-शनैः प्रकाश ने अपना मोबाइल उठाना बन्द कर दिया। न तो वे आने वाले फोनों के नम्बर भी ठीक तरह से देख पाते और न ही उनको अपनी ओर से फोन कर पाते। इस तेज गति के संचार युग में सम्बन्ध खराब करने का यह सबसे सरल उपाय है।

रवि अपना पूरा मन लगाकर कार्यालय का काम देख रहा था तथा उसने ललिता की छोटी बहिन से विवाह का मन बना लिया था। पर ललिता के चरित्र पर उँगली उठने के बाद उसका ललिता की बहिन से विवाह करने का इरादा कमजोर हो गया। चरित्र में गड़बड़ी की खबरें ऐसे फैलती हैं जैसे छोटे से छोटे छिद्र में पानी झिरने लगता है और चारों ओर फैल जाता है। इसी बीच पाखी के साथ उसके पुराने भूले बिसरे हुए सम्बन्धों में नया रक्त प्रवाह हुआ। पाखी ने रवि को एक प्रेम-पत्र लिखा : "एक अरसे के बाद मैं एक कागज पर अपने दिल की सारी बात लिख रही हूँ। ऐसा पहले भी बहुत कुछ लिखा और सोचा था कि तुमको दूँगी पर हिम्मत नहीं हुई। मैं तुम्हें प्यार करती हूँ और तुम्हारी यादों में ही जिन्दा हूँ। तुम बोलोगे तो मैं ट्यूशन भी छोड़ दूँगी। इसी बहाने से तुमसे मिल सकती हूँ। क्या तुम्हें अच्छा लगेगा कि तुम्हारी पाखी को पूरे दिन लोग डाँटें और वह रोती रहे। मुझको माफ कर देना क्योंकि मैंने तुम्हारा फोन काट दिया था। मेरा भाई, जो हमारे प्यार में खलनायक है, सामने आ गया था। जिस दिन तुमसे लड़ाई होती थी, मैं बहुत रोती थी। जिस दिन तुमसे बात नहीं होती, वह दिन नहीं गुजरता। मैं तुम्हें प्यार करती हूँ। तुम जो बोलोगे, मैं वही करूँगी। सच मानो मैं आपकी बहुत इज्जत करती हूँ और तुम्हारा प्यार जान से ज्यादा अजीज है मुझे। तुम्हारे बिना मैं नहीं रह सकती। मैं तुम्हें हर हालत में पाना चाहती हूँ। बस, तुम प्यार करते रहो—बहुत प्यार। मुझे जीवन में 'प्यार' शब्द किसी से नहीं मिला। तुमको छोड़कर मैं किसी को प्यार नहीं कर सकती। तुम मुझे कभी नहीं छोड़ना। तुम जिस दिन मुझसे दूर हो गए, वह दिन मेरी जिन्दगी का आखिरी दिन होगा। मैंने यह पहला पत्र तुम्हें हिन्दी में लिखा। बस बहुत लिख दिया, सारा राज आज तक जो मेरे मन में था। मैं तुमसे प्यार करती हूँ। जो भी तुम चाहो करो। आमि तुमाके भालोबासि।

तुम्हारी और केवल तुम्हारी

पाखी

रवि और पाखी का प्रेम फिर हरा-भरा हो गया। दोनों की सचल फोन पर बातें शुरू हो गईं, फिलहाल मिलना-जुलना बन्द ही था पर मोबाइल से बात करने पर उन्हें वही सन्तोष प्राप्त हो रहा था। दोनों ने कोलकाता में निर्धारित कार्यक्रम के अनुसार मिलने का निश्चय किया। पाखी के साथ फिर प्रेम के पत्ते खुलने पर रवि

इस प्रेम प्रसंग को मन में लिए हुए मार्च के महीने में वाणिज्य-कर तथा आयकर कार्यालयों में चक्कर लगाते-लगाते थक गया था। अतः उसने अपने पुरुष मित्रों के साथ सबसे ऊँचे दर्रे की यात्रा करने का निश्चय किया। बंगाली पर्यटन प्रिय लोग हैं। पश्चिम बंगाल में प्रति क्षेत्र में समिति एवं संगठन हैं। पर्यटन के लिए भी कई क्लब तथा संस्थाएँ हैं जो प्रतिवर्ष पर्वतों पर चढ़ाई एवं पार्वत्य स्थलों की यात्रा की व्यवस्था करती हैं। रवि ने तुरन्त एक स्थानीय क्लब से बातचीत की। उसने कोलकाता की एक संस्था से सम्पर्क साधा। उस संस्था का भी उस समय हिमाचल प्रदेश में पन्द्रह हजार फीट ऊँचे कुंजमदर्रे की यात्रा करने का कार्यक्रम था तथा उसमें एक दो सदस्यों के लिए खाली जगह थीं। रवि को उस यात्रा में तुरन्त शामिल कर लिया गया क्योंकि उसने तुरन्त पूरा पैसा जमा कर दिया। रवि का डॉक्टरी परीक्षा परिणाम भी अनुकूल था। इस दल में एक ऐसे भी चित्रकार थे जो प्रतिवर्ष पर्वतों पर रहकर वहाँ की प्राकृतिक सुन्दरता, जीवन, निर्जनता तथा अद्वितीय दृश्यों के छायाचित्र लेते थे तथा उनकी पूरे वर्ष विभिन्न पत्र-पत्रिकाओं में राष्ट्रीय स्तर पर बिक्री करते थे। फिर राज्य सरकार से भी इस गैर-सरकारी संस्था को प्रतिवर्ष पाँच हजार रुपए का अनुदान प्राप्त हो जाता था।

रवि दस सदस्यों के दल के साथ कोलकाता से दिल्ली पहुँचा। दिल्ली में वे पश्चिम बंगाल सरकार के अतिथिगृह बंग-भवन में रुके। वहाँ से बस के द्वारा पूरा दल एक दिन में मनाली पहुँचा। मनाली से वे जीप द्वारा लाहुल स्पीति के जिला शहर काजा पहुँचे जो कि बारह हजार फीट की ऊँचाई पर था। वहाँ से उन्होंने कुछ कुलियों तथा खच्चरों को भाड़े पर लिया। उन पर अपने खाने-पीने की सामग्री तथा तम्बू लादे। प्रत्येक व्यक्ति के पास पहाड़ी रास्ते का एक-एक नक्शा था। पथ में उन्हें कुछ विदेशी पर्यटक भी मिले जो कुंजमदर्रे की यात्रा पर जा रहे थे।

उन्होंने प्रायः बीस किलोमीटर जीप में और फिर पैदल चलकर अपना प्रथम पड़ाव चौदह हजार फीट ऊँचाई पर किब्बर ग्राम में डाला। यह स्पीति जिले का आखिरी ग्राम है तथा संसार का सड़क के सम्पर्क में सबसे ऊँचा ग्राम है। उसकी जनसंख्या सात सौ थी। किब्बर ग्राम में केवल पहाड़ी सादा निरामिष भोजन ही मिल सका। भोजन में मछली न मिलने के कारण बंगाली सदस्य असन्तुष्ट थे। किब्बर ग्राम से चढ़ाई करके उन्होंने पारंगला दर्रा पार किया। जिसे पार करते ही उनके सामने केवल प्रकृति ही थी। चारों ओर बर्फ, पहाड़, पत्थर, चट्टानें, हिमानी नाले या नदियाँ, हिमनद, न कोई पेड़ और न ही जीव-जन्तु। प्रकृति की छटा निहार कर रवि विस्मित रह गया। उसने प्रकृति का यह वैभव प्रथम बार देखा था। प्रकृति भी इतनी समृद्ध है, उसकी कल्पना उसे नहीं थी। उस सौन्दर्य के समक्ष

धन अथवा पद कुछ नहीं है और न ही सांसारिक व्यापार। दल के नायक ने सभी को सावधानीपूर्वक उसके पीछे चलने के लिए कहा क्योंकि उस ऊँचाई पर ऑक्सीजन की कमी भी हो गई थी। पर सूर्य के प्रकाश में वे 18,300 फीट की ऊँचाई से निकली पारेछु नदी के बहाव के साथ-साथ चलने लगे जो सिन्धु नदी की सहायक नदी है। पन्द्रह किलोमीटर चलकर सभी ने पन्द्रह हजार फीट की ऊँचाई पर स्थित सुमोरीरी झील के निकट पड़ाव डाला। तेज हवाओं के झंझावात में तम्बू उड़ा जा रहा था। सर्र-सर्र आवाज करते हुए तेज शीतल एवं चुभने वाली हवाएँ बह रही थीं। जैसे-तैसे रात्रि में भोजन करके वे तम्बू के अन्दर घुसे, तब शान्ति मिली। धीरे-धीरे उनका शरीर गर्माने लगा और उन्हें नींद आने लगी। दूसरे दिन प्रातः उठकर सुमोरीरी झील के विराट प्राकृतिक सौन्दर्य के उन्होंने दर्शन किए। वहाँ उन्होंने विभिन्न प्रजाति के पक्षियों को देखा तथा विभिन्न प्रकार के पुष्पों को भी जो अपने पूर्ण यौवन में पंक्तिबद्ध खड़े थे जैसे उनका स्वागत कर रहे थे। अपने प्राकृतिक सौन्दर्य के कारण अद्‌भुत थे। छाया चित्रकार फूलों के पीछे पड़ गया। वे जान बचाकर भागे तथा तेज हवाओं में हिलने लगे ताकि वह उनके सौन्दर्य को अपने कैमरे में न कैद कर ले। सदस्यों को आगे चलने के लिए दल नायक ने विवश किया। थोड़ा विलम्ब इस ऊँचाई पर घातक सिद्ध हो सकता था। इस दल को ऊँचाई पर भी एक-दो भेड़ें दिखीं तथा एक दो जंगली गधे भी। भाग्यवश उन्हें सुरा गाय दिखी जो उन्हें देखकर और ऊपर बीहड़ पहाड़ों में लुप्त हो गई। तपन विश्वास फोटोग्राफर उसके पीछे भागा, पर वह गिर पड़ा। दल के सदस्यों ने उसके शरीर में यूकेलिप्टस आदि का तेल मला। तब जाकर वह सामान्य स्थिति में आया। अब पूरा दल अपने गन्तव्य की ओर पूरी शक्ति से चल पड़ा। रास्ता अति सँकरा तथा ऊबड़-खाबड़ था। छोटे-छोटे पहाड़ी नुकीले तथा नदी के गोल पत्थर उनकी गति को तेज नहीं होने दे रहे थे। केवल एक व्यक्ति के चलने के लिए ही रास्ता था। आसपास में हिमनद नाले बह रहे थे तथा बर्फ पर अति फिसलन थी। कुछ दिन पूर्व ही बर्फवारी होने से बर्फ यहाँ-वहाँ पड़ी थी। कहीं-कहीं तो उन्हें डंडे के अतिरिक्त कुदाली का उपयोग करना पड़ रहा था ताकि वे आगे बढ़ते रहें। रवि तो कुदाल के बिना चल ही नहीं पा रहा था। रास्ते में जितनी फिसलन थी, उसी अनुपात में कंकड़-पत्थर पड़े थे। चिकनी सड़कों तथा वाहन में चलने वालों के लिए यह उलटा अनुभव था। कंकड़-पत्थर भी इतने ठण्डे थे कि बर्फ से प्रतियोगिता कर रहे थे। चारों ओर बर्फ एवं शीत होने के कारण पहाड़ के शरीर का रंग भी शंकर भोले की भाँति साँवला हो गया था। हरियाली ठहर नहीं पा रही थी। केवल दो ही रंग थे—काला और सफेद। दूर कहीं इक्का-दुक्का

छोटा-मोटा पेड़ दिखाई पड़ता था वह भी कंटीला। वे चलते रहे जैसे चलना ही जीवन है, रुकना मृत्यु है। बैठने के लिए चट्टान भी नहीं थी। छोटी चट्टानें भी पूर्णतः बर्फ से आच्छादित थीं। प्रकृति ईश्वर की भाँति सम और शान्त थी। अतः उन्होंने हर हालत में साँयकाल तक दर्रे को पार करने का निश्चय किया ताकि वे गन्तव्य तक पहुँच सकें। फिर बाद में देखा जाएगा। यदि जान बची तो वे उस कठिन तथा दुर्गम पथ पर चल सकेंगे। कम से कम उन्हें गन्तव्य तक पहुँचने का ब्रह्मानन्द प्राप्त हो ही जाएगा। परन्तु उस ऊँचाई पर वे ईश्वर के और नजदीक होंगे। रेंगत-रेंगते, रुकते-रुकाते, टिकते-टिकाते दल के सदस्य कुंजमदर्रा के मुहाने पर पहुँचे। दल के नायक ने सलाह दी कि “सदस्यगण उत्तेजित न हों, अभी भी ऊँचे तक पहुँचने तथा उससे निकलने में तीन घण्टे का समय लगेगा। फिर छः बजे साँयकाल के पूर्व दर्रे से निकलकर पड़ाव के तम्बू गाड़ना है। हम ईश्वर का नाम लेते हुए, अपने अन्दर सभी ऊर्जा एकत्रित करते हुए आगे बढ़ें और बढ़ते ही रहें।”

एक घण्टे में वे दर्रे में पहुँचे। कितना महान् दृश्य था—प्रकृति प्रदत्त दो प्रदेशों को जोड़ने वाला रास्ता—बर्फ की दो पर्वत शृंखलाओं को जोड़ने वाला एकमात्र सेतु। उन्हीं दर्रों के माध्यम से स्थानीय आबादी का जीवन निर्वाह होता है। मैदान के निवासी उन दर्रों तक पहुँचने तथा उनसे निकलने में ही अपनी इतिश्री मानते हैं। यहाँ के स्थानीय लोग प्रतिदिन दर्रे को पार करते हैं। दो प्रदेशों, दो प्रकार के निवासियों, दो परिवेशों में कितना अन्तर है? जमीन-आसमान का अन्तर, ईश्वर के बनाए हुए दो शरीरों में कितना अन्तर है। इस परिवेश में आसमान नजदीक है तो मैदान के परिवेश में जमीन पास में है। तपन विश्वास तुरन्त कैमरे का बटन दबाता रहा। अब उराने दर्रे के लिए सुरक्षित रखा वीडियो कैमरा निकाला और वह अद्वितीय दृश्य की सम्पूर्ण शूटिंग में लग गया ताकि उसका कैमरा उस दृश्य को गणितीय बारीकी से कैद कर सके। मनुष्य की बुद्धि एवं आँख तो भावना के प्रभाव में भूल कर सकती है पर कैमरा रूपी यन्त्र नहीं। हो सकता था कि तपन अपनी मानव बुद्धि के प्रयोग से कोई अद्भुत दृश्य छोड़ देता पर जनता के निर्णय के लिए इस दृश्य को सभी तक पहुँचाना आवश्यक था। शीघ्रातिशीघ्र दल के सदस्यों ने अपने क्लब का झण्डा वहाँ गाड़ा, राष्ट्रीय ध्वज लहराया, रवीन्द्र संगीत की कुछ पंक्तियाँ गुनगुनाईं एवं सभी ने ‘राष्ट्रीय गान’ को एक साथ गाकर एक-दूसरे को बधाइयाँ दीं। रवि तेज एवं बर्फीली चलती हवाओं के कारण स्थिर नहीं हो पा रहा था। अतः वह ईश्वरीय सुन्दरता का पूर्ण उपभोग न कर सका। इसी बीच उसके कैमेरे ने दर्रे की पृष्ठभूमि में उसके कई छायाचित्र कैद

कर लिए थे। पर्वतारोही दल दर्रे से निकलकर आगे बढ़ा क्योंकि उनके साथ चलने वाले कुलियों ने दर्रे में गन्दगी फैलाने से उनको मना किया। उन्होंने दर्रे की एक चट्टान पर अंकित सन्देश की ओर इशारा किया—"आप इतनी दूर तक थके-माँदे आए हैं और थोड़ा आगे चलिए। आराम कीजिए। यह प्रकृति की देन हमारी आपकी है। इसका संरक्षण करना हमारा पावन दायित्व है। पर्यावरण को स्वच्छ रखने की प्रतिज्ञा लेकर यहाँ से जाइए। स्वच्छ पर्यावरण, जीवन आधार।"

उसी सतह पर चलते, ऊपर चढ़ते हुए, नीचे उतरते हुए, टेढ़े-मेढ़े रास्ते से वे उस स्थान तक पहुँचे जहाँ उन्हें रात्रि का डेरा लगाना था। सभी ने चैन की साँस ली। महान् उपलब्धि की प्रसन्नता और आत्मविश्वास से लबालब सभी ने शीघ्र खाना खाया और वे तम्बू के अन्दर विश्राम करने के लिए चले गये। तम्बू के बाहर एक क्षण भी रहना कठिन था अतः बाकी खाना-पीना भूलकर वे तम्बू के अन्दर घुस गये। केवल उनके साथ चल रहे कुली ही कुछ समय के लिए बाहर ठहरकर उनके लिए भोजन परोस रहे थे। उद्देश्य-प्राप्ति की प्रथम नींद कितनी मधुर एवं गहरी होती है, वह रवि सहित पर्यटक दल के सदस्यों ने उस रात्रि अनुभव की। वे निद्रा देवी की गोद में हिलोरें लेते रहे।

पौ फटते ही दल कुंजमदर्रे को अलविदा करते हुए आगे बढ़ गया। उन्होंने इस ऊँचाई पर तम्बुओं में स्थित गोम्पा-तिब्बती मठ देखा। उन्हें इस मठ-मन्दिर में गर्म-गर्म चाय मिली तथा धूप का धुआँ। उन्हें जैसे उनकी मैदानी साँस मिल गई हो। वे उस रात उसी मठ के आसपास रुके तथा प्रकृति की छटा निहारते रहे।

दूसरे दिन उन्होंने धरती पर उतरने की अपनी यात्रा आरम्भ की। रास्तें में उन्होंने एक विस्मयकारी दृश्य देखा कि उस ऊँचाई पर एक सोकर (नमक) झील थी। यदि यह झील न रहे, तो जीव-जन्तु नमक के बिना ही इस ऊँचाई पर मर जाएँ। उन्हें चंकया नामक बंजारा जाति के लोग दिखे। वे भेड़ों का दूध पीते हैं। सत्तू पीते हैं, खच्ची रखते हैं, जंगली गधे पालते हैं तथा भेड़ों को पालकर उनकी ऊन की बिक्री करके अपनी जीविका चलाते हैं। लौटने वाला रास्ता लेह जाता है पर उन्हें उसके पहले ही कुरजो ग्राम से वापिस आना था। पाँचवें दिन वे पांग, सरचू, वारलाछा दर्रा पार करके लेह मनाली मार्ग पर पहुँचे। छठवें दिन सायंकाल वे अपने अन्तिम पड़ाव कुरजो ग्राम पहुँचे जहाँ उस रात्रि विश्राम करके उन्हें दूसरे दिन जीप से वापिस आना था। उनका हृदय फिर से निःशब्द, निश्छल, सुन्दर, पवित्र पर्वत-शृंखलाओं में भ्रमण कर रहा था जहाँ वे एक सप्ताह तक थे। वे इस संसार के दल-दल से दूर उन पार्वत्य घाटियों में थे जहाँ ईश्वर की आवाज स्पष्ट सुनाई दे रही थी। सभी के ऊपर प्रकृति के सौन्दर्य का भूत सवार था। वे बता

कम कर रहे थे जबकि मन ही मन आनन्द अधिक ले रहे थे, जबकि प्रतिदिन की जीवनचर्चा में इसका विपरीत होता है।

इस यात्रा में पाखी की यादें रवि का साथ नहीं छोड़ रही थीं। मनाली लौटते ही रवि ने पाखी को फोन करा और उसको तीन-चार दिन बाद कोलकाता में मिलने के लिए कहा। पाखी को भी रवि से मिले हुए युग बीत चुका था। उसका भी ग्रीष्मावकाश था। ग्रीष्मावकाश में वह प्रति वर्ष किसी न किसी सम्बन्धी के यहाँ अवश्य जाती थी। उस बार उसने कोलकाता में मौसी के यहाँ जाने की इच्छा प्रकट की। पाखी की माँ तुरन्त सहमत हो गई। बंगाली घरों में महिलाओं के निर्णय लेने के पश्चात् तो पुरुष केवल उस पर मुहर लगाने की औपचारिकतामात्र करते हैं। पाखी पुरुलिया एक्सप्रेस में बैठकर दो दिन बाद ही कोलकाता चली गई। रवि भी तीसरे दिन कोलकाता पहुँच गया। दोनों की फोन पर बातचीत हुई एवं दोनों ने गोयल परिवार के कोलकाता स्थित फ्लैट पर ही मिलने का निश्चय किया। पाखी की एक मित्र भी कोलकाता आई थी।

पाखी उससे मिलने का बहाना बनाकर रवि से मिलने चली आई। रवि ने पाखी को चौरंगी पर एक टैक्सी में बैठाया एवं लेकटाउन स्थिति फ्लैट पर आए। पाखी को न कोई पश्चात्ताप था और न ही कोई झिझक। वह इतने दिनों वियोग में रहकर संकल्प कर चुकी थी कि वह रवि की होकर ही रहेगी। दोनों में प्यार की प्रक्रिया एकदम प्रारम्भ हो गयी क्योंकि समय कम था तथा उन्हें बहुत दूर तक जाना था। पाखी भी मौसी के घर पर दो–ढाई घण्टे के लिए कहकर आई थी। पाखी ने प्रस्ताव किया, "देखो रवि, आगे बढ़ने के पूर्व तुम्हें यह वायदा करना पड़ेगा कि तुम मुझसे एवं केवल मुझसे ही विवाह करोगे।"

"तुम्हें इसमें भी सन्देह है। मैं पहाड़ों पर प्रकृति के पीछे छिपे हुए ईश्वर का दर्शन करके आ रहा हूँ और मुझे यह ज्ञान हुआ है कि संसार में खाने-पीने एवं मौज-मस्ती के अतिरिक्त क्या है? ऐसा मस्ती का जीवन ही जीवन है। हम लोगों का इतना चिन्ता भरा जीवन व्यर्थ है। आओ तुम मुझे पूर्ण आनन्द दो एवं लो। हम एक-दूसरे में सदा-सदा के लिए खो जाएँ।"

पाखी ने कहा, "मैं तुमसे पूरा वायदा चाहती हूँ। उसके बिना हमारी दूरियाँ ही अच्छी हैं। तुम मेरी मांग में पहले सिन्दूर भरो।"

प्लेट में रखी हुई रोली उठाकर रवि ने उसकी माँग में रोली लगा दी। पाखी को लगा कि वह क्या भूल करने जा रही थी। कहीं मौसी ने उसे परख लिया? पर दोनों प्रेम के ज्वार को न रोक सके तथा दोनों प्यार के सागर में उतर गए। तुरन्त ही दोनों प्रगाढ़ चुम्बन एवं आलिंगन में लग गए। शीघ्र ही वे उन कन्दराओं में चले

गए जहाँ से कोई स्त्री व पुरुष वापिस नहीं आना चाहते हैं। फिर उनका तो यह प्रथम अनुभव था। दोनों एक दूसरे को छोड़ना नहीं चाहते थे। बार-बार चुम्बन और आलिंगन।

इतने में पाखी की मौसी का मोबाइन पर फोन आया। दोनों तुरन्त दूर हुए। दोनों ने तुरन्त अपने कपड़े पहने तथा पाखी मिठाई एवं चाय पीकर मौसी के घर के लिए तुरन्त चल पड़ी। कपड़े भी अस्त-व्यस्त, मन भी अस्त-व्यस्त। यद्यपि मन मस्ती से भरा था पर भविष्य की चिन्ता तथा अनिश्चितता बार-बार उसके दिमाग पर टक्कर मार रही थी। वह रवि के साथ गुजारे हुए क्षणों की यादों में मदहोश थी, पर वह भविष्य की चिन्ता से ग्रस्त भी थी। दोनों को अपराध भावना साँप की भाँति डंक मार रही थी।

रवि सोच रहा था—मैंने यह क्या किया? एक लड़की की आबरू भंग कर दी। अभी मुझे दादाजी से आज्ञा भी नहीं मिली है कि मैं पाखी को अपने घर की बहू बनाकर ले आ सकूँ और न ही कोई उसे स्वीकारेगा। मैंने दोनों परिस्थितियों में अपने लिए भविष्य का कोई रास्ता नहीं सुनिश्चित किया है। मैं और कहीं जाकर रहूँगा, तो मुझे कोई दो हजार रुपए की नौकरी भी नहीं देगा। मैं तो जंगल में शेर की भाँति अपने कार्यालय में कागज़ का शेर हूँ। मेरी बाजार में कोई कीमत नहीं है। जल उद्योग का भी कोई भरोसा नहीं है।

पाखी के मस्तिष्क में विचारों का तूफान उठ रहा था—मेरे पास तो अपनी इज्जत ही थी जो मैंने लुटा दी है। अब तो मुझे कोई नहीं स्वीकारेगा। जब मेरे दूसरे पति को सुहागरात के दिन यह शक हो जायेगा कि मैं दूसरे की हो चुकी थी, तो उसका वहीं आधा प्यार कम हो जाएगा। मेरे पास रवि की पत्नी बनने के अतिरिक्त कोई उपाय नहीं है। मैं उसके बिना अब क्षण भर भी नहीं रह सकती। चाहे मेरा भाई मेरे विवाह का कितना भी विरोध करे।

कार्यक्रम के अनुसार दूसरे दिन रवि रात्रि की गाड़ी से पुरुलिया जा रहा था। पाखी ने मौसी से मिलकर रवि को फोन किया कि वह जाने के पहले उससे मिल ले क्योंकि उसे पुरुलिया मिठाई भेजनी थी।

रवि पुरुलिया के लिए ट्रेन पकड़ने के रास्ते में पाखी की मौसी के घर गया। पाखी ने उसे एक मिठाई का डिब्बा थमाया जिसमें उसने प्रेम-पत्र रख दिया तथा रवि को कहा कि यह मिठाई उसके घर पहुँचा दे जो कि उसके एक रिश्तेदार के यहाँ शादी की मिठाई थी। पाखी ने आँखों-आँखों में रवि से बहुत कुछ कह दिया। उसने मौसी के पीठ करते ही कहा, "देखो रवि, मेरे पास जो भी था, मैंने तुम्हें सर्वस्व समर्पित कर दिया। अब तुम्हारी बारी है। तुम्हें मुझे बचाना होगा। तुम

पुरुष हो। जैसे भी हो तुम्हें मुझसे विवाह करना ही होगा। तुम्हें जैसे भी हो दादा जी को हमारे विवाह के लिए तैयार करना होगा।"

"ऐसा ही होगा," रवि ने पाखी को आश्वस्त किया और वह हावड़ा स्टेशन के लिए चल दिया। रवि पूरी रात ट्रेन में सो न सका क्योंकि पाखी का पत्र लम्बा, अर्थपूर्ण, संवेदनशील एवं मर्मांतक था।

पाखी ने लिखा था–"प्रियतम रवि, मैंने तुम्हें अपना सभी कुछ दे दिया है। मैं तुम्हारी हूँ और तुम्हारी ही रहूँगी। मेरा और कहीं ठौर ही नहीं है। तुम मुझे अपने दिल में सदा रखना। तुम पुरुष हो। तुम सबकुछ कर सकते हो। मैं तुम्हारे बिना एक क्षण भी नहीं रह सकती हूँ। हम दोनों वयस्क हैं। हमने यह निर्णय वर्षों विचार-विमर्श करके लिया है। अब हम पीछे नहीं हट सकते। चाहे मुझे अपनी जान भी गँवानी पड़े। मेरे हृदय तथा मन पर दूसरे के चेहरे का बिम्ब पड़ ही नहीं सकता। अब घर वालों के चक्कर में हम बहुत दिन नहीं रहेंगे। हम अपने निर्णय का शीघ्र पालन करेंगे। यदि घरवालों ने हमारे प्रेम का विरोध किया तो हम पुरुलिया से पलायन करेंगे और अन्य जगह अपना संसार बसायेंगे। भारत विशाल देश है। क्या हम दो लोगों को छुपने की जगह भी नहीं मिलेगी। शुरू में हमें कष्ट जरूर होगा पर मैं भी काम करूँगी। जैसे भी होगा, हम अपना संसार चला लेंगे। हो सकता है कि प्रारम्भ में हमारे पास बंगला तथा गाड़ी न हो पर यदि हमारे भाग्य में होगा तो वह भी हमें अवश्य मिलेगा। फिर प्यार के आगे गाड़ी-बंगला तुच्छ है। मेरे पैर की चप्पल है। बस तुम मुझे प्यार करते रहना। तुम मुझे कहीं भी किसी भी हालत में छोड़कर नहीं जाओगे। जैसा तुम कहोगे, मैं वैसा ही करूँगी। शायद हम फोन पर अधिक बात न कर सकें पर अपनी इस योजना को अंजाम देना है। मैं पुरुलिया पहुँचकर ही घर वालों से स्पष्ट कह दूँगी कि मैं तुमसे विवाह करना चाहती हूँ। फिर परिणाम कुछ भी हो, तुम मुझे अपने साथ शीघ्र से शीघ्र लें चलो। हम एक छत के नीचे एक साथ रहें-सदैव एक साथ। आमार तुमाके कोटि-कोटि भालो वासा।

समीपेषु,

तुम्हारी अपनी ही,

पाखी"

कोलकाता में पाखी को सभी घटनाओं, व्यापारों तथा चित्रों में केवल रवि ही दृष्टिगोचर हो रहा था। वह अपने महामिलन की खुमारी से उबर ही नहीं पा रही थी। वह खुश एवं केवल खुश थी। उसका मुखमण्डल चन्द्रमा की भाँति चमक रहा था। उसका किसी अन्य चीज में मन ही नहीं लग रहा था। उस दिन की खुमारी

में उसे खाने-पीने का भी होश ही नहीं था। उसकी मौसी उसके इस अजीबोगरीब व्यवहार से सकते में थी कि कहीं पाखी ने कुछ कर तो नहीं लिया। उधर रवि ने अपनी कार से पाखी के घर मिठाई का डिब्बा भेजा। पाखी का भाई जब लौट कर आया तो उसके मुहल्ले के मित्रों ने उसके घर पर प्रकाश की गाड़ी आने के विषय में बताया तथा उससे हँसी-मजाक किया। घर आते ही पाखी का भाई राणा आगबबूला हो गया। उसने क्रोध में कहा, "यह रवि अपने को क्या समझता है? क्या उसके पास ही मोटर गाड़ी है? आजकल तो मुहल्ले-मुहल्ले में कारें खड़ी हैं जैसे एक समय साइकिलें रहती थीं। उसने मिठाई का डिब्बा भेजने का कैसे साहस किया? हम बंगाल के सनातनी ब्राह्मण हैं। हमारी और उस माण्डू की क्या तुलना है? कुछ लोग तो कहते हैं कि वह विशुद्ध मारवाड़ी अग्रवाल भी नहीं है। हम कैसे रवि को अपने घर में प्रवेश करने दे सकते हैं। उसके पैर रखते ही मैं उसका पैर काट दूँगा। यदि पैर न काट सका, तो उसकी गर्दन कलम कर दूँगा। उसे अपने पैसे का बहुत घमण्ड हो गया है। मैं बन्दूक के छर्रों से उसके घमण्ड को छलनी कर दूँगा ताकि उसका घमण्ड दुबारा सिर न उठा सके। सर्प को उसी समय मारना आसान है जब वह अपने बिल से सर निकालता है। यदि उसने अपना फन फैला दिया और वह सतर्क हो गया, तो वह मरने पर भी शिकारी तथा उसके परिवार को नहीं छोड़ता है। उसकी नागिन सर्प के मृत शरीर से शिकारी का अक्स लेकर उसका तब तक पीछा करती रहती है जब तक वह मौत का बदला नहीं ले लेती। इसी प्रकार कछुओं का शिकार तब किया जाता है जब वह पानी से अपना मुँह बाहर निकालता है। ऐसे आप कछुए पर कितनी ही गोलियाँ चलाते रहिए, उस पर कुछ असर नहीं होगा। उसका कवच बड़ी से बड़ी बन्दूक की गोली झेल लेगा तथा वह निशाना उसकी पीठ पर से फिसल जाएगा। यह घटना उस शिकारी के साथ भी होती है जो नरभक्षी शेर या तेंदुए को देखते ही मार देता है। वह नरभक्षी अन्यथा शिकारी पर ही आक्रमण करके उसे ही क्षत-विक्षत कर देगा। यही हाल कमबेशी मछलियों का है। हमें रवि का फन फैलने से पूर्व उसका फन काटना होगा। मैं देखता हूँ कि पाखी कैसे इसके प्रेम-चक्र में फँस गई है। यदि वह न मानी, तो उसका ही सर कलम कर दूँगा।"

"बेटे, तुम्हें रवि से इतनी घृणा क्यों है? वह एक शिक्षित होनहार लड़का है। उसने प्रकाश वकील साहब की पूरी वकालत सँभाल ली है। उसका पूरे पुरुलिया शहर में नाम है। हमारी पाखी को इससे अच्छा और क्या वर मिल सकता है? अपनी पाखी तो कुछ विशेष पढ़ी-लिखी नहीं है। आजकल केवल शिक्षित एवं नौकरीपेशा लड़कियों को पसन्द किया जा रहा है। पर पढ़ी-लिखी तथा नौकरी में

लगी हुई लड़कियों के माता-पिता को भी उनके विवाह में प्रचुर धन खर्च करना पड़ता है। यदि हमें बिना पैसे खर्च किए अच्छा लड़का मिल जाए तो इसमें क्या खराबी है? फिर आजकल अन्तरजातीय तथा अन्तर वर्गीय विवाह हो रहे हैं। इसी से तो हमारे समाज तथा देश में एकता का वातावरण फैलेगा। मैं यह नहीं कहती हूँ कि पाखी और रवि ने एक दूसरे को पसन्द कर लिया है। मैं तो एक विचारधारा की बात कर रही हूँ। आजकल मार्क्सवादियों की सभाओं में यह सुनाई देता है। तुम्हें इस छोटे से प्रकरण में इतना उत्तेजित नहीं होना चाहिए। उत्तेजना से बुद्धि काम करना बन्द कर देती है। उत्तेजना से क्रोध जन्मता है। क्रोध से हिंसा होती है। फिर उन परिणामों को भोगना पड़ता है। यदि क्रोध को नियन्त्रित न किया गया तो व्यक्तियों को जेल का दरवाजा भी देखना पड़ता है। मैं एक बार पाखी से तो पूछ लूँ। फिर तुमसे इस विषय में बात करूँगी। तुम फिलहाल शान्त रहो। इस समय तुम्हें उत्तेजित होने की कोई आवश्यकता नहीं है।”

“माँ, तुम्हें पाखी से पूछने की कोई आवश्यकता नहीं है। मैंने कह दिया कि मैं इस सम्बन्ध को किसी भी दशा में स्वीकार नहीं कर सकता हूँ। यदि दोनों के विवाह के फेरे पड़े तो वे मेरी लाश के ऊपर से पड़ेंगे। क्या हमारे बंगाली लड़कों का अभाव हो गया है? हमारी पाखी क्या एक माण्डु से विवाह करे? कितने बंगाली लड़के आजकल आई.टी. क्षेत्र में आ गये हैं तथा बंगाल का नाम उज्ज्वल कर रहे हैं। बंगाल की मेधा फिर से चमक उठी है। खेलों में तो बंगाल ने सदैव भारत की इज्जत बचायी है। टेनिस में लिएण्डर पेस ने ही कांस्य पदक जीतकर भारत का नाम ओलम्पिक पदक तालिका में मिटने से बचाया। हाल ही में ‘मदर टेरेसा’ तथा ‘अमर्त्य सेन’ ने नोबुल पुरस्कार जीतकर भारत का नाम रोशन किया। बंगाल अभी मरा नहीं है। हमारी वामपन्थी सरकार भी देश में स्वच्छ प्रशासन की एक मिशाल है। ये कुछ बाहरी प्रदेशों से आकर हमारी धरती पर गरज रहे हैं। यहाँ की मिट्टी, पानी तथा वायु का सेवन करके इस धरती पर बढ़ गए हैं और अब यहाँ की बहू-बेटियों पर हाथ रख रहे हैं। बंगाल बंगालियों का है। यहाँ उत्तर प्रदेश या राजस्थान के मारवाड़ियों के लिए कोई जगह नहीं है। ये लोग यदि ईमानदारीपूर्वक भी व्यवसाय-वाणिज्य करते, तो कोई बात नहीं थी। ये साम-दाम-दण्ड-भेद रूपी सभी हथकण्डे अपनाकर आगे बढ़े हैं। मैं इनसे तथा इनकी प्रगति को घृणा करता हूँ। इनको पुरुलिया की धरती से खदेड़कर ही दम लूँगा। हम धीरे-धीरे संगठित हो रहे हैं। इसमें समय लगेगा। माँ, तुम तो जानती हो कि दो बंगालियों का एकमत होना बहुत दुस्साध्य कार्य है। वे दोनों आमने-सामने होने पर बहस करने लगते हैं। पर एक बार संगठित हो गए, तो बंगालियों जैसा कोई संगठन करना नहीं

जानता है क्योंकि बंगालियों में संगठन के प्रति समर्पण होता है, त्याग होता है तथा मौलिक रूप से प्रत्येक बंगाली ईमानदार है।"

राणा के पिता भी वहीं खड़े थे। उनसे राणा का पागलपन अधिक सहन नहीं हुआ। वे राणा का यह पागलपन कई बार सुन चुके थे, पर वे चुप रहते थे क्योंकि वे राणा के लिए न तो किसी नौकरी की व्यवस्था कर सके और न ही किसी पेशे की और न ही उसे व्यवसाय के लिए वे आवश्यक धन जुटा सके। उन्होंने देखा कि राणा तो खराब संगत में इतना रम चुका था कि उसको उसके साथियों से दूर करना मुश्किल था। उन्होंने प्रथम बार राणा को फटकार कर कहा, "तुम्हारा नाटक मैं कई बार सुन चुका हूँ। यही कारण है कि बंगाली आज मुम्बई तथा महाराष्ट्र से खदेड़े जा रहे हैं। बांग्लादेश में तो यह तमाशा पहले ही चल रहा था। आजकल बंगाल और कोलकाता में तो नौकरियाँ उपलब्ध नहीं हैं, इस कारण अधिक बंगाली गुजरात, राजस्थान, महाराष्ट्र तथा उत्तर प्रदेश के वाराणसी, इलाहाबाद तथा नोएडा में बस रहे हैं। यदि आज भारत के साम्प्रदायिक दंगों में एक मस्जिद को क्षति पहुँचाई जाती है तो बंगलादेश सहित कई मुस्लिम देशों में दस मन्दिर तोड़ दिए जाते हैं। अफगानिस्तान में बर्बर अलगाववादी तथा आतंकवादी तत्त्वों ने तो विश्व की महानतम धरोहर बुद्ध की 98 फीट ऊँची पत्थर की मूर्ति को ही विस्फोटकों से नष्ट कर दिया। यहाँ विश्व हिन्दू परिषद ने एक मस्जिद को निशाना बनाया। वहाँ दूसरी ओर बंगलादेश में दो मन्दिर तोड़ दिए गये हैं। पुरुलिया को तो कुछ समर्पित प्रशासकों तथा वामपन्थी कार्यकर्ताओं ने झारखण्ड में जाने से बचा लिया अन्यथा तुम आज स्वयं को बंगाली कहने का साहस नहीं कर पाते। मछली खाना तो दूर तुम अपने मुहल्लों में दुर्गापूजा भी नहीं कर पाते। सत्तू खाना पड़ता। बंगला भाषा बोलने पर तो अनौपचारिक पाबन्दी लग जाती। यह क्षेत्र तो मौलिक रूप से आदिवासियों का है। हम यहाँ बाहरी हैं। पर बाहरी ही आजकल राजा बनकर बैठ गए हैं जैसे पश्चिम बंगाल की राजनीति तथा प्रशासन में पूर्वी बंगाल या बंगलादेश से आए हिन्दुओं का बाहुल्य है। अब तो केन्द्र में भी विस्थापित लोगों की सत्ता है चाहे आप बी.जे.पी. के लालकृष्ण आडवाणी को लें या प्रधानमन्त्री मनमोहन सिंह को लें या सर्वशक्तिमान सोनिया गाँधी को ही लें। सभी योग्य व्यक्ति बाहरी हैं क्योंकि बाहरी व्यक्ति ही परिश्रम करके स्वयं को योग्य सिद्ध करता है। वह ही स्थानीय लोगों में निरपेक्ष होता है तथा उसकी समस्याओं को ही सही परिप्रेक्ष्य में देख सकता है। इसीलिए आजकल अमेरिका, ब्रिटेन, आस्ट्रेलिया जैसे पश्चिमी देशों में नस्ल या प्रदेश भेद को भुलाकर योग्य व्यक्ति को ही महत्त्वपूर्ण पद पर बैठाया जाता है ताकि प्रशासन रूपी घोड़ा दौड़ सके। सिडनी, आस्ट्रेलिया में पुलिस

आयुक्त को इंग्लैण्ड से आयात करके बैठाया गया और उसने सिडनी में बढ़ते हुए अपराधों पर नियन्त्रण कर लिया। इस घोड़े का सवार अति योग्य होना चाहिए अन्यथा यह प्रशासन सवार को इतनी दूर फेंकेगा कि उसको बचाने में जनता व्यस्त हो जाएगी।

"तुम्हारे हिसाब से तो आज अमेरिका में रेड इण्डियन तथा आस्ट्रेलिया में काले साँवले आदिवासियों का शासन होना चाहिए था पर ऐसा नहीं है क्योंकि आदिवासियों के जाति-बिरादरी वाले प्रशासक एक बार शासन में आने पर उनकी भलाई भूल जाते हैं और वे भी भद्र लोगों की टोली में मिल जाते हैं तथा कोशिश करते रहते हैं कि वे भी भद्र लोग हो जाएँ। वे भी सभी तथाकथित भद्र लोगों की भाँति अपनी जाति या समुदाय का शोषण करने लगते हैं। अतः उत्तम यही है कि हम योग्यता को महत्व दें। जाति-उपजाति या समुदाय को जितना दूरस्थ रखेंगे, हम उतना ही आगे बढ़ेंगे। बड़े से लेकर तुम जैसे छुटभैये राजनीतिज्ञ यही चाहते हैं कि जनता उन क्षुद्र स्वार्थों या बिन्दुओं में उलझी रहे ताकि वह उनसे विकास के विषय में जवाब-तलब न करे क्योंकि विकास का विषय बहुत जटिल है। उन्हें इस कम विकास के क्षेत्र में उपलब्धि करना भी कठिन है तथा उस कला में माहिर भी नहीं हैं। तुम सभी पागलपन छोड़कर समाज की मुख्यधारा में लौट आओ। बंगाल ने ही देश को एकता तथा सार्वभौमिकता का पाठ पढ़ाया है। यदि तुम सच्चे बंगाली हो तो अखण्ड भारत के अतिरिक्त कुछ सोच भी नहीं सकते।"

माता-पिता की अच्छी सलाह भी राणा को उसके कुविचारों से नहीं डिगा सकी। राणा तथा उसके साथियों का नौकरी न मिलने के कारण पूरा क्षोभ मारवाड़ियों तथा बंगाल के बाहरी लोगों पर था जबकि वे लोग अधिकांशतः व्यवसाय में संलग्न थे। राणा सायंकाल क्लब में खेलने तथा व्यायाम करने गया तो उसके प्रशिक्षक ने समझाया, "आजकल तुम लोगों के माथे में यह बंगाली तथा अबंगाली का क्या कीड़ा घुस गया है? तुम्हें पता है कि इस क्लब के निर्माण में अधिक सहयोग अबंगालियों का है। बंगालियों के पास पूँजी कहाँ है? वे जितना अर्जन करते हैं, उतना खाने-पीने, शिक्षा, पर्यटन तथा उत्सवों पर खर्च कर देते हैं। यहाँ तक कि उनके पास घर की लड़कियों के विवाह करने के लिए पैसा नहीं रहता है। यही कारण है कि बंगाली कन्याएँ अधिकांश प्रेम-विवाह कर रही हैं। कब तक वे अपने अक्षम माता-पिता द्वारा उनके विवाहायोजन की प्रतीक्षा करें? अपने माता-पिता का अपने विवाह के लिए कब तक दुःख भरा चेहरा देखें? वे अपने माता-पिता का दुःख दूर करने के लिए अपना जीवन-साथी स्वयं तलाश लेती हैं। आजकल तो धन का राज्य है। जहाँ धन है, वहीं नौकरियाँ हैं। सरकारी

नौकरियाँ नगण्य हो गई हैं क्योंकि नया अभ्यर्थी सरकारी नौकरी में प्रवेश करते ही काम करना बन्द कर देता है। वह ऊपरी सुविधाओं की प्रथम दिन से ही तलाश करने लगता है। यदि बंगाली कामगार वेतन के बराबर या उससे कम काम करेगा, तो कहाँ से समाज में या राज्य में पूँजी जुटेगी, कहाँ से आर्थिक गतिविधियाँ बढ़ेंगी? इसलिए इक्कीसवीं सदी में पूँजी के आगे सभी को झुकना पड़ रहा है। पूँजी इक्कीसवीं सदी का खुला सत्य है। पूँजी इक्क्सवीं सदी का पूर्ण सत्य है। पूँजी अपरिहार्य है। क्या अबंगाली बंगाल में पैसे अर्जन करके अपने सिर पर ढो कर ले जाएँगे? वे उसका अधिकांश भाग यहीं खर्च करेंगे। फिर वे बाहर से पूँजी भी लाते हैं। उनके खर्च से ही पुरुलिया बाजार में चहल-पहल तथा रंगत ऊँची-ऊँची है। नारों से समाज का आर्थिक चक्र नहीं घूमता। वह पूँजी एवं श्रम से घूमता है। यह तो समाज के लम्बे जीवन में होता रहता है। कभी पूँजी श्रम पर हावी होती है, तो कभी श्रम पूँजी पर। सुना है कि आजकल श्रमिक का जितना शोषण साम्यवादी चीन में है, उतना किसी भी देश में नहीं है। देखो, बंगालियों ने ही बाहर के श्रमिकों को न्यौता दिया क्योंकि बंगाली लोग मजदूर, चपरासी आदि निम्न वर्ग का काम नहीं करना चाहते थे। वे इन कामों को हेय समझते थे। वे केवल सफेद-कालर काम करना चाहते थे तथा बाकी समय में भद्रलोग संगीत, कला तथा सांस्कृतिक कार्यक्रमों में व्यस्त रहते थे। यहाँ तक कि बंगाली महिलाएँ घरों में स्वयं काम नहीं करती थीं। इसीलिए बाहर के लोग आकर यहाँ जम गए। प्रारम्भ में बंगालियों ने इन बाहरी व्यक्तियों से श्रम करवाया तथा स्वयं उनके श्रम द्वारा लाभ से अपने घर भरे। पर शनैः-शनैः बाहरी लोगों ने बंगालियों की बौद्धिक उन्नति को चुनौती देना प्रारम्भ किया। यहाँ से ही बंगालियों की अवनति आरम्भ हुई। प्रत्येक जाति, सम्प्रदाय, समाज को प्रत्येक क्षेत्र में समान रूप से आगे आना होगा। कड़ा परिश्रम करना होगा। आजकल यदि भारत के लोगों ने कड़ी मेहनत नहीं की तो इन बहुदेशीय कम्पनियों के स्वामी ईस्ट इण्डिया कम्पनी की भाँति भारत में प्रभुत्व जमा लेंगे। अतः परिश्रम ही सफलता की कुंजी है। मुझे खुशी है कि अब अधिक से अधिक बंगाली लड़के क्लब में आ रहे हैं तथा क्लब में गपशप करने के अतिरिक्त काम की बातें करते हैं। वे व्यायाम करते हैं। इन भेदभावों की बातों में कोई सार नहीं है।"

इसी बीच अयोध्या पहाड़ के एक आदिवासी सांस्कृतिक संस्थान ने महात्मा विजय दा को अपने वार्षिक महोत्सव में मुख्य अतिथि के रूप में आमन्त्रित किया। श्री विजयकृष्ण चौधरी मिली-जुली वाम सरकार में लगातार बीस वर्ष तक भूमि सुधार मन्त्री थे। उन्होंने आदिवासियों की उन्नति के लिए अथक प्रयत्न

किया। उनके प्रोत्साहन के कारण पी.के. राय अतिरिक्त जिला शासक (भूमि सुधार) ने प्रायः सभी डेढ़ लाख आदिवासी परिवारों को उनके भूमि परिचय पत्र वितरित किये जो एक क्रान्तिकारी कदम था। उससे उन्हें बैंक से ऋण लेने में सुविधा हुई तथा भविष्य में उनकी जमीनें अन्य लोग नहीं हड़प सकेंगे क्योंकि जमीन का आलेख प्रस्तुत न करने के कारण न्यायालयों से उनके विरुद्ध एकतरफा आदेश हो जाते थे। श्री विनय चौधरी आदिवासियों के साथ उनके ग्रामों में बैठकें करते थे, उनकी चौपालों पर बैठकर उनकी समस्याएँ सुनते थे। उनके द्वारा तैयार किया हुआ रूखा-सूखा भोजन करते थे। उनके क्षेत्र में ही साधारण अतिथि गृहों में रहते थे। पर आदिवासी क्षेत्रों में ठेकेदारों को काम देने तथा नयी योजनाओं के लिए उनकी जमीन अधिग्रहण करने के कारण उनका अपनी ही सरकार से गहरा मतभेद हो गया और उन्होंने मन्त्री पद त्याग दिया। स्वतन्त्रता संग्राम के दौरान वे चौदह वर्ष तक जेल में एवं भूमिगत थे। तब उन्होंने वेदों, पुराणों, भगवद्गीता तथा भारतीय ग्रन्थों का अध्ययन किया, पर भारतीय ग्रन्थों में समाज में व्याप्त असमानता, अत्याचार तथा हिंसा का सीधा समाधान न पाकर वे मार्क्सवादी हो गए। अस्सी वर्ष की उम्र पार करने के बाद वे फिर से भारतीय सांस्कृतिक धरोहर की ओर उन्मुख हुए तथा साम्यवाद एवं भारतीय संस्कृति का समन्वय करके उत्तम भाषण देते थे जिस कारण वे जनता में काफी लोकप्रिय रहे। उन्होंने अपने भाषण में कहा, "विभेदकारी तथा पृथकतावादी विचार का कोई अन्त नहीं है। आज हम धर्म के आधार पर भेदभाव करेंगे, कल जाति, नस्ल एवं परसों हम अपनी जाति के भीतर ही उपजातियों के आधार पर भेदभाव के विषय में सोचने लगेंगे। जब जाति का भेदभाव समाप्त होगा तो हम प्रान्तीय भेदभाव या भाषायी आधार पर भेदभाव के विषय में सोचेंगे। जब कुछ नहीं बचेगा तो हम अपने परिवार में ही भेदभाव, विभेद के कारण ढूँढ निकालेंगे। अन्त में हम अपनी स्त्री से ही किसी आधार पर मनमुटाव कर बातें करेंगे। यह बहुत खतरनाक प्रवृत्ति है। जब सभी के भीतर एक ही परमात्मा का अंश विराजमान है, तो भेदभाव कैसा? साम्यवाद में भेदभाव को कोई स्थान नहीं है। ये भेदभाव वे लोग उत्पन्न करते हैं या सोचते हैं जो लोग जमीन से जुड़ नहीं पाए हैं, जो समाज की या राजनीति की स्वस्थ प्रतियोगिता में पिछड़ गए हैं। स्वभावतः भेदभाव से हिंसा जन्मती है। समाज या राज्य, साधारण मनुष्य की मुख्य आवश्यकताओं जैसे पेट की भूख, रहने के लिए मकान, तन ढकने के लिए कपड़ा, शिक्षा तथा स्वास्थ्य भूलकर अन्य अर्थहीन बिन्दुओं पर भटक जाता है। आजकल हमारे समाज, देश तथा विश्व का यह भटकाव खतरनाक है। इसके लिए विशेषतः हम राजनीतिज्ञ दोषी हैं जो युवाओं का शोषण अपने

निहित स्वार्थों की पूर्ति के लिए कर रहे हैं। पर समाज के पथ प्रदर्शक आज क्या कर रहे हैं? वे धनी लोगों का आतिथ्य स्वीकार करके ऐशो-आराम का जीवन व्यतीत कर रहे हैं।"

उनके इस प्रकार के दो टूक विचारों के कारण जनता उन्हें महात्मा विनयदा कहने लगी थी। पर उनकी लाल पार्टी के कामरेड उनसे शनैः शनैः खफा हो रहे थे। वे इस वृद्ध जनप्रिय कामरेड को दल से निकालने की सोच रहे थे पर उन्हें उस उम्र में दल से निकालने पर दल की बदनामी ही होती।

राणा विनयदा की सभा में उपस्थिति हुआ। राणा पर महात्मा विनय की वार्ता का अनुकूल प्रभाव पड़ा। पर राजा जैसे ही अपने दल के साथियों के साथ बैठा, उन्होंने उसका दिमाग एक सौ अस्सी डिग्री पलट दिया। उन्होंने कहा, "यदि तुम्हारी बहिन का विवाह एक अग्रवाल के लड़के के साथ हो जाता है, तो कोई भी हमारा यह नारा नहीं सुनेगा कि 'बंगाल बंगालियों का है' तथा 'बाहरी लोग बाहर जाओ'। हमें तो बड़ी उम्मीदें थीं कि उन्हीं नारों के भय के कारण कुछ मारवाड़ी उद्योगपति लोग हमें अपने कारखानों में नौकरी में रख लेंगे अथवा मोटी रकम देंगे। फिर तो चाँदी ही चाँदी है। हम काम करें या नहीं, वे हमें निकाल नहीं पाएँगे। तभी हमारे इस आन्दोलन का हमें लाभ मिलेगा। देखो, हमें कोई राजनीतिक दल तो आश्रय देगा नहीं क्योंकि उनके अपने कार्यकर्ताओं की लम्बी कतार है, जो नौकरी का इन्तजार कर रहे हैं। अतः हम इस आन्दोलन को छोड़ नहीं सकते। पुलिस ही हमें खदेड़ देगी। यहाँ कुआँ-वहाँ खाई। आन्दोलन छोड़ने के स्थान पर हम मृत्यु को गले लगाना पसन्द करेंगे। तुम चाहो तो हम रवि को ठीक करने में तुम्हारी मदद कर सकते हैं।"

राणा चुप रहा तथा संशय ग्रस्त हो गया कि वह क्या करे या न करे। यदि वह अपना दल छोड़ेगा तो उसके साथी उसे मार डालेंगे। इसी बीच पाखी की मौसी का कोलकाता से फोन आया। उन्होंने राणा की माँ को सलाह दी कि वह पाखी का रवि के साथ विवाह कर दे क्योंकि पाखी रवि के बिना जीवित नहीं रह सकती। पाखी की मौसी को यह स्पष्ट हो गया कि पाखी और रवि उस दिन चुपके-चुपके मिले थे और उन्होंने कुछ घालमेल पकाया था। यह दूरभाष सुनकर तो राणा की माँ के चेहरे की हवाइयाँ उड़ने लगीं। उन्होंने खाना-पीना बन्द कर दिया। अब उनको पुत्री एवं पुत्र दोनों में एक को चुनना था। उन्होंने अपनी दुश्चिन्ता एकान्त में अपने पति के सामने प्रकट की। राणा के पिता चिन्ता रहित प्रवृत्ति के व्यक्ति थे। उन्होंने रास्ते में ही पाखी की माँ को बैरंग लौटा दिया, "आजकल के लड़के-लड़कियों पर माता-पिता का कैसा नियन्त्रण है? हमारी उम्र तो देख कर

जीने की है। हम इस नाटक में जितने बड़े अभिनेता बनेंगे उतनी समस्याएँ आएँगी। अच्छा हो हम केवल दर्शक बने रहें, पूर्णतः मूक दर्शक। घटनाओं के नद को देखकर जीने की हमारी उम्र आ गई है।"

अपनी माँ के चेहरे पर चिन्ता की गहरी रेखाएँ देखकर राणा समझ गया कि माँ की चिन्ता का क्या कारण था। एक दिन पाखी के प्रेम-प्रसंग को लेकर माता-पिता में झगड़ा भी हो गया था, जो राणा ने छिपकर सुन लिया था। राणा की माँ चिल्ला कर कह रही थी, "तुम अपनी लाड़ली को समझाओ क्योंकि राणा तो समझ नहीं रहा है। तुम तो जानते ही हो कि वह बचपन से ही हठीला एवं जिद्दी है। उसने जो ठान लिया, वह करके ही रहेगा। हमारे पास एक ही उपाय है कि जैसे-तैसे पाखी को समझा-बुझाकर इस मामले को यही बन्द कर दें अन्यथा मुझे डर लगता है कि कहीं इस झगड़े में किसी की जान न चली जाए। आप तो राणा के खतरनाक साथियों को जानते ही हैं। वे हत्या करके भी हाथ नहीं धोते हैं। आप शीघ्र कुछ करो।"

राणा पिता ने समझाया, "तुम तो छोटी-छोटी बातों के बुरे-से-बुरे परिणाम सोचने लगती हो। यदि ऐसा ही होता तो एक छोटी सी बात का इतना बतंगड़ बनता कि उससे जन्मी हिंसा से यह संसार ही नष्ट हो जाता। यह जीवन ही समझौते का दूसरा नाम है। हम प्रतिक्षण अपने से, अपने सिद्धान्तों से एवं अपनी इच्छाओं-आकांक्षाओं के साथ समझौता कर रहे हैं। यदि ऐसा न होता तो वह एक महत्वाकांक्षा का परमाणु बम फट कर इस संसार को कभी का नष्ट कर देता। पर संसार तो चल ही रहा है। और अच्छी तरह से चल रहा है। पाखी और राणा दोनों समझदार हैं। वे अपने भविष्य के विषय में सोचते हैं एवं वे इस योग्य हैं कि वे कोई गलत निर्णय नहीं लेंगे। वे ऐसा काम नहीं करेंगे जिससे उनका भविष्य खतरे में पड़े। हमारी बदनामी हो तथा हमारे बंगाली समाज का नाम खराब हो। फिर क्या खराबी है रवि में? वह हजारों बंगाली लड़कों से अच्छा है। वह स्वस्थ है, बुद्धिमान है तथा पैसेवाला है। हमें पाखी के वर में और क्या विशेषता चाहिए? हम तो पैसे के अभाव में उसके लिए उपयुक्त बंगाली वर खोज नहीं सके। यदि वह स्वयं ही कोई अपना उपयुक्त जीवन साथी खोज लाए, तो हमें क्यों आपत्ति करनी चाहिए? ऐसा करने पर वह हमें दोष भी नहीं दे सकेगी। फिर भी यदि तुम चाहो तो एक बार पाखी से सीधे बात कर लो।"

पाखी की माँ ने जब पाखी से दूरभाष पर बात की तो पाखी ने स्पष्ट तौर से कह दिया कि वह रवि की हो चुकी थी तथा वह उससे एवं उसके साथ ही विवाह करेगी। वह रवि के बिना नहीं रह पाएगी। राणा ने अपने कमरे से यह वार्ता सुन

ली तथा निश्चय कर लिया कि उसे ही रवि को पाखी के रास्ते से हटाना होगा। अन्य कोई उपाय नहीं था।

राणा ने रवि को फोन पर धमकी दी—"तुम मेरी बहिन के रास्ते में न आओ।"

रवि ने उत्तर दिया—"तुम अपने बहिन को रोको। मुझे कोई समस्या नहीं है।"

पाखी से बात करके राणा की माँ का चेहरा पीला पड़ गया। उनकी आवाज नहीं निकल रही थी। राणा से माँ की यह अवस्था देखी नहीं गई। उसने अपने दोस्तों के साथ रवि की हत्या करने की योजना बनाई। राणा के दोस्तों ने मिलकर दो पेशेवर हत्यारों को ठीक किया जो सस्ते में ही तैयार हो गए। वामफ्रंट सरकार में पेशेवर हत्यारों के पेशे पर भाटा पड़ गया था। राणा ने अपने घर में रखी वर्षों पुरानी दुनाली बन्दूक ठीक-ठाक की। उसने कारतूसों पर जमी धूल साफ की। पेशेवर हत्यारों ने पाँच-पाँच हजार रुपए अग्रिम लिए तथा वे दस-दस हजार रुपए हत्या के बाद लेने को राजी हुए। राणा का सबसे अधिक नजदीकी दोस्त भी हत्या की योजना तथा षड्यन्त्र में सम्मिलित हुआ। हत्यारों ने अपने साथ देशी तमंचा लेने का निश्चय किया, जिसे स्थानीय भाषा में कट्टा भी कहा जाता था। राणा और उसके दोस्त ने दो मोटर साइकिलों की व्यवस्था की तथा रवि पर साँयकाल तथा रात्रि के धुँधलके में पुरुलिया क्लब से लौटते समय वार करने का निश्चय किया गया क्योंकि उसके बाद तो तुषार-वाटिका से कोई बाहर नहीं निकलता था।

निश्चित दिन जब सात बजे रात्रि को रवि क्लब से निकल रहा था, तब मोटर साइकिल पर सवार चार लड़कों ने उस पर गोलियाँ चलाई। रवि वहीं गिर गया। दर्द से कराहते हुए वह बैठ गया। इतने में उसने सुना, "साला माण्डू मारा गया।" यह आवाज वही थी जो उसने कभी फोन पर सुनी थी। राणा अपने सभी साथियों के साथ बोकारो की ओर भाग गया। वहाँ उसने हत्यारों को बाकी दस-दस हजार रुपए दिये और दोनों पुरुलिया लौट आए। उसने चुपके से कमरे में बन्दूक टाँग दी। तुरन्त राणा ने अपने दोस्तों की मोटर साइकिलें वापिस कीं और घर में चुपचाप लेट गया जैसे कुछ हुआ ही न हो।

रवि को दर्द से कराहते हुए देखकर क्लब के सदस्यों ने उसे तुरन्त तुषार-वाटिका पहुँचाया। उसे खून से लथपथ देखकर तुषार-वाटिका में कोहराम मच गया। आनन-फानन में लक्ष्मीबाई नर्सिंग होम में भर्ती कराया गया। प्रकाश को तुरन्त बुलाया गया। रवि को भी ज्ञात नहीं हो रहा था कि उसे क्या हो गया था। डॉक्टर देखकर अचम्भित रह गये। उसकी पीठ में तीन इन्च व्यास का गोलाकार घाव था जो पेट के भीतर तक गया था। उपस्थित डॉक्टर इतनी बड़ी गोली के घाव को

देखकर हक्के-बक्के रह गये। सम्भवतः दोनाली बन्दूक तथा देशी कट्टे के बार एक ही स्थान पर हो गये थे। किसी डॉक्टर ने अभी तक के अपने पेशेवर जीवन में इतना बड़ा घाव नहीं देखा था। उन्हें आश्चर्य था कि इतने बड़े घाव को लेकर रवि कैसे क्लब से पैदल चलकर आया। इतने में रवि बेहोश हो गया। बेहोश होने के पूर्व तक रवि को यह आभास नहीं था कि उसका घाव इतना बड़ा एवं गम्भीर था। पुरुलिया के मुख्य शल्य चिकित्सा विशेषज्ञ आ पहुँचे। वे तुरन्त ही रवि को आपरेशन कक्ष में ले गए। उन्होंने घाव से दस-पन्द्रह गोली के छर्रे निकाले, पर भीतर छर्रे एवं एक गोली काफी अन्दर तक फँसी थी। वह इन्हें निकालने का साहस न कर सके। डॉक्टरों ने परस्पर सलाह-मशविरा करके प्रकाश को सलाह दी, "देखिए, यह नर्सिंग होम तो आपका ही है। इसलिए हम आपके मरीज की जितनी अधिक परवाह हो सकती है, कर रहे हैं। फिर भी हमारी सलाह है कि आप रवि को तुरन्त भारतीय आयुर्वेदिक संस्थान, राँची ले जाइए क्योंकि वहाँ प्रतिदिन ऐसे मामले आते रहते हैं तथा वहाँ के डॉक्टर ऐसी दुर्घटनाओं तथा हमलों के मामलों का शीघ्र इलाज करने के अभ्यस्त हैं। हमने रवि का घाव बन्द करके उसकी उचित मरहम-पट्टी कर दी है ताकि उसको राँची तक ले जाने में कोई भी परेशानी न हो। हम डॉक्टरों में से एक उसके साथ भी एम्बुलेन्स में जाएगा ताकि रास्ते में उसे कुछ न हो। पर आप तुरन्त एक प्राथमिकी दर्ज कराएँ तथा यहाँ के जिला अस्पताल से यह आपराधिक मामला एम्स, राँची के लिए रैफर करवा लें।"

रवि को गोली लगने का समाचार विद्युत की भाँति पुरुलिया में फैल गया। जिला शासक, पुरुलिया ने राँची एम्स के अधीक्षक तथा जिला शासक के माध्यम से आपात सेवाओं के कक्ष में रवि की तुरन्त देखभाल हेतु फोन करवा दिया। रवि के पहुँचते ही एम्स, राँची के ऑपरेशन कक्ष में पहले से ही सम्पूर्ण व्यवस्था थी। रवि को सीधे ऑपरेशन कक्ष में ले जाया गया। दक्ष शल्य चिकित्सकों ने रवि की गहन शल्य क्रिया की। ऑपरेशन तीन घण्टे चला। डॉक्टरों ने सौभाग्यवश पाया कि रवि के शरीर में धँसी गोली ने शरीर के किसी जीवनाधार अंग को पूरी तरह से क्षत-विक्षत नहीं किया। गोली ने फेफड़े को ही अल्प क्षति पहुँचाई थी तथा वह माँसपेशियों में अटक कर रह गयी। फेफड़े के नीचे गुर्दा भी प्रभावित नहीं हुआ था और न ही हृदय को क्षति पहुँची थी। ऐसा मामला डॉक्टरों ने अपने पेशे में अभी तक नहीं देखा था कि इतनी बड़ी गोली पीठ को चीरती हुई जाने के बावजूद शरीर के भीतर इतनी भली भाँति रखी थी। पर छर्रों ने शरीर के अन्दर चारों ओर फैलकर उसके सीने तथा पेट को क्षत-विक्षत कर दिया था। शल्यचिकित्सकों का दल तीन घण्टों तक निरन्तर ऑपरेशन में लगा रहा। वह भी रवि के शरीर से केवल दस छर्रे

निकाल सका। उन्होंने निश्चय किया कि दो तीन दिन मरीज को गहन निरीक्षण में रखकर बाद में दूसरा ऑपरेशन किया जाएगा क्योंकि छर्रों के कारण रवि के जीवन को कोई खतरा नहीं था। रवि को गहर निरीक्षण कक्ष में बेहोशी की अवस्था में लाया गया। रवि का शरीर मरहम पट्टी तथा चिकित्सा उपकरणों से बिंधा हुआ था।

रवि की हालत देखकर सभी गोयल परिवार के भाग्य पर तरस खा रहे थे कि उनके परिवार के आखिरी सूरज की भी वही दशा हो रही थी जो पैतृक बीमारी से ग्रस्त सदस्यों की हुई थी। इतना पुण्य कर्म करने पर भी यह हो सकता है? सभी के चेहरों पर यह प्रश्नचिह्न था। ईश्वर गोयल परिवार की और कितनी अग्निपरीक्षा लेगा? रवि को तो ईश्वर ने एक बार में ही इतना कष्ट दे दिया जितना प्रकाश के लड़कों को कुल जीवन में भी कष्ट नहीं हुआ।

प्रकाश ने कहा, "विपत्तियाँ व्यक्ति के भीतर के सभी गुण एवं क्षमताएँ प्रकाश में लाती हैं तथा वह अपने शत्रु-मित्र को पहचान सकता है। पर मैं जीवन से हार मान चुका हूँ।"

सभी ने प्रकाश को समझाया, "आप पुरुलिया के सम्मानित नागरिक हैं। अतः ऐसे निराशाजनक विचार आपको अपने मन में लाने ही नहीं चाहिए। यदि आप ही हथियार डाल देंगे तो इस परिवार को कौन सहारा देगा।"

पीछे से एक सज्जन ने कहा, "नर हो न निराश करो मन को।" बस प्रकाश को जीने का एक और सूत्र मिल गया।

पुरुलिया जिलाशासक की सूची में प्रकाश सामाजिक कार्यकर्ताओं में प्रथम स्थान पर थे। अतः रवि पर जानलेवा हमने की सूचना पाकर वे अवाक् रह गए। उन्होंने जिला पुलिस अधीक्षक को तुरन्त कार्यवाही करने के लिए निर्देश दिया। आनन-फानन में पुलिस चली आयी। एक सहायक आरक्षी निरीक्षक रवि के पास चला आया जहाँ वह मृत्यु से संघर्ष कर रहा था। फिलहाल पुलिस ने घर पर सभी पुरुष सदस्यों की अनुपस्थिति में रवि का कमरा तलाशने का निर्णय लिया और कुछ ही क्षणों में उन्हें एक लकड़ी की सुन्दर अलमारी की दराज में बिछे हुए कपड़े के नीचे पाखी का आखिरी प्रेम-पत्र प्राप्त हो गया। बस यही पुलिस के लिए करोड़ रुपए की खोज थी। और भी पत्र थे। पर पुलिस के हाथ रवि की ओर से लिखा कोई प्रेमांश न लग सका। न ही पाखी के किसी पत्र में ऐसा कोई उल्लेख था कि उसे रवि से कोई पत्र प्राप्त हुआ था। प्रथम द्रष्टया पुलिस को यह एकतरफा प्रेम का प्रसंग ज्ञात हुआ। पुलिस तुरन्त गुप्तचर जाँच में लग गयी। पुरुलिया पुलिस ने कोलकाता पुलिस को सतर्क कर दिया ताकि पाखी कोलकाता से न भाग सके।

राणा के घर की तलाशी ली गई और राणा को गिरफ्तार कर लिया गया। वह बन्दूक भी मिल गई जिसकी घातक गोली की चोट ने रवि को जिन्दगी और मौत के बीच ला दिया था। राणा की गिरफ्तारी होते समय ही पाखी और उसकी मौसी जान पाई कि रवि पर जानलेवा आक्रमण किया गया था जिसका सूत्रधार तथा मुख्य साजिशकर्ता एवं आरोपी और कोई नहीं, उसका अपना भाई राणा था। उसे विश्वास ही नहीं हो रहा था कि अनर्गल बातें करने वाला राणा ऐसी घटना को अंजाम देगा। पाखी बेहोश-सी हो गई। उसके होश-हवास उड़ गए। उस पर कड़ी चौकसी के कारण ऐसा अवसर भी नहीं मिल पा रहा था कि वह आत्महत्या भी कर सके। पाखी की मौसी के घर के इर्द-गिर्द साधारण पोशाक में पुलिस निगरानी करने लगी। सभी हिन्दी, बांग्ला तथा अंग्रेजी समाचार पत्रों में इस हत्याकाण्ड का मिर्च मसालेदार विवरण प्रकाशित हुआ। प्रत्येक विवरण भिन्न था तथा प्रत्येक समाचार पत्र की गुणवत्ता तथा प्रकाशन पटुता का परिचय दे रहा था। प्रकाश समाचार पत्रों के माध्यम से रवि और पाखी का प्रेम प्रसंग पढ़कर दंग रह गये। पर अब बहुत देरी हो चुकी थी। घर के एकमात्र दीपक को बुझाने से बचाना उनकी प्रथम प्राथमिकता थी।

जहाँ रवि जीवन-मृत्यु से संघर्ष कर रहा था, वहाँ पाखी पुलिस कार्यवाही से संघर्ष कर रही थी। पुलिस इतनी खराब चीज है कि किसी को एक बार पकड़ने पर आसानी से छोड़ती नहीं है। कोलकाता पुलिस भारत के पुलिस वालों में एक सक्षम पुलिस संगठन है। एक सौ पचास वर्ष पूर्व अंग्रेजों ने कोलकाता पुलिस की स्थापना की थी तथा अंग्रेजों की देख-रेख में ही यह पुलिस बल बढ़ा। आज भी ब्रिटिश पुलिस तथा कोलकाता पुलिस में आत्मरंग समानता है। कोलकाता पुलिस के कुछ पूर्व अंग्रेज पुलिस अधिकारी कभी-कभी कोलकाता आकर अपनी-अपनी स्मृतियों को ताजा करते हैं। कोलकाता पुलिस के चंगुल से पक्षी भी नहीं उड़ सकता, पाखी तो उनके लिए बड़ी पक्षी थी। पाखी को दूसरे दिन ही महिला पुलिस सिपाहियों तथा निरीक्षकों की हिरासत में एक विशेष कार द्वारा पुरुलिया भेजा गया। पाखी को इस पुलिस मामले के जाँच अधिकारी को पुरुलिया में सौंपा गया। पुरुलिया में महिलाओं के लिए पृथक बन्दीगृह न होने के कारण उसे पुरुलिया महिला कारागार में रखा गया जहाँ खतरनाक महिला अपराधी बन्द थीं। उन्हें देखकर पाखी इतनी घबरा गई कि वह रवि के साथ अपने प्रायः आधे प्रेम को भूल गई। बाकी काम उससे मिलने पर उसके माता-पिता ने किया जो वकील के साथ उससे मिलने आए तथा पुलिस के सामने क्या बोलना चाहिए, उसका एक सार-संक्षेप सौंपा। उसका सारांश था कि रवि ने उससे कोलकाता में जोर-जबर्दस्ती

की थी। इसलिए उसने उससे सभी सम्बन्ध तोड़ लिए। वह उसके बाद भी उससे मिलने के लिए उकसाता रहा तथा फोन पर एवं अप्रत्यक्ष रूप से उसे मिलने के लिए कहता रहा। इसीलिए उसने अपने भाई से उसकी शिकायत की तथा भाई की बात न मानने पर भाई ने रवि को मेरे मार्ग से हटाने के लिए कोई अन्य विकल्प न देखकर यह काण्ड किया। उसे इस काण्ड की कोई जानकारी नहीं थी।

उसके माता-पिता ने पाखी को समझाया, "बेटी, देखो रवि तो बचेगा नहीं। तुम्हारे बयान पुलिस लेने आएगी। यदि तुम ऐसा साक्ष्य पुलिस तथा अदालत के सामने नहीं दोगी, तो तुम्हारा रवि तो गया ही, तुम्हारा भाई भी चला जाएगा। उसे फाँसी की सजा हो जाएगी। फिर हमारी देखभाल कौन करेगा? बेटी, बूढ़े माता-पिता की खातिर तुम्हें यह बयान पुलिस के सामने देना ही होगा। मैं आँचल फैलाकर तुमसे राणा के जीवन की भीख माँगती हूँ, बेटी। तुम्हें इस मुहूर्त माँ-बाप का ऋण चुकाना ही होगा, राणा की जान बचाकर।" पाखी माता-पिता के सामने रोती रही। वह पूरी रात्रि न सो सकी। उसके सामने धर्मसंकट था, रवि या राणा? बार-बार माता-पिता के कथन उसके माथे से टकरा रहे थे। दूसरी ओर वह घोर आत्मग्लानि एवं अपराध-बोध से संक्रमित थी, मैंने ही रवि को दुबारा प्रेमपाश में बाँधा। रवि को अपनी ओर आकर्षित किया तथा मैंने ही दोनों परिवारों की शान्ति में व्याघात किया।

मैं भलीभाँति विचार करके कोलकाता गई। हमारा प्रेम तो स्कूल के उन छात्र-छात्राओं के प्रेम की भाँति बन्द हो गया था जो पढ़ाई के सत्र का अन्त होते ही समाप्त हो जाता है तथा आगे की कक्षाओं में जाने पर नये सम्बन्ध आरम्भ हो जाते हैं। किसी भी कारण तथा तर्क से पाखी स्वयं को क्षमा करने के लिए तैयार नहीं थी। उसे प्रतीत हुआ उसकी आत्मा उसके पक्ष में गवाह नहीं दे रही थी। उसके माता-पिता की सलाह सभी धर्म विरुद्ध थी। वह वैसा हेय बयान नहीं दे सकती। क्या वह इतनी गिर चुकी थी कि अपने अपराध को स्वीकार न कर सके? यदि ऐसा ही हुआ तो धरती भविष्य में दो प्रेमियों के बोझ को वहन नहीं करेगी। कोई भी प्रेमियों की भाषा को महत्व नहीं देगा। इस संसार से प्रेम नाम की वस्तु ही उठ जाएगी। रह जाएगा वही सम्वेदनहीन वस्तु संसार–निर्जीव संसार।

वह करवटें बदल रही थी, कि इतने में पास लेटी एक वृद्ध अपराधी महिला ने उस पर हाथ फेरा तथा पूछा, "बेटी, तुम बहुत कष्ट में हो। मैंने इतने अपराध किए तथा इतनी स्त्रियों के साथ लेटी, कभी किसी को इतना बेचैन नहीं देखा। बोलो, तुम्हें क्या दुःख है। मैं अपनी अपराधी वृत्ति एक ओर देखकर तुम्हारी हमदर्द माँ की भाँति सलाह दूँगी।"

पाखी ने उसे अपना सम्पूर्ण मानसिक द्वन्द्व तथा दस्तक देता हुआ संकट सुनाया। उसे सुनकर उस महिला कैदी ने कहा, "जेल में आने पर तो वकील की बात मानना ही श्रेयस्कर है अन्यथा तुम भी जीवन भर इस जेल की चारदीवारी में सड़ कर मर जाओगी। तुम्हें कोई देखने भी नहीं आएगा। यदि तुम ऐसा बयान दोगी, तो तुम भी बच जाओगी तथा राणा की सजा भी कम हो जाएगी। कम से कम वह फाँसी की सजा से तो बच जाएगा। तुम तो भली-भाँति जानती हो कि अब किसी भी हालत में प्रकाश-परिवार तुम्हें बहू के रूप में स्वीकार नहीं करेगा। तुम्हारा प्रेमी बच भी गया तो वह छः महीने बिस्तर से नहीं उठ पाएगा। विकलांग पति का भार कब तक उठाओगी? उसके बाद उसका किसी लड़की से विवाह कर दिया जाएगा। तुम केवल स्वयं को बदनाम करोगी जिससे तुम्हारा अन्यत्र विवाह भी नहीं होगा।...यही समय है कि माता-पिता का ऋण चुका दो। माता-पिता का ऋण चुकाने का सुअवसर सभी को नहीं मिलता है। आजकल के जमाने में प्रेम की बलि तो प्रत्येक गली, कूचे तथा घर में प्रत्येक क्षण दी जा रही है। तुम कब तक इस प्रेम को सँजो कर रख पाओगी। अब देवदास-पारो, शेखर-लोलिता की प्रेम-गाथाएँ पुरानी हो चुकी हैं। आजकल तो प्रेम के साथ सभी को शान-शौकत तथा उत्तम जीवन-शैली चाहिए। अतः अमेरिका तथा पश्चिमी देशों की भाँति प्रेम भी भारत में शरीर की सामान्य भूख की भाँति एक आवश्यकता में परिवर्तित होता जा रहा है। छोड़ दो, तुम इस बन्धन को। मैं इस बन्धन की रक्षा के लिए ही यहाँ दस वर्ष की कैद भोग रही हूँ। मेरा प्रेमी भी चल बसा है। अब तो मुझे उसकी याद भी नहीं आती है। केवल अपने कम वयसीय प्रेम पर तरस आ रहा है।"

साथी कैदी की सलाह पर पाखी ने निश्चय किया कि वह अपने भाई को फाँसी से बचाने के लिए भरसक प्रयत्न करेगी तथा जो माँ कहेगी, वही करेगी। पुलिस ने राणा तथा उसके साथियों के विरुद्ध भारतीय दण्ड संहिता की 34, 302, 304, 307, 326 तथा 120 ख धाराओं के अन्तर्गत मामला दायर किया। पेशेवर हत्यारों को तुरन्त गिरफ्तार नहीं किया जा सका। वे झारखण्ड में छिप गये थे। झारखण्ड पुलिस के सक्रिय सहयोग के बिना यह कठिन था तथा झारखण्ड पुलिस सहयोग नहीं कर रही थी। वह तो उल्टे अपराधियों को प्रश्रय दे रही थी। इसलिए पुरुलिया की जनता में तीव्र असन्तोष था। अतः पुरुलिया की पुलिस ने झारखण्ड तथा पश्चिम बंगाल के सभी पास के जिलों के पुलिस प्रशासन को सतर्क कर दिया।

समाचार-पत्रों में पेशेवर अपराधियों के चित्र प्रकाशित किए गए। वे दोनों पुलिस दस्तावेजों में पेशेवर हत्यारों की श्रेणी में पहले से ही दर्ज थे। पाखी के

विरुद्ध भी पुलिस ने 109, 110, 120ख, 340क, तथा 338 धाराओं के अन्तर्गत मामला फाइल किया।

मुख्य न्यायिक दण्डाधिकारी पुरुलिया के सामने राणा, उसके मित्र तथा पाखी को पेश किया गया। मुख्य न्यायिक दण्डाधिकारी के आदेश पर जाँच अधिकारी राँची के एम्स अस्पताल में रवि का बयान लेने गया। रवि को अभी भी पाखी से प्यार था। वह धर्मसंकट में था अतः उसके साक्ष्य में स्पष्टता नहीं थी। प्रकाश भी रवि की खराब अवस्था के कारण उसको भलीभाँति न समझा सके। रवि ने कहा, "मैं नहीं विश्वास करता हूँ कि मुझ पर जानलेवा हमले में पाखी का हाथ होगा। पर राणा ने मेरे ऊपर वार किया, यह मैं स्पष्ट कह सकता हूँ। मैंने उसकी आवाज सुनी और मैं अच्छी तरह से जानता हूँ कि यह उसकी ही आवाज थी। यह उसने क्यों किया—यह वह ही जानता होगा क्योंकि मेरी तो उससे केवल एक बार फोन पर ही बातचीत हुई थी। जहाँ तक पाखी से मेरे प्रेम का सम्बन्ध था—पाखी ही मेरे पीछे पड़ी रहती थी। मैं तो कार्यालय के कार्य में ही व्यस्त रहता था। हमने बीच में अलग-अलग राह पकड़ ली थी। पर पाखी के आखिरी दो पत्रों ने हमारे पुराने प्रेम को पहले से और अधिक जीवन्त कर दिया। बड़ी उम्र का प्रेम अधिक पक्का और बेशर्म होता है। पर मैंने प्रेम करके कोई अपराध नहीं किया है। आप अपराधियों को दण्ड दीजिए अन्यथा लोगों को इस न्याय व्यवस्था पर से ही विश्वास उठ जाएगा।" जाँच अधिकारी को आश्चर्य था कि कानून में पारंगत रवि भी प्रेम के वश में कैसा अटपटा सा सच्चा साक्ष्य दे गया। पर बेचारी न्याय व्यवस्था क्या करे? जहाँ रवि एवं पाखी के दो विरोधी बयान थे, वहाँ न्यायालय के लिए तीसरे सत्य को खोज निकालना अति दूभर था। एक बयान झूठा था तो दूसरा सत्य। झूठ और सत्य की टकराहट में इस बार तो सत्य ही पटखनी खा रहा था। पर एक बार जब सत्य अपनी आन्तरिक शक्ति को इकट्ठा करके दृढ़ता से सिर उठाता है तो वह अपने आस-पास स्थित झूठ-फरेब के जाल को छिन्न-भिन्न कर देता है। जब रवि को यह कहा गया कि पाखी तो न्यायालय के सामने कह रही थी कि वह उससे जबर्दस्ती मिलने के लिए विवश कर रहा था। यह सुनकर रवि का माथा ठनका और उसने अपनी भूल स्वीकार की, "मैं पढ़ा लिखा होता हुआ भी कितना मूर्ख हूँ जो मैंने सत्य बात उगल दी। अब मैं पाखी को दिखा दूँगा कि क्या सच है और क्या झूठ। अब सत्य और झूठ में संघर्ष होगा। मैं प्रेम को दरकिनार करता हूँ। मैं उससे बदला लूँगा।"

रवि ने पुलिस को दिए गए अपने साक्ष्य को बदलने का प्रयास किया जो उस समय कानून में सम्भव था। उसने अब अपना आगे का बयान वकील की सलाह

के अनुसार देने का निश्चय किया। पर मुँह से निकले हुए शब्द धनुष से छोड़े गए तीरों की भाँति वापिस नहीं होते हैं। अब बहुत देर हो चुकी थी। ऊपर वाले की कृपादृष्टि से उसका विशाल घाव तेजी से भर रहा था। कुछ दिनों में ही रवि के दूसरे ऑपरेशन की तारीख तय हुई। इस ऑपरेशन में शरीर के विभिन्न भागों में बिंधे छर्रे निकालने का काम होना था। फेफड़ों में कम से कम छः सात छर्रे ऐसे फँसे थे जैसे कि वे फेफड़ों के अंग हो गये थे। फिर से रवि के लिए विशेषतौर से ऑपरेशन कक्ष तैयार किया गया। इस अवधि में प्रकाश ने अपनी सोच तथा विनम्रता से डॉक्टरों को अपना प्रशंसक बना लिया था। वे प्रकाश से मिलते तथा उनसे प्राकृतिक चिकित्सा सम्बन्धी ज्ञान ग्रहण करते। वरिष्ठतम डॉक्टर की पत्नी की ऐसी बीमारी थी जिसका इलाज नहीं हो पा रहा था। प्रकाश की सलाह मानने पर डॉक्टर साहब की पत्नी को आत्मबल प्राप्त हुआ। वह पहले से अच्छा महसूस करने लगीं। अतः डॉक्टरों में प्रकाश लोकप्रिय हो गये।

रवि का दूसरा ऑपरेशन आंशिक रूप से सफल रहा। डॉक्टरों के दल ने मशविरा करके रवि के शरीर में तीन छर्रें पड़े रहने दिए क्योंकि उनको निकालने का अर्थ था कि शरीर के महत्त्वपूर्ण अंगों से छेड़छाड़ करना। एक छर्रा तो फेफड़े में इतना अन्दर चला गया था कि फेफड़े के ऊपर रक्षा हड्डी को काटे बिना उसे निकालना सम्भव नहीं था। शेष दोनों में से एक हृदय के एक वाल्व से बिल्कुल सटा हुआ था तथा तीसरा गुर्दे से सटा हुआ था। पर ये छर्रे शरीर के माँस में ऐसे सट गये थे जैसे वे भी शरीर के अंग हों। उनका विषैलापन समाप्त हो गया था तथा उनके वहाँ रहने से शरीर की निकट भविष्य में और क्षति की सम्भावना नहीं थी। रवि को ऑपरेशन कक्ष से बाहर निकाला गया तथा उसे गहन चिकित्सा कक्ष में रखा गया। रवि कुछ देर बेहोश रहा। होश में आने पर डॉक्टरों ने उसे हिलने डुलने से मना किया।

दूसरी ओर पुरुलिया के मुख्य न्यायिक दण्डाधिकारी ने राणा और पाखी सहित सभी को न्यायिक हिरासत में जेल भेज दिया। अब राणा तथा उसके साथियों को पता चला कि अपराध करना बच्चों का खेल नहीं है। अपराध करने का फल व्यक्ति को मरने के बाद जो मिलेगा, वह तो अलग है, इस जीवन में ही उसे इतनी नारकीय यातनाएँ भोगनी पड़ती हैं कि वह प्रतिदिन पश्चात्ताप करता है कि काश! उसने यह कदम न उठाया होता। वह अपराध का पथ न अपनाकर अन्य उपाय से अपनी कामना या क्रोध शमन कर सकता था।

दूसरे ऑपरेशन के पश्चात् तो रवि ने दृढ़ निश्चय कर लिया था कि वह पाखी को भूल जाएगा। वह ललिता की बहिन से विवाह करके अपना बाकी जीवन

सुखपूर्वक व्यतीत करेगा तथा उसके दादा प्रकाश जो कहेंगे, उसका अक्षरशः पालन करेगा। उसमें व्यावसायिक बुद्धि थी, पर प्रकाश की जीवन और जगत सम्बन्धी बुद्धि तथा अनुभव का कोई मुकाबला नहीं था। अपने व्यावसायिक क्षेत्र में कुछ आगे बढ़ने पर उसे अहम् ने अनावश्यक रूप से घेर लिया था।

दो माह निरन्तर प्रयास एवं दबिस करने पर पेशेवर अपराधी लखनसिंह उर्फ हैपी को कोयला क्षेत्र से पकड़ा गया। वहाँ वह कोल-माफिया गिरोह में प्रवेश पाने का प्रयत्न कर रहा था ताकि वह पुलिस एवं जेल की गिरफ्त से बच सके। न्याय की तलवार उसकी गर्दन पर लटक रही थी। लखनसिंह की गिरफ्तारी के साथ-साथ मुकदमा प्रारम्भ हुआ। मुख्य न्यायिक दण्डाधिकारी ने इस मामले को जिला सत्र न्यायाधीश की अदालत में स्थानान्तरित कर दिया। इस मामले को लेकर सभी क्षेत्रों में व्यापक असन्तोष था। यहाँ तक कि लम्बे समय से पश्चिम बंगाल में शासन में अवस्थित भागीदार मार्क्सवादी दल चाहता था कि इस अपराध में पकड़े हुए राणा आदि को शीघ्र एवं कड़ी सजा हो क्योंकि राणा और उसका दल बेरोजगार नवयुवकों को भ्रमित कर रहा था। इस दल के विचारों का प्रभाव अन्य जिलों में फैल रहा था तथा बेरोजगार युवा उनके दल की ओर आकर्षित हो रहे थे। झारखण्ड मुक्ति मोर्चा का मुकाबला करने के पश्चात् इस प्रकार की पृथकतावादी विचारधारा को मार्क्सवादी दल कतई पसन्द नहीं करता था। ये दल उनके पश्चित बंगाल में एकछत्र राज्य को चुनौती दे रहे थे। इनके दल के तथा दूसरी ओर प्रकाश की ओर से पुरुलिया के तथाकथित उच्चवर्गीय समाज के दबाव के कारण पुलिस अधीक्षक ने इस मुकदमे में तीन माह के भीतर ही न्यायालय में आरोप-पत्र दाखिल कराया। इस प्रकार न्यायालय प्रक्रिया की गति तीव्र हो सकती है, यह सुनकर-पढ़कर लोगों को आश्चर्य था। पाखी के बयान हुए। पाखी ने वही बयान दिया जो उसको वकील ने समझाया था। जब रवि को ज्ञात हुआ, तो वह भी इस मुकदमे में आर-पार की लड़ाई के लिए मानसिक रूप से तैयार हो गया। पुरुलिया के जिलाशासक तथा पुलिस अधीक्षक जिला-सत्र न्यायाधीश से मिले और इस मुकदमे के महत्वपूर्ण आयामों को उनके सामने रखा। जिला सत्र न्यायाधीश भी लगातार समाचार पत्रों के पुरुलिया-बाँकुड़ा पृष्ठ पर इस मामले के विषय में पढ़-पढ़कर थक चुके थे। वे सोच रहे थे कि इस प्रकार समाचार पत्रों में मुकदमों के विषय में प्रकाशित सामग्री से न्यायाधीश की सोच प्रभावित होती है। पर वे वर्तमान व्यवस्था में कुछ भी परिवर्तन करने में असहाय थे। उन्होंने अपने न्यायाधीशों से सलाह करके यह मुकदमा त्वरित न्यायालय को दे दिया। त्वरित न्यायालय तो न्यायालयों में शताब्दी एक्सप्रेस है जो त्वरित पथ पर ही जाता है। त्वरित न्यायालय जैसे इस

मुकदमे की प्रतीक्षा कर ही रहा था।

चौथे माह में ही मुकदमे की सुनवाई प्रारम्भ हो गई। सर्वप्रथम पुलिस की ओर से गवाहों को पेश किया गया। बीस गवाहों के साक्ष्य में प्रायः एक मास लग गया। फिर छठे मास में एम्स राँची की रपट पेश की गई तथा एम्स राँची के डॉक्टरों को भी पेश होना पड़ा। डॉक्टर साहब वीडियो द्वारा बातचीत के माध्यम से अदालत में पेश होना चाहते थे पर न्यायाधीश ने उन्हें आज्ञा नहीं दी। न्यायाधीश भी अपने अहम् की तुष्टि चाहते थे कि उनके समक्ष भारत का इतना बड़ा शल्य चिकित्सक उपस्थित होगा। जाँच अधिकारी भी अदालत में उपस्थित हुआ तथा उसने अपने आरोप-पत्र को सही ठहराया। इसके पश्चात् रवि को उपस्थित होने के लिए अदालत से आज्ञा-पत्र आ गया। रवि जैसे-तैसे अस्वस्थता की स्थिति में उपस्थित हुआ। उसने स्पष्ट रूप से अदालत में कहा, "पाखी का मेरे प्रति एकपक्षीय प्रेम था। मैं कई बार उससे दूर होने का प्रयत्न करता रहा पर वह मुझे छोड़ने को तैयार नहीं थी। मेरा कोई भी पत्र पाखी के पास नहीं है। कोई झमेला न हो, यहाँ-वहाँ बात न फैले, इस कारण वह उससे कभी-कभी गुप्त रूप से मिलता रहा तथा उसे समझाता रहा पर वह न मानी। उसके भाई ने मुझे प्रथम बार ही फोन पर धमकी दी थी तथा मुझ पर गोलियाँ चलाईं। अँधेरे में मैंने दो मोटर साइकिलों पर चार हत्यारों को भागते हुए देखा। मैं चिल्लाया पर वे मुझे गाली-गलौच करते हुए बोकारो की ओर भाग गए।" रवि की साक्षी के पश्चात् पाखी को अदालत में पेश किया गया। पाखी ने उलटा रवि पर आरोप लगाया, "रवि मुझे बार-बार परेशान करता था तथा उसने मेरे साथ कोलकाता में जबर्दस्ती की। वह मुझसे सहन न हो सकी जिसकी शिकायत मैंने अपने भाई राणा से की और उसने मुझे विश्वास दिलाया कि वह रवि को रोक देगा। इसके बाद मुझे कुछ ज्ञात नहीं।"

पाखी की साक्षी सुनने के पश्चात् त्वरित न्यायालय के न्यायाधीश ने पाखी को जमानत दे दी। जमानत होते ही पाखी के माता-पिता ने कोलकाता में पाखी को उसकी मौसी के यहाँ भेज दिया तथा उन्हें पाखी के लिए वर ढूँढ़ने के लिए कहा। यह भी सलाह दी कि पाखी के लिए लड़का इतना दूर जैसे मुम्बई शहर में देखा जाय ताकि कोई उस तक न पहुँच पाए।

त्वरित न्यायालय का निर्णय आया। राणा सहित पेशेवर अपराधी लखनसिंह को सात-सात वर्ष की कैद की सश्रम सजा हुई। राणा के मित्र तथा लखनसिंह के साथी को चार-चार वर्ष की सश्रम सजा हुई। पाखी को छोड़ दिया गया पर न्यायाधीश ने अपने निर्णय में लिखा : "हमारी न्याय व्यवस्था भी इस प्रकार की

है। पाखी को निरपराध होते हुए भी जेल में प्रायः छः मास व्यतीत करने पड़े। मैं इसके लिए क्या कहूँ? मैं वर्तमान न्याय-व्यवस्था के अन्तर्गत पाखी को कैद तथा मानहानि हेतु क्षतिपूर्ति भी नहीं प्रदान कर सकता हूँ। वैसे पाखी को मैं नैतिक रूप से क्षमा नहीं कर सकता हूँ। यह मेरी व्यक्तिगत राय है। यदि पाखी थोड़ा भी सँभल कर चलती तो यह काण्ड टल सकता था या दो परिवार नष्ट होने से बच सकते थे। मैं नहीं समझ सकता कि पाखी का यह भावनात्मक-प्रेम था अथवा यौन-प्रेम था। पर किसी भी प्रेम-पथ पर पैर बढ़ाने से पूर्व लड़कियों को स्वयं जिम्मेदारी लेनी चाहिए। शासन का प्रेम से सम्बन्धित अपराधों में कम दखल होना चाहिए। वर्तमान विधि-व्यवस्था में मैं इन अपराधियों को यह कड़ी सजा देने को बाध्य हूँ ताकि और सिरफिरे व्यक्ति तुच्छ भावनाओं से प्रेरित होकर बड़े-बड़े अपराध न कर बैठें। दो समुदायों, जातियों या प्रदेशों की भिन्नता को लेकर किए गए अपराध मानवता के विरुद्ध संगीन अपराध की श्रेणी में आते हैं। इनके अपराधकर्ताओं को मानवता का शत्रु स्थिर करके उन्हें कठोर से कठोर सजा मिलनी चाहिए। मैंने ऐसा ही किया है।"

राणा और उसके साथी पुरुलिया से मेदिनीपुर केन्द्रीय कारागार में स्थानान्तरित किये गये। उनके लिए जीवन में कोई आशा की किरण नहीं बची थी। उन्हें क्रमशः सात वर्ष तथा चार वर्ष जेल की दीवारों, पेड़ों, पौधों, फूलों, सूर्य, चन्द्रमा, जल-रक्षकों तथा साथी कैदियों को देखकर व्यतीत करने थे। समाज के हित में उनके समाज में विचरण की स्वतन्त्रता को छीन लिया गया था ताकि समाज के अन्य व्यक्ति दिन में मन लगाकर परिश्रम कर सकें तथा शान्तिपूर्वक रात्रि में सो सकें।

पाखी का वैवाहिक सम्बन्ध आराम बाग, जिला हुगली के एक व्यक्ति से तय कर दिया गया जिसकी पत्नी विवाह के बाद से उसके पास नहीं रही थी। वह मुम्बई में हीरे तराशने तथा आभूषण निर्माण के एक कारखाने में छोटी-मोटी कारीगरी की नौकरी करता था। पर पाखी के पास और कोई उपाय नहीं था। उसके माता-पिता ने पाखी को कसम दिलाई कि वह मुम्बई चली जाए ताकि उसकी कोई पहचान न रहे। कभी-कभी व्यक्ति को जीवन में अपनी पहचान खोकर भी जीना पड़ता है। दूसरी ओर रवि के पूर्ण स्वास्थ्य लाभ करने पर उसका विवाह ललिता की छोटी बहिन देवश्री से कर दिया गया। रवि अपना गत जीवन भूलकर नया सम्बन्ध प्रगाढ़ करने लगा। रवि बुद्धिमान था इसलिए देवश्री को प्रसन्न करने में उसने देरी नहीं लगाई। देवश्री की आँखें प्रकाश परिवार की समृद्धि से चकाचौंध हो गयी थीं। उसका स्वप्न ही था कि वह रवि की बहू बनकर इस घर में आये। इस

बीच में यह दुःखद काण्ड घट गया। पर रवि के कई बार कसमें खाने पर वह आश्वस्त हो गयी कि रवि निर्दोष था। पाखी उसके पैसे के पीछे पड़ी थी। रवि पहले से भी अधिक बुद्धिमान हो गया था। उसके दिमाग में अब केवल अपने काम की उन्नति एवं उन्नति ही थी। वकील पेशे में ख्याति प्राप्त करके धनोपार्जन करना ही उसका एकमात्र उद्देश्य था। इस उद्देश्य प्राप्ति में वह अपने दाम्पत्य जीवन की भी अवहेलना करने लगा, पर प्रकाश ने उसे दुबारा स्मरण दिलाया, "भूल सभी से होती है। पर मनुष्य वही है जो भूल से सबक लेकर आगे बढ़े। तुम सामान्य व्यक्ति की भाँति प्रेमपूर्वक रहो। अपनी पत्नी को पूरा प्यार दो। जो पति-पत्नी आपस में प्यार नहीं कर सकते, वे दूसरों को भी प्रेम नहीं बाँट सकते। दाम्पत्य जीवन का प्रेम मनुष्य की सफलता की कुंजी है। मुझे तुम पर पूर्ण विश्वास है तथा तुम्हें मेरा आशीर्वाद है।"

अपने दादाजी का विश्वास तथा आशीर्वाद ही रवि के जीवन का अटूट सम्बल था।

पर पाखी अपने गत जीवन को आसानी से न भुला सकी। उसके गत जीवन को लेकर उसमें तथा उसके पति में कई बार खट-पट हो जाती। उसका पति पाखी को सब कुछ भूल जाने की सलाह देता पर पाखी रवि और अपने पति के अन्तर को न भूल सकी। तुलना करने पर वह अपने वर्तमान पति को रवि के सामने पासंग पाती। एक बार आजिज आकर तो उसके पति ने नींद की दस गोलियाँ खा लीं तब पाखी के होश-हवाश उड़ गए। उसके पति को तुरन्त अस्पताल में भर्ती किया गया। उसके इलाज में सभी संचित धन खर्च हो गया। तब पाखी को सद्‌बुद्धि आई। उसने प्रतिज्ञा की, 'मेरा पति एवं परिवार ही सब कुछ है। मैं भूलकर भी रवि को याद नहीं करूँगी तथा मृत्यु-पर्यन्त पुरुलिया की माटी पर पैर नहीं रखूँगी।'

पाखी के प्रण से आश्वस्त होकर उसका पति तथा पाखी सुखी दम्पत्ति की भाँति जीवन व्यतीत करने लगे।

13. साहस

रवि के ऊपर जानलेवा हमले के तार पुरुलिया के माफिया सरदार कमाल खाँ से जुड़े थे। पुरुलिया में जिस हथियार अथवा विस्फोटक सामग्री का प्रयोग होता था वह कमाल खाँ की कोठी से ही आती थी। अतः पुरुलिया में शान्ति स्थापना हेतु

प्रकाश ने निश्चय किया कमाल खाँ के केन्द्र को नष्ट करना तथा कमाल खाँ और उसके गिरोह पर जनाक्रमण करके उन्हें बेअसर कर डालना। प्रकाश के लिए यह अभी तक की सबसे कठिन चुनौती थी। वह अपनी इस योजना को मूर्तरूप देने की उधेड़-बुन में लग गये, ताकि अन्य लोग दूसरे प्रान्तों से आए हुए प्रवासियों को कमजोर न समझकर इस प्रकार के आपराधिक हमले न करें। यह प्रकाश के अहम् को सबसे बड़ा आघात था। उनकी ख्याति पर एक धब्बा था। सामान्य लोग यह पर्यालोचना कर रहे थे कि क्या कमाल खाँ जैसा संगठित अपराधी प्रकाश जैसे समाज-कल्याण में संलग्न व्यक्तियों को भी नहीं छोड़ेगा? क्या हमारा समाज कुछ वर्षों में अपराधियों के हवाले हो जायेगा? दूसरे प्रश्न के उत्तर के प्रति जनमानस सतर्क हो रहा था। सामान्य जन भी माफिया गिरोहों के बढ़ते हुए कार्यकलापों से आतंकित हो रहा था। शनैः-शनैः कमाल खाँ का माफिया जिले की तथा प्रान्त की सीमाओं से बाहर फैल रहा था। कमाल खाँ का गिरोह राँची तथा पुरुलिया की सीमा से सागौन लकड़ी की बड़े पैमाने पर तश्करी करने लगा था। सागौन का एक कटा हुआ तना पचास हजार से एक लाख रुपए तक बाजार में बिक्री होता था। उससे अच्छा कोई व्यवसाय ही नहीं था। केवल लाभ ही लाभ। पेड़ को गिराने में केवल दो-तीन हजार रुपए का खर्च आता था। इस व्यवसाय से प्राप्त आमदनी को कमाल खाँ ने पत्थर काटने की मशीन (स्टोन-क्रेशर) में लगाया क्योंकि बलरामपुर से जमशेदपुर तक के रास्ते में उच्चकोटि का गिट्टी-पत्थर पाया जाता था, जिसके लगे बिना किसी अच्छे घर, भवन, सड़क का निर्माण ही सम्भव नहीं था। उधर-सरकार के सड़क परिवहन मन्त्रालय की ओर से कई अरबों-खरबों रुपए की लागत से पूरे देश को जोड़ने के लिए सड़कों का स्वर्णिम-चतुर्भुज तैयार हो रहा था। अतः पुरुलिया के पत्थर की माँग एकाएक चौगुनी हो गई। कमाल खाँ इस व्यापार में लाभ को देखकर अचम्भित हो गया। उसने कालाबाजारी, तश्करी तथा गुण्डागर्दी का धन्धा त्यागने का निश्चय किया पर उसके साथियों और सहयोगियों को अपने सरदार का यह निर्णय पसन्द नहीं आया। उन्हें अवैध धन्धे की नियमित आमदनी से शराब तथा वेश्यावृत्ति की लत लग गई थी। अतः उन्हें सामान्य जीवन जीना रास ही नहीं आता था।

इधर प्रकाश का हृदय प्रतिकार की भावना से काँप रहा था। पुरुलिया में रवि पर आक्रमण वस्तुतः प्रकाश की इज्जत पर हमला था। रवि पर हमले के पश्चात् प्रकाश का जो थोड़ा-बहुत बोलबाला था, वह भी समाप्त हो गया था। अतः प्रकाश को लोग सामान्य मारवाड़ी की श्रेणी में रखने लगे थे जो अपने कार्य से प्रयोजन रखता था, दब्बू था तथा आपात्काल में आवश्यकता पड़ने पर धन देकर परिस्थितियों

से समझौता कर लेता था। प्रकाश ने कहा, "इस प्रकार हम पुरुलिया में नहीं रह सकते। यह सत्य है कि हम यहाँ व्यापार करने आये हैं, रुपया जोड़ने आये हैं, पर लक्ष्मी भी यहाँ एक ओर सरस्वती के पीछे चलती है, वहाँ दूसरी ओर बलवान के संरक्षण में ही रहती है। यही कारण है कि सभी देवियों के चित्र अस्त्र-शस्त्रों के संग हैं। व्यापार भी कमजोर होकर नहीं किया जा सकता। अब तो कमाल खाँ करोड़पति होकर भी व्यापारियों पर हमला करने लगा था। वह धीरे-धीरे सभी व्यापारों को हस्तगत कर रहा था। माफिया लोगों को आयकर नहीं देना पड़ता था। आयकर अधिकारियों का जितना रौब है, वह हम पर ही चलता है, बलपूर्वक कानून तोड़ने वालों पर नहीं। यदि कमाल खाँ के संगठन के खर्च का ही हिसाब लिया जाए तो स्पष्ट हो जाएगा कि उसके पास कितनी आमदनी है। बिना आमदनी के खर्च असम्भव है। यदि केवल कमाल खाँ की हवेली पर खड़ी मोटर-गाड़ियों तथा वहाँ तैनात लोगों का खर्चा ही जोड़ा जाए, तो कमाल खाँ पुरुलिया का सबसे बड़ा आयकर-दाता होगा। पर कमाल खाँ तो आयकर-विभाग में अपना आयकर-प्रपत्र ही दाखिल नहीं करता है। आयकर-विभाग कमाल खाँ की ओर से मूक दर्शक बना रहता है। मैं माफिया के विरुद्ध पुरुलिया में जन-आन्दोलन खड़ा करूँगा, सशस्त्र जंग लड़ूँगा तथा समाज-विरोधियों तथा संगठित अपराधियों के पैर उखाड़ दूँगा।"

प्रकाश के मित्र तथा अतिरिक्त जिलाधिकारी पी.के. राय ने प्रकाश को बहुत समझाया, "देखो मित्र, यह तो माफिया तथा समाज-विरोधियों का युग है। उनका ही समाज में बोलबाला है। वे जो चाहते हैं करते हैं। प्रशासन इनको कुछ नहीं करता है क्योंकि वह किसी सीधे कानून के अन्तर्गत नहीं आते तथा इनको जड़ से उखाड़ने की प्रशासन तथा राजनीति में इच्छा-शक्ति नहीं है। सभी राजनीतिक दलों के प्रमुखों को ये हाथ में रखते हैं। सभी राजनीतिक दलों को ये नियमित शुल्क देते हैं। यदि जिलाधीश तथा जिला पुलिस-अधीक्षक इनके विरुद्ध संयुक्त अभियान की सभा बुलाएँ, तो उनसे मिले हुए निचले स्तर के अधिकारी या कर्मचारी उन्हें तुरन्त खबर कर देते हैं तथा ये चौकन्ने होकर काम करने लग जाते हैं। पुलिस में भी इनके गुप्तचर हैं जो इन्हें इनके विरुद्ध कार्यवाहियों के लिए बनाई गई योजनाओं की सूचनाएँ देते रहते हैं। इनको तो तभी समूल नष्ट किया जा सकता है जब जन-आन्दोलन इनके विरुद्ध भड़के, इन्हें प्रत्येक स्थान पर अवरोध-अड़चन हो तथा ये जब कोई बड़ी वारदात करें तो जनमानस भड़क कर इन्हें मार डाले तथा इनके अड्डों, छिपने के स्थानों, शरणगाहों को समूल नष्ट कर दे, लुटेरों तथा इनके गुर्गों को मार डाले। फिर ये गीदड़ की भाँति भागते नजर आयेंगे। तब इनकी

कायरता देखने लायक होगी।"

राय साहब से विचार-विमर्श करने के पश्चात् प्रकाश ने तय किया कि वह पुरुलिया में समाज-विरोधी कार्यकर्ताओं के विरुद्ध जनमत तैयार करेंगे तथा अपने इस कार्य में वामपन्थी दलों का सहयोग प्राप्त करने की कोशिश करेंगे, क्योंकि उस समय पुरुलिया तथा पार्श्ववर्ती क्षेत्रों में वामपन्थी दलों विशेषतः सी.पी.एम. के दल के प्रत्यक्ष या परोक्ष अथवा सहमति के बिना कोई कार्य सुचारु रूप से सम्भव नहीं था। लोग तो कहते हैं कि वे पश्चिम बंगाल में सी.पी.एम. दल के जिला मुख्यालय-भवन में पहुँचे तथा सी.पी.एम. दल के जिला सचिव के साथ उन्होंने इस विषय पर गहन चर्चा की। पुरुलिया के जिला सचित नरेन महाती ने कहा, "प्रकाश जी, आपकी सदेच्छा तथा सद्प्रयत्नों के लिए मैं आपको बधाई देता हूँ। मैं आपको आश्वासन देता हूँ कि हम आपके साथ हैं तथा आपके प्रयत्नों के लिए हमारी शुभकामनाएँ हैं। पर हम इस मुहूर्त इस काम में सक्रिय रूप से आपके साथ सामने नहीं आ सकते हैं, क्योंकि प्रथम तो आप हमारे दल के सक्रिय सदस्य नहीं हैं, दूसरे हम आजकल आदिवासियों के क्षेत्रों में काम करने में अत्यन्त व्यस्त हैं। हमने अपने स्वयंसेवकों को आदेश दिया है कि वे प्रत्येक आदिवासी परिवार में व्यक्तिगत रूप से जाकर बात करें, उनकी शराब की लत छुड़वाएँ तथा उनको धर्म की ओर से दूर हटाकर उनका ध्यान जीविका-सम्बन्धी मुद्दों पर आकर्षित करें।

"वैसे हम किसी धर्म में विश्वास नहीं करते हैं तथा धर्म को जनगण के लिए अफीम ही मानते हैं, पर भारत जैसे धर्मप्राण देश में धर्म की व्यापकता को दृष्टिगोचर करते हुए हमने धर्म के सामने आत्मसमर्पण कर दिया है। अतः हम जनता को धर्भ से पृथक रहने की सलाह नहीं देते बल्कि उन्हें धार्मिक पाखण्डों तथा कठमुल्लापन से दूर रहने की सलाह देते हैं। स्वयं हमारा कोई कार्यकर्ता दल की ओर से धार्मिक झगड़ों में नहीं पड़ता है। आप कह सकते हैं कि हमारी यह परिवर्तित नीति मार्क्स की धर्म के प्रति नीति से अधिक भारत के संविधान में निहित धर्म-निरपेक्षता की भावना के अधिक पास है। हम लोग आजकल राज्य तथा केन्द्रीय व्यूरो नीति-निदेशक मण्डलों के आदेशों के कार्यान्वयन में अधिक व्यस्त हैं, जिस प्रकार हमारी नौकरशाही राज्य तथा केन्द्रीय सरकार की नीतियों के परिचालन में व्यस्त है। कई बार मैं सोचता हूँ कि मैं जाकर ग्रामीण अंचल की हवा खा लूँ पर यह कार्यालय मुझे छोड़ता ही नहीं है। एकाध बार मैं बाहर दौरे पर गया भी तो निदेशक-मण्डल के अध्यक्ष का फोन आ गया। उन्हें मुझसे दूरस्थ गाँव में सम्पर्क स्थापित करने में अति कठिनाई हुई। फिर क्या था, मेरी तो इस पद से हटने की नौबत आ गई थी। क्या करें प्रकाश जी, हमें भी इतना बड़ा दल वेतन

विहीन व्यक्तियों द्वारा चलाने में अनेक समस्याओं से सम्मुखीन होना पड़ता है।"

प्रकाश ने चर्चा को आगे बढ़ाते हुए कहा, "वास्तव में ईसाई संगठनों द्वारा आदिवासियों के धर्मपरिवर्तन की विकट समस्या है। वे दूर-दराज के निर्धनतम व्यक्तियों के पास जाकर खड़े होते हैं, उनका दुःख-दर्द बाँटते हैं, उनकी धन, दवाई तथा शिक्षा को लेकर उनकी सहायता करते हैं, उनको स्वर्ग का राजपथ दिखाते हैं। फलतः निरीह आदिवासी शनैः शनैः धर्म परिवर्तन के लिए राजी हो जाते हैं। हम हिन्दू तो बड़े-बड़े नगरों में बैठकर ईसाई पादरियों की आलोचना ही करते हैं। पर हममें से दो प्रतिशत व्यक्ति भी आगे नहीं आयेंगे जो आदिवासियों के बीच रहकर उनकी सेवा करें जैसा कि पादरीगण सात-समुन्दर पार करके भी करते हैं। इसीलिए यह धर्म-परिवर्तन इतना सहज तथा अचानक होता है कि हमारे सरल तथा अशिक्षित आदिवासी समझ ही नहीं पाते कि वे दूसरा धर्म ग्रहण कर रहे हैं। पीढ़ी दर पीढ़ी पहाड़ों पर पत्थरों की पूजा करते-करते वे प्रायः हिन्दू देवी-देवताओं की महिमा तो दूर उनका नाम भी भूल गये हैं। उन्हें तो अपने स्थानीय देवी-देवताओं के सामने महुआ, ताड़ी तथा चावल की बनी शराब पीकर नाचने में ही धर्म के उच्चतम स्वरूप का सरोकार होता है। हमारे साधु-महात्माओं को तो कस्बों तथा शहरों के सेठों की वातानुकूलित मोटर-कारों में घूमने तथा सेठानियों के हाथ का स्वादिष्ट तथा गरिष्ठ भोजन करने से फुर्सत ही नहीं है। उनका परवर्ती जीवन अपनी बीमारियों की चर्चा करते ही निकलता है। उनके शिष्यगण भी उनकी अन्धभक्ति तथा चाटुकारिता में व्यस्त रहते हैं। धर्म की चर्चा तो उनसे कोसों दूर चली गई है। उनके शिष्य भी प्रायः देश-विदेशों में उनकी बीमारियों का समाचार पूछते रहते हैं, जैसे वही सबसे महत्त्वपूर्ण राष्ट्रीय घटना हो।"

मार्क्सवादी दल के जिला सचिव महातो ने कहा, "इसीलिए प्रकाश जी, हम आपको अपने दल में औपारिक रूप से लेना चाहते हैं। आपके विचार इतने सुस्पष्ट तथा प्रभावशाली तथा समाज के निम्न वर्ग के निकट हैं कि समाज में सुधार ला सकते हैं, जो हमारा भी उद्देश्य है। पर हम लोग इन माफिया तथा गुण्डों के पचड़े में नहीं पड़ते। हमें भी इनकी समय आने पर आवश्यकता होती है। इनमें से कुछ का हमारे कार्यकर्ताओं के साथ भी घनिष्ठ सम्बन्ध है। फिर यदि हम इनके विरोध में कहें तो ये चुनाव में हमारे विरुद्ध पूरे जी-जान से प्रचार में लग जाते हैं, उस समय निर्वाचन-आयोग के कड़े नियमों के अन्तर्गत हम उनका कुछ नहीं कर पाते। फिर यदि हम चुनाव हार गए तो हमें दुबारा सत्ता में आने के लिए सत्तारूढ़ दल के गुण्डों तथा उनके पिट्ठुओं का सामना करने के लिए इनकी कभी-कभी आवश्यकता पड़ जाती है। हमारे दल की यह दृढ़ धारणा है कि

समाज-विरोधियों तथा माफिया की जड़ें हमारे इस पूँजीवादी तन्त्र में हैं जो निर्धनों के शोषण पर आधारित है। हमने भूतकाल में कई माफिया सरगनाओं तथा इनके संगठनों को समूल नष्ट कर दिया। पर वे अथवा अन्य फिर उठ खड़े हुए। फिर हम जिन कार्यकर्ताओं को इनके विरुद्ध लड़ने के लिए तैयार करते हैं वे ही हमारे लिए समस्या बन जाते हैं। अतः हमारी यह नीति है कि हम इन्हें नहीं छेड़ेंगे पर यदि इन्होंने हमारी नीतियों के कार्यान्वयन में बाधा पहुँचाई तो हम उन्हें श्मशान घाट तक भी नहीं छोड़ेंगे। यह वे भली-भाँति समझते हैं तथा हमारे दल के कार्यकलापों तथा कार्यकर्ताओं से नहीं उलझते हैं।"

प्रकाश ने आश्चर्यचकित होकर कहा, "यह सहअस्तित्व तथा पग-पग पर समझौतावादी ढुलमुल नीति अपनाकर ही हमारा देश बर्बाद हो रहा है तथा हमारा समाज भी। देखिए, बंगलादेश जैसा छोटा राष्ट्र भी हमारे जवानों को नृशंस रूप से मार देता है तथा आतंकवादियों को पनाह दे रहा है, तो भी हम शान्त रहते हैं। यही बंगलादेश जिसको बंगलादेश बनाने में हजारों भारतीय सैनिकों का रक्त बहा, हमारी अरबों सम्पत्ति बर्बाद हुई तथा पाकिस्तान से स्थायी जानी-दुश्मनी हुई। ये एक दिन हमारे समाज को ही नष्ट कर देंगे। वे क्रमशः सभी क्षेत्रों में अपने खूनी पंजे पसार रहे हैं। आप जानते नहीं कि शहरों में ऊपर से प्रसन्न दिखने वाला व्यक्ति भी इनके भय के कारण अन्दर से आतंकित रहता है। जिनकी सुन्दर बहू-बेटियाँ हैं, वे तो तब तक ईश्वर से प्रार्थना करते रहते हैं जब तक उनकी बहू-बेटियाँ घर पर लौट कर नहीं आ जातीं। आजकल तो प्रत्येक विद्यालय के बाहर माँओं की संख्या स्कूल के छात्रों की संख्या से अधिक देखी जा सकती है, क्योंकि उन्हें भय रहता है कि कहीं उनका लड़का-लड़की अपहृत न हो जाए।

"इसका क्या परिणाम हो रहा है? परिवार बिखर रहे हैं, कार्यालय में काम करने वाला व्यक्ति बिना खाये-पिये ही कार्यालय जा रहा है तथा हमारे घर संयुक्त-परिवार का आनन्द लूटने की अपेक्षा आज स्कूल में परिणत हो गये हैं। यदि आपके जैसा जिम्मेदार राजनीतिक दल भी यही चाहता है तो मुझे दर्द होता है। आपका पश्चिम बंगाल में तीस वर्ष से शासन है तथा कम से कम पन्द्रह साल और रहेगा। क्या आप इस गुण्डागर्दी को अनदेखा करना या व्यक्तिगत रूप से उसके प्रति उदासीन होना न्यायसंगत मानते हैं? यदि आप अन्याय मानते हैं, तो आएँ और हमारे साथ खड़े हों। हम इस गुण्डागर्दी को कम से कम पुरुलिया में तो बन्द कर दें। देखिए, आजकल शहरों की संख्या बढ़ रही है। यदि आपके दल ने शहरों की समस्याओं के प्रति ध्यान नहीं दिया, तो चुनाव में आप लोगों का बहुमत कम हो जाएगा। दूसरी ओर आपके दल के मुसलमानों के प्रति पक्षपातपूर्ण रवैये

के कारण भारतीय जनता दल का प्रभाव पुरुलिया में बढ़ता जा रहा है।"

सचिव महाशय ने प्रकाश से सहमत होते हुए कहा, "प्रकाश जी, आप ठीक ही कहते हैं। हम भी कार्यालय में बैठे जब-तब गोलियों की आवाजें सुनते हैं। पुलिस के बस का कुछ नहीं है, यह हमारा विश्वास है। हमारे द्वारा पकड़ाये गये असामाजिक तत्वों को यदि वे छोड़ें नहीं, वही उनका बड़ा योगदान होगा। चलिए हम आपके साथ हैं। हाथ मिलाइये। यह किन्तु मार्क्सवादी पंजा है। इसके लिए आपको छः मास या एक वर्ष तक जनता में अप्रत्यक्ष रूप से इन माफिया तथा अपराधियों के विरुद्ध प्रचार करना होगा, ताकि जनता उनसे घृणा करने लगे तथा उसकी प्रतिकार की भावना दृढ़ हो और वह खुलकर उनके विरुद्ध सामने आए।

"हम मुसलमानों के पक्षधर हैं पर कमाल खाँ जैसे अपराधियों के नहीं। फिर भी हम उन पर या कमाल खाँ पर आक्रमण करने में पहल नहीं करेंगे। आप तो जानते ही हैं कि कमाल खाँ का निकटतम प्रतिद्वन्द्वी पृथक-पुरुलिया आन्दोलन का समूह है जो धीरे-धीरे शक्तिशाली हो रहा है। दोनों हमारे शत्रु हैं। प्रकाश बाबू, काँटे से काँटा निकलता है। पर हम इनके बीच में ही संघर्ष की प्रतीक्षा करेंगे। आप घबड़ाइए मत। धीरे-धीरे गुण्डे जो धन उगाही करते हैं वे कमाल खाँ के द्वारा या तो मार दिए जायेंगे या वे उस उगाही में से मुख्य अंश देने लगेंगे। वहाँ से ही उपजेगी उनमें शत्रुता। मैंने सुना है कि अब तो बस-स्टैण्ड पर भी ये लोग प्रत्येक बस, मिनी बस, टू-व्हीलर तथा ट्रैक्टर से भी पैसा वसूलने लगे हैं। ट्रकों से पैसा वसूलना तो अब पुरानी रीति हो चुकी है तथा उसको देखकर खून खौलना तो दूर, किसी के चेहरे पर शिकन भी नहीं देखी जाती है। लोग दूसरी ओर मुँह करके मुस्कराते हुए चले जाते हैं। वाह री हमारी परम्पराएँ। बस, आप उस दिन की प्रतीक्षा करो जब कमाल खाँ के आदमी पृथक-पुरुलिया गोष्ठी पर आक्रमण करेंगे या अन्य किसी प्रमुख संगठन पर। बस उस दिन तुम उन्हें आगे करना तथा आप एवं हमारे लोग चारों तरफ से कामल खाँ के दुर्ग को घेरकर उसे तहस-नहस कर देंगे तथा जो भी वहाँ होगा उसे मार डालेंगे। इस सम्बन्ध में विस्तार से आप रणनीति प्रणव बनर्जी के साथ ठीक कर लो क्योंकि वह ही हमारे दल में इस प्रकार की कार्यवाहियों के संचालन का प्रमुख है। मैं उसे आवश्यक आदेश दे दूँगा। आप निश्चिंत रहें।"

प्रकाश जिला सचिव महाशय के साथ चर्चा के पश्चात् आश्वस्त होकर चले आए, जैसे प्रकाश ने आधी जंग जीत ली हो। प्रकाश समय-समय पर प्रणव बनर्जी के साथ बैठकर माफिया को नेस्तनाबूद करने की रणनीति बनाने में लग गए।

प्रकाश ऐसे अवसरों की तलाश में रहते जब उन्हें पुरुलिया में किसी भी मंच

पर बोलने के लिए निमन्त्रण मिले। विभिन्न क्लबों, संगठनों तथा संस्थाओं को आश्चर्य था कि प्रकाश उनका निमन्त्रण तुरन्त स्वीकार करने लगे थे, जबकि पूर्व में तुषार-वाटिका से 'न' का ही समाचार मिलता था। कोई भी संस्था फोन करे, प्रकाश का व्यक्तिगत सहायक ही उत्तर दे देता था कि साहब का उस दिन अन्यत्र कार्यक्रम है, पर परिवर्तित परिस्थिति में प्रकाश की स्वीकृति शीघ्र प्राप्त होने लगी। आजकल के व्यस्त समय में उत्सवों के लिए वी. आई. पी. भी आसानी से नहीं मिलते हैं। प्रकाश अपने भाषण के बीच में यह अवश्य जोड़ देते थे, "समय खराब है। अब जनता नेताओं पर ही भरोसा करके नहीं बैठ सकती। क्या हमारे देश के नेतागण एक सौ करोड़ लोगों को बिना काम किए खिला सकते हैं? उनके द्वारा दिखाए गए स्वर्णिम स्वप्नों के सहारे देश हाथ पर हाथ धर कर नहीं बैठ सकता है। अतः वर्तमान परिस्थिति में यदि देश को मजबूत करना है तो प्रत्येक व्यक्ति को स्वावलम्बी बनना होगा। उसे अपने पैरों एवं हाथों पर विश्वास करना होगा। आज देश का प्रत्येक व्यक्ति जाग उठा है। उसका देश के प्रायः साठ प्रतिशत सकल घरेलू उत्पाद पर कब्जा है। देश की नौकरशाही का योगदान केवल 17% सकल घरेलू उत्पाद या खर्च तक ही सीमित है। देश में नौकरशाही तथा पुलिस के सिकुड़ते हुए योगदान को दृष्टि में रखते हुए यह आवश्यक है कि प्रत्येक नागरिक अपना रक्षक बने। वह सब समय चौकन्ना रहे कि कहीं संदिग्ध वस्तु तो नहीं पड़ी है। क्या हमारी पुलिस मुम्बई जैसे बड़े-बड़े शहरों में बम धमाकों को रोक सकी है? अतः प्रत्येक नागरिक को पुलिस मैन बनना है। उसको अपनी चौकसी स्वयं करनी है। उसे अपनी सुरक्षा स्वयं करनी है। उपयुक्त कानून-व्यवस्था के बिना देश या समाज में कोई भी विकास असम्भव है, चाहे वह सरकारी योजनाओं का क्रियान्वयन हो अथवा निजी व्यवसाय या नौकरी। असुरक्षा के साये में जीने से तो अच्छा है उसके कारण को मिटाना। समाज में असुरक्षा पैदा करने वाले तत्वों को जड़मूल से नष्ट कर देना। शेक्सपियर ने ठीक ही कहा है कि कायर बार-बार मरते हैं जबकि बहादुर एक ही बार मरता है। आप लोग अपनी शक्ति तथा क्षमता पहचानो। क्या हजारों हाथ सौ हाथों का मुकाबला नहीं कर सकते? यदि कोई हाथ अशक्त है, तो उसे शरीर से अलग करना ही उत्तम होगा। बिना मरे स्वर्ग नहीं मिलता। उसी प्रकार बिना बहादुर बने या बलिदान दिए बिना सत्ता प्राप्त नहीं हो सकती। सरकारी नौकर या पुलिस वाले अपने वेतन तथा परिवार से जुड़े हुए हैं। उन्हें आपकी समस्या निपटाने की कहाँ फुर्सत है। वे अपनी व्यक्तिगत तथा नौकरी की समस्याओं में ही काफी उलझे हुए हैं। अतः यह नेतृत्व आप लोगों के बीच से जन्मे तथा हमारे पुरुलिया के समाज की सुरक्षा सुनिश्चित

करे। यदि आवश्यकता पड़े तो उस तन्त्र को पलट दो। क्रान्तिकारियों का स्मरण करके प्रगति के रास्ते में बाधा पहुँचाने वाले तत्वों को नष्ट कर दो। मैं आपके साथ तहे दिल से हूँ।"

अपने भाषणों में माफिया सरगना का नाम लिए बिना प्रकाश सभी कुछ कह जाते थे। श्रोता वर्ग के अनुसार वे अपने भाषण का प्रारम्भ और अन्त परिवर्तित कर लेते थे। जब वे व्यापारी वर्ग के सामने होते तो वे कहते कि सभी प्रकार की कर उगाही रोक दो। यदि उस प्रक्रिया में हमारे एक या दो व्यापारियों या उद्योगी बन्धुओं को हिंसा का सामना करना पड़े तो कोई बात नहीं। इस प्रकार भाषणों के क्रम में प्रकाश सब्जी वाले तथा ठेले वालों से भी किसी से भी दबने के लिए मना करते। पुलिस वालों को वे दबंग बनने की सलाह देते। वे क्लब के या संस्थाओं के पदाधिकारियों तथा विद्यार्थियों को सलाह देते कि समाज के दुश्मनों को वे हार-माला पहनाकर महिमा-मण्डित न करें। बीच-बीच में प्रकाश पुलिस तथा झारखण्ड में बढ़ते हुए अपराधों के उदाहरणों का उल्लेख करते, इसलिए पुरुलिया के माफिया सरगनाओं तक यह समाचार नहीं पहुँचा कि प्रकाश उनके विरुद्ध एक जन-आन्दोलन खड़ा करने का प्रयत्न कर रहे थे। वैसे भी इन संगठनों के मुखिया तथा उनके सरदार इतने कम पढ़े लिखे तथा व्यावहारिक होते हैं कि जब तक कोई समस्या सामने न आ जाए, वे उसके बारे में सोचते ही नहीं हैं। वास्तव में उनके सामने प्रत्येक क्षण इतना खतरा मँडराता रहता है कि उन्हें भविष्य के विषय में सोचने की फुर्सत ही नहीं मिलती है। अतः प्रकाश का जन-आन्दोलन निर्बाध चलता रहा तथा प्रकाश के साथ इस जन-चेतना के आन्दोलन में और कई सक्रिय सामाजिक कार्यकर्ता भी जुट गए कि प्रकाश का नाम गौण हो गया। उनके मित्र तथा अतिरिक्त जिलाधीश श्री राम तो सभी उत्सवों तथा अवसरों पर खुले तौर जनता को माफिया के विरुद्ध भड़काते थे। पुरुलिया में परिस्थिति इतनी संगीन हो गई थी कि प्रायः प्रत्येक दिन समाज-विरोधियों तथा गुंडों के समूहों में झगड़े हो जाते। दिन में ही चाकू चल जाते, तलवारें खिंच जातीं तथा देशी बम, देशी रिवाल्वर तथा बन्दूकों का इस्तेमाल हो जाता। इससे आम जनता में भय का वातावरण व्याप्त हो रहा था। दूसरी ओर रेलवे तथा सार्वजनिक निर्माण-विभाग की अधिक निविदाएँ प्रकाशित हो जाने के बाद संघर्ष उस ओर मुड़ गया था। जो ठेकेदार इन निविदाओं में असफल होते थे अथवा अधिकारियों की अन्य कुछ विशिष्ट ठेकेदारों के साथ मिलीभगत के कारण उन्हें अवसर नहीं मिल पाता था, वे राजनीतिज्ञों तथा माफिया तथा अपराधियों का सहारा लेने लगे। कोयला, मिट्टी, देशी तथा अंग्रेजी शराब के व्यवसाय में तो स्पष्ट था कि यदि सरकारी स्वामित्व-फीस

अथवा उत्पादन कर दिए बिना बिक्री की जाए, तो लाखों रुपए का लाभ था। इन विभागों के निरीक्षकों के प्रति जनता उदासीन हो चुकी थी, क्योंकि उन्होंने रिश्वत ले लेकर अपनी साख समाप्त कर दी थी। जो कुछ ईमानदार अधिकारी थे, उन्हें भी जनता बेईमान समझती थी। अतः जनता इन दोनों के बीच टकराहट को मूकदर्शक बन कर देखती थी, क्योंकि जनता के अनुसार एक वर्ग समाज का स्वच्छन्द वर्ग था तो दूसरा सरकार का अपना पालतू माफिया था। परिस्थिति इस सीमा तक गिर चुकी थी कि इन विभागों के कहने पर पुलिस भी टस से मस नहीं होती थी। जब वे अपने विभाग के वरिष्ठ अधिकारियों से शिकायतें करके बड़े-बड़े छापों की व्यवस्था करते, उनके बीच मिले अपराधीतत्व तथा अपराधियों के भुगतान पर चल रहे पुलिस कर्मी या अधिकारी उन्हें गुप्त रूप से ऐसी योजनाओं की पहले से ही सूचनाएँ दे देते थे। फलतः इन छापों में सरकार का खर्च अधिक हो जाता, जबकि उस अनुपात में सरकार को राजस्व की वसूली नहीं होती थी।

अदालतों के सामने कोयले की खानों पर दो दलों द्वारा परस्पर कृत्रिम विवाद पेश करके रिसीवर नियुक्त करवा लिया जाता। चूँकि दूसरा पक्ष विरोध नहीं करता, इस कारण प्रतिपक्ष के पाले में अविलम्ब निर्णय हो जाता। हमारे न्यायालयों का निर्णय तो साक्ष्य पर पूर्णतः निर्भर है। वे अपनी ओर से कुछ भी मन्तव्य नहीं करना चाहते यद्यपि वे समझते हैं कि सत्य क्या है। इस प्रकार उच्च न्यायालय के आदेशों के आधार पर कोयले के माफिया का एक दल बर्षों तक खान के मुँह पर पड़े बीस टन कोयला को हटाते रहते तथा उसी आदेश की छत्रछाया में वे अवैध खनन कार्य करते रहते। पर इन अवैध खानों में कई बार मजदूरों की मौतें हो जातीं तथा उनमें खूनी संघर्ष हो जाता। जिला प्रशासन को रॉयल्टी मिलना तो बहुत दूर रहा वे कोयला खानों के क्षेत्रों में कानून-शृंखला के विघटन से परेशान थे। पी. के. राय ने इस कुचक्र से सम्बन्धित सभी चित्र सहित साक्ष्य एकत्रित किए तथा वह उच्च न्यायालय में स्वयं उपस्थित हुए। उनके पास लाखों रुपए की घूस देने का प्रस्ताव आया पर उन्होंने घूस लेने से स्पष्ट मना कर दिया। उनको धमकियाँ भी दी गईं पर उन्होंने उन धमकियों की भी उपेक्षा कर दी। एक युवा आई. ए. एस. अधिकारी को स्वयं उच्च न्यायालय के सामने सभी साक्ष्य लेकर उपस्थित देखकर अधिवक्ताओं में हड़कम्प मच गया। विद्वान न्यायाधिपति ने इस सम्बन्ध में सभी प्रापकों के आदेशों को निरस्त कर दिया तथा किसी भी व्यक्ति द्वारा कोयले के खनन को अवैध घोषित कर दिया। इस आदेश के पश्चात् पुरुलिया, बराकर, धनबाद तथा आसनसोल के कोयले के सरगनाओं की नींद उड़ गई। अब वे सभी अपराधी घोषित हो चुके थे तथा कोयले की खदानों के पास उनकी उपस्थिति का

अर्थ था कि उन्हें पुलिस बल बिना किसी वारण्ट के उठाकर हवालात में बन्द कर सकता था। अब कोयले का अवैध खनन या व्यापार करने में उन्हें इतनी घूस देनी पड़ती थी कि उन्हें शायद कुल लाभ का दस प्रतिशत ही प्राप्त होता था तथा नब्बे प्रतिशत सरकारी दलालों की जेबों में जा रहा था। दस प्रतिशत लाभ के लिए कोई भी बुद्धिमान व्यक्ति जान-माल का खतरा मोल लेना नहीं चाहेगा। यदि किसी मनचले ईमानदार अधिकारी ने उस पर एक भी मुकदमा आरोपित कर दिया, उसमें ही उसका दस प्रतिशत से अधिक लाभ चला जाता। अतः कोयले के क्षेत्र में अवैध खनन प्रायः बन्द हो गया। केवल स्थानीय गरीब मजदूर व्यक्ति ही बीस-चालीस किलो कोयला अपनी साइकिलों पर रखकर स्थानीय बाजारों में बेच रहे थे, जैसे कि सब्जी बिक रही हो। इस घटना के पश्चात् जहाँ पुरुलिया के अपराधी जगत को नैराश्य ने घेर लिया वहाँ दूसरी ओर प्रकाश तथा उनके साथी सामाजिक कार्यकर्ताओं को एक नयी संजीवनी प्राप्त हो गई। उन्हें सी. पी. एम. दल की ओर से प्रणव बनर्जी का वरद हस्त प्राप्त था और वे एक बड़ी घटना की प्रतीक्षा करने लगे जब वे सभी मिलकर कमाल खाँ का अवैध दुर्ग ध्वस्त कर देंगे।

यद्यपि राणा तथा उसके कुछ साथियों को लम्बा कारावास हो गया था पर समाचार पत्रों के माध्यम से मुकदमे की सुनवाई के दौरान उनकी 'पुरुलिया पृथकतावादी' विचारधारा को पढ़कर अनेक नए सदस्य उनके दल में भर्ती हो गए। अब यह दल ही कमाल खाँ की टक्कर का था। राणा के कारावास तथा सी. पी एम. दल द्वारा इस विचारधारा को पूरी तौर से त्यागने के कारण नये सदस्य जनता के बीच में खुलकर सामने नहीं आ रहे थे परन्तु वे दल के भीतर ही अपनी पूरी तैयारी करते रहे। उन्होंने पड़ोस के राँची तथा हजारीबाग जिलों के उग्रवादी नेताओं से सम्पर्क स्थापित किया। वे उन्हें अस्त्र-शस्त्र तथा बारूद इस शर्त पर देने के लिए तैयार हो गए कि आवश्यकता पड़ने पर वे उन्हें छुपने की जगह देंगे। पर अस्त्र-शस्त्रों की खरीद करने के लिए धन कहाँ से आए? इसका उपाय था कि वे भी कमाल खाँ कि भाँति धन की उगाही करें, पत्थर का व्यापार करें तथा अवैध शराब बिक्री करने वालों से पैसा ऐंठें। उन्होंने पुरुलिया बस स्टैण्ड के दुकानदारों से पैसा ऐंठना आरम्भ किया पर उन्हें तुरन्त व्यापक विरोध का सामना करना पड़ा। इसके पश्चात् उन्होंने राष्ट्रीय राजमार्ग पर चलने वाले वाहनों को निशाना बनाया, क्योंकि उनका कोई भी स्थानीय समर्थक नहीं होता था। इस धंधे में उन्हें आंशिक सफलता मिली। उनके दल का खर्च निकलने लगा। पर जैसे ही उन्होंने बजरी तथा रोड़ी से भरे ट्रकों तथा ट्रैक्टरों से जबरन वसूली आरम्भ की, लोगों ने कमाल खाँ से जाकर शिकायत की, क्योंकि यह अवैध कारोबार सरकार को बिना

शुल्क भुगतान किए कमाल खाँ के दम पर उसकी तथा उसके गिरोह की छत्रछाया में चल रहा था। कमाल खाँ के लोग ही प्रत्येक ट्रक से एक सौ रुपया तथा प्रत्येक ट्रैक्टर-ट्राली से पचास रुपया दर से वसूलते थे तथा वे ही पुलिस तथा खनन विभाग में उनका निधार्रित अंश पहुँचा देते थे। धीरे-धीरे विभागीय प्रतिशत कम होता जा रहा था।

एक दिन की घटना है। 'पुरुलिया पृथकतावादी दल' के सदस्यों ने बजरी से भरी हुई एक ट्रैक्टर-ट्राली को रोका। पहले से ही कमाल खाँ के लोग तैयार थे। कमाल खाँ के चार-पाँच लोग आए और उन्होंने अपनी राइफल से पुरुलिया पृथकतावादी दल के सदस्यों पर आक्रमण कर दिया। एक व्यक्ति वहीं ढेर हो गया। इसी बीच कमाल खाँ गिरोह के सदस्य भाग कर आ गये और कमाल खाँ की कोठी में छुप गये। कमाल खाँ ने उनका अभिवादन करते हुए कहा, "तुम लोगों ने जो कुछ किया है वह हमारे आदेश के अनुसार किया है। तुम्हें बिल्कुल डरने की आवश्यकता नहीं है। इसके बाद मैं सब कुछ सँभाल लूँगा। बस, कुछ अपने कोषागार से धन निकालकर पुलिस तथा राजनीतिज्ञों में बाँटना पड़ेगा। यदि हम यह बाधा स्वीकार कर लेते तो कल से हमारे प्रत्येक धन्धे में बाधा होती, हमारे प्रत्येक एजेण्ट पर हमला होता। फलस्वरूप हमारे संगठन द्वारा काम करना मुश्किल हो जाता। यह कमाई कमाल खाँ नहीं करता है, यह कमाई कमाल खाँ के नाम पर होती है। यदि मैं किसी चिड़िया को भी एक कागज के टुकड़े पर रकम लिख कर भेज दूँ, तो वह तुरन्त वसूल हो जाएगी, क्योंकि देने वाला जानता है कि न देने का एक ही परिणाम है—कमाल खाँ के लोगों द्वारा उसकी मारपीट, उसके बच्चे का अपहरण, उसकी दुकान लूटना तथा अन्त में उसकी हत्या कर देना। शाबास, तुम लोग आराम करो, मुझे ऐसे ही जाँबाजों की जरूरत है। तुम लोग अपना मनोरंजन करो।"

शहर के बीचोंबीच हत्या का समाचार विद्युत की भाँति फैल गया। हजारों लोग स्थान-स्थान पर एकत्रित होने लगे। सभी के मुँह पर एक ही प्रतिक्रिया थी—अब बहुत हो चुका है। कमाल खाँ बहुत बढ़ गया है। आज उसका शिकार उसका विरोधी दल है, कल हम उसके निशाने पर होंगे। इसके पूर्व कि वह हमारे पुरुलिया की शान्ति को पूर्णतौर से नष्ट कर दे, हमें उसे तथा उसके ताने-बाने को नष्ट कर देना चाहिए। पुलिस तो पहले जाँच करेगी, फिर अभियुक्तों को पकड़ेगी। इसी बीच कोई राजनीतिक दबाव आ गया, तो पुलिस वालों के हाथों में जैसे बेड़ी पड़ जायेगी। बचा-खुचा काम रिश्वत कर देगी। पुलिस की आँखों पर तो पट्टी बँधी है। सभी जानते हैं कि अपराधी बन्दूकों से लैस थे तथा कमाल खाँ के अहाते

की ओर भाग गये थे। पर पुलिस को यह सत्य नहीं दिखता है। पता नहीं पुलिस ने कौन सा चश्मा पहन रखा है? यदि कोई देखना ही नहीं चाहता, तो उसको कोई भी चश्मा पहनाने का लाभ नहीं। हमें ही पुरुलिया की कानून-व्यवस्था को अपने हाथों में लेकर उसे चुस्त-दुरुस्त करना होगा। पुलिस मूकदर्शक बनी रहे, यही काफी होगा। वैसे भी पुलिस सदैव शक्तिशाली पक्ष का पक्ष लेना पसन्द करती है।

अब प्रकाश समझ गये कि इस समय देरी करना उचित नहीं था। उन्होंने तुरन्त प्रणव बनर्जी से बात की। प्रणव बनर्जी ने दल के सचिव से सहमति प्राप्त की। दल के सचिव ने कहा, "पुलिस को मैं सँभाल लूँगा। तुम लोग जाकर कमाल खाँ की हवेली नष्ट कर दो तथा उसको और उसके साथियों को मार डालो। महिलाओं तथा छोटे-मोटे नौकरों पर हाथ न उठाना। उन्हें सुरक्षित निकलने देना। पर पुरुलिया पृथकतावादी दल को आगे करना, ताकि वे ही कमाल खाँ के बन्दूकचियों की प्रथम बौछार झेलें क्योंकि प्रथम गोली की बौछार में ही अधिकांश लोग मारे जाते हैं। बाद में तो हमारा उमड़ता हुआ जन-सैलाब सभी कुछ नेस्तनाबूद कर देगा।"

प्रकाश तथा प्रणव बनर्जी ने पृथकतावादी क्लब के लड़कों से हथियारों के साथ आगे चलने के लिए कहा। ये अत्यन्त क्रोध में थे। वे तुरन्त सहमत हो गए। प्रकाश ने भी दो सौ लोगों को तैयार किया। प्रकाश ने अपनी रिवाल्वर ली जो आज तक नहीं चली थी। प्रणव बनर्जी ने प्रायः तीन सौ कट्टर मार्क्सवादी कार्यकर्ताओं (कैडरों) को तैयार किया जिसमें तीस विभिन्न हथियारों से लैस थे।

अपराह्न तीन बजे तक हिंसक भीड़, कमाल खाँ की कोठी की ओर बड़ी। उसका नेतृत्व पुरुलिया पृथकतावादी क्लब के लड़के कर रहे थे। प्रकाश तथा प्रणव बनर्जी दूर से दो गाड़ियों में चल रहे थे ताकि कोई जान न पाए कि वे उस भीड़ में सम्मिलित थे। भीड़ ने चार बजे तक कमाल खाँ के परिसर को चारों ओर से घेर लिया। भीड़ ने पहुँचते ही कमाल खाँ के परिसर पर ऐसी पत्थरों, रोड़ियों तथा ईंटों की वर्षा की कि कमाल खाँ तथा उसके सहयोगी समझ ही नहीं सके कि क्या हो रहा था। वे पुरुलिया के लोगों को अभी तक भीरू समझते थे। उनके भागने के सभी रास्ते सील कर दिये गये थे तथा सभी रास्तों पर भीड़ के साथ आधुनिक अस्त्र-शस्त्रों से सुसज्जित युवा भी खड़े थे, जिन्हें कमाल खाँ को देखते ही मारने का आदेश था। भीड़ ने तुरन्त ही बीस देशी बम फेंके, जिससे कमाल खाँ की हवेली धुएँ तथा विस्फोटों में अदृश्य हो गई।

कमाल खाँ के गुर्गों ने पलट कर ए. के. 47 तथा कार्बाइन से फायरिंग की, जिसमें पुरुलिया पृथकतावादी क्लब का एक सदस्य बुरी तरह से आहत हुआ तथा

और कुछ लोग घायल हुए। फिर क्या था! भीड़ कमाल खाँ के अहाते में घुस गई। भीड़ ने सर्वप्रथम अहाते में खड़ी कारों, जीपों, ट्रकों, ट्रैक्टरों, मोटर-साइकिलों से पेट्रोल तथा डीजल लेकर पूरे अहाते में आग लगा दी। सम्पूर्ण खाँ परिसर धू-धू करके जलने लगा। वे नहीं समझ पा रहे थे कि आखिर क्या हो रहा था। यह काम पुलिस का था या उनके विरोधी गिरोह का। वे सोच भी नहीं पा रहे थे कि यह आक्रोश की अग्नि पुरुलिया की जनता उगल रही थी।

कमाल खाँ परिवार तथा गिरोह में आतंक छा गया। उनका दिमाग काम नहीं कर रहा था। वे जिस ओर देखते थे मारक भीड़ उनकी ओर बढ़ रही थी। कोई हवेली में पाइपों के सहारे ऊपर उठ रहा था तो कोई उनकी खिड़कियों को पत्थरों से तोड़ रहा था। सभी अपनी-अपनी जान बचाकर भागने लगे पर भीड़ ने उन्हें ऐसा नहीं करने दिया। भीड़ ने उन पर बम फेंके, उन पर फायरिंग की जिसमें कमाल खाँ के कई सहयोगी बुरी तरह से घायल हुए।

कमाल खाँ के परिवार में महिलाएँ तथा बच्चे भी बमों के फेंकने से घायल हुए पर कोई उपाय न था। कमाल खाँ की कोठी में से चारों ओर धुआँ निकल रहा था। दोनों ओर से प्रायः एक हजार गोलियां दागी गयीं तथा सैकड़ों बम फेंके गए। कमाल खाँ विस्मित था कि क्या हो रहा था। इस प्रकार जन-आक्रोश तथा जन-आक्रमण की उसने कभी कल्पना भी नहीं की थी। वह मुसलमानों की मस्जिदों के निर्माण के लिए भी यत्र-तत्र धन उपलब्ध कराता रहता था। पर लोगों ने कमाल खाँ का वास्तविक आतंकी चरित्र समझ लिया था और वे उसे हर हालत में नष्ट करने पर तुले थे। आज इस समय जैसे सभी उसके विरोध में चले गए। पूरा संसार उसके विरुद्ध था। अभी तक तो कमाल खाँ ने तथा उसके परिवार ने अपनी ओर से चलाए गए हथियारों का आलम देखा था। पर आज प्रतीत हो रहा था जैसे पुरुलिया की कंसावती नदी ने अपनी धार की दिशा बदल दी हो।

कमाल खाँ ने स्वप्न में भी ऐसा नहीं सोचा था। उसे विक्षिप्तता का एक झोंका आया। उसने पूछा, "ये पुरुलिया के सियार कब सिंह हो गए हैं?" उसके अंगरक्षक ने उत्तर दिया, "जब सियार सिंह हो जाता है तो वह सिंह से भी बढ़कर कमाल दिखाता है।" कमाल खाँ हड़बड़ी में उपलब्ध एक ही अंगरक्षक को लेकर भागा पर भागते समय उसने अपने अंगरक्षक को बन्दूक लेने से मना कर दिया ताकि उसे कोई पहचान न सके। परिवार और बच्चों को तो जैसे वह भूल ही गया था। एक कायर की भाँति वह अपनी जान बचाकर भागा। पर जैसे ही वह एक चोर दरवाजे से निकला, वहाँ सी.पी. एम. दल की सैन्य-वाहिनी खड़ी थी। उसमें से एक ने कमाल खाँ को पहचान लिया। जैसे ही कमाल खाँ ने अपनी रिवॉल्वर

निकालने का प्रयत्न किया, पास खड़े नौजवान ने तलवार से उसका वह हाथ काट दिया तथा अंगरक्षक को भी लात मारकर नीवे गिरा दिया। उसकी रिवॉल्वर को दूर फेंक दिया। फिर क्या था! लातों घूसों तथा जूतों से कमाल खाँ तथा उसके अंगरक्षक को इस बुरी तरह से पीटा गया कि उसकी मौत हो गई। पर कमाल खाँ की मौत को सुनिश्चित करने के लिए मार्क्सवादी कार्यकर्ता ने पास में पड़ा हुआ एक बड़ा पत्थर उसके सिर पर गिरा दिया, जिसके गिरते ही कमाल खाँ के मुँह से रक्त का फब्बारा निकला और वह वहाँ ही ढेर हो गया जैसे वह एक मिट्टी तथा कपड़े से बना हुआ पुतला हो।

कमाल खाँ की मृत्यु की खुशी में सभी झूम पड़े जैसे उन्होंने विश्व-विजय कर ली हो। उसकी मृत्यु की खबर मोंबाइल पर तुरन्त प्रणव बनर्जी तक पहुँची। कमाल खाँ की मृत्यु का समाचार भीड़ में भी विद्युत की भाँति फैल गया। प्रणव बनर्जी ने भीड़ को अपने-अपने स्थान से तुरन्त विसर्जित होने का आदेश दिया। कमाल खाँ की मृत्यु का समाचार सुनकर कमाल खाँ के रहे-सहे लोग जान बचारक भागे। जब भीड़ अपने स्थान पर लौट आई तो सी. पी. एम. दल के सचिव महातो ने पुलिस को सूचना दी। जब पुलिस वहाँ पहुँची तो कमाल खाँ का दुर्ग आग की लपटों में जल रहा था। उसके भय का बाँध टूट चुका था। चारों ओर धुँआ ही धुआँ। कहीं अग्नि जल रही थी तो कहीं सुलग कर बुझने का इन्तजार कर रही थी। पुलिस वाले भी कमाल खाँ के कारण अपनी आलोचना सुनते-सुनते कमाल खाँ से नाराज थे। उन्होंने कमाल-कुटी में अवशिष्ट सजावटी सामान, वातानुकूलित मशीनें, बर्तन, कीमती फर्नीचर, कालीन, काँच का सामान तथा कपड़ों को भी जलती होलिका में स्वाहा कर दिया। पुलिस दल ने कमाल-कुटी में बरामद धन तथा वस्तुओं को आपस में बाँट लिया तथा बरामद माल नगण्य ही कागज में दिखाया। देखते-देखते ही कमाल खाँ की वर्षों की मेहनत राख में बदल गई। अब कमाल खाँ की हवेली सामान्य मकान की अपेक्षा अधिक भयावह लग रही थी। इस पूरे काण्ड में कमाल खाँ के परिवार के दो सदस्य तथा उसके गिरोह के दस सदस्य मृत हुए। कमाल खाँ के बीस सहयोगियों को पुलिस ने घायलावस्था में गिरफ्तार कर लिया।

इस प्रकार प्रायः तेरह व्यक्ति इस जनहिंसा के शिकार हुए। कमाल खाँ के सहयोगी इतने आतंकित थे कि पुलिस थाने पर कोई व्यक्ति कमाल खाँ की ओर से प्राथमिकी लिखाने भी नहीं आया। जिस प्रकार लोग कमाल खाँ के अपराधों के विरुद्ध थाने में प्रथम सूचना रपट लिखवाने से डरते थे। एक घण्टे में ही कमाल खाँ का संसार उजड़ गया जो उसने वर्षों में अपने अवैध कार्यों से बसाया था। एक

करोड़पति का परिवार सड़क पर आ गया, जिसके पास अपनों की लाशें दफनाने के लिए पैसा ही नहीं था।

बाकी काम आयकर विभाग ने किया जो अभी तक कमाल खाँ को आयकर के लिए नोटिस देने से घबराता था। उन्होंने बैंकों को तुरन्त आदेश भेजकर कमाल खाँ, उसके परिवार तथा उसके सहयोगियों के बैंक-खातों तथा लॉकरों को मुहर-बन्द कर दिया। किसी ने भी बैंक खातों अथवा लॉकरों के लिए दावा पेश नहीं किया, क्योंकि दावे के साथ अतिरिक्त आयकर का भुगतान करना पड़ता। कमाल खाँ के लोग इतने भयभीत थे कि वे पुरुलिया से कोसों दूर चले गए। पुरुलिया नगरपालिका ने खान परिसर को कब्जे में ले लिया था क्योंकि उसी की जमीन पर वह अनधिकृत रूप से बना हुआ था। सभी जानते थे कि उनके पास पूर्णतः अवैध तथा काले धन्धे की कमाई थी। उनके पास कोई हिसाब-किताब ही नहीं था। वे कैसे दावा पेश करते?

कमाल खाँ का मृत-शरीर कुछ समय के लिए थाने में पड़ा रहा जिस पर सैकड़ों ने थूका। पुलिस कमाल खाँ के मृत-शरीर की रक्षा करने में असमर्थ थी। पर कमाल खाँ के शव को बचाने के लिए पुलिस ने उसे तुरन्त शव-परीक्षा के लिए भेज दिया। डॉक्टरों ने भी उसकी तुरन्त परीक्षा करके उसकी चोटों को भीड़ द्वारा आक्रमण करार दिया। इसका अर्थ था कि कोई कमाल खाँ की हत्या के लिए जिम्मेदार नहीं था।

पुलिस ने राहत की साँस ली क्योंकि इस संघर्ष में पुरुलिया में संग्रहित अधिकांश अवैध बारूद, देशी बम, आर.डी.एक्स. अमोनियम नाइट्रेट नष्ट हो चुका था। एक अवैध तथा देशी हथियारों का बड़ा जखीरा कमाल खाँ के तहखाने से पुलिस ने जब्त कर लिया।

होली का त्योहार पास में ही था। कमाल खाँ की नृशंस हत्या के कारण पुरुलिया जिले का मुसलमान सम्प्रदाय आहत था क्योंकि कमाल खाँ सभी मस्जिदों के निर्माण कार्य में आर्थिक सहयोग करता रहता था। उसे पाकिस्तान के खुफिया तन्त्र आई.एस.आई. से भी धन प्राप्त होता था जो वह ईमानदारीपूर्वक मस्जिदों के निमार्ण तथा मदरसों की तरक्की के लिए बाँट देता था। अतः होली के उत्सव में रंग-भंग करने की योजना बनी। सी.पी.एम. दल के सचिव यह प्रतिक्रिया भलीभाँति जानते थे। उन्होंने अपने जिले में सभी इकाइयों को सचते करते हुए कहा– "यह ठीक है कि हम अल्पसंख्यकों, आदिवासियों, भूमिहीनों तथा अभावियों के हितैषी हैं पर हम उनमें भी माफिया तथा बड़े भूमि-स्वामियों का विरोध करते हैं। ये हमारे सबसे बड़े दुश्मन हैं। वे जनता के शोषक हैं। वे अपराधी हैं, मुसलमान तथा हिन्दू

बाद में उनका धर्म है अपराध करना, पैसा ऐंठना तथा लोगों को परेशान करना पहला धर्म है। हमें उन्हें समाज से हटाना है।"

कुछ मौलवियों ने अपनी मस्जिदों में इसे हिन्दू-मुसलमान संघर्ष का रंग देने का प्रयत्न किया। इसकी जानकारी प्राप्त होने पर सी.पी.एम. दल के स्थानीय सदस्यों ने उन मौलवियों की जमकर पिटाई की। फिर भी मालदा में एक घटना घट गई। होली के दिन एक बूढ़ा मुसलमान रिक्शे में जा रहा था। कुछ हिन्दू लड़कों ने उस पर रंग फेंका। उसने उन्हें गाली-गलौज दी। लड़के होली की मस्ती में थे। इस पर होली के हुड़दंग में लड़कों ने रिक्शे से उसे गिरा दिया। उसके माथे में गम्भीर चोट लगी। इससे उसकी मृत्यु हो गई। उसकी मृत्यु का समाचार विद्युतीय-चुम्बकीय तरंगों की भाँति फैल गया। जबाब में कुछ मुसलमान लड़कों ने एक हिन्दू लड़के पर चाकू से वार करके उसे घायल कर दिया। फिर क्या था! सम्पूर्ण होली की भीड़ मुसलमानों की ओर बढ़ी। दूसरी ओर से मुसलमानों ने बमों तथा देशी तमंचों से भीड़ पर जबाबी हमला किया। इसी बीच पुरुलिया जिला-मुख्यालय से मजिस्ट्रेट की अगवानी में सशस्त्र पुलिस बल आ गया। उस पर भी बस्ती से आक्रमण नहीं रुका। जिला प्रशासन ने रैपिड पुलिस बल को लगाया। वे उन घरों में घुस गए जहाँ से बम तथा गोलियाँ चल रही थीं। कमाण्डो ने उन सभी को गिरफ्तार कर लिया तथा उनकी अच्छी धुनाई की। हिन्दुओं की ओर से भी कुछ गिरफ्तारियाँ हुईं। इस प्रकार कमाल खाँ की लाश पर भी बलवा हुआ। पर होली के पश्चात् सभी कुछ शान्त हो गया। कमाल खाँ को सभी होली के साथ भूल गए। धर्म का शासन फिर से स्थापित हुआ। जनता का यह विश्वास दृढ़ हुआ कि अवैध कार्य कुछ अवधि के लिए ही राफलतापूर्वक चल सकते हैं, अनन्त काल के लिए नहीं। उनका अन्त भी बुरा ही होता है, जैसा कमाल खाँ का हुआ।

स्थानीय मार्क्सवादी दल के राजनैतिक प्रभाव के कारण प्राथमिकी से ही प्रकाश तथा प्रणव बनर्जी के नाम निकाल दिए गए। कमाल खाँ के समर्थन में कोई मुख बोलने वाला नहीं था। पुलिश एकतरफा काम करती है। वह तो शक्तिशालियों, बुद्धिमानों तथा दबंगों का अधिक साथ देती है। कानून भी उसके सहारे चलता है। प्रकाश अपनी प्रैक्टिस तथा सामाजिक कार्यों में पूर्ववत् संलग्न हो गए। उनकी अपनी अस्मिता लौट आई। उन्होंने सिद्ध कर दिया कि वे मारवाड़ी नहीं थे, चम्बल-प्रदेश से आए थे जहाँ लोग हत्या करने के पश्चात् हाथ भी नहीं धोते थे।

कमाल खाँ की हत्या का समाचार सारे प्रदेश में फैल गया। पुरुलिया जिले

तथा झारखण्ड प्रदेश के आस-पास के क्षेत्रों के निवासियों ने चैन की साँस ली जो कमाल खाँ तथा उसके गिरोह की आतंकी कार्यविधियों से त्रस्त तथा भयभीत थे। बंगला समाचार-पत्रों ने इस पर कई सम्पादकीय लिखे तथा कहानियाँ प्रकाशित कीं। कमाल खाँ पर जन-आक्रमण के प्रकरण को पढ़कर जन-गण में आस्था बढ़ी कि वे किस प्रकार माफिया का सफाया कर सकते थे। दूसरी ओर सभी संगठित अपराधी सशंकित तथा सचेत हो गए।

राज्य के मुख्यमन्त्री। ने इस घटना को लम्बे जन-आक्रोश का प्रकटीकरण कहकर सम्पूर्ण घटनाचक्र पर पटाक्षेप किया। इस घटना को कुछ समाचार-पत्रों तथा टेलीविजन माध्यमों ने सामान्य जन की संगठित अपराधियों पर विजय करार दिया। तथाकथित विधिजीवियों तथा बुद्धिजीवियों ने इस घटना को 'सामूहिक हत्या' कहकर इसकी आलोचना की तथा समाज में ऐसी घटनाओं की पुनरावृत्ति के प्रति सरकार को सचेत किया। उनका सुझाव था कि ऐसी घटनाओं के पूर्व ही प्रशासन सख्त कदम उठाए, ताकि जनता को कानून अपने हाथ में न लेना पड़े। इस प्रकार की घटनाएँ समाज में अपराध फैलाने में सहायता करती हैं तथा सामान्य जन के अन्दर कानून का सम्मान एवं भय कम करती हैं।

कमाल खाँ की हत्या के पश्चात् पुरुलिया एक शान्त जिला घोषित हो गया। जिला पुलिस अधीक्षक को इस मामले में अपना योगदान किए बिना ही चारों ओर से बधाइयों का ताँता लग गया। पुलिस प्रशासन शर्मिन्दा था पर पुरुलिया के जिलाधीश भी खुश थे क्योंकि कमाल खाँ के कारनामों के कारण उनके जिले का राजस्व काफी गिर गया था।

कमाल खाँ के उत्तराधिकारियों को कुछ भी न मिले, इसकी पक्की वैधिक व्यवस्था प्रकाश ने की तथा आयकर अधिकारियों की सहायता करके उसका सारा जब्त धन सरकारी खजाने में जमा करवा दिया। कमाल खाँ की पत्नी अपने मायके में रहने लगी। प्रकाश की तथा सी.पी.एम. दल की पुरुलिया में भूरि-भूरि प्रशंसा होने लगी। प्रकाश तथा प्रणव ने वह कर दिखाया जो पुलिस तथा प्रशासन बीस वर्षों में नहीं कर सका। उनकी आँखों के सामने जिला मुख्यालय में ही कमाल खाँ तथा उसके साथियों द्वारा शोषण तथा अन्याय चलता रहा पर प्रशासन को उसे पकड़ने के लिए भारतीय दण्ड संहिता तथा आपराधिक दण्ड प्रक्रिया संहिता में कोई उपयुक्त धारा ही नहीं दृष्टिगोचर हुई जिसके अन्तर्गत वे उसके साम्राज्य को नियन्त्रित कर सकें तथा पुरुलिया में कानून और व्यवस्था स्थापित कर सकें। जो कुछ भी हल हुआ वह उनकी परस्पर गैंगवार में हुआ। इस अप्रत्याशित तथा अभूतपूर्व घटना के पश्चात् पुरुलिया में छोटे-मोटे गुण्डों के दल तो ऐसे विलीन हो

गए जैसे सूर्य के उगने पर तारे अदृश्य हो जाते हैं।

अपनी अकर्मण्यता और शर्म को छिपाने के लिए पुलिस ने बलवाकारियों के विरुद्ध नामजद रपट दर्ज करने का प्रयत्न किया पर राज्य पुलिस-मुख्यालय के दबाव के कारण वे ऐसा नहीं कर सके। फिर जनता ने जिला पुलिस को भी धमकी दी। इस प्रकार पुरुलिया में शान्ति तथा सुरक्षा का साम्राज्य स्थापित हुआ जो पुरुलिया के सुनहरे भविष्य की आधारशिला सिद्ध हुआ।

14. विघटन

मित्रों की सलाह पर प्रकाश शनैः शनैः सामाजिक अनुष्ठानों में जाने लगे। छः महीनों तक सामान्य नागरिक की भाँति जीवन-यापन करने के पश्चात् प्रकाश ने अनुभव किया कि समाज में उनकी पूर्ववत् स्वीकृति तथा सम्मान लौट आया था। प्रकाश ने अपने मित्रों को धन्यवाद दिया तथा उनके सामने दृढ़ निश्चय किया : "अब मैं अपने पूर्ववत् समाज-सेवा वृत का अनुसरण करूँगा। अपने सभी संस्थानों को और अधिक शक्ति से पुनः जीवित करूँगा। यदि ऐसी और एक घटना हुई तो मैं अपने परिवार से पूर्णतः सम्बन्ध विच्छेद कर के समाज के खुले आँगन में कूद पड़ूँगा। जहाँ मैं रहूँगा वहाँ मैं तथा केवल मेरा व्यक्तित्व, सभी कुछ पीछे छोड़ दूँगा। मुझे समाज से प्रेम है। अपने इस प्रेम में मैं बाधा सहन नहीं कर सकूँगा।"

"पर धन के बिना समाज तुम्हें शायद उस रूप में स्वीकार न कर सके। उत्तम होगा, तुम पूर्ववत् रहो। कमाते रहो और समाज में जरूरतमन्दों की आवश्यकताओं को पूरा करते रहो। यही समाज चाहता है। यह समाज स्वार्थी है। तुम यह भूल नहीं करना। पवित्र सेवा करने वाले तो समाज में सैकड़ों व्यक्ति हैं पर समाज ठोस सेवा करने वालों को अधिक पहचानती है। तुम कर्मवीर रहो और सेवा करते रहो। यही ईश्वर की सबसे बड़ी सेवा है।"

प्रकाश ने अपने मित्र की सलाह मानी तथा वह फिर से अपने परिवार तथा कार्यालय को पटरी पर लाने में जुट गए। उनकी हस्तरेखाओं में लक्ष्मी का वास था तथा मस्तिष्क में सरस्वती का। वे अपने प्रयासों में फिर सफल होने लगे।

प्रकाश ने ललिता का सुरेश के साथ विवाह करने का निश्चय किया। सुरेश ललिता से केवल एक वर्ष छोटा था। प्रकाश यह नहीं चाहते थे कि वह अपने एक और लड़के की वजह से किसी एक लड़की को विधवा करें। सुरेश के शरीर पर माँसपेशियों के दौर्बल्य की आनुवंशिक बीमारी के सम्पूर्ण लक्षण उभर आए थे।

सुरेश अपनी दिनचर्या तथा कार्यालय का काम ही कर पाता था। शुरू में ललिता ने मना किया क्योंकि ललिता का मन अपराधबोध से ग्रसित था तथा वह अपने किए पर और प्रायश्चित्त करना चाहती थी। पर प्रकाश को ललिता के तथा पवन के अन्तरंग मनमुटाव का पता नहीं था। वह उसे एक पतिभक्त तथा गोयल परिवार की योग्य बहू मानते थे। फिर प्रकाश के निर्णय की अवहेलना करने का किसी में साहस नहीं था। वह प्रकाश तथा उनके परिवार के ऋणों से नीचे से ऊपर तक दबी थी क्योंकि उसकी बहिन देवश्री को भी प्रकाश अपनी नत बहू बनाकर ले आए थे। ललिता को यह भलीभाँति ज्ञात था कि रवि को यह बीमारी नहीं थी। इसलिए वह खुश थी कि उसकी छोटी बहिन प्रकाश परिवार की बहू बनकर आई थी।

प्रकाश के प्रस्ताव को परिवार में कोई भी मना नहीं करता था क्योंकि प्रकाश परिवार के साथ-साथ भविष्य के भी द्रष्टा थे। सुरेश भी चाहता था कि पत्नी सेविका रूप में मिले ताकि उसे अपना दुःख कम करने के लिए किसी अन्य का दुःख न बढ़ाना पड़े। सुरेश ने भी यह प्रस्ताव मान लिया तथा दोनों के विवाह की तिथि निश्चित हो गयी। दोनों दुखियारे थे।

सुरेश और ललिता का विवाह अत्यन्त सादगी के साथ आयोजित हुआ। प्रकाश ने निश्चय किया कि वे अब दिखावे की संस्कृति से दूर रहेंगे क्योंकि उनके परिवार पर विपत्तियाँ कम नहीं हो रही थीं तथा परिवार की रवि-पाखी प्रकरण से अच्छी खासी बदनामी हो चुकी थी। उत्सवों के आयोजन से क्षणिक खुशी का वातावरण लौट आता है। भीतरी कसक नहीं जाती है। उसके लिए तो जीने के लिए भारतीय दर्शन का ही सहारा लेना होगा। दूसरे दिखावे की तथा तड़क-भड़क की संस्कृति से अपेक्षाकृत कम पैसे वालों के सामने समस्या उत्पन्न होती है क्योंकि मध्यमवर्ग के होने के कारण वे भी ऐसा करना चाहते हैं तथा उस प्रक्रिया में वे अपनी संचित पूँजी का एक बड़ा अंश खर्च कर देते थे। कुछ वैसा ही जैसा चुनावों में राजनीतिक दल करते हैं। बड़े शासक दलों के लिए चुनावों में खर्च करना आसान होता है, वहीं छोटे दलों के लिए यह अत्यन्त कठिन होता है। यही कारण है कि सभी राजनीतिक दल, चाहे वे ऊपर से चुनाव आयोग के चुनाव खर्च सम्बन्धी प्रतिबन्धों का समर्थन न करें पर अन्दरूनी रूप से तथा निजी वार्ताओं में सभी राजनीतिक दल इन पहलों का स्वागत करते हैं ताकि समाज की डोर अवांछित तथा समाज-विरोधी लोगों के हाथ में न चली जाए। अतः प्रकाश ने इस बार पुरुलिया से केवल दस-बारह लोगों को अपने पैतृक घर बरुआसागर ले जाकर पास में ओरछा के राम मन्दिर में दोनों की विवाह की रस्म करने का निश्चय

किया। विवाह मन्दिर के बाहर एक दालान या बरामदे में सम्पन्न हुआ। कुल दो बड़ी कारों में बीस पच्चीस लोग आए थे। ललिता और सुरेश सज-धज कर आए थे। साथ में सलिला भी थी। पुरोहित ने वहीं मण्डप बनाकर अग्नि के सामने दोनों के सात फेरे करवाए और मन्त्रोच्चारों के बीच सुरेश और ललिता का विवाह सम्पन्न हुआ। प्रकाश खुश थे कि वह अपने परिवार को कम से कम मरने के पूर्व एक बार अपने पैतृक घर तो ला सके अन्यथा परिवार के सदस्य वहाँ जाने के लिए आनाकानी करते थे तथा प्रकाश के प्रस्ताव पर हँसते थे। व्यक्ति कितना ही बड़ा हो जाए, कहीं भी चला जाए, जिस मिट्टी पर उसका जन्म हुआ, उसकी सोंध वह नहीं भूल सकता। कई अन्वेषण हुए पर जन्मस्थान की मिट्टी की सोंध की इस विशेषता के विषय में कोई भी वैज्ञानिक कारण आज तक स्थिर नहीं हो पाया है। प्रकाश ने अपने कस्बे में एक दावत दी तथा ब्राह्मणों को खुलकर विवाहोपलक्ष्य में भेंट दी। कस्बे के प्रायः सात आठ सौ लोग इस दावत में आमन्त्रित थे। इस भोज में बीस-पच्चीस ऐसे भूख के मारे लोग सम्मिलित हुए जो कस्बे के प्रत्येक भोज में बिन बुलाए चले आते हैं। उस दिन वे जमकर खाते हैं तथा उसका स्वाद महीनों तक लेते रहते हैं तथा अपनी भूख को भूले रहते हैं। उस दिन वे अनुभव करते हैं कि वे भी खाने-पीने में किसी धनाढ्य से कम नहीं हैं। दावत में प्रबन्धकों तथा प्रकाश के शुभचिन्तकों ने उन्हें रोका पर प्रकाश ने उनके खाने के लिए अलग से व्यवस्था कर दी। भला, भारत में घर आए अतिथियों को कौन वापिस करता है?

सुरेश और ललिता विवाह की अन्य रस्में तथा कुलदेवता की पूजादि करने के पश्चात् खजुराहो के लिए रवाना हुए।

सुरेश और ललिता खजुराहो में पाँच सितारा होटल में रुके। वे दिन में प्रस्तर प्रतिमाओं में उभरी जीवन्त यौन क्रियाओं का दर्शन करते तथा होटल के कमरे में आकर उनका प्रयोग करते। ललिता भी स्वयं को यौन सम्बन्धी मामलों में विशेषज्ञ समझती थी पर खजुराहो मन्दिरों की प्रतिमाओं के सामने खड़े होकर वह स्वयं को बौना अनुभव कर रही थी। सुरेश के शरीर में भी जो दुर्बलता थी, वह हवा हो गई। खजुराहो की धरती पर पैर रखते ही व्यक्ति के शरीर में विशेषतः नव विवाहित युग्मों में गर्म रक्त का संचार होता है। कहते हैं कि इन मन्दिरों का निर्माण चन्देल राज्य की कुछ वेश्याओं एवं गणिकाओं ने करवाया था, जो समाज में स्थिरता तथा चारित्रिक प्रेम के लिए सफल यौन को प्रमुख आधार मानती थीं तथा टूटते हुए परिवारों को बचाना चाहती थीं जिनकी समस्या दिन प्रतिदिन बढ़ रही थी। उनके पास आने वाले ग्राहकों की संख्या में बेतहाशा वृद्धि हो रही थी। वे वेश्यागामियों की भीड़ को सँभालने में अक्षम अनुभव कर रही थीं। ये प्रतिमाएँ कामसूत्र में

वर्णित चौरासी यौनासनों पर आधारित हैं जिनकी वात्स्यायन ऋषि ने अपनी वृद्धावस्था में अवधारणा की यद्यपि यौन से उनका दूर दूर तक सम्पर्क नहीं था।

प्रस्तर प्रतिमाओं में सभी आसनों को जीवन्त देखकर ललिता ने कहा, "मैं नहीं जानती थी कि पापा का क्षेत्र इतना समृद्ध है। वे बेकार ही पुरुलिया गए। मैं एक सप्ताह से जो घर, ओरछा तथा खजुराहो देख रही हूँ, उससे ज्ञात होता है कि भारत में रहने के लिए यह सर्वोत्तम क्षेत्र है।"

"मैं भी सोचता हूँ कि मैं यहाँ आकर निवास करूँ। यहाँ मुझे सहारा देने वाले अनेक लोग मिल जायेंगे तथा कोई भी मेरी शारीरिक अक्षमता को देखकर नहीं हँसेगा। यदि मेरे पास पुरुलिया के पैसे का दसवाँ अंश भी यहाँ होगा तो मेरी कस्बे में वही इज्जत होगी जो पापा की पुरुलिया में इज्जत है।" सुरेश ने ललिता से सहमति व्यक्त की। दोनों तीन दिन तक खजुराहो में एक दूसरे में खोये रहे। ललिता ने सुरेश को बहुत समझाया पर वह नहीं माना। अन्त में ललिता ने सुरेश के सामने पूर्ण समर्पण कर दिया। ललिता नहीं चाहती थी कि सुरेश अपने शरीर के साथ वह भूल करे जो पवन ने की थी। पर सुरेश के लिए यह प्रथम अनुभव था तथा ललिता अपने प्रथम यौन अनुभव के पागलपन को स्मरण करके सुरेश के आनन्द को कम नहीं करना चाहती थी। सुरेश ने कहा, "मैं नहीं समझता क्यों लोग कुँआरी कन्याओं के पीछे भागते हैं? मुझे तो जो तुममें आनन्द आया, वह तो दस कुँआरी कन्याओं में नहीं होगा। फिर उन लड़कियों की अपनी आशाएँ-आकांक्षाएँ होती हैं। उनका अपना पूरा जीवन होता है। मैं तो उन सबको पूरा नहीं कर पाता। उस कारण विवाह एक आनन्द न होकर समस्या हो जाता। मैं तुम्हें पाकर धन्य हूँ।"

"यह तो आपकी महानता है अन्यथा यह विधवा किस काम की। विधवाओं को तो शरीर ठण्डा रखने की सलाह दी जाती है। बेचारी कैसे प्रकृति के विरुद्ध रहती होंगी? मैं तो धन्य हूँ तथा आपके पैरों के नीचे दासी की भाँति सदैव रहूँगी। यदि मुझसे कोई भूल हो तो क्षमा कर देना क्योंकि मैं स्वयं को माफ नहीं करूँगी।" ललिता ने कहा।

बरुआसागर में दस दिन प्रवास के पश्चात् प्रकाश सपरिवार पुरुलिया लौट आए। उन्होंने मन ही मन अपनी जन्मभूमि को अन्तिम प्रणाम किया और कहा, "माँ, मुझे क्षमा करना। मैं तुम्हारे प्रति अपना ऋण न चुका सका। पर अपने शरीर में तेरे रक्त का ही जोश सहेज कर मैंने अन्य माटी पुत्रों की सेवा की है। तुम दोनों सगी बहनें ही तो हो माँ। तुम तो मुझे यह कहकर ही शान्ति देती रही हो। मैंने पुरुलिया के धरती पुत्रों की निश्छल, पवित्र मन तथा निःस्वार्थ भाव से सेवा की।

माँ, इससे तुम्हारा ही नाम हुआ है। तुम अब बुन्देलखण्ड की सीमा पार करके सारे देश की मानवता की माँ हो गई हो। तुम्हारा ही मान बढ़ा है। मैं तुम्हारी गोदी में ही मरना चाहता हूँ पर शायद ऐसा न हो सके। आजकल के युग में व्यक्ति की भावना से अधिक महत्व सांसारिक परिस्थितियों का है। वह असहाय अनुभव करता है तथा समय-समय पर उसे परिस्थितियों के सामने झुकना पड़ता है। अपनी भावना का दमन और शमन करना पड़ता है। तुम मेरा अन्तिम प्रणाम स्वीकार करो।"

प्रकाश इसीलिए संयुक्त परिवार तथा समाज के मुखिया थे क्योंकि वह अपना आन्तरिक दर्द किसी को नहीं देते थे बल्कि दूसरों का दर्द पी जाते थे। अन्तिम दिनों में उनकी यह क्षमता कम होती जा रही थी इसलिए वह सप्ताह में एक बार जब सभी सो जाते थे, तो अकेले में रो लेते थे। प्रायः बिस्तर झाड़ने पर नौकर या नौकरानी को कभी-कभी तकिया गीला मिलता था, पर गम को भूलने के लिए दिन की रोशनी में प्रकाश अपने सभी भावनात्मक द्वन्द्व तथा शारीरिक दुर्बलता को भूलकर कर्म की मिट्टी में कूद पड़ते थे। उनके कूदने पर कर्म की मिट्टी की आंशिक रूप से उष्मता शीतलता में परिवर्तित हो जाती तथा सभी को उसका शीतल, स्वच्छ तथा स्वादिष्ट प्रसाद प्राप्त होता।

प्रकाश ने झाँसी से लौटने के पश्चात् परिवार के सभी सदस्यों को तुरन्त पूरी शक्ति से अपने-अपने कार्यों में लगने की सलाह दी। ललिता ने 'अमृत जल' के समान्तर एक दूसरा विशुद्ध पानी जल का ब्राण्ड निकाला। इसका नाम था 'अमृतकण'। वह ब्राण्ड तुरन्त बाजार में चल निकला क्योंकि लोग उसकी तुलना अमृतधारा से करने लगे। दूसरी ओर प्रकाश ने भी शुद्ध जल उद्योग में रुचि लेना आरम्भ किया।

उन्होंने सी. पी. आई. (एम.) पोलित ब्यूरो के एक केन्द्रीय सदस्य को पकड़ा तथा छोटे-छोटे जल विशुद्धीकरण उद्योगों के लिए मोटी फीस निर्धारण के पीछे षड्यन्त्र का भण्डाफोड़ किया। प्रकाश ने खुलासा किया, "इस वार्षिक फीस की बढ़ोतरी के पीछे बड़ी-बड़ी बहुदेशीय कम्पनियाँ हैं जैसे कोका कोला, पेप्सी इत्यादि। इनका उद्देश्य है कि ऊँची फीस लगाने से छोटे-छोटे कारोबारों के मालिक हार मान जाएँगे तथा उन्हें बन्द करके बैठ जाएँगे। क्या कोई लघु या मँझोला उद्योग तीन या चार लाख रुपए की वार्षिक फीस दे सकता है? अतः बहुराष्ट्रीय कम्पनियों के उद्योग ही चलेंगे। लघु उद्योग बन्द हो जाएँगे।" सी. पी. आई. एम. दल के वरिष्ठ सदस्य को यह विचार पसन्द आया और उन्होंने इस तथ्य की गहराई में पहुँचने के लिए आन्दोलन के पूर्व एक अन्वेषण दल का गठन किया। दल में अनुभवी तथा

विशेषज्ञ सदस्य थे। अन्वेषण दल शीघ्र ही इस निर्णय पर पहुँच गया कि यह एक कृत्रिम समस्या थी। यह समस्या बहुराष्ट्रीय कम्पनियों द्वारा ही खड़ी की गई थी तथा वे ही अपने धन का सहारा लेकर प्रचार माध्यमों में इसका बढ़-चढ़कर प्रचार कर रही थीं। सी.पी.आई.एम. दल की ओर से केन्द्रीय सरकार पर दबाव डाला गया और केन्द्रीय सरकार ने जल शुद्धीकरण के संयन्त्रों तथा उद्योगों पर से वार्षिक फीस कम कर दी। फलतः ललिता के शुद्ध जल-उद्योग को नया जीवन-दान प्राप्त हुआ। सुरेश भी अब उद्योग पर बैठने लगा तथा ललिता अपने उत्पाद की बिक्री में जुट गई। प्रकाश की पुरुलिया तथा आसपास के क्षेत्र में अच्छी साख थी। अतः जिस उद्योग से प्रकाश सम्बन्धित हों, उसका उत्पाद उत्तम होगा ही। जनता के इस विश्वास के कारण 'अमृतजल' तथा 'अमृतकण' की बिक्री निरन्तर बढ़ने लगी। सभी विवाहों में विशेषतः पीने का पानी बड़े जारों में भर-भर कर पवन जल शुद्धिकरण उद्योग से जाने लगा। पुरुलिया की सभी संस्थाओं, उद्योगों, बड़े-बड़े कार्यालयों, छात्रावासों तथा समृद्ध घरों में 'अमृत जल' ही चलने लगा। फलस्वरूप उद्योग के संचालन का खर्च बड़े-बड़े ग्राहकों से ही निकलने लगा। अब समस्या थी कि किस प्रकार उसे सामान्य जन के बीच लोकप्रिय बनाया जाय? कैसे इन्हें जन-जन तक पहुँचाया जाए ताकि सामान्य उपभोक्ता उन्हें खरीद सके। प्रकाश की सलाह पर ललिता-सुरेश ने दो लीटर, एक लीटर पैक के साथ-साथ पाँच सौ मि.ली., दो सौ मि. लीटर तथा एक सौ मि. लीटर के पैक में भी 'अमृत जल' निकाला, यद्यपि प्रकाश दो सौ तथा एक सौ मिली लीटर के प्लास्टिक के पैक में जल देने के विरोधी थे क्योंकि प्लास्टिक पर्यावरण समस्या के लिए उतना ही घातक है जितना पुरुलिया जिला में जहाँ-तहाँ लगाए यूकेलिप्टस के पेड़ जो भूगर्भीय जल के लिए खतरनाक हैं। पुरुलिया की धरती के नीचे का जैसे आस्ट्रेलिया से लाए गए इन वृक्षों ने सभी जल सोख लिया हो। आज पुरुलिया जिला में यूकेलिप्टस के पेड़ लम्बे-तगड़े होकर इतरा रहे हैं जबकि पुरुलिया जिले का कृषक जमीन के पानी का स्तर कम होने के कारण बादलों की ओर एकटक दृष्टि लगाए देखता रहता है। अब तो पुरुलिया जिले में पीने के पानी की समस्या भयावह होती जा रही है। युग ही ऐसा था। लोग तुरन्त उपयोग करके चीज को फेंकने में विश्वास करते हैं। प्लास्टिक के कृत्रिम सौन्दर्य ने जूट तथा कपास से बने पैकिंग उत्पादों को बहुत पीछे छोड़ दिया है।

ललिता का दूसरे पति के प्रति समर्पण देखकर परिजन उसे पतिव्रता नारी कहने लगे। वह सुरेश के प्रति 'मनसा वाचा कर्मणा' तथा तन-मन-धन से इतनी अधिक समर्पित थी जैसे वह परित्यक्ता नारी की भाँति अपने दुराचारों का

प्रायश्चित्त कर रही हो। पर ये पाप उसके अपने थे जिनका बाहरी जगत को आभास मात्र ही था। पर उसकी आत्मा उसे धिक्कार रही थी। वह चाहती तो फिर से सज धजकर नयी-नवेली बहू की भाँति अपना जीवन व्यतीत कर सकती थी। सुरेश से विवाह रचाकर उसने सुरेश का उतना ही भला किया था जितना सुरेश ने उससे विवाह करके। ऐसा ज्ञात हो रहा था जैसे वे दोनों एक दूजे के लिए बने थे। सुरेश और किसी से विवाह नहीं करना चाहता था, क्योंकि वह समझता था कि उस औरत का भविष्य बर्बाद होगा। पुरुलिया तथा अग्रवाल समाज में अब तक प्रकाश परिवार में व्याप्त इस खतरनाक बीमारी का इतना प्रचार हो गया था कि उस परिवार में लड़के लड़कियों का विवाह कठिन हो गया था। लोग प्रकाश के परिवार से कतराने लगे। प्रकाश की ख्याति के साथ-साथ उनके परिवार में बीमारी की सूचना भी दूर-दूर तक फैल गई।

जहाँ सुरेश और ललिता की ओर से प्रकाश बेफिक्र हो रहे थे, वहीं दूसरी ओर रवि की नई नवेली पत्नी देवश्री प्रकाश परिवार में अशान्ति करने पर उतारू थी। उसके दिल में क्रूर घमण्ड छा गया कि उसका पति रवि ही परिवार का मुख्य कमाऊ पूत है, सभी उस पर निर्भर हैं। इसका व्यवहार सभी के प्रति रूखा हो गया। यहाँ तक कि उसकी अपनी सगी बहिन ललिता के प्रति भी। ललिता को तो यह केवल एक विधवा ही समझती थी। रवि की माँ जिसका परिवार में सभी सगे-सम्बन्धियों में सरलता तथा सादगी के लिए सम्मान था, वह उसे कुछ नहीं समझती थी। वह यदि डरती थी, तो तनिक प्रकाश से। प्रकाश ने कभी उसकी तेज आवाज भी नहीं सुनी थी। इस कारण प्रकाश का उसके प्रति उत्तम विचार था जैसा रवि पाखी काण्ड प्रकट होने के पूर्व रवि के प्रति था। आजकल संयुक्त परिवार इसलिए भी छिन्न-भिन्न हो रहे हैं क्योंकि परिवार के कर्ता के पास समय नहीं है। यदि समय है तो वह तथा परिवार के अन्य सदस्य भी परिवार तथा समाज की मर्यादाओं के कारण उससे खुलकर बात नहीं कर सकते। तथ्यों के अन्धकार अथवा अपूर्ण तथ्यों के आधार पर लिया गया निर्णय ठीक नहीं होता है चाहे वह परिवार में हो या व्यापार में या जीवन के अन्य क्षेत्र में हो।

रवि की पत्नी देवश्री सुनती तो सभी की थी पर करती थी अपने मन की। उसका एकमात्र लक्ष्य होता कि कैसे वह अधिक से अधिक पैसा तथा धन अपने कब्जे में कर सके। उसने मायके में अपनी माँ के माध्यम से पैसा जमा करने की व्यवस्था की। मायके में अपने नाम से दो खाते खोल लिए तथा बैंक में एक लॉकर भी। ललिता भी उसकी चालों से अनभिज्ञ थी। परिवार में दोनों के बीच कम ही बातचीत होती थी। प्रेम-भाव तो बहुत दूर था। कोई उससे मिलकर कह भी नहीं

सकता था कि वे सगी बहनें थीं। पता नहीं देवश्री में यह नयी प्रवृत्ति कहाँ से आई जो मानव सम्बन्धों के पण्डितों के लिए भी एक अनबूझ पहेली थी। रवि देवश्री के सौन्दर्य के जाल में फँसता जा रहा था। पति सेवा में भी वह कम नहीं थी। प्रत्येक दृष्टि में वह पाखी से उत्तम थी। अतः जहाँ पाखी अपने दाम्पत्य जीवन में रवि को लेकर प्रारम्भिक दरार थी, रवि-देवश्री का दाम्पत्य जीवन विवाह होते ही जैसे सीमेण्ट की भाँति दाम्पत्य-रस से जुड़ गया हो। दोनों के विचार, रुचि तथा आदतें एक जैसी थीं। रवि जहाँ दादा प्रकाश का विरोध करने का साहस नहीं करता था, वहाँ देवश्री को भी उसने सावधान कर दिया– "परिवार में तुम दादा जी से नहीं उलझना और तुम जो चाहो करो। दादा जी परिवार में किसी से अधिक बात करते नहीं, इस कारण उन्हें परिवार की सभी बातें पता नहीं चलती। घर में वे मुवक्किलों से घिरे रहते हैं तथा प्राथमिक चिकित्सा केन्द्र में वे दीन, हीन तथा विकलांग लोगों से। उन्हें अपराह्न में जो कुछ समय मिलता है, वे सामाजिक उत्सवों, अनुष्ठानों तथा कार्यक्रमों में भाग लेने चले जाते हैं या जिले के बड़े-बड़े अधिकारी या व्यक्ति उन्हें सलाह के लिए आमन्त्रित कर लेते हैं। परिवार को देखने का उनके पास समय कहाँ है? परिवार की जिम्मेदारी तो उन्होंने मुझ पर छोड़ दी है। अब अपने भविष्य के लिए इतना पैसा जोड़ लें कि हमें अपने भविष्य की कोई चिन्ता न रहे, न अपने लिए न ही अपनी होने वाली सन्तान के लिए। इस परिवार में तो उस जानलेवा बीमारी, उत्सवों तथा समाज सेवा का नाटक चलता ही रहेगा। यह देखते-देखते मुझे ही तीस वर्ष हो गए हैं। हम मस्त रहेंगे, देश-विदेश में घूमेंगे तथा राजसी ठाठ-बाट करेंगे। बस, मैं जैसा कहूँ, तुम करती रहो। मैं तुम्हारी झोली भर दूँगा। तुम्हारी गोदी तो मैंने भर ही दी है, उसका शुभ परिणाम शीघ्र ही आने वाला है। पैसे से तुम्हारा आँचल भी भर दूँगा।"

"तुम जैसा कहते हो, मैं वैसा ही करती हूँ। क्या मैंने तुम्हारा कभी विरोध किया है? बिस्तर से लेकर कार्यालय तक मैं तुम्हारी सहभागिनी हूँ। यदि मैं दासी बन जाऊँगी, तो तुम्हें मेरे साथ लेटने में उतना मजा नहीं आएगा, जो अभी आता है। तुम चाहो तो मैं तुम्हारी दासी बन जाऊँ।"

"नहीं-नहीं। हम दोनों में मेल-जोल चल रहा है। हम पति-पत्नी सम्बन्धों का पूर्ण रस ले रहे हैं। ईश्वर से प्रार्थना है कि हमारी जोड़ी को ऐसे ही सलामत रखे। हम पर किसी की कुदृष्टि न पड़े। हम सदैव इस लोक में आनन्द-विहार करते रहें। हमारे पैरों के तले सभी सुख-सुविधाएँ उपलब्ध हों।" इस प्रकार रवि और देवश्री बातचीत करते हुए एक दूसरे में खो जाते थे जहाँ से कोई भी वापिस नहीं आना चाहता है।

पर देवश्री के पैर पड़ते ही प्रकाश के परिवार में एक के बाद दूसरा कष्ट पड़ने लगा। प्रकाश अनुभव कर रहे थे कि उनके घर आँगन में प्रत्येक सदस्य के चेहरे पर से वह प्रसन्नंता और सहजता गायब हो रही थी, जो उन्होंने इतना अथक परिश्रम करके स्थापित की थी। आहिस्ते-आहिस्ते प्रकाश के सामने देवश्री के कारण उपजे तनाव तथा विरोधाभास की परतें खुलने लगीं।

एक बार देवश्री का रोजमर्रा की भाँति घर की महिलाओं के सामने भाषण चल रहा था : "मैं क्यों न पैसे रखूँ। मेरा पति तो अकेला कमाने वाला है। वही सबसे अधिक परिश्रम करता है। मैं तो यही सुनती आ रही हूँ कि वर्षों से यही कमा कर सभी को दे रहे हैं। सभी भवनों के निर्माण, विवाहों के आयोजनों तथा अनुष्ठानों में कार्यालय की कमाई ही लगी। मुझे तो अपना भविष्य देखना है। मेरे बच्चे भी होंगे, उनकी कौन देखभाल करेगा। दादा जी और कितने दिनों के मेहमान हैं?"

यह सुनकर परिवार के सभी उपस्थिति लोग अचम्भित रह गए तथा वे देवश्री पर भड़क उठे, "तुम जो भी कहो, दादा जी के विरुद्ध हम एक शब्द भी नहीं सुन सकते हैं। वे देवतुल्य हैं। हम इस घर में ठाकुर जी के बाद उन्हीं की पूजा करते हैं। इस घर का इतिहास उनके त्याग की कहानी है। उनका आदेश हम सभी सिर माथे पर लेते हैं। वे हमारे भगवान हैं। उनके ऊपर कोई नहीं। उनके निर्णय के पश्चात् इस घर में विराम चिह्न लग जाता है। जाओ, तुम अपने पति से यह पूछो।" सभी के चिल्लाने से देवश्री अकेली पड़ गई एवं रोने लगी। उसने बिलखते हुए कहा, "मैंने ऐसा क्या कहा है जो आप सभी लोग मेरे पीछे पड़ गए हैं? आप सभी लोग तो मुझे सबसे छोटा मानकर सभी समय मुझे ही दबाते हैं। मैं अपने मायके चली जाऊँगी।"

"तुमने क्या नहीं कहा? ऐसी नीची बातें तथा घिनौने काम हमारे परिवार में कोई नहीं करता। यह परिवार नैतिकता तथा स्वधर्म के पोषण पर खड़ा हुआ है। इस परिवार में सभी अपनी पूर्ण मेहनत तथा क्षमता से काम करते हैं तथा आवश्यकतानुसार सभी की जरूरतों को पूरा किया जाता है। खर्चे करने में सभी समान हैं।"

इसी बीच प्रकाश अचानक आ गए। उन्होंने रवि की माँ को बहुत दिनों बाद तेज स्वर में बात करते हुए सुना। वे उसका पतिव्रता नारी की भाँति सम्मान करते थे। उन्होंने तुरन्त निर्णय किया कि देवश्री को उसके मायके भेज दिया जाए। रवि भी असहाय था। देवश्री को कार द्वारा उसके पीहर भेज दिया गया। देवश्री को अचानक माँ के घर आया देखकर सभी को आश्चर्य हुआ। आदेशानुसार कार चालक तुरन्त देवश्री को घर पर छोड़कर पुरुलिया के लिए वापिस चल दिया ताकि

देवश्री के पीहर वाले उससे उसके बाबू के आदेश के विरुद्ध कुछ करने को न कहें। पीहर में देवश्री को शरण न मिली। देवश्री के पिताजी ने ही सर्वप्रथम उसे धिक्कारा, "तुम ही नहीं सम्पूर्ण अग्रवाल समाज जानता है कि प्रकाश बाबू देवतुल्य मानुष हैं। उन्होंने ललिता की व्यवस्था कर दी है। क्या अन्य कोई व्यक्ति यह करता है? तुमने उस भले परिवार में ऐसा किया? यदि तुम्हारा कहीं पुरुलिया में शरण स्थल नहीं है तो और कहीं भी शरण-स्थल नहीं होगा। मायके में विदाई के पश्चात् तो लड़की की केवल मृत देह आती है बेटी, तुम तुरन्त ही फोन करके प्रकाश बाबू से माफी माँगो तथा यहाँ से अगली ट्रेन से ही वापिस ससुराल चली आओ।"

देवश्री के पिता को पहली बार इतने क्रोध में देखकर उसकी माँ ने देवश्री को बैठाया और कहा, "हम पहले उसे बैठने को तो कहें। आखिर वह कोई बाहरी नहीं है। हमारे घर की पुत्री है। बेचारी इतनी दूर से चलकर आई है। भूखी होगी। देवश्री को भोजन तो करवा दें।" देवश्री को भोजन करवाया गया। देवश्री को यह आशा नहीं थी कि उसके इस कदम के पश्चात् उसके साथ मायके में ऐसा व्यवहार होगा जहाँ उसने लाखों रुपया बैंकों तथा लॉकर्स में जमा कर रखा था। उसके पिता जी माँ-बेटी के इस कारनामे से अनभिज्ञ थे।

देवश्री के पिता रामजी ने तुरन्त प्रकाश को फोन किया और कहा, "मेरी लड़की यहाँ से दुबारा इज्जतपूर्वक जाएगी अन्यथा मैं इसको यहीं स्वर्णरेखा में समाधि दे दूँगा। उसने आपसे ऐसा व्यवहार करने का कैसे साहस किया? मैं उसे कभी क्षमा नहीं करूँगा। अपराध के लिए क्षमा याचना करता हूँ।"

तय हुआ कि एक सप्ताह के अन्दर ही रवि देवश्री को लिवाने आएगा।

देवश्री ने अपने पिता को उसके कुकृत्यों के लिए गिड़गिड़ाते हुए देखा। उसके मन-मस्तिष्क पर अपने किए पर पश्चात्ताप गहरा गया। उसने मन ही मन सोचा कि उस लड़की का जीवन व्यर्थ है जिसके पिता को लड़की के विवाह के पश्चात् भी उसके कल्याण के लिए हाथ पसारने पड़ते हैं। पर देवश्री की माँ को पैसे का जुनून सवार हो गया था। उसने जीवन में प्रथम बार अपने नियन्त्रण में इतना धन देखा था जो उसकी कल्पना से परे था। कुल मिलाकर चार-पाँच लाख रुपया देवश्री ने अपने मायके जमशेदपुर में जमा कर रखा था। उसकी माँ के पास लॉकर की चाबी थी जिसमें सब समय कम से कम दो लाख रुपया नगद रहता था। देवश्री की माँ ने देवश्री को ढाढस बँधाया, "बेटी, पिताजी की बातों का बुरा मत मानो। तुम तो जानती ही हो कि उन्होंने जीवन में कुछ धन नहीं कमाया। हम लोग उनके कोरे सिद्धान्तों तथा थोड़ी कमाई पर ही जीवन निर्वाह करते रहे जबकि

आस-पास अट्टालिकाएँ उठती रहीं, नयी-नयी मोटर गाड़ियाँ आती रहीं तथा जेवरात खरीदे गए। हम आसपास की समृद्धि को मूकदर्शक बनकर ही देखते रहे। मरने के पहले मैं समृद्धि की भड़ास निकालना चाहती थी। बेटी, तुम्हारे पिता तथा भाई तो मेरी इच्छाएँ पूरी नहीं कर पाए। तुमने मेरा सपना साकार कर दिया। तुम इस माँ की सच्ची बेटी हो।"

"पर हमारे पिता जी जीवन में बहुत असफल भी नहीं रहे। हमारी ससुराल में समृद्धि के साथ-साथ बीमारी भी है। भयंकर बीमारी जो व्यक्ति को विकलांग बना देती है। हमारे परिवार में तो कोई बीमारी नहीं है। हम शुद्ध हवा में साँस लेते हैं। जो चाहते हैं खाते हैं, टहलते हैं, हँसते हैं तथा जीवन में अपने हिसाब से आनन्द उपभोग करते हैं। हमारी ससुराल में सभी कुछ होते हुए भी बीमारी के भय ने चारों ओर से परिवार को घेर रखा है। न कोई खुलकर हँसता है, न स्वच्छन्द होकर खानपान करता है और न ही खुलकर घूमने जाता है। सभी कुछ बँधा-बँधाया हुआ-सा प्रतीत होता है।"

"बेटी तुम ठीक कहती हो। पर तुम्हारी ससुराल में कोई असफल भी तो नहीं है। तुम्हारा तो कहना ही क्या? तुम तो ब्रिटिश राज्य की रानी हो। तुम्हारा पति भाग्य से सभी बीमारियों से मुक्त है। हाँ, कुछ छर्रे अवश्य उसके शरीर में भिंचे पड़े हैं पर वे तो उसके शरीर के अब अनिवार्य अंग बन गये हैं। इससे उसे सामान्य जीवन व्यतीत करने में कोई असुविधा तो नहीं होती। शायद उन्हें निकाल देने से रवि के शरीर का ढाँचा गिर पड़े।"

जैसी जिसकी भावना होती है, उसे अपने चारों ओर वैसा ही दिखता है। दुःखी व्यक्ति को चारों ओर दुःख ही दुःख दृष्टिगोचर होता है जबकि सुखी व्यक्ति को चारों ओर सुख ही सुख दृष्टिगोचर होता है। उदासीन व्यक्ति सब समय बैठकर समाज, युग, सभ्यता तथा वर्तमान नारी, पुरुषों एवं युवाओं को कोसते रहते हैं। उनका पता ही नहीं चल पाता कि अन्ततोगत्वा वे चाहते क्या हैं। यदि वर्तामान समृद्धि की उसके सामने प्रशंसा की जाय, तो वे भविष्य में आने वाले पतन के विषय में सोचकर आशंकित हो जाते हैं। फिर जीवन में उतार चढ़ाव तो लगा ही रहता है। जो, उनके अनुसार चलता है, उसकी हाँ में हाँ मिलाता है, वही उनके सोच-विचार में समझदार व्यक्ति है।

माँ की सलाह का यह प्रभाव हुआ कि देवश्री ने अपने पिता तथा पिता तुल्य श्वसुर प्रकाश की सलाह को एक कोने में रख दिया। मायके से जाते समय उसने माँ को आश्वस्त किया, "माँ तुम चिन्ता न करो। अभी आपके पास जितना रुपया जमा है, उतना ही या उससे अधिक माल और आपके पास जमा कर दूँगी ताकि

यदि दुबारा मेरा पुरुलिया से निष्कासन किया गया, तो हम तुम चैन से रोटी तो खा सकेंगे।"

रवि के साथ कार में देवश्री पुरुलिया के लिए चल दी। रास्ते में रवि ने देवश्री को सलाह दी, "देखो, जब तक दादा जी हैं, उनकी आज्ञा की हम अवहेलना नहीं कर सकते। जैसे भी हो, तुम्हें उनकी बात माननी पड़ेगी। यदि तुमने उनके विरुद्ध कोई भी नाटक किया तो वे हमें घर से बाहर निकाल देंगे। घर में सभी अन्धे होकर उनके पीछे चलते हैं। कितना भी रुपया बचाओ, उसकी किसी को कोई चिन्ता नहीं है पर हम ऐसा कुछ भी नहीं कर सकते या कह सकते जिससे संयुक्त परिवार का सौहार्द तथा एकजुटता भंग हो। तुम्हें इस बात का पूर्ण ध्यान रखना होगा।"

देवश्री ने मन ही मन सोचा कि वह प्रकाश के जीवन-काल में धन-सम्पत्ति संचित कर लेगी तथा उसके मरने के पश्चात् अपना अलग बंगला बनाकर रहेगी। अथवा बाकी सभी लोगों को 'तुषार-वाटिका' से बाहर निकाल देगी।

घर आने पर देवश्री का गर्मजोशी से स्वागत नहीं हुआ जो 'तुषार-वाटिका' की परम्परा थी, क्योंकि वह लड़कर गई थी, तथा अपनी मजबूरी में वापिस आई थी। इतना बड़ा अपमान किसी भी स्त्री के लिए काफी था। देवश्री पर धन-संग्रह का भूत सवार था। उसे ये सभी बाह्य व्यापार नगण्य अनुभव हो रहे थे। परिस्थिति के अनुसार इस संसार में सभी अपने को ढाल लेते हैं अथवा सभी को मजबूरी में समायोजित करना पड़ता है अन्यथा विस्फोटक परिस्थितियाँ उत्पन्न हो जाती हैं जो व्यक्ति के अस्तित्व के लिए खतरनाक हो जाती हैं। देवश्री कुछ इस प्रकार लौटी जैसे वह पति के मरने के पश्चात् तीर्थयात्रा करके लौटी हो।

दूसरी ओर राणा को मेदिनीपुर केन्द्रीय कारागार में बड़ी परेशानी हुई। जेल विभाग के प्रधान सचिव के जेल भ्रमण के समय उसने खिल्ली उड़ाई, उस पर जेल के सिपाहियों तथा अधिकारियों ने उसकी काफी मार धुलाई की। उसकी लाठी-डण्डों से पिटाई करते हुए कहा, "स्याले की अभी भी भेदभावपूर्ण मानसिकता ठीक नहीं हुई है। तुम नहीं जानते कि अबंगाली अधिकारी ने जेल-प्रशासन के लिए जितना काम किया है उतना तो अभी तक कोई प्रधान सचिव नहीं कर सके। बंगाली अधिकारी तो केवल फाइल आगे बढ़ाते हैं ताकि उनकी नौकरी खतरे में न पड़े।" इस मारपीट के विरुद्ध राणा ने कुछ गैर-सरकारी स्वयंसेवी संस्थाओं के पास शिकायतें भेजीं तथा जेल में ही 'बंग-बन्धु' नाम का संगठन गठित करना चाहा जिसका उद्देश्य था बाहरी लोगों को बंगाल के बाहर खदेड़ना। यही उद्देश्य उसके पुरुलिया के पृथकतावादी संगठन का था। एक बार इस बिन्दु पर उसकी बहस

उसी जेल में बन्द नक्सलवादियों अर्थात जनवादी संघर्ष गोष्ठी के सदस्यों से हो गई। उन्होंने भी राणा को जमकर पीटते हुए सलाह दी, "तुम आइन्दा इस मुद्दे को कभी मत उठाना। यह बीमार मानसिकता का द्योतक है। समाज में नस्ल, रंग, धर्म, जाति, उपजाति, मूलवंश, लिंग, जन्म स्थान, सम्प्रदाय, प्रदेश अथवा स्थान के आधार पर कोई विभेद नहीं होना चाहिए। ये तो हताश आन्दोलनकारियों के अस्त्र हैं। वस्तुतः समाज में संघर्ष न्यायसंगत अधिकारों का है ताकि सभी को सामाजिक समानता तथा आर्थिक स्वतन्त्रता प्राप्त हो सके। सभी अपनी क्षमता के अनुसार काम करें पर अपनी मूलभूत आवश्यकतानुसार ही वस्तुओं का उपभोग करें। सभी की न्यूनतम आवश्यकताओं की पूर्ति करना शासन का दायित्व है। सभी को रोटी, कपड़ा और मकान तथा न्यूनतम शिक्षा एवं चिकित्सा उपलब्ध कराना शासन के लिए अनिवार्य है। तुम नहीं जानते कि हमारे आन्दोलन का अधिकांश धन तथा जन समर्थन हमें गैर बंगाली लोगों से प्राप्त हो रहा है। तुम्हारी यह विचारधारा पूर्णतः घातक, आधारहीन तथा विशुद्ध पागलपन है। आज बंगाल में जो परिवारों के खर्च चल रहे हैं उनमें अधिकांश को दूसरे प्रदेशों तथा विदेशों से धन प्राप्त हो रहा है। केवल भाषण देने से रोजगार तथा नौकरियों की सृष्टि नहीं होती, उनके लिए श्रम तथ उद्यम की आवश्यकता है। व्यापार तथा धन लगाना जोखिम भरा काम है। वह वही कर सकता है जो अपने व्यक्तिगत खर्च को नियन्त्रित कर सके तथा साहसी बनकर कर्मचारियों से काम करवा सके। मीठी-मीठी बातों से कोई उद्योग या व्यापार नहीं चलता। बंगाली व्यापार तथा उद्योग में बड़े होते ही राजसी ठाटबाट में व्यस्त हो जाते हैं। परिवार पर खूब खर्च करते हैं, उपभोक्ता वस्तुएँ खरीदते हैं, देश-विदेश में पर्यटन पर जाते हैं तथा साहित्य और संगीत पर अनाप-सनाप खर्च करने लगते हैं– भावनात्मक प्राणी हैं जो हम। इसीलिए बाहर के लोगों ने आकर ही हमारे व्यापार तथा उद्योग पर कब्जा कर लिया है। यदि वे बंगाल में पूँजी न लगाएँ, तो यहाँ भुखमरी फैल जाएगी। बंगाली इतनी शीघ्र वाणिज्य-उद्योग लेकर नहीं चला सकते हैं। फिर वे यहाँ आकर जो कमाते हैं वह स्वयं खाते नहीं हैं। यहाँ जो खर्च करते हैं उससे हमारा अर्थतन्त्र चलता है। हम पहले बंगाल में रोजगार सुविधाओं की सृष्टि करें। कितने युवा मुम्बई, गुजरात, दिल्ली तथा दक्षिण भारत की ओर चले जा रहे हैं। उ. प्र. के शहर क्या प्रत्येक कस्बे तक में यूनानी तथा होम्योपैथिक डॉक्टर बंगाली ही हैं। उनका वहाँ बंगाल से अधिक सम्मान है। हमारे मालदा, मुर्शिदाबाद के मजदूर आन्ध्र प्रदेश से लेकर दिल्ली तक तथा अहमदाबाद से लेकर गोहाटी तक कर्म संस्थानों, ठेकेदारों के साथ एवं पथ-निर्माण के कार्य में संलग्न हैं। मेदिनीपुर और दक्षिण चौबीस परगना

जिलों की महिलाएँ भारत के अधिकांश रसोईघरों का संचालन कर रही हैं। इसलिए जब भारत में कोई दुर्घटना होती है, उसमें बंगाली अवश्य मारा जाता है। हम इसे सर्वप्रथम रोकें। अपनी धरती को शस्य-श्यामला करें। यहाँ समृद्धि की सृष्टि करें फिर विभेद की बातें करें। यदि यहाँ आन्दोलन चला तो आन्दोलन की सफलता के पूर्व बाहर प्रदेशों से बंगालियों का बलपूर्वक निष्कासन प्रारम्भ हो जाएगा। बंगलादेश भी लाखों हिन्दू बंगालियों को वापस भेजना प्रारम्भ कर देगा। अतः इसे तुरन्त बन्द करो। इस भेदभाव को भूल जाओ अन्यथा हम तुम्हें जान से मार डालेंगे।"

नक्सलपन्थी अपनी विचारधारा से ईमानदारीपूर्वक जुड़े हुए माने जाते हैं। इस कारण राणा ने उनकी दिशा में सोचना प्रारम्भ किया और उसे इस विचारधारा के पक्ष में इतने सशक्त बिन्दु तथा तर्क मिल गए कि वह अपनी विषाक्त विचारधारा से किनारा करने लगा। उसने निश्चय किया कि वह कोलकाता में बस कर एक मारवाड़ी संस्थान में नौकरी करेगा तथा उनके व्यापार और उद्योग करने को सीखेगा तथा उसका बंगाली समाज में प्रचार-प्रसार करेगा ताकि बंगाली समाज से बड़ी संख्या में उद्यमी आगे आएँ।

छह महीने ससुराल में युद्धविराम के पश्चात् देवश्री की सुगबुगाहट प्रारम्भ हो गई। रवि भी अपने कलंकित गत जीवन के कारण देवश्री पर नियन्त्रण नहीं कर पाता था। जब भी रवि उसे डाँटता, वह आत्महत्या करने की धमकी देती हुई कहती, "आपको जब उसी से प्रेम था, तो मुझे क्यों ब्याह कर लाए? मैं तो एक गरीब पति के साथ खुश रहती जिसका मेरे एवं केवल मेरे प्रति लगाव तथा स्वामिभक्ति होती। अब पाखी के पश्चात् तो आपके लिए दादा जी तथा परिवार ही सब कुछ हैं। मेरा तो इस परिवार में तथा आपके हृदय में कोई स्थान ही नहीं है।"

"तुमसे प्रेम का अर्थ यह नहीं है कि मैं बाकी सभी से घृणा करूँ। उनसे तुम्हारे गलत बिन्दुओं पर बहस करूँ, झगड़ूँ। तुम किसी से भी पूछ लो कि विवाह के इतने समय के बाद एक पत्नी के पास कितना आभूषण होता है, उसके पास कितना नगद पैसा होता है। अब तो मैं तुम्हें एक प्राणमय खिलौना भी देने वाला हूँ। इस भरी जवानी में तुम उस खिलौने से खेलना तथा बड़ा होकर वह तुम्हारे भविष्य का ध्यान रखेगा। यदि मैं तुम्हारे गलत विचारों पर चलूँगा तो मेरी ही हार होगी। सत्य की सदैव जीत होती है, मिथ्या, स्वार्थ तथा लालच की अन्त में हार होती है। जो लोग धन-सम्पत्ति एकत्रित करना चाहते हैं, उन्हें अन्य दिशाओं में शान्ति रखनी पड़ती है। दुष्टों से समझौता करना पड़ता है ताकि वे धन-सम्पत्ति

एकत्रित करने के अभियान में बाधा सृष्टि न करें। इसलिए तुम्हें दो में से एक को चुनना होगा। मैं अग्रवाल का लड़का हूँ। मैं धनार्जन का पथ ही चुनूँगा। यदि तुम अशान्ति का पथ चुनती हो, तो तुम्हें उस पर अकेले आगे बढ़ना होगा, मैं तुम्हें रात्रि को केवल नैतिक समर्थन दे सकता हूँ। अपनी सती सावित्री माँ तथा देवतुल्य दादा से नहीं झगड़ सकता हूँ। फिर प्रेम तो अनन्त है। प्रेम का कटोरा सदैव भरा रहता है। उसमें से जितना बाँटो वह कम नहीं होता।"

फिर भी देवश्री का दिमाग ठीक नहीं हुआ। देवश्री में सुधार न देखकर उसको उस पर ही छोड़ दिया। समस्या के अस्थायी हल के लिए उसने घर में दो नौकर और बढ़ा दिए ताकि औरतों में खटपट न हो।

तुषार-वाटिका में तुषार की वर्षी पर विशाल ब्राह्मण भोज का आयोजन हुआ। साथ में इस बार प्रकाश ने अपनी बहिनों, उनकी लड़कियों तथा उनके दामादों को भी आमन्त्रित किया। तुषार-वाटिका की आवभगत ही सुख्याति थी। निमन्त्रण पाकर सभी पधार जाते थे। उन्हें निश्चय था कि विदाई में उन्हें आने-जाने का खर्च तो मिलेगा ही, साथ में दान-दक्षिणा या भेंट भी मिलेगी। उसके साथ-साथ पुरुलिया जिले के तथा आसपास के दर्शनीय स्थलों का सैर-सपाटा। एक सौ अतिथियों की भीड़ देखकर देवश्री तिलमिला उठी जैसे यह खर्च उसकी बचत कम कर रहा हो। वह प्रकाश की बहिन से भिड़ गई। बहिन ने प्रकाश से उसके इस व्यवहार की शिकायत की। प्रकाश ने निश्चय किया कि वह आखिरी बार परिवार में सभी को एक बार और समझाएगा अन्यथा वह पास के प्रदेश झारखण्ड के घाटशिला क्षेत्र में आदिवासियों की सेवा का व्रत लेकर घर-बार छोड़कर चला जाएगा।

अतिथियों की भावभीनी तथा मोटी भेंट-विदाई के पश्चात प्रकाश ने सभी के साथ एक दिन साँयकाल पारिवारिक सभा की। उन्होंने इस सभा में स्पष्ट किया, "मेरे लाख समझाने पर भी परिवार में वातावरण ठीक नहीं हो रहा है। जिस प्रकार परिवार के कुछ सदस्यों ने तुषार की वर्षी के आयोजन में उदासीनता तथा भावहीनता दिखाई, उससे मैं अत्यन्त असन्तुष्ट तथा दुखी हूँ। ऐसा प्रतीत हो रहा था कि आयोजन मेरे द्वारा तथा मेरे लिए ही था। परिवार के लोग तो जैसे भाड़े के टट्टू लग रहे थे। यदि आप लोगों का यही व्यवहार रहा, तो मैं अब भविष्य में कोई भी आयोजन नहीं करूँगा। मैं तो इसलिए अनुष्ठान आयोजित करता हूँ ताकि सम्बन्धियों, मित्रों तथा जान-पहचान वालों में हमारी प्रतिष्ठा बनी रहे। हम इतना पैसा जोड़कर क्या करेंगे? उस कारण परस्पर सहयोग, मैत्री तथा प्रेम भी बढ़ता है। तुम लोगों ने देख ही लिया है कि उस मौके पर कोलकाता के जमाई बाबू ने रवि को अपने जमीन तथा भवन-निर्माण के व्यवसाय में साझीदार बनने का प्रस्ताव

दिया था। मैं देवश्री के व्यवहार को कदाचित सहन नहीं कर सकता हूँ। यदि उसने अपने व्यवहार में सुधार नहीं किया तो उसको घर से निकाल दूँगा अथवा मैं ही इस घर को छोड़कर चला जाऊँगा।"

प्रकाश के इस वक्तव्य से सभी हतप्रभ रह गए। सभी के चेहरों पर हवाइयाँ उड़ने लगीं। रवि की माँ ने देवश्री को डाँटते हुए कहा, "जबसे देवश्री ने इस घर में पैर रखा है, इस घर की एकरसता तथा शान्ति चली गई है। मैं साचती हूँ कि रवि को देवश्री को तुरन्त समझाना होगा, अन्यथा हमें उसे फिर से लम्बे समय के लिए उसके मायके भेजना पड़ेगा।"

घर में सदा चुप्पी साधने वाली राधा से ऐसा सुझाव सुनकर सभी स्तब्ध रह गए तथा सभी ने देवश्री को सुधरने की सलाह दी। सभी ने प्रकाश बाबू से संयुक्त रूप से हाथ जोड़कर क्षमायाचना की, "दादाजी! ऐसा कभी नहीं होगा। आप हमें इस बार क्षमा कर दीजिए। आपका सिंचित किया हुआ ही यह परिवार है। आपके बिना यह छिन्न-भिन्न हो जाएगा, मटियामेट हो जाएगा।"

"यह परिवार कभी मिट नहीं सकता क्योंकि मैंने प्रत्येक सदस्य के लिए ऐसी व्यवस्था कर दी है कि वह बिना कुछ किए हुए पचास वर्षों तक इसी शैली में अपना जीवन-यापन कर सकता है। पर धर्म के पालन के बिना तो बड़े से बड़े राज-पाट मिट गए हैं, यह परिवार किस कोटि में है। अतः धर्म-पालन अति आवश्यक है। मैं यह नहीं चाहता कि गीता में स्थापित शत-प्रतिशत धर्म का आचरण हो। हम पूर्णतः राग-द्वेष से दूर नहीं रह सकते, पर कम से कम कर्मयोगी की भाँति अपने काम में तो लगे रहें, दूसरे के लिए बाधा न बनें, परिवार की कलह सृष्टि न करें। जिससे जितना बने उतना ही करे, दूसरे से ईर्ष्या न करे। निज से सन्तुष्ट रहे। मैंने इतना तो कर दिया है और आप लोग क्या चाहते हैं? मैं किसी के जीवन का बीमा तो कर सकता हूँ पर उसकी मृत्यु निर्धारित नहीं कर सकता हूँ। आप लोग आजकल कोई किसी को कितना ही समझाए, प्रत्येक व्यक्ति की व्यक्तिगत सोच है। वह उस सोच के दायरे में दूसरों के सुझाव ग्रहण करता है। प्रत्येक का पारिवारिक लक्ष्य से ऊपर अपना व्यक्तिगत लक्ष्य है, जिसे पाना उसका मुख्य उद्देश्य होता है। सतयुग में ईश्वर प्राप्ति व्यक्ति का एकमात्र उद्देश्य था, द्वापर युग में लोक संग्रह। त्रेतायुग में स्वधर्म पालन अर्थात कर्तव्य ही व्यक्ति के सामने लक्ष्य था जबकि वर्तमान कलियुग में व्यक्ति का आशा-आकांक्षाओं की पूर्ति करना प्रथम उद्देश्य है। इस युग के परिवेश में यदि संयुक्त परिवार में विघटन हो, तो आश्चर्य की बात नहीं है। पर यदि प्रत्येक व्यक्ति यह समझे कि पारिवारिक शान्ति तथा सौहार्द में उसके व्यक्तिगत स्वार्थों की पूर्ति शीघ्र होगी तो वह उन्हें

ग्रहण कर लेगा। स्वार्थ की पूर्ति त्याग तथा परिश्रम के पथ से ही हो सकती है। पर व्यक्ति अहम् के वशीभूत होकर गलत साधनों द्वारा उसे प्राप्त करता है। इस प्रक्रिया में वह अपने परिवार को दुर्बल करता है और स्वयं भी नष्ट हो जाता है। कलियुग में स्वार्थांधता तथा संग्रह की अधिक प्रवृत्ति महिलाओं में माया ने प्रवेश करा दी है।"

देवश्री तुरन्त ही घर की मालकिन बनकर पृथक रहना चाहती थी। वह भूल गई कि किस प्रकार रवि को गोली लगने पर सम्पूर्ण परिवार ने रात-दिन एक कर दिया था। उन दिनों किसी ने खाना-पीना भी ठीक तरह से नहीं किया था। पर देवश्री स्वभाव से मजबूर थी। वह छोटी-छोटी बातों पर झगड़ती। कभी सलिला को डाँटती, "तुम तो अपना काम स्वयं नहीं करती। दो ट्यूशन लगा रखे हैं पर पढ़ना-लिखना खाक नहीं है। जब तक स्वयं मनन नहीं करोगी, तो ट्यूशन से क्या लाभ? सजधज कर तो इतना रहती हो जैसे कोलकाता क्वीन हो।"

सलिला ने चाची के इस व्यवहार की शिकायत ललिता से की। पर ललिता को भी देवश्री ने कड़ा जवाब दिया, "क्या सलिला मेरी कोई नहीं होती? मैं तो उसे समझा रही हूँ। आज तो घर में कमाई हो रही है, सो ठीक है। कल क्या होगा? ये कब तक इतना कमाते रहेंगे कि सभी उड़ाते रहेंगे। जब तक बच्चे स्वयं मन लगाकर एकान्त में नहीं पढ़ेंगे, ट्यूशन से लाभ नहीं होगा।"

देवश्री की सलाह उत्तम थी पर उसका कहने का ढंग खराब था। उसके कथन मे विष घुला था। जैसे ही राधा ने उसे डाँटा, वह तुरन्त पलट गई, "माँ, मैंने क्या गलता कहा? मेरा तो जैसे इस घर में कुछ अधिकार ही नहीं है। मैं जो कह रही हूँ वही विद्यार्थी के लिए सुनहरा सिद्धान्त है।" देवश्री के व्यवहार से परिवार में सभी नाखुश थे तथा असन्तोष की आग शनैः-शनैः सुलग रही थी।

प्रकाश ने एक दिन सन्ध्या आरती के पश्चात् सभी को समझाया, "संयुक्त परिवार की विशेषताएँ लोग नहीं समझते हैं। जब व्यक्ति वृद्ध हो जाता है, तो संयुक्त परिवार में उसका मन लगा रहता है। वह छोटे बच्चों के साथ खेलता रहता है। जब भी फुर्सत हुई वह बच्चों से बातें करके अपना मन बहला लेता है। कोई उसे सहारा दे देता है तथा कोई न कोई उसकी बातों, सलाह तथा सुझावों को सुनने के लिए मिल जाता है। छोटे बच्चों की अपने आप ही परवरिश हो जाती है। न दाइयाँ रखनी पड़ती हैं न नौकर-चाकर। जो खाली हुआ, वह बच्चों को गोद में ले लेता है। एकल परिवारों की बड़ी समस्याएँ हैं। वे जो अधिक कमाते हैं, वह नौकरों, परिचारिकाओं तथा दवाइयों पर खर्च हो जाता है। स्वदेशी इलाज तो चल नहीं पाता। उन्हें तो सभी अपातकालीन व्यवस्था करनी पड़ती है। छोटी-छोटी

समस्याएँ उन्हें कष्ट का पहाड़ लगती हैं जबकि संयुक्त परिवार में कष्ट झेलते अभ्यस्त उन्हें कष्ट सहने के लिए सान्त्वना देते रहते हैं, उनका पथ-प्रदर्शन करते रहते हैं। संयुक्त परिवार में सुख दुःख बाँटने की सुव्यवस्था है। दूसरी ओर नाभिकीय परिवार में यदि कोई दुःख आ जाए, तो मतभेद बढ़ता जाता है। यह खाई इतनी बड़ी हो जाती है कि पति-पत्नी एक दूसरे में कमियाँ निकालकर ही आपस में झगड़ने लगते हैं और उनके तलाक तक की नौबत आ जाती है। छोटी-छोटी बातों में जैसे एक दूसरे की पसन्द को लेकर ही मतभेद होने लगते हैं। संयुक्त परिवार में अन्य सदस्य इन मतभेदों का इतना सहज एवं तैयार हल देते हैं कि दोनों में झगड़ा होने की नौबत ही नहीं आती। संयुक्त परिवार की बड़ी समस्याओं को देखकर अन्य सदस्यों को अपनी समस्याएँ नगण्य ज्ञात होती हैं। तलाक या विवाह-विच्छेद का नाम आते ही घर के बड़े-बूढ़े इतने क्रोधित होते हैं कि इस घृणित और त्याज्य शब्द का उच्चारण ही निषेध हो जाता है। सारांश में कहा जा सकता है कि संयुक्त परिवार एक ऐसी संस्था है जिसमें सभी की सम्यक् रूप से इच्छापूर्ति होती रहती है। परिवार में समय-समय पर अनुष्ठान और उत्सव होते रहते हैं। परिवेश आनन्द से सराबोर रहता है। दुःख भी सुख में परिवर्तित हो जाता है। इसलिए हमें हर कीमत पर अपने परिवार की एकता, सद्भाव तथा एकरसता को स्थायी करना चाहिए।"

उन्होंने यह अनुभव किया कि परिवार के सदस्य उनकी सलाह सुनते थे पर अमल नहीं करते थे। प्रत्येक अपनी मनमानी करता था। कभी-कभी अपने विश्वसनीय सेवक तथा गुप्तचर रामू से परिवार में बढ़ते हुए मतभेद तथा कलह के विषय में सुनकर प्रकाश का हृदय विदग्ध हो जाता है। रामू कहता, "बाबू, माँ जी के मरने के पश्चात् तुषार-कुटी की हालत बद से बद्तर होती जा रही है। आप परिवार को सौ कदम आगे ले जाते हैं तो वे फिर से पचास कदम पीछे आ जाते हैं। छः महीने पश्चात् तो सदस्यगण आपके सभी उपदेश तथा प्रवचन एक कोने में रख देते हैं। सभी को जीवन में ऊँची से ऊँची सुविधाएँ चाहिए, ऊँचा खाना तथा ऊँचा पहनावा। सभी पुरुलिया के स्तर से ऊँचा होना चाहिए। इसलिए बंगाली समाज में भी आपके परिवार के प्रति ईर्ष्या तथा द्वेष बढ़ता जा रहा है। पहले आप लोगों का रहन-सहन अच्छा था। उसमें दिखावा कम, ठोस काम अधिक था। तुषार-कुटी की प्रत्येक ईंट आपके खून-पसीने से सनी है। आजकल दिखावा अधिक, आमदनी कम। वे जैसे भी हो, धन जोड़ना चाहते हैं। यह बंगाली समाज को पसन्द नहीं। कुछ पंजाबी संस्कृति बंगाल में प्रवेश कर रही है। बहू देवश्री के आने से तो परिवार का सौहार्द पूरी तौर से टूट गया है। मुझे आश्चर्य होता है कि

एक ही माँ की दो बेटियाँ कैसे इतनी भिन्न-भिन्न हो सकती हैं। कहाँ ललिता भाभी, कहाँ देवश्री। कहाँ आसमान, कहाँ धरती। बहू देवश्री ललिता भाभी के पैर की धूल भी नहीं है, फिर भी उन्हें इतने कर्कश जबाब देती है कि हमें भी कान बन्द करने पड़ते हैं। मैंने अभी तक एक परिवार की दो लड़कियों का इतना भिन्न स्वभाव नहीं देखा है। आपके उपदेश का इन पर क्यों प्रभाव नहीं पड़ता? मैं तो हिन्दी पूर्णतः न समझते हुए भी आपके उपदेशों को अपने जीवन की अनुपम सम्पत्ति की भाँति जोड़ कर रखता हूँ।"

प्रकाश ने रामू को ध्यानपूर्वक सुना। पत्नी की मृत्यु के पश्चात् प्रकाश रामू पर अधिका निर्भर होते चले जा रहे थे। वह उनका परम विश्वसनीय पात्र था एवं एकमात्र सहारा जैसे धृतराष्ट्र का संजय। रामू से बार-बार परिवार के विषय में अप्रिय बातें सुनकर प्रकाश ने यह निश्चय किया कि उन्हें 'इस पार या उस पार' का निर्णय लेना ही होगा। इस परिवार की गाड़ी धर्महीन पथ पर बहुत दिनों तक नहीं चल सकती। उन्होंने कई दिनों तक इस समस्या पर गहन चिन्तन-मनन किया तथा निश्चय किया कि वह घाटशिला आदिवासी क्षेत्र में चले जाएँगे। वहीं ही रहेंगे तथा वहाँ रहकर पूर्णतः आदिवासियों की सेवा में स्वयं को समर्पित कर देंगे। कई संगठनों का निमन्त्रण उनके पास पहले से ही आया हुआ था। वे उनके निर्णय की प्रतीक्षा कर रहे थे। उन्होंने वनवासी कल्याण परिषद, अमृतमयी माँ तथा 'आर्ट ऑफ लिविंग' जैसी स्वयंसेवी संस्थाओं में से आर्ट ऑफ लिविंग अर्थात् 'जीवन जीने की कला' संगठन को चुना तथा उसके साथ पत्राचार किया।

इस व्यक्तिगत धर्म-संकट की स्थिति में प्रकाश ने अपने परम मित्र के साथ विचार-विमर्श किया। प्रकाश के मित्र ने प्रकाश से परिवार की सभी आन्तरिक परिस्थिति सुनकर सलाह दी, "मुझे लगता है कि मेरे अभिन्न मित्र की सोच ठीक है। जब परिवार में सदस्यगण आपकी बात न सुनें तो गृहस्थाश्रम से वैराग्य के अतिरिक्त कोई उपाय बचता ही नहीं है। हमारी उम्र भी वानप्रस्थ आश्रम में प्रवेश करने की है। इसलिए आप घाटशिला चले जाएँ तो भी खराब नहीं होगा। मेरा सुझाव है कि जब आपने इस परिवार को इतने वर्षों तक सींचा है, पल्लवित-पुष्पित किया है, उसे इस प्रकार मझधार में छोड़ना ठीक नहीं होगा। देवश्री और आधुनिक उपभोक्ता संस्कृति तथा वर्तमान फैशन-परस्ती ने ऐसी संक्रमण की स्थिति उत्पन्न कर दी है। इसलिए आप घाटशिला जाएँ पर मेरी भाँति अपने संयुक्त परिवार का पथ-प्रदर्शन करते रहें। देखिए आज भी मेरी जन्मभूमि के संयुक्त परिवारों में मेरे आदेश के बिना तिनका भी नहीं हिलता। मैंने परिवार के लिए निरन्तर त्याग किया है और कर रहा हूँ। यद्यपि मेरी पत्नी इस त्याग के विरुद्ध मुझसे प्रतिदिन

झगड़ती है, पर मैंने अपना धर्म-पथ नहीं छोड़ा है। वह मूर्ख नहीं जानती है कि मेरे नौकरी से अवकाश ग्रहण करने के पश्चात् वह ही इस त्याग की फसल सबसे अधिक काटेगी। आज भी उसका सम्मान परिवार के लड़के एवं स्त्रियाँ इतना अधिक करती हैं, जितना हमारे निज पुत्र और पुत्रियाँ नहीं करती हैं। पर वह शीघ्र भूल जाती है। आजकल सभी की आँखों पर केवल स्वार्थ एवं लालच की पट्टी बँधी है। अतः अब यदि बड़ा झगड़ा हो तो आप सीधे घाटशिला के लिए प्रस्थान कर दें। छोटी-मोटी समस्याएँ मैं यहाँ निबटा दूँगा। फिर घाटशिला पुरुलिया से चार घण्टे का ही रास्ता है तथा आजकल सचल फोन सभी जगह पहुँच गए हैं। पर शायद घाटशिला के भीतरी आदिवासी अंचल में सचल फोन काम न करें क्योंकि वहाँ ग्राहक नहीं हैं। हो सकता है कि क्षेत्र प्रायः पहाड़ पर स्थित होने के कारण मोबाइल कम्पनी ने अपने टॉवर स्थापित कर दिए हों। इसलिए वहाँ शायद सचल दूरभाष से योगायोग हो सके।" मित्र की सलाह पर प्रकाश ने घाटशिला में रह कर आदिवासियों की सेवा करने का व्रत लिया। उन्होंने यू.टी.आई. बैंक में अपना एक बचत खाता खोला जिससे कहीं भी पैसा निकाला जा सकता था। यू.टी.आई. बैंक ने अदिवासी बाहुल्य क्षेत्र में कुछ शाखाएँ खोल दी थीं। घाटशिला कस्बे में भी उसकी एक शाखा थी। अतः प्रकाश ने तीन लाख रुपया उस खाते में जमा कर पासबुक अपने पास गुप्तरूप से रखी।

सलिला का जन्मदिन अति धूमधाम से मनाने का निश्चय किया गया। राधा ने मना भी किया पर प्रकाश किसी की नहीं सुनते थे। उनका उद्देश्य था कि इसी बहाने लड़की का प्रचार होता है तथा लोग लड़की के लिए लड़का बताते हैं। जन्मदिन का कुल बजट एक लाख रुपया था। रवि से देवश्री को बजट का पता चल गया। उसी दिन से उसका पारा चढ़ गया। वह तब से उखड़ी-उखड़ी रहने लगी।

प्रकाश ने जम्मदिन मनाने के लिए हुई बैठक में परिवार के सदस्यों को समझाया, "हमारा घर मन्दिर है। उसे मन्दिर ही रहने दो। इसे होटल न बनाओ जहाँ एक को दूसरे से प्रयोजन नहीं। केवल सभी रहने एवं खाने के लिए आए हैं तथा बिना मिले जुले ही चले जाएँगे। इसे अस्पताल न बनाकर परिचर्या घर बनाओ। इसे गुरु का आश्रम बनाओ, जहाँ शिष्य को स्वतः ही ज्ञान आत्मसात होता है, दसे ट्यूशन संस्था न बनाओ जहाँ विद्यार्थियों के झुण्ड के झुण्ड आते हैं और चले जाते हैं। उसे दुःखालय न बनाओ, सुखधाम बनाओ।"

रवि ने देवश्री को बहुत समझाया, "तुम चुप रहो। तुम क्यों अपना दिमाग खराब कर रही हो। दादा जी रुपया कमाते हैं, वे ही खर्च कर रहे हैं। हमें उससे क्या लेना-देना है। मैं जो कमा रहा हूँ, वह ही तुम नहीं रख पाओगी। तुम

अनावश्यक रूप से क्यों अपना सिर खपाती हो। यदि दादा जी नाराज हो गए, तो उन्हें सँभालना मुश्किल होगा। मेरे वश में वह नहीं है। तुम्हीं सँभालना। मैं तुम्हें छोड़ सकता हूँ पर दादा जी को नहीं छोड़ सकता हूँ। उन्हें छोड़ने पर मेरी पूरी बदनामी हो जाएगी।"

"पर मैं यह सहन नहीं कर सकती कि हमारा पैसा ऐसे बर्बाद किया जाए। मेरा भी तो उसमें हिस्सा है। फिर दीदियाँ आएँगी तथा उन्हें दादाजी जी भरकर उपहार देंगे। मित्रों को उपहार दिए जाएँगें। क्या हमारे पास पैसा रखने की जगह नहीं है? यदि दादा जी ने हमें घर से निकाल दिया जो हम जमशेदपुर जाकर रहेंगे। आप वहीं प्रेक्टिस करना।"

"मैं घरजमाई बनकर कभी नहीं रह सकता। इसीलिए मैंने इतनी शिक्षा ग्रहण की है तथा अपने पेशे में इतना परिश्रम किया है?" रवि का स्पष्टीकरण था। देवश्री की उत्सव के दौरान प्रकाश की बहिन से फिर नोंक-झोंक हो गई। देवश्री ने उन्हें उतना सम्मान नहीं दिया जितना वे तुषार-वाटिका में बीतें दिनों में पाती थीं। जब राधा ने देवश्री को डाँटा तो उसका दो-टूक उत्तर था, "मैं इतने अतिथियों के लिए बार-बार अपने कमरे से उठकर नहीं आ सकती। घर में एक दिन की बात हो तो मैं करूँ। आने वालों का ताँता तो प्रत्येक दिन लगा है। यदि मैं ऐसा ही करने लगूँ, तो मेरे निजी जीवन का क्या होगा।"

"पर इन दीदी के लिए तो तुम्हें विशेष ध्यान रखना चाहिए। वे दादा जी की भगवान हैं।"

"दीदी को भी तो मेरी इज्जत करनी चाहिए। जो इज्जत देगा, वही इज्जत लेने का अधिकारी है।"

राधा ने देवश्री से और अधिक बात करना उचित न समझा। उसके व्यवहार से सभी अप्रसन्न थे। जन्मदिन के दिन भी सभी के चेहरों पर वह उत्साह तथा प्रसन्नता नहीं थी जो साधारणतया तुषार-वाटिका में देखी जाती थी। प्रकाश समझ गए कि कुछ गड़बड़ हो गया था। उन्होंने सभी की विदा करने के पश्चात् घाटशिला के लिए प्रस्थान करने का निश्चय किया। दूसरे दिन रामू से समस्त घटना का विवरण सुनकर वे आश्वस्त हो गए कि उनका निर्णय उस परिस्थिति में उचित था।

अभी जन्मदिन के उत्सव की खुमारी भी नहीं उतरी थी कि प्रकाश ने सभी सम्बन्धियों तथा मित्रों की विदाई के पश्चात् दूसरे दिन रात्रि भोज के समय अपने विस्फोटक निर्णय की सूचना दी, "मैं इस परिवार में अब नहीं रह सकता। मेरी यहाँ कोई नहीं सुनता है। मेरी बहिन का इस परिवार में वह सम्मान नहीं होता जो मैं चाहता हूँ। मैं तो उस स्थान पर रहता हूँ जहाँ मेरा सम्मान होता है। आप लोग

खुश रहें। बस मेरा यही सन्देश है कि हो सके तो मेरे सिद्धान्तों का पालन करना। मैं आदिवासियों की सेवा करने के लिए पूर्ण समर्पण भाव से घाटशिला जा रहा हूँ। पर मैं अपने मन में कोई कलुष लेकर नहीं जा रहा हूँ। भारी मन से दूसरों की सहज सेवा नहीं हो सकती। परिवार के पुरुष कितना भी आतिथ्य सत्कार करें पर महिलाओं के आतिथ्य सत्कार के बिना वह अधूरा रहता है। परिवार के अन्य सदस्यों के उदासीन या उपेक्षित चेहरे देखकर अतिथिगणों का मन खराब हो जाता है।"

"मैं पहाड़ों पर आदिवासियों के मध्य रहूँगा तथा आप लोग वहाँ मेरी शान्ति भंग करने की कोशिश नहीं करना। मैं वहाँ पर आर्ट ऑफ लिविंग संस्था का एक पदाधिकारी होकर कार्य करूँगा। मैं अपना सचल फोन ले जा रहा हूँ। कुछ दिनों में फोन पर भी हमारी बातचीत बन्द हो जाएगी। बस, जब मैं मरूँ, तो तुम लोग मेरे शरीर को पुरुलिया में लाकर मेरी पत्नी के पास जला देना। यह मेरी भीष्म प्रतिज्ञा है। आप लोग इसे बदलने का प्रयत्न न करें। यह मैंने अति सोच-विचार कर निर्णय लिया है।"

यह कहकर प्रकाश ने ड्राइवर से गाड़ी तैयार करने को कहा तथा रामू तथा गोरा को साथ चलने के लिए कहा। पवन के मरने के पश्चात् गोरा प्रकाश की मालिश कर देता था। रामू अन्य कामों में व्यस्त रहने लगा था। पर सभी परिवार में अचम्भित थे। ऐसी बातें तो परिवार में होती रहती ही हैं, पर न तो कोई परिवार छोड़कर जाता है और न ही कोई आत्महत्या करता है। परिवार की गाड़ी घिसटती रहती है।

सभी जानते थे कि प्रकाश का निर्णय अटल होता था। वे एक बार निर्णय लेने पर किसी के कहने पर उसमें परिवर्तन नहीं करते थे। फलस्वरूप सभी अश्रुपूर्ण नेत्रों से प्रकाश के निर्णय के विरोध में अपनी विसम्मति प्रकट कर रहे थे। पर प्रकाश शिला पर्वत की भाँति अचल, अटल तथा दृढ़ थे। वे जैसे अपने निर्णय पर खम्भ की भाँति खड़े थे तथा उसका परिपालन करने की शीघ्रता में थे। उनकी आँखों में पश्चात्ताप के साथ-साथ सुन्दर भविष्य की परिकल्पना झलक रही थी।

15. परिणति

घाटशिला पहुँचने पर प्रकाश का स्वागत 'जीवन जीने की कला' के कोलकाता से आगत प्रबन्धक द्वारा किया गया। प्रथम भेंट में ही कीर्ति शाह ने कहा, "हम आपका स्वागत करते हैं। आपकी ख्याति तो इस समस्त क्षेत्र में व्याप्त है, आप स्थानीय लोगों के लिए एक आदर्श व्यक्ति हैं। व्यक्ति के स्तर पर आप एक

संस्था हैं। हमें गर्व है कि हमारी संस्था के माध्यम से आप जनसेवा करना चाहते हैं। आशा है कि हम मिलकर इस क्षेत्र के आदिवासियों तथा गरीब लोगों की सेवा तथा विकास कार्यों को नई ऊँचाइयों पर ले जा सकेंगे। आपके जुड़ने से हमारी संस्था का नाम उज्ज्वल होगा। हम धन्य हुए हैं।"

"मैं भी अनुभव कर रहा था कि व्यक्तिगत स्तर पर समाज-सेवा को एक सीमा से अधिक नहीं बढ़ाया जा सकता है। मैं पुरुलिया में प्राकृतिक तथा योग-चिकित्सा केन्द्र चलाता था, स्कूल चलाता था, अस्पताल का संचालन करता था, पर जनता में वह आकर्षण एवं लगाव नहीं देखा जो एक गुरु या महात्मा द्वारा चलाये जा रहे सेवा-संस्था के प्रति होता है। भारत एक धर्म प्रधान देश है। लोगों को धार्मिक गुरुओं तथा उपेदशों पर अधिक विश्वास तथा आस्था है। इसलिए मैं आपसे जुड़कर अपने जीवन के सेवा-उद्देश्य को पूरा करना चाहता हूँ। जरूरतमन्दों की सेवा करना ही जीवन का परम उद्देश्य है।" प्रकाश ने कहा।

घाटशिला स्थित संस्था के मुख्यालय में प्रकाश को रात्रि अच्छी नींद आई जो इसके पूर्व उन्हें कभी अनुभव नहीं हुई थी। यह नींद क्या थी, प्रकृति तथा ईश्वर से मिलना था। जैसे यश का ताज तथा जिम्मेदारियों का बोझ उनके दिमाग तथा शरीर से उतर गया हो। वे इतने हल्के तथा सजग अनुभव कर रहे थे जैसे वे घाटशिला के प्राकृतिक परिवेश में एक स्वतन्त्र पंछी हों। प्रकाश के अत्यधिक विवश करने पर भी रामू पुरुलिया वापिस नहीं जाना चाहता था। उसने कहा, "मालिक, मैंने अभी तक आपके सभी आदेशों का पालन किया है, पर मैं आपके इस आदेश का पालन नहीं कर सकूँगा। आपके स्वास्थ्य की जो स्थिति है, मैं उस स्थिति में आपको अकेला नहीं छोड़ूँगा। अतः आप मुझे विवश न करें। आप अपने धर्म का पालन करें पर मुझे भी आप मेरे धर्म का पालन करने दीजिए। मैंने आपका नमक खाया है। मैं आपकी जीवन-पर्यन्त सेवा करूँगा। इसके बाद मैं नहीं जानता कि मेरा तुषार-वाटिका से सम्बन्ध रहेगा या नहीं। यदि तुषार-वाटिका का परिवेश नहीं बदला तो हम अपने गाँव वापिस चले जाएँगे। मैं आपके सेवा आन्दोलन में बाधक नहीं, सहायक रहूँगा।"

प्रकाश ने रामू को फिर समझाया, "तुम्हारा परिवार है। बच्चे छोटे-छोटे हैं। जो अपने परिवार का ध्यान नहीं रख सकता, वह स्वछन्द होकर सेवा-व्रत नहीं कर सकता। तुम गोरा को छोड़कर चले जाओ। फिर तुम्हें तुषार-वाटिका का भी ध्यान रखना है। तुम मेरे वहाँ प्रतिनिधि रहोगे। फिर गोरा का तो कोई नहीं है। मैं तो उसे रख ही रहा हूँ।"

प्रकाश के निर्णय को रामू भली-भाँति समझता था तथा आज तक उसने बाबू

के निर्णय का कभी विरोध नहीं किया था। अतः वह हृदय को भारी रखते हुए अश्रुपूरित नेत्रों से पुरुलिया लौट आया। गोरा खुश था कि उसे प्रकाश बाबू के साथ पूरा समय मिलेगा। प्रकाश गरीबों के लिए मसीहा थे।

प्रकाश ने पाया कि 'आर्ट ऑफ लिविंग' संगठन के अन्तर्गत 'व्यक्ति विकास केन्द्र' शाखा द्वारा चलाया जाने वाला सेवा कार्य अत्यन्त सूक्ष्म पर ठोस एवं समन्वित है। वे केवल घाटशिला विधानसभा क्षेत्र के डुमरिया प्रखण्ड में काम कर रहे थे जिसमें आदिवासियों की जनसंख्या प्रायः तीस हजार थी। इस केन्द्र के अन्तर्गत दस पाठशालाएँ हिन्दलजुरी, हलदबनी, केशरपुर, कालचिनी, देवली, चकदोहा, काशीडांगा तथा अन्य आदिवासी ग्रामों में 'शिशु विद्या मन्दिर' के नाम से चल रही थीं। इसके अतिरिक्त इन्हीं पाठशालाओं में अपराह्न में प्रौढ़ शिक्षा केन्द्र चल रहे थे। साथ-साथ ग्रामों में सप्ताह में दो दिन चिकित्सा केन्द्र भी चलाए जा रहे थे। नवचेतना शिविरों के माध्यम से व्यक्ति विकास केन्द्र के अनुप्राणित कार्यकर्ता आदिवासियों को उनके धार्मिक तथा सामाजिक संस्कारों को ठीक करने की प्रेरणा देते थे, उन्हें सहकारिता सिखाते थे तथा उन्हें भारतीय शास्त्रों के आधार पर खेती करना सिखाते थे। वे गाँववालों से ही वृक्षारोपण कराते थे तथा ऐसे वृक्ष लगवाते थे जिसमें निरन्तर फल प्राप्त हो सकें तथा उनका उपभोग आदिवासीगण पूर्ण रूप से कर सकें। अर्थात वृक्ष के पत्ते, टहनी से लेकर फूल, फल का वे उचित उपयोग कर सकें। ये कार्यक्रम चुकादा के नेतृत्व में चलाए जा रहे थे। चुकादा अविवाहित थे तथा सेवाकार्य हेतु वे कांग्रेस दल में अपने बड़े पद को छोड़कर आए थे।

अशोक बनर्जी उर्फ चुकादा प्रकाश के आगमन पर अति प्रसन्न थे। प्रकाश के आगमन से घाटशिला के व्यक्ति केन्द्र के कार्यक्रमों में नई जान आ गई थी। प्रकाश ने कहा, "मैं पुरुलिया से अभी आया हूँ। आप मुझे कुछ दिनों के लिए दूर के केन्द्र में भेज दीजिए ताकि पुरुलिया से आकर लोग मेरी या यहाँ की शान्ति में विघ्न न डालें।"

अशोक बनर्जी ने अपने मुख्यालय से बात की और प्रकाश के लिए तीन पहाड़ों के बीच सालगाड़ी में एक कमरा लेने का निश्चय हुआ। प्रकाश गोरा के साथ वहाँ गए। व्यक्ति विकास केन्द्र द्वारा संचालित स्कूल गाँव के नीचे घाटी में स्थित था तथा पचास-साठ विद्यार्थी उसमें पढ़ते थे। आदिवासी ग्राम में रहने का प्रकाश का यह प्रथम अनुभव था। वे अति सन्तुष्ट तथा उत्साही व्यक्ति थे। पुरुलिया में एक समाचार बिजली की भाँति विस्तारित हो गया कि प्रकाश घाटशिला से भी दूर एक आदिवासी ग्राम में रहने लगे थे जहाँ दूरभाषों की तरंगें पहुँच नहीं पाती थीं। केन्द्र के प्रबन्धक ने पुरुलिया से आए सभी दूरभाषों पर यह

उत्तर दिया कि वे प्रकाश से बात न करें। प्रकाश सुदूर एकान्त जगह में चले गए हैं तथा वे कुछ दिन संचार व्यवस्था से कटे रहना चाहते हैं। तुषार-वाटिका तथा पुरुलिया के लोग स्तब्ध थे। रवि ने निश्चय किया कि भविष्य में तुषार-वाटिका का संचालन रामू की देखरेख में होगा तथा प्रकाश द्वारा स्थापित सभी दिनचर्या, रीति-रिवाजों, परम्पराओं तथा सिद्धान्तों का अक्षरशः पालन होगा। यही प्रकाश के प्रति उनका सच्चा सम्मान प्रदर्शन होगा।

प्रकाश ने पाया कि पुरुलिया शहर से सेवा-मूलक कार्यक्रमों का संचालन तथा ग्राम में रहकर आदिवासियों की सेवा करने में जमीन आसमान का अन्तर है। यही हाल हमारे प्रशासन का है। वे आदिवासियों की जमीनी स्थिति से कटे हुए हैं। प्रकाश ने देखा कि आदिवासीगण एक फसल से अधिक की पैदावार नहीं कर सकते हैं क्योंकि उनकी फसल पूर्णतः वर्षा पर निर्भर है। बाकी दिनों पीने का पानी ही उपलब्ध नहीं होता, फसल के विषय में कौन सोचे। अतः प्रकाश ने ग्रामवासियों की सहायता से उसी ग्राम में झरने को बाँधने का निश्चय किया।

ग्रामवासियों को भी प्रकाश की यह योजना पसन्द आई और वे स्वतः श्रमदान करने आ गए। प्रत्येक परिवार से एक व्यक्ति श्रमदान में मुफ्त सहयोग करने आता था। तीस दिन में झरने को रोकने वाली मेड़ या दीवार बनकर तैयार हो गई तथा सुचारु रूप से जल-संग्रहण होने लगा। दूसरे चक्र में इस मेड़ या बाँध के ऊपर तथा पीछे की ओर पत्थरों से ढकने का निश्चय किया गया ताकि वर्षा या कटाव के कारण यह बाँध न बह जाए। इस चेक डेम ने जादुई असर दिखाया। गाँव में हरियाली आ गई। पानी का अभाव न रहा तो मवेशियों के लिए प्रचुर जल उपलब्ध हो गया। जल की उपलब्धता के कारण स्थानीय आदिवासियों ने अपनी झोपड़ियों के आसपास शाक-सब्जी लगा दी।

प्रकाश ने आदिवासियों से उनकी चिकित्सा पद्धति सीखी। उन जड़ी-बूटियों को एकत्रित किया जिनका विभिन्न बीमारियों के लिए आदिवासीगण उपयोग करते थे। उनकी जड़ी-बूटियों के साथ-साथ प्रकाश ने अपने नुस्खे भी उन्हें बताए। आदिवासियों ने उन्हें सहज में ही ग्रहण किया क्योंकि उन अधिकांश नुस्खों में केवल दिनचर्या में ही परिवर्तन था। प्रकाश को आश्चर्य हुआ कि आदिवासी पुरुष तो दिन में शराब पिए घर में पड़े रहते हैं जबकि उनकी महिलाएँ खेत तथा जंगल में काम करती हैं। तत्पश्चात वे लौटकर भोजन पकाती हैं। कितना वैषम्य और इस की ओर किसी नारी-आन्दोलन का ध्यान नहीं गया। सबर जाति के आदिवासी तो और भी आलसी तथा निठल्ले थे। अधिक हुआ तो वे किसी के यहाँ से मुर्गी, बकरा या अन्य जानवर चोरी कर ले आते थे अथवा कुछ राहगीरों से राहजनी करके

पैसा लूट लाते थे। इसलिए प्रकाश ने आदिवासियों को ठीक तरह से पैसे रखना सिखाया। प्रकाश का विचार था कि गरीबों में धन वितरण करने के साथ-साथ उन्हें उसका संरक्षण करना भी सिखाना आवश्यक है। प्रकाश ने निश्चय किया कि वह दिन में स्कूल का प्रबन्धन देखेंगे, बच्चों को पढ़ाएँगे तथा सायंकाल आदिवासियों को शराब की लत छोड़ने के लिए सलाह देंगे। यह शराब पीने की लत आदिवासियों के विकास में मुख्य बाधा है। यद्यपि यह उनकी सभ्यता तथा संस्कृति का भी एक अभिन्न अंग है पर कोई भी सभ्यता कर्महीन या आलसी लोगों के द्वारा आगे नहीं बढ़ सकती। इस कारण किसी भी सभ्यता या धर्म में यह स्वीकृति नहीं है कि कोई भी पुरुष दिन भर तथा रात भर शराब पीकर पड़ा रहे तथा कोई कर्म न करे। उसकी पत्नी ही काम किए जाए।

प्रकाश प्रतिदिन आदिवासियों के साथ बैठकें करते। उन्हें यह स्पष्ट हुआ कि अशिक्षा ही गन्दी आदतों, कुसंस्कारों, कुरीतियों तथा अन्धविश्वासों की जड़ में है। अतः उन्होंने 'जीवन जीने की कला' के कोलकाता मुख्यालय से हरी झण्डी मिलने पर शिशु पाठशाला में ही विद्यार्थियों की कक्षाएँ समाप्त होने के पश्चात अपराह्न में वयस्क-शिक्षा की कक्षाएँ लेना आरम्भ कीं। उन्हें आश्चर्य हुआ कि वयस्क-शिक्षा से सम्बन्धित सरकारी आलेखों में यह गाँव सर्वशिक्षा अभियान के अन्तर्गत शिक्षित दिखाया गया था। सबरों को आदिवासियों की मुख्यधारा में तथा फिर समाज की मुख्यधारा में लाने के लिए उन्होंने व्यावसायिक प्रशिक्षण आरम्भ किया तथा उन्हें बाबुई डोरी बनाना सिखाया। बाबुई डोरी की बिक्री के लिए प्रकाश ने आई. आई. टी. खड़गपुर से सम्पर्क स्थापित किया क्योंकि आई. आई. टी. खड़कपुर में ग्रामीण विकास केन्द्र ने आदिवासियों से बाबुई डोरी बनवाकर उससे विभिन्न हस्तशिल्प उत्पादों को तैयार करवाकर उचित दामों पर बिक्री करने की उत्तम व्यवस्था की हुई थी। उन्होंने शाल पत्तों से पत्तल तथा कटोरियाँ बनाने की मशीनें भी लगाईं तथा बड़े स्तर पर प्रशिक्षण कार्यक्रम आरम्भ किया। प्रकाश ने आदिवासियों को बचत तथा पैसे का हिसाब रखना स्वयं सिखाया।

शराबबन्दी की मुहिम में सारा गाँव प्रकाश के साथ हो लिया। खजूर तथा महुआ से ताड़ी उतारना तथा शराब बनाना बन्द हो गया। बचे हुए कुछ लोग, जो चोरी-छिपे शराब बनाते-बेचते थे, उनकी भट्ठियाँ युवकों ने तोड़ डालीं। दुकानदारों ने अपनी दुकानों में सिगरेट-बीड़ी, तम्बाकू और पान-बहार की बिक्री बन्द कर दी। इसी बीच श्री श्री रविशंकर ने प्राकृतिक खाद के द्वारा कृषि करने का आन्दोलन शुरू किया। यह खाद गाय के गोमूत्र, गोबर तथा पत्तों आदि को सड़ा-गला कर बनाई जा रही थी। उसको शीघ्र तैयार करने के लिए बंगलौर और

मथुरा से लाए केंचुए उसमें छोड़ दिए जाते थे जिससे यह खाद शीघ्र बनकर तैयार हो जाती है। अब इन विशेष प्रकार के केंचुओं का उत्पादन घाटशिला में ही होने लगा था। फिर इस जैविक खाद को प्रत्येक आदिवासी ग्राम में वितरित कर दिया जाता था। इस खाद द्वारा उत्पन्न सब्जी तथा अनाज का विशिष्ट स्वाद था। उसमें प्रकृति की ताजगी तथा उसके किस्म की मौलिक गुणवत्ता थी। इस खाद द्वारा उत्पादित सब्जी, गेहूँ तथा चावल का बाजार में ऊँचा मूल्य था, जिससे कृषकों को कम लागत में अत्यधिक लाभ हो रहा था। अतः वे इस खाद के उपयोग की ओर झुके।

तीन मास ग्रामीण परिवेश में रहने के कारण प्रकाश का स्वास्थ्य बिल्कुल ठीक हो गया था। वे ताजगी तथा ऊर्जा से भर गए। उनका मोटापा कम हो गया पर आदिवासी ग्राम में पीने का पानी ठीक नहीं था। झरने का पानी ठीक था पर उसकी माँग अधिक थी। गोरा प्रकाश को उबाल कर पानी देता था। वह घाटशिला से भी बोतलों में बन्द खनिज पानी ले आया था, पर भोजन पकाने में तो गाँव के पानी का ही प्रयोग होता था जो कठोर तथा भारी था। अतः प्रकाश की तबियत कुछ खराब हो गयी। वे घाटशिला मुख्यालय में अपने अनुभवों को रूपायन करने तथा स्वास्थ्य लाभ करने के लिए घाटशिला मुख्यालय के कार्यालय में वापिस आ गए तथा घाटशिला स्थित विश्रामगृह के एक कमरे में प्रकाश ने अपना स्थायी निवास कर लिया।

घाटशिला का पानी इतना स्वास्थ्यप्रद था कि वह लाडली मुहल्ले में रहते-रहते पन्द्रह दिन में ही पूर्ण स्वस्थ हो गए। उनका दिन प्रातः पाँच बजे से आरम्भ होता। पाँच-दस मिनट ब्रह्मवेला में बाहर घूमने एवं अपने कमरे में सजाने के लिए नीचे पड़े फूल चुनने के बाद शौच आदि से निवृत्त होकर वे योग-प्राणायाम करते। तत्पश्चात् 'आर्ट ऑफ लिविंग' की आधारभूत सुदर्शन क्रिया करते। यह करने में साढ़े सात बज जाते। फिर वे स्थानीय रोगियों को देखते और उन्हें स्वदेशीय चिकित्सा पद्धति के अनुसार सलाह देते। कभी-कभी किसी योग या प्राणायाम के प्रदर्शन की आवश्यकता होती तो वे स्वयं करके दिखाते अथवा गोरा से कहते। गोरा ने भी उनके साथ रहकर योग-प्राणायाम सीख लिया था। इस प्रकार उन्हें साढ़े आठ-नौ बज जाते। स्नान-ध्यान करने के पश्चात् वे दस बजे तैयार होकर कार्यालय में बैठ जाते। अरिन्दम चौधरी तथा अशोक बनर्जी से सलाह करके पूरे दिन के कार्यक्रम को ठीक करते। अपराह्न में अरिन्दम चौधरी अपने केन्द्रों से घूमकर वापिस आ जाता तब वे अगले दिन के लिए उन केन्द्रों की आवश्यकता पूर्ति के संसाधन जुटाते। स्कूलों की मरम्मत के लिए मालपत्र खरीदते तथा शल्य चिकित्सालय के लिए विभिन्न प्रकार की आयुर्वेदिक, होम्योपैथिक तथा एलोपैथिक औषधियों की व्यवस्था करते। बंगलौर आश्रम से सब समय औषधियाँ ठीक मात्रा

में नहीं पहुँच पाती थीं, इसलिए उन्हें स्थानीय खरीददारी करनी पड़ती थी। अन्त में पड़ोस, पास की दुकान या पास का अस्पताल ही काम आता है।

वे प्रतिदिन कोलकाता में क्षेत्रीय प्रबन्धक श्री कीर्ति शाह को फैक्स पर रपट भेजते। शाह जी आवश्यकतानुसार दान-दाताओं से सम्पर्क स्थापित करके कोष एकत्रित करते तथा बैंक द्वारा घाटशिला केन्द्रों को कोष स्थानान्तरित कर देते। प्रकाश को आश्चर्य था कि भारत में पैसों की कमी नहीं थी, यदि कोई संस्था या व्यक्ति उत्तम काम करे एवं उसको भलीभाँति विज्ञापित करे। दानी व्यक्ति या संस्थाएँ कल्याणमूलक कार्य परखने में समय अवश्य लेते हैं पर एक बार साख स्थापित हो गई, फिर दान राशि निर्झर की भाँति ही चली आती है। वैसे समाज-सेवा बिना पैसे के भी की जा सकती है और वह भी अति सन्तोषजनक ढंग से।

वे प्रातः काल जब रोगियों को देखते थे तो एक दान पात्र भी रखा रहता था। उस सन्दूक में इतना दान पड़ने लगा कि प्रकाश तथा गोरा का सम्पूर्ण व्यक्तिगत खर्च उससे निकल आता था पर प्रकाश उसमें से आधा केन्द्र को सहयोग-राशि की भाँति दे देते थे तथा आधा ही अपने ऊपर खर्च करते थे। उन्होंने 'व्यक्ति विकास केन्द्र' से अपने ऊपर खर्च हेतु कोई योगदान नहीं लिया। वे पूर्णतः अवैतनिक रहे। उनके पास तीन लाख रुपए का ब्याज ही प्रति मास खर्चे के लिए काफी था। अरिन्दम चौधरी तथा अशोक बनर्जी केन्द्र से वेतन पर थे।

पूर्व सिंहभूम जिलान्तर्गत आदिवासियों के साथ रहना तथा घाटशिला में बिना संसाधनों के जीवन-यापन करना प्रकाश के लिए अद्भुत अनुभव था। अभी तक वह समझते थे कि बुढ़ापे के लिए धन-संग्रह ही एक मात्र सुख का राजपथ था। पर देश में ज्ञान तथा अनुभव भी बिकते हैं, यह प्रत्यक्ष रूप से घाटशिला में ही प्रमाणित हुआ। उनके स्वदेशी उपचार का पुरुलिया के निवासी, रिश्तेदार तथा मित्रगण कभी-कभी हँसी मजाक उड़ाते थे, पर घाटशिला के नागरिकों तथा पर्यटकों में वे श्रद्धा के पात्र हो गए। प्रसिद्ध बांग्ला उपन्यास 'पाथेर पांचाली' के लेखक विभूति भूषण वन्द्योपाध्याय के पश्चात् प्रकाश ही घाटशिला में सर्वाधिक लोकप्रिय व्यक्ति पधारे। वस्तुतः घाटशिला का पूरा सामाजिक तथा आर्थिक तन्त्र स्थानीय अधिवासियों पर ही निर्भर था। सरकारी सहायता तो नाममात्र के लिए आती थी। घाटशिला तथा पास की अधिकांश जनसंख्या यहाँ सरकार द्वारा संचालित ताम्र कारखाने पर निर्भर थी। कुछ-कुछ बेरोजगार लोग सुवर्णरिखा नदी की बालू को निकालकर उसमें से सोने के कण खोजते थे पर शायद सोने का पहाड़ दूर स्थित था जहाँ से होकर नदी बहती थी। राधाचूरा के लाल तथा कृष्ण चूरा के पीले फूलों से लदी घाटशिला की सुन्दर घाटी ग्रीष्मकाल में भी आँखों तथा मन को शान्ति

प्रदान करती थी। इस अरण्य प्रदेश में विचरण करने से हृदय हिलोर लेने लगता है। शाल वृक्ष तो यहाँ का जीवन आधार हैं। वे पहाड़ का अश्वत्थ हैं आदिवासीगण वस्तुतः प्रकृति के पुजारी हैं। वे शाल पेड़ की या शाल के झुण्ड की पूजा करते हैं। वैसे उनके देवता मारंग बुरु हैं पर उनका स्वरूप कुछ निश्चित नहीं है। उनका स्वरूप आदिवासियों के दिल तथा दिमाग में ही स्थित है। कहीं-कहीं गुप्तमान देवी की भी पूजा होती है। आजकल प्रतिमाओं के बाजार ने उनकी देवी गुप्तमनि को भी एक स्वरूप देने का प्रयत्न किया पर सुदूर आरण्यक अंचल में आदिवासी उनके पत्थर के स्वरूप से ही खुश हैं। जब देवी-देवता भी उनके पेट की भूख शान्त नहीं कर पाते, तो वे जंगल से लकड़ी काटकर शहर से उसके बदले में चावल तथा नमक खरीद लाते हैं।

प्रकाश ने तय किया कि वह पाँच-छः गाँवों के बीच एक गौशाला स्थापित करेंगे। जब कुछ कोलकाता के मारवाड़ी पर्यटक उनके पास दवा लेने आए, तो उन्होंने यह प्रस्ताव रखा। दस में से पाँच रोगियों ने उन्हें एक-एक करके पाँच गायें दान में दे दीं। उन्होंने स्थानीय हाट से ही गायें खरीद कर 'व्यक्ति विकास केन्द्र' पर बँधवा दीं। प्रकाश ने सभी गायों को शीघ्र ही आदिवासी ग्राम घसौला में भिजवा दिया। शीतकाल में घाटशिला में उत्सव का माहौल रहता है। चारों ओर से व्यक्तिगण स्वास्थ्य लाभ के लिए यहाँ पहुँचते हैं। तब हाथी के झुण्ड भी दलमा पहाड़ियों से उतर कर नीचे आते हैं। उनके भय के कारण ही कृषकों ने यहाँ ईख की खेती करना बन्द कर दी है। अब व्यक्ति विकास केन्द्र पर दान काफी प्राप्त होता है। दान प्राप्त करने में भारत-सेवा-संघ सबसे आगे था क्योंकि बंगाली पर्यटकों में कई भारत-सेवा संघ के अनुयायी थे। भारत सेवा संघ का स्थानीय सेवा का मुख्य केन्द्र उनका मन्दिर प्रांगण था जहाँ स्वामी प्रणवानन्द का मन्दिर था, पर्यटकों के रहने के लिए कुछ कमरे थे तथा आदिवासी लड़के-लड़कियों को पढ़ने तथा आवास की सुविधाएँ थीं। भारत-सेवा संघ को कमरों से भी काफी दान के रूप में किराया प्राप्त हो जाता था। दूसरी ओर 'व्यक्ति विकास केन्द्र' में न तो श्री रविशंकर की फोटो की पूजा होती थी और न ही वहाँ रहने के लिए कोई किराया लिया जाता था। इस कारण भारत-सेवा संघ द्वारा संचालित सेवा कार्यक्रम अति द्रुत गति से चल रहे थे। भारत-सेवा संघ कोलकाता, पुरुलिया तथा जमशेदपुर से पुराने कपड़े इकट्ठे करके आदिवासियों के बीच बड़े पैमाने पर वितरित करते थे। उन्होंने भी कई गाँवों में स्कूल खोल रखे थे तथा उनकी चिकित्सा व्यवस्था अति उत्तम थी। उनका सचल चिकित्सालय सभी समय औषधियों का भण्डार रखता था तथा उसमें छोट-मोटे आपरेशनों की व्यवस्था थी। 'वनवासी कल्याण परिषद' ने भी

आदिवासी क्षेत्र में कुछ स्कूल खोले पर उनका स्थानीय शासक दल द्वारा काफी विरोध हुआ क्योंकि उनके स्कूलों में प्रातः काल तथा सायंकाल राष्ट्रीय स्वयं सेवक संघ के अनुसार शारीरिक व्यायाम तथा पी.टी. चलती थी तथा शाखाओं जैसे व्याख्यान दिए जाते थे जिन्हें वे 'मानसिक कार्यक्रम' कहते थे। अधिकांश देखा गया कि भारत सेवा संघ तथा वनवासी कल्याण परिषद ने उन बच्चों को प्राथमिकता दी थी जिनके माता-पिता ईसाई हो चुके थे ताकि वे वापिस हिन्दू धर्म में शामिल हों। दूसरी ओर व्यक्ति विकास केन्द्र पूर्णतः धर्म निरपेक्ष संगठन था तथा उसका एकमात्र उद्देश्य था–आदिवासियों के कल्याण के लिए काम करना।

प्रकाश को आश्चर्य हुआ, "चुका दा, हमारी सरकारें क्यों अपने विद्यालयों तथा अन्य संस्थानों का ठीक तरह से संचालन नहीं कर सकतीं। देखिए, पास ही में यदि स्वयं सेवी संगठन द्वारा संचालित स्कूल हो, तो सरकारी स्कूल के लिए छात्र ही उपलब्ध नहीं होते हैं। हमारे शिक्षकों को तो हजार रुपया मासिक वेतन मिलता है जबकि सरकारी स्कूल के शिक्षक को प्रायः दस-बारह हजार रुपया वेतन मिलता है।"

चुका दा ने अपने अनुभव का सार उँड़ेलते हुए कहा, "हमारे शिक्षक को सर्वप्रथम सुदर्शन क्रिया कराई जाती है। उसके हृदय को पवित्र किया जाता है तथा उसके मन में सेवा का भाव भरा जाता है जबकि सरकारी स्कूल का शिक्षक केवल नौकरी करने तथा पैसा अर्जन करने आता है। फिर, सरकारी स्कूल के शिक्षक को स्कूल के लिए सरकारी सहायता तथा अन्यान्य खर्चा प्राप्त करने के लिए रिश्वत भी देनी पड़ती है। उनके विद्यालय निरीक्षक इसमें ही खुश रहते हैं कि उनका स्वागत कैसा हुआ। उन्हें कैसी भेंट पहुँची। स्कूल की निरीक्षण रपट तो वे झूठमूठ तैयार करके खानापूर्ति करते रहते हैं तथा अपनी मिथ्या-यात्रा तथा दैनिक भत्ते का बिल बनाते रहते हैं। इस हालत में विद्यालय के उत्तम संचालन के लिए अनुप्रेरणा कहाँ से आएगी?"

प्रकाश ने जिज्ञासा प्रकट की, "यदि सरकारी प्रशासन ठीक तरह से काम करे, तो हम लोगों को यह सेवा कार्य करने की आवश्यकता ही नहीं पड़ेगी।"

"आपने मेरे मुँह की बात छीन ली," चुकादा ने कहा, "इतने वर्षों से मैं देख रहा हूँ कि केन्द्रीय सरकार से करोड़ों रुपया आदिवासियों के लिए आता है पर न तो उसे खर्च करने के लिए कोई सुव्यवस्थित कार्यक्रम हैं और न ही प्रशासनिक इच्छा-शक्ति। यदि किसी प्रखण्ड विकास अधिकारी के पास कोई अच्छी परियोजना लेकर जाता है, तो वह ही सर्वप्रथम टाँग अड़ाता है। नाना प्रकार का जिज्ञासावाद करता है फिर नियम प्रक्रिया की आड़ लेकर उस योजना के क्रियान्वयन के प्रति

अपनी असमर्थता जाहिर कर देता है। वह केवल कुछ ही परियोजनाएँ जैसे सड़क निर्माणादि ही करना चाहता है जिससे उसे अधिक कमीशन मिले। सड़कों में कमीशन की बड़ी अच्छी प्रक्रिया है तथा नीचे से ऊपर तक वह सुचारू रूप से संचालित होती है। बस आदिवासियों के जनप्रतिनिधियों को कुछ घास के रूप में पैसा डाल दिया जाता है और अधिकांश सड़कें कागज पर बन जाती हैं। कुँआ कौन खोदे? यदि पानी निकला, तो उसकी देखभाल करनी पड़ती है। यदि नहीं मिला, तो उन्हें दस स्पष्टीकरण देने पड़ते हैं। इस कारण जलस्रोतों की परियोजनाएँ लेने से सभी करतराते हैं। जहाँ केवल पानीय जल के नलकूप लगाने की परियोजनाएँ स्वीकृत होती हैं उन्हें नलकूप लगाने ही पड़ते हैं। आजकल तो जिलाधिकारी भी हमें जिलास्तर पर सलाह के लिए बुलाने लगे हैं पर नीचे के तन्त्र में पूरी तरह से जंग लग चुका है। यह रिश्वत की जंग है जिसे छुड़ाना मुश्किल है क्योंकि इसका भाग ऊपर तक प्रत्यक्ष या अप्रत्यक्ष रूप में जाता है। अब तो स्थानीय विधायक भी अपना अंश लेकर चुप रहने लगे हैं। यही कारण है कि झारखण्ड सरकार ने आदिवासियों को अधिक आरक्षण देकर पूरे पंचायत तन्त्र को ही नहीं बनने दिया। नौकरशाही रिश्वत में मस्त है तो राजनीतिक शक्ति आरक्षण के माध्यम से अपनी सत्ता को सुनिश्चित करना चाहती है। दोनों भूल जाते हैं कि यदि समाज ही कमजोर हो गया तो न रहेगा बाँस न बजेगी बाँसुरी। यह एक सुनियोजित षड्यन्त्र था कि संविधान से परे जाकर आरक्षण करने वाले पंचायत अधिनियम को उच्च न्यायालय में चुनौती दी जाएगी जिसके फलस्वरूप वर्तमान सरकार के शासनकाल की बाकी अवधि में पंचायतराज प्रणाली अस्तित्व में आने ही नहीं पाएगी तथा नेताओं तथा नौकरशाहों की मिलीभगत से ग्रामीण लोगों का शोषण सुचारु रूप से चलता रहेगा। यह बंगाल तो नहीं है जहाँ स्वस्थ पंचायत व्यवस्था प्रायः तीस वर्षों से सफलतापूर्वक कार्यरत है। इन सभी कारणों से यहाँ नक्सलवाद न हो, तो क्या होगा? कब तक मूक जनता उसके प्रशासनिक तमाशों, राजनीतिक चालों तथा दोनों के षड़यन्त्रों को मूकदर्शक बनी देखती रहेगी?”

प्रकाश की जिज्ञासा शान्त न हुई। उन्होंने एक और प्रश्न किया, “चुका दा, यह क्या बात है कि बंगाली लोग पंचायतों तथा स्वयंसेवी संस्थाओं में समर्पित होकर उत्तम काम कर रहे हैं परन्तु जब वे सरकारी कार्यालयों में कार्यरत रहते हैं, तो वे सबसे अधिक अकर्मण्य तथा नकारात्मक होते हैं।”

“प्रिय बन्धु, इसी प्रश्न का उत्तर मुझे भी अभी तक नहीं मिल पाया है। यह विरोधाभास मुझे बहुत आलोड़ित करता है। मैं तो सोचता हूँ कि इस विषय पर मैं एक शोध करूँ। यदि तुम यहाँ का पूरा काम सँभाल लो, तो मैं यहाँ से बेफिक्र

होकर इस विषय में गम्भीर शोध करूँगा।" चुकादा ने उत्तर दिया।

प्रकाश ने मन ही मन निश्चय किया कि वह स्वयंसेवी संस्था के माध्यम से जन-सेवा करने के साथ-साथ सोये हुए सरकारी हाथी को जगाने का प्रयत्न करेंगे ताकि उनके कोषागारों से निर्धन लोगों के लिए निकली राशि उन तक पहुँच सके। वह सरकारी तन्त्र के संचालन से भी भलीभाँति परिचित थे। इस प्रकार वह निर्धन जनता तथा आदिवासियों की कई गुणा अधिक सेवा कर सकेंगे।

इसी बीच पूर्व सिंहभूम जिला में एक बंगाली जिलाधीश आए जो भारत-सेवा संघ के भक्त थे। उन्होंने भारत-सेवा संघ के लिए सरकारी अनुदान के लिए संस्तुति की जिसके आधार पर भारत-सेवा संघ, घाटशिला शाखा को वर्ष में दस लाख रुपए का अनुदान मिलने लगा। इसका समाचार आते ही सभी स्वयंसेवी संस्थानों में हड़कम्प मच गया। चुका दा तथा प्रकाश को व्यक्ति विकास केन्द्र, कोलकाता मुख्यालय से लिखित अप्रसन्नता प्राप्त हुई। दोनों परेशान थे कि क्या किया जाए। दोनों सिंहभूम प्रभाग के आयुक्त से मिलने गए तथा मुख्यमन्त्री से भी मिले। मुख्यमन्त्री ने उनका प्रार्थना-पत्र आयुक्त के पास भेज दिया। आयुक्त को प्रकाश प्रभावित करने में सफल हुए। आयुक्त ने पाया कि भारत-सेवा संघ को यह अनुदान बिना किसी पुराने हिसाब-किताब के आधार पर दिया गया था और न ही भारत-सेवा संघ में सरकारी नियमों के अनुरूप खर्च का हिसाब-किताब रखने की व्यवस्था थी। स्वामीगण सेवा करना तो जानते थे पर हिसाब रखना नहीं। उन्होंने अपने भक्तों में से एक-दो चार्टर्ड एकाउण्टेण्टों को पकड़ा पर वे मुकर गए। उन्हें अपने पेशे से फुर्सत नहीं थी। प्रकाश तो हिसाब-किताब रखने में विशेषज्ञ थे। उन्होंने 'व्यक्ति विकास केन्द्र' के कई वर्षों का परीक्षित लेखा तथा प्रमाणित हिसाब-किताब प्रस्तुत किया जिसे देखकर आयुक्त महोदय प्रसन्न हो गए। प्रकाश से बात करने के पश्चात् तो प्रभाग आयुक्त को पूर्ण विश्वास हो गया कि प्रकाश के नेतृत्व में उन्हें व्यक्ति विकास केन्द्र से सरकारी अनुदान की पाई-पाई का हिसाब मिलेगा तथा सरकारी धन समुचित प्रकार से खर्च होगा। सरकारी धन ठीक लाभार्थियों तक पहुँचेगा। उसकी संस्तुति पर व्यक्ति विकास केन्द्र, घाटशिला को पाँच लाख रुपए का सरकारी अनुदान प्राप्त हो गया पर यह अनुदान केवल आदिवासियों के बीच व्यावसायिक प्रशिक्षण तथा शराबबन्दी पर खर्च किया जाना था। यह प्रकाश की रुचि का काम था। पर व्यक्ति विकास केन्द्र की कार्यपरिधि के बाहर था।

आदिवासियों में शराब बन्द करना दुस्साध्य कार्य था क्योंकि यह वे जन्म से ही सीखते हैं तथा उनकी ताड़ी, महुआ की शराब या चावल की हड़िया, सभी प्राकृतिक रूप से तैयारी होती हैं तथा उन्हें उनके क्षेत्र में आसानी से ही उपलब्ध हो

जाती हैं। शराब पीने से ही उनकी भूख मर जाती है और उन्हें विभिन्न प्रकार के खाने की रुचि उत्पन्न नहीं होती है। पर इसी कारण उनका सामाजिक तथा आर्थिक तानाबाना उन्नत नहीं हो पा रहा था। न तो वे शिक्षित होना चाहते थे और न ही परिश्रम करना चाहते थे। बाजार से प्राप्त पैसे का भी वे ठीक-ठीक हिसाब नहीं कर पाते थे तथा आसपास के महाजन, जमींदार या भूमिस्वामी उनकी आवश्यकता पड़ने पर उनका अँगूठा लगवा लेते थे तथा जो चाहते थे, वह लिख लेते थे। इस कारण कई आदिवासियों की वंशानुक्रम से चली आई जमीनें भी स्थानीय महाजनों ने हस्तगत कर ली थीं। इस कारण भी वे नक्सलवादी आन्दोलनों में शामिल हो रहे थे। जो उनकी पुश्तैनी जमीनें भी थीं, उनमें से कई पर गैर आदिवासी लोग राजस्व अधिकारियों से मिलकर भूमि आलेखों में गड़बड़ी करके या मुकदमाबाजी करके उनसे छीन रहे हैं। उनके परिवार में वृद्धि होने से जमीन का क्षेत्र प्रति व्यक्ति कम हो रहा है। कुछ आदिवासियों की जमीनें सरकारी योजनाओं में अधिग्रहित हो गई थीं तथा उन्हें मुआवजा दे दिया गया था। मुआवजा या तो उन्होंने महाजन का ऋण चुकाने में खर्च कर दिया अथवा शादी-विवाह या उत्सवों का आयोजन करने में या पूर्वजों की यादगार में हड़िया पीने में। सरकार ने उन्हें जो सरकारी जमीनें दीं उनमें अधिकांश पर उन्हें कब्जा नहीं मिला। यदि कब्जा मिला भी, तो वे कृषि योग्य नहीं थीं।

अतः प्रकाश के सामने चुनौती थी कि किस प्रकार आदिवासियों की शराब की लत छुड़ाकर वे उन्हें उनकी गरीबी से मुक्त कराएँ। उन्होंने यह संकल्प लिया--जिन आदिवासियों ने 'व्यक्ति विकास केन्द्र' द्वारा संचालित वयस्क-शिक्षा केन्द्र पर शिक्षा ग्रहण की थी, उनको ही प्रकाश ने इस आन्दोलन में आगे किया ताकि यह आन्दोलन आदिवासियों का, आदिवासियों के लिए तथा आदिवासियों द्वारा सही स्वरूप में हो। आदिवासी महिलाओं ने इसमें बढ़-चढ़कर भागीदारी की क्योंकि वे ही पति की शराबखोरी के कारण सबसे अधिक पीड़ित थीं। न तो उनके घरों में कुछ बचत होती थी और न ही दूसरे दिन के लिए भोजन होता था। उनका सम्पूर्ण जीवन काम करते हुए तथा दो किलोमीटर दूर से परिवार के लिए पानी लाते हुए बीत जाता था। क्या इसीलिए उन्होंने सात फेरे लिए थे? पर उनका पुरुष उनका ही था, वह कैसा हो। वे अपने पुरुषों की आलोचना सुनना पसन्द नहीं करती थीं। प्रकाश ने एक नया ढंग निकाला। वे आदिवासियों को उनके देवता मारंग बुरु के सामने लाकर शराब छोड़ने का प्रण करवाते थे। इस आन्दोलन के द्वारा उन्होंने प्रायः तीन हजार आदिवासियों की शराब छुड़वा दी। प्रशासन आश्चर्यचकित था पर राज्य कभी भी यह शासनादेश नहीं दे सकता कि धार्मिक देवता के सामने प्रतिज्ञा करके शराब छुड़वाई जाए।

शराब-बन्दी के आन्दोलन को सामने से नेतृत्व देने के लिए प्रकाश को एक बार फिर आदिवासी ग्राम में जाकर वास करना पड़ा अन्यथा 'व्यक्ति विकास केन्द्र' की प्रथम सरकारी सहायता प्राप्त योजना ही असफल हो जाती। व्यावसायिक प्रशिक्षण के लिए उन्होंने भारतीय प्रौद्योगिकी तकनीकी संस्थान, खड़कपुर के ग्रामीण विकास केन्द्र से सम्पर्क साधा तथा उनके प्रशिक्षकों को आमन्त्रित किया। भारतीय तकनीकी संस्थान खड़कपुर उस वर्ष अन्तरराष्ट्रीय स्तर पर सभी शिक्षण संस्थानों में अध्यापन के क्षेत्र में प्रथम हुआ। आई. आई. टी. के प्राक्तन छात्र संस्थान को काफी धन भेज रहे थे जिसके फलस्वरूप संस्थान के पास धनाभाव नहीं था। आई. आई. टी. के प्रशिक्षकगण, ग्रामीण विकास केन्द्र के खर्चे पर ही आदिवासी ग्राम पहुँच जाते थे तथा आदिवासियों को विभिन्न प्रकार के स्वास्थ्य-चेतना सम्बन्धी तथा व्यावसायिक प्रशिक्षण देते थे। वे उन्हें राजमिस्त्री से लेकर मोटर मिस्त्री, रेडियो तथा टेलीविजन मरम्मत का काम सिखाने लगे। साइकिल मरम्मत के काम में तो उन्होंने आदिवासियों को निपुण कर दिया। यह अत्यन्त आवश्यक था क्योंकि आदिवासीगण अब शहरों में लकड़ियाँ एवं अन्याय वस्तुएँ पैदल न ले जाकर साइकिल-पर लादकर ले जाते थे। उन्होंने आदिवासियों को सूर्य से जलने वाले बल्बों के संयन्त्रों की मरम्मत का काम भी सिखा दिया क्योंकि आदिवासी क्षेत्र में घने जंगल तथा जंगलों की कटाई पर प्रतिबन्ध होने के कारण से विद्युत तार खींचना मुश्किल कार्य था। अतः मुफ्त में प्रात्त सूर्य ऊर्जा से संचालित संयन्त्रों से ही वे अपने घरों में बल्ब टिमटिमा लेते थे। उनकी बल्ब की रोशनी की आवश्यकता मात्र दो-तीन घण्टों की थी। संस्थान ने बड़े पैमाने पर बाबुई घास से विभिन्न प्रकार के हस्तशिल्प निर्मित सजावटी सामान बनाने की व्यवस्था की। शाल पत्ते से पत्तल एवं कटोरी बनाने की तथा जलाऊ लकड़ी से संचालित मशीनें तो प्रत्येक गाँव में लगवा दीं तथा उनके उत्पाद की बिक्री की भी सुव्यवस्था की।

प्रकाश की सफलता की कहानियाँ जिला प्रशासन से लेकर स्थानीय समाचार पत्रों द्वारा भी प्रसारित हुयी। राज्य सरकार ने प्रसन्न होकर द्वितीय वर्ष व्यक्ति विकास केन्द्र का अनुदान बढ़ाकर दस लाख रुपया कर दिया। अब प्रकाश के कार्य की सफलता का समाचार 'आर्ट ऑफ लिविंग' के गुरुजी श्री श्री रविशंकर तक पहुँचा। उन्होंने अपने हाथ से दो पंक्तियाँ लिखकर प्रकाश को आशीर्वाद भेजा जो 'आर्ट ऑफ लिविंग' संस्था में सबसे बड़ी उपलब्धि मानी जाती थी। गुरुजी के आशीर्वाद से प्रकाश का स्वास्थ्य पूर्णतः ठीक हो गया और वह स्वयं को फिर से साठ वर्ष का युवा अनुभव करने लगा। प्रकाश का उत्साह भी दुगुना हो गया। गोरा अत्यन्त खुश था क्योंकि उसने अपने बाबू को कभी भी इतना प्रसन्न तथा

क्रियाशील नहीं देखा था। यह आदिवासियों के मूक आशीर्वाद तथा शुभकामनाओं का सुफल था। आतंकवादी तत्व भी प्रकाश को नहीं छेड़ते थे क्योंकि उनके बच्चे भी 'व्यक्ति विकास केन्द्र' द्वारा संचालित विद्यालयों से अत्यन्त लाभान्वित हो रहे थे। यही कारण था कि जहाँ नक्सलवादी आन्दोलन के भय से सरकारी अधिकारीगण कार्यालयों में सीमित रहते थे, गैर सरकारी संस्थान आदिवासियों के बीच कार्य कर रहे थे। पुरुलिया में रहते हुए प्रकाश की प्रसिद्धि केवल पुरुलिया जिले या आसपास तक केन्द्रित थी अथवा बहुत हुआ तो कोलकाता के व्यावसायिक समाज तक। घाटशिला में अस्थायी विकास के दौरान उनकी ख्याति राष्ट्रीय स्तर तक पहुँच गई थी। वे पुरुलिया से आये हुए पत्रों का जबाब देते थे, पर वे दूरभाष पर बात नहीं करते थे। वे वर्तमान भारतीय समाज के दूरभाष पर अत्यधिक बात करने की आदत को नियन्त्रित करना चाहते थे क्योंकि उससे भारतीय समाज की पीढ़ी पश्चिमी समाज की भाँति क्रमशः पढ़ने-लिखने से दूर होती जा रही थी। वे ललिता का भी प्राकृतिक चिकित्सा तथा योग प्रशिक्षण केन्द्र के सुचारु रूप से संचालन हेतु पथ-प्रदर्शन करते रहते थे। व्यक्ति विकास केन्द्र के कल्याण कार्यक्रमों को बड़े स्तद पर विस्तार में एक समस्या खड़ी हो रही थी क्योंकि लाभार्थी को सुदर्शन क्रिया का मूलभूत या प्रथम पाठ्यक्रम सीखना आवश्यक था। उसे सीखने में आदिवासी आलस्य करते थे। इस कारण कार्यक्रम के आरम्भ में अति विलम्ब हो जाता था जिस प्रकार सरकारी कार्यक्रमों के आरम्भ करने में विभिन्न औपचारिकताओं की पूर्ति करने के कारण अनावश्यक विलम्ब हो जाता है। झारखण्ड सरकार की ओर से जो अतिरिक्त अनुदान प्राप्त हुआ, उससे प्रकाश एवं अशोक बनर्जी ने मिलकर एक हजार घरों में मरम्मत का काम करवाया तथा ग्रामीण सफाई कार्यक्रम के अन्तर्गत अलधौत शौचालयों का निर्माण करवाया। वह भी स्वयं आदिवासी लाभार्थियों के द्वारा। दोनों ने मिलकर ग्रामों में एक सौ स्वयं-सहायता समूह संगठित किए तथा उनके द्वारा ग्राम स्वच्छता का आन्दोलन चलाया। इस सभी के साथ प्रकाश अपनी ओर से आदिवासी भाषा में एक पर्चा देना नहीं भूलते थे जिसमें लिखा रहता था कि बचत कैसे करें। आदिवासी समाज के लिए यह एक बड़ी चुनौती थी क्योंकि प्रकाश उसे उपभोक्ता समाज के स्थान पर उद्यमी समाज का स्वरूप देना चाहते थे जो अपने एवं अपनी भावी पीढ़ी के विषय में भी यथेष्ट सचेत हो।

व्यक्ति विकास केन्द्र के सौजन्य में चल रहे सेवा-प्रकल्पों के सामने भारत सेवा संघ, बनवासी कल्याण परिषद तथा माँ आनन्दमयी द्वारा परिचालित कार्य पिछड़ गए। कुछ-कुछ प्रकाश के प्रयासों को अनावश्यक रूप से भी प्रचार मिला जो वे नहीं चाहते थे क्योंकि ईर्ष्या के डंक से ग्रसित दूसरे स्वयं सेवी संगठन

प्रकाश के विरुद्ध अप्रचार करने लगे थे। आजकल समाचार-पत्रों को भी अपने लम्बे-लम्बे पृष्ठ भरने हैं तथा उनमें भी एक अन्ध प्रतियोगिता चल रही है।

प्रकाश सूक्ष्म स्तर पर काम करके अत्यन्त प्रसन्न थे। वे पूरे दिन आदिवासियों के कल्याण यज्ञ में अर्पित रहते थे। उन्हें न तो पुरुलिया की याद आती थी न ही अपनी पत्नी की। प्रथम बार जीवन में ऐसा हुआ जब प्रकाश अपनी पत्नी तथा बेटे तुषार की स्मृति बिसार गए। सम्पूर्ण परिश्रम करके उन्हें रात्रि में अच्छी नींद आती थी जबकि रात में छः घण्टे बिजली गुल रहती थी। इस महान सेवाव्रत को करने से उन्हें जो ईश्वर का आशीर्वाद प्राप्त हो रहा था, वह अद्भुत था। पुरुलिया में सेवा कार्यों के लिए धन जुटाते तथा विभिन्न संस्थाओं का प्रबन्धन देखते-देखते ही उनका समय गुजर जाता था। वे सेवा के फलस्वरूप मुस्कराते चेहरे को देख पाते थे जो उनके लिए घाटशिला क्षेत्र में ब्रह्मानन्द के स्रोत थे। उन्होंने दस आदर्श ग्राम भी विकसित कर दिए जिनकी सारे झारखण्ड प्रदेश तथा पश्चिम बंगाल में धूम मच गई। अनेक संचार माध्यमों के संवाददाता, सरकारी अधिकारी, प्रशासक, प्रबन्धक, स्वयंसेवक तथा दानकर्ता उनके कार्य को देखकर प्रेरणा ले रहे थे। यही प्रकाश का महान योगदान था जो घाटशिला के दस गाँवों से देश के एक लाख बीस हजार आदिवासी ग्रामों तक फैल रहा था। गुरुजी ने निश्चय किया कि वे इस प्रयोग को विश्व के 145 देशों में फैलायेंगे जहाँ 'आर्ट ऑफ लिविंग' की शाखाएँ स्थिति हैं। श्री गुरु रविशंकर ने निश्चय किया कि वे तुरन्त ही जम्मू-कश्मीर तथा पाकिस्तान में इस ज्ञान का प्रचार करेंगे जहाँ आतंक की समस्या है एवं इस ज्ञान की परम आवश्यकता है। घाटशिला में नक्सलवादी आतंकवाद के साये में भी सफलतापूर्वक काम किया जा सका।

पुरुलिया में तुषार-वाटिका सूनी हो गई थी। कोई भी उसकी ओर चेहरा उठाकर भी नहीं देखता था क्योंकि उसका बागवान ही बाहर था। दूसरी ओर पुरुलिया में भी सभी सेवा कार्यक्रम ठप्प हो रहे थे। अतः मार्क्सवादी जिला कार्यालय ने नगरपालिका अध्यक्ष पुरुलिया को निर्देश दिया कि वह प्रकाश को वापिस लाएँ। उनके प्रस्ताव पर रवि उनके पैरों पर गिर पड़ा और उसने सभी के घाटशिला जाने की व्यवस्था की।

वृक्षों से आच्छादित कल-कल करती हुई नदी के किनारे एक घाटी में स्थित आदिवासी स्कूल में सभा हुई। सभा का आरम्भ करते हुए पुरुलिया नगर के अध्यक्ष शान्तनु चट्टोपध्याय ने प्रस्तावित किया, "प्रकाशजी, आपने दो वर्ष तक यहाँ आदिवासियों की यथेष्ट सेवा की है। अब आपको पुरुलिया लौटकर वहाँ के निवासियों तथा आदिवासियों की सेवा करना चाहिए। आप जानते हैं कि आपके

यहाँ चले आने के पश्चात् आपके द्वारा संचालित पुरुलिया में प्राकृतिक तथा योग-चिकित्सा केन्द्र तथा आदिवासी क्षेत्र में घूमने वाली सचल चिकित्सालय गाड़ी प्रायः मृतप्राय हो गई हैं। आपके रहते हुए पुरुलिया जिले के सेवा कार्यों में एक अदम्य उत्साह तथा प्रतियोगितात्मक भावना थी। अब सभी अपने-अपने कार्यों तथा वाणिज्य-व्यवसाय में लग गये हैं। इस कारण पुरुलिया के कुछ-कुछ आदिवासी क्षेत्रों में नक्सलवादी आन्दोलन सिर उठाने लगा है। हम बड़े चिन्तित हैं। आप जैसे गैर-राजनीतिक तथा निष्पक्ष व्यक्ति के द्वारा संचालित सेवा कार्यों का आदिवासियों तथा अन्यों पर अत्यधिक प्रभाव पड़ता है। अतः आप सार्वजनिक हित को ध्यान में रखते हुए तुरन्त पुरुलिया लौट चलें। हम सभी आपको आम सहमति से लेने आये हैं।"

प्रकाश ने कहा, "मैंने यहाँ आदिवासियों की सेवा का जो व्रत लिया है उसका क्या होगा? सेवा कहीं भी करो, सेवा, सेवा ही है। पुरुलिया में रहकर धन-सम्पत्ति से दूर नहीं हो पाता था। वानप्रस्थी के लिए संग्रह की प्रवृत्ति त्यागना अनिवार्य है। उस कारण मेरा रक्तचाप भी ऊँचा रहता था। यहाँ सभी त्याग कर आया हूँ तो स्वास्थ्य भी उत्तम रहता है। शहर में रहनेवाले कल्पना ही नहीं कर सकते कि यह प्रकृति का परिवेश माँ की गोद की भाँति है जिसमें एक बार बैठ जाने से कोई चिन्ता ही नहीं रहती। सभी चिन्ताएँ वाष्पायित हो जाती हैं जैसे ग्रीष्म ऋतु में सभी जल भण्डारों, पोखरों, नदी स्रोतों आदि का जल वाष्पीकृत हो जाता है। फिर, परिवार की झंझटों से दूर हूँ। आजकल लड़के-लड़कियों, पुत्र-पुत्रियों, बहुओं तथा घर के अन्य सदस्यों को कितना ही समझाओ, सभी व्यामोह से आप्लावित हैं। सभी उपभोक्ता संस्कृति, बहुलतावाद, उदारवाद तथा भौतिकवादी जीवन पद्धति से आक्रान्त हैं। वे कोई सुलभ तथा स्थायी पथ नहीं देखना चाहते हैं। आदिवासीगण सुषुप्तावस्था मे हैं, उन्हें जगाकर उठाया जा सकता है, पर जो अर्द्ध निद्रा में हैं, उनका कुछ नहीं हो सकता है। वे असाध्य रोगी हैं। वे स्वयं को बहुत समझदार समझते हैं, पर वस्तुतः वे देश एवं विश्व में अन्य लोगों से बहुत पीछे हैं। वे कूपमण्डूक हैं। इसीलिए मैं जीवन से थककर, ऊबकर तथा आप कह सकते हैं डरकर यहाँ भाग आया हूँ तथा मैंने यहाँ प्रकृति की गोद में शरण ली है।"

अध्यक्ष, नगरपालिका बोले, "इसका अर्थ यह है कि आप अर्जुन की भाँति व्यामोह से ग्रस्त हैं। आप घर की समस्याओं से डरते हैं। आप समाज की समस्याओं से डरते हैं। आप प्रदेश की समस्याओं से भयभीत हैं। आप पलायनवादी हैं। भगवद् गीता में पुरुषोत्तम श्रीकृष्ण ने स्पष्ट कहा है कि स्वधर्म का पालन न करने से मनुष्य की शरीर यात्रा सफल नहीं होगी। कर्म न करने की अपेक्षा कर्म

करना श्रेष्ठ है। यहाँ तक कि कर्म करने वाला मूढ़ व्यक्ति अकर्मण्यी ज्ञानी व्यक्ति से अच्छा है। अपना कर्तव्य करते हुए तो मर जाना कल्याणकारी है, दूसरे का धर्म भयावह है। पुरुलिया आपकी धरती है, कर्म भूमि है। 'कर्मभूमिश्च स्वर्गादपि गरीयसी' अर्थात् कर्मभूमि स्वर्ग से भी बढ़कर है। यदि परिवार की कलह के कारण मुखिया या कर्ता पलायन करे, तो हमारे समाज का तानाबाना ही छिन्न-भिन्न हो जाएगा। उसे आवश्यकता पड़ने पर अकेले ही अभिमन्यु की भाँति पारिवारिक महासमर में संघर्ष करना चाहिए। इस परिवार इकाई को हम किसी भी हालत में दुर्लभ नहीं बना सकते। परिवारों से ही समाज बनता है और समाजें मिलकर देश बनाती हैं। देश या समाज केवल राजपुरुष से नहीं चलता। सभी को मिलकर इस समाज तथा देश को आगे बढ़ाना है। हमारी सरकार ने यह प्रमाणित कर दिया है कि सुशासन के लिए आवश्यक है कि पंचायत के प्रत्येक स्तर पर सक्षम नेतृत्व हो। फिर ग्राम पंचायत या नगरपालिका से प्रत्येक संस्था, संस्थान तथा परिवारों को सम्यक् नेतृत्व तथा मार्गदर्शन मिले, तभी मजबूत स्थायी शासन व्यवस्था स्थापित होगी एवं देश तरक्की करेगा। आज पुरुलिया को आप जैसे समर्पित, कर्मयोगी तथा कर्मठ कार्यकर्ताओं, समाजसेवियों तथा नेताओं की आवश्यकता है।"

रवि बोला, "दादाजी, यह सत्य है कि देवश्री से अक्षम्य भूल हुई है। उसके व्यवहार के कारण आपके अन्दर परिवार से वितृष्णा उत्पन्न हुई। हम लोग इसलिए देवश्री को साथ लाए हैं। वह आपके पैरों पर पड़कर क्षमा याचना कर रही है। आप पुरुलिया लौट चलिए तथा परिवार को नष्ट होने से बचाइए। सलिला का विवाह भी करना है। वह तो आपकी परम प्रिय है। कम से कम उसके प्रेम की खातिर तो लौट चलिए। आपकी बहू भी गर्भवती है। दादाजी की अनुपस्थिति में यह संस्कार कैसे हो सकता है? इन दो वर्षों में हमने कार्यालय को मन लगाकर सँभाला। मैं आपकी उपस्थिति में जितना परिश्रम करता था, उससे दुगुना परिश्रम किया पर मुवक्किलों का आपके बिना मन नहीं लगता है। आप चाहे उनसे बात न करें, पर आप की घर या कार्यालय में उपस्थिति ही उनके लिए सम्बल है। फलतः हमारे कार्यालय की साख तथा काम दिन प्रतिदिन गिरता जा रहा है। आपके आने के बाद तो माँ इतनी बीमार रहती है, कि उनसे चला ही नहीं जाता है। यद्यपि उन्हें मांसपेशियों से सम्बन्धित बीमारी नहीं है, फिर भी उनकी कमर तथा घुटनों के नीचे इतना दर्द रहता है कि वे चल नहीं पाती हैं। ये सभी बीमारियाँ आपके घरेलू उपचार से सहज में ही ठीक हो जाती थीं। डॉक्टर कहते हैं कि उनकी बीमारी मानसिक तथा मनोवैज्ञानिक अधिक है। शायद वह पश्चात्ताप में जल रही हैं कि उनकी बहू देवश्री के खराब व्यवहार के कारण ही आज गोयल परिवार पतन के

कगार पर है। ललिता भाभी भी उखड़ी-उखड़ी रहती हैं। सुरेश चाचा की बीमारी भी तेजी से बढ़ रही है। यदि आपने चलकर परिवार को नहीं सँभाला तो आपका बनाया हुआ यह परिवार विखण्डित हो जाएगा। जनता आपके जीवनकाल में ही आप पर हँसेगी।"

प्रकाश ने कहा, "आप लोग ठीक कहते हैं कि कर्म से किसी को नहीं भागना चाहिए। पर मैं कर्म से भागा नहीं, मुझे विरत किया गया। भला, कौन अपनी आँखों के सामने स्वयं बोई फसल को उजड़ती हुई देख सकता है? कर्म क्या है, मुझे आदिवासियों से इसका उत्तर मिल गया। उनके जीवन में इष्ट-भक्ति ही उनका सम्बल है। वे कर्म से जी नहीं चुराते, पर उनकी श्रद्धा और आस्था भक्ति में है। उनके हाथ और पैर कर्म द्वारा संचालित होते हैं जबकि उनका हृदय एवं मन भक्ति से लबालब है। उनके भिन्न-भिन्न देवता भले ही हों, पर जब सम्पूर्ण दिन की थकावट के पश्चात् उन्होंने अपने पत्थर के देवता के सामने माथा टेक दिया, तो उनकी सभी थकावट दूर हो जाती है। काम पर जाने के पूर्व यदि उन्होंने अपने देवता या इष्ट के मन्दिर, मड़िया अथवा चबूतरे पर मत्था टेक दिया, तो उन्हें काम में अनन्त उत्साह तथा अजस्र ऊर्जा प्राप्त हो जाती है। इसी श्रद्धा तथा आस्था के बल पर आप देख सकते हैं कि कृशकाय आदिवासी महिलाएँ खेतों या जंगलों में कैसे द्रुत गति से काम करती हैं। उनका पति भले ही महुआ या चावल की शराब पीकर घर में धुत पड़ा रहे, वे पति-भक्ति से प्रेरित होकर दिन भर खेतों, खलिहानों, वनों में अथवा सरकारी कार्य-स्थलों पर काम में जुटी रहती हैं। उनका पति भी नशे में देवता के दर्शन करने चला जाता है। यहाँ आने के पूर्व मैं भी आप लोगों की भाँति कर्म को श्रेष्ठ समझता था, पर यहाँ आकर मुझे यह ज्ञान हुआ कि कर्म से भक्ति श्रेष्ठ है। और वह भी सगुण भक्ति। सगुण भक्ति वस्तुतः कर्म में बाधक नहीं है, वह कर्म-प्रेरक तथा कर्म में सहाय है। मुझे आश्चर्य होता है कि हमारे घरों में इतनी समृद्धि होते हुए भी हम परस्पर लड़ते-झगड़ते हैं और अशान्ति फैलाते हैं। इनके घरों में केवल छत के नाम पर छप्पर है तथा चूल्हे के नाम पर चार ईंटें। कुल बर्तन चार-पाँच ही हैं एवं कपड़ा बिछाने तथा ओढ़ने के लिए बमुश्किल एकाध तो केवल चार-पाँच ही चादरें हैं। हाँ, इनके पास बाँस की बनी हुई एक चटाई, ढोलक तथा पशु-पक्षियों को भगाने तथा मारने के लिए तीर कमान, कुल्हाड़ी एवं लाठी अवश्य हैं। फिर भी जंगली जानवर उन्हें तथा उनके बच्चों को बाहर सोते हुए उठा ले जाते हैं। इन्हें दिन में एक बार ही भरपेट भोजन मिलता है। अन्य समय या तो स्वयं की तैयार की हुई शराब या बचा हुआ भोजन। फिर भी ये सभी मिलकर सायंकाल तथा रात्रि में एक साथ नाचते हैं,

उत्सव मनाते हैं। प्रायः प्रतिदिन ही इनका उत्सव होता है। हमें इनके जीवन से कुछ सीखना चाहिए। हम अपने परिवार के मुखिया की बात ही नहीं मानते, पर इनके लिए इनके गाँव या समाज के मुखिया का आदेश ही ब्रह्म वाक्य है जिसे ये सिर माथे पर रखकर उसका अक्षरशः पालन करते हैं।"

पी. के. बोले, "प्रिय मित्र, समझदार व्यक्ति को अपनी जिद्द पर अड़े नहीं रहना चाहिए। जो पाँच पुरुष कहते हैं, वह परमेश्वर का कथन होता है। हमें वही काम करना चाहिए जो समाज अनुमोदित करता है। श्रीकृष्ण ने भगवद्गीता में सन्देश दिया है, जो कुछ कर्म है, दुःखमय ही है। इस प्रकार शारीरिक क्लेश के भय से कर्म त्याग कर दें, ऐसा राजसिक त्याग करके भी त्याग का फल प्राप्त नहीं किया जा सकता है क्योंकि जो कर्म निर्धारित कर्तव्य समझकर आसक्ति और फलेच्छा का त्याग करके किया जाता है, वह त्याग ही श्रेष्ठ त्याग है जिसे सात्विक त्याग माना गया है। अतः कर्मफल का त्याग ही जीवन का परम लक्ष्य होना चाहिए। जब तुम्हारी भाँति अर्जुन ने रथ पर अपना गाण्डीव रख दिया और वह युद्ध त्याग कर भिक्षाटन द्वारा जीवन व्यतीत करने को तैयार हो गया। उसके मित्र श्रीकृष्ण ने उसे सहाल दी, तुम्हारे शत्रु नहीं समझेंगे कि तुम अपने स्वजन-समुदाय पर दया करके युद्ध का परित्याग कर रहे हो। तुम्हारे वैरी लोग तुम पर कटाक्ष करेंगे, तुम्हारे सामर्थ्य की निन्दा करेंगे। फिर उससे अधिक दुःख और क्या होगा? अतः इस संसार में यदि कुछ करने योग्य है वह है कि मनुष्य कछुए की भाँति अपनी इन्द्रियों को विषयोपभोग से सब ओर से समेट ले तब यह स्थिर प्रज्ञ हो जाएगा। वह सुख-दुःख, लाभ-हानि, यश-अपयश, जय-पराजय, को समान समझेगा। इस तरह तुम पाप को कभी नहीं प्राप्त करोगे। यदि इस संसार में कोई त्यागने योग्य वस्तु या कर्म है, वह है कर्म के फलों का, क्योंकि कर्मों के फलों में व्यक्ति का कोई अधिकार नहीं है। कर्म का कोई फल उसके वश में नहीं है। यदि वह कर्मों का फल त्याग न कर सके, तो कम से कम एकाग्रता से ईश्वर को समर्पण करता चले। यह मनुष्य के लिए अनिवार्य धर्म है क्योंकि निस्सन्देह कोई भी मनुष्य किसी भी काल में क्षणमात्र भी बिना कर्म किए नहीं रह सकता। यदि व्यक्ति अच्छा या शास्त्र-समस्त कार्य नहीं करेगा, तो वह खराब काम अर्थात् विकर्म करेगा। प्रकृति के गुण उसे कर्म करने के लिए बाध्य कर देंगे क्योंकि इस जग में प्रतिक्षण प्रत्येक क्रिया के विपरीत एवं समान प्रतिक्रिया होती रहती है। अतः तुम उठो और अपना शास्त्र समस्त कर्म पुरुलिया में करो। पुरुलिया में आप अपने पेशे द्वारा अर्जन करके निर्धनों पर खर्च करते थे, इससे बड़ा पुण्य का क्या काम हो सकता है? जो ईश्वर प्रदत्त वस्तुओं को दूसरों की सेवा में लगाए बिना

पूर्णतः स्वयं उपभोग करते हैं, वह निश्चय ही चोर है। फिर आप तो यहाँ सेवा-यज्ञ कर रहे हैं। पर मुझे यह भय है कि आप समाज के प्रतिष्ठित व्यक्ति हैं जिनका अनुसरण समाज के अन्य व्यक्ति करते हैं। हे प्रिय, श्रेष्ठ पुरुष जो-जो आचरण करता है, अन्य पुरुष वैसा ही आचरण करते हैं। वह जो कुछ आदर्श प्रस्तुत करता है, लोग उसी के पदचिन्हों का अनुसरण करते हैं। इसीलिए श्रीकृष्ण ने कहा कि यद्यपि उनके लिए तीनों लोकों में कोई भी नियत कार्य नहीं है और न ही उनके लिए कोई प्राप्त करने योग्य वस्तु अप्राप्त है, तो भी वे कर्म में तत्पर रहते हैं। यदि वे कभी नियत कर्मों को सावधानीपूर्वक न करें, तो बड़ी हानि हो जाएगी, क्योंकि मनुष्य सब प्रकार से उनके मार्ग का अनुसरण करते हैं। इसीलिए गीता में कहा गया है कि काम करने वाला मूढ़ व्यक्ति ज्ञानी से उत्तम है। आजकल संयुक्त परिवार संस्था की संरक्षा करना अति आवश्यक है। अतः आप पुरुलिया चलो और कभी अवसान न ग्रहण करने वाले कर्ता अर्थात् मुखिया का आदर्श प्रस्तुत करो।"

प्रकाश ने कहा, "हे बन्धु! शास्त्रों ने ही चार आश्रमों का विधान बनाया है — ब्रह्मचर्य, गृहस्थ, वानप्रस्थ एवं सन्यास। शास्त्रों के अनुसार पचास वर्ष के पश्चात् व्यक्ति वानप्रस्थ आश्रम में प्रवेश करता है। मैंने मान लिया कि कलियुग में वानप्रस्थ यदि दस वर्ष खिसक भी जाए तो, व्यक्ति को साठ वर्ष की उम्र के पश्चात् सक्रिय कर्म से विरत होकर वानप्रस्थ ग्रहण कर लेना चाहिए। वानप्रस्थ आश्रम में मनुष्य को पचहत्तर वर्ष तक रहना चाहिए और केवल समाज सेवा का व्रत लेना चाहिए तथा भौतिक सुखों से दूर रहना चाहिए। धन-संचय प्रक्रिया का तो पचास-साठ वर्ष तक अन्त हो जाना चाहिए। मैं तो साठ वर्ष की उम्र पार कर चुका हूँ। इसके पश्चात् संन्यासाश्रम में व्यक्ति को केवल आत्मा-परमात्मा में एक साथ होने की चेष्टा करनी चाहिए ताकि वह शान्ति से गोलोकवासी हो सके। यदि व्यक्ति वानप्रस्थ में ही प्रवेश न करे, तो वह संन्यासाश्रम में कैसे प्रवेश करेगा तथा उसे कैसे मोक्ष प्राप्त होगा? गृहस्थाश्रम से सीधा संन्यासाश्रम में प्रवेश करने का विधान नहीं है। फिर मैंने भी जीवन में कई पाप किये हैं। उनका प्रायश्चित्त भी मुझे यहाँ सेवा-कार्य करके उऋण होना है। पुरुलिया में मैं केवल द्रव्य, आसन तथा प्राणायाम रूपी यज्ञ करता था। मैं शरीर को समर्पित कर तपो यज्ञ नहीं कर पाता था क्योंकि पैसे के बल पर सभी कुछ खरीदा जा सकता है। चौथा में स्वाध्याय नहीं कर पाता था। यहाँ चारों यज्ञ करके मुझे परम सन्तोष और शक्ति प्राप्त होगी।"

पी.के. बोले, "हे सखा! यह सत्य है कि श्रीकृष्ण ने कहा है कि जिन कर्मों का अनुष्ठान केवल लोकसंग्रह या जन-कल्याण के लिए किया जाता है, उनमें राग द्वेष नहीं रहता। उनमें अहन्ता तथा ममता दोनों मिट जाती है। फिर खेती करना,

गायों की रक्षा और व्यापार करना वैश्य के स्वाभाविक कर्म हैं। फिर आप तो व्यापार या पेशे में धनसंग्रह करके उसे सेवा-मूलक कार्यों में लगा देते हैं। वस्तुतः सेवा-मूलक काम भी बिना धन के नहीं होते। इसलिए आप और अधिक सेवामूलक काम कर सकते हैं। अतः आप पुरुलिया लौटकर अपना कार्यालय सँभालें तथा साथ-साथ सेवा-मूलक कार्यों में तत्पर रहें। चाहें तो भविष्य में आप अपना अर्जित किया हुआ शत-प्रतिशत धन दूसरों की सेवा या परोपकार में लगा दें। मैंने आपके समस्त परिवार को उसके लिए मनसा-वाचा-कर्मणा तैयार कर लिया है, उनसे शपथ-पत्र ले लिया है जो आपके समक्ष प्रेषित है। उन्हें अपनी भूल पर पश्चात्ताप है। अतः आपका कर्तव्य है कि उन्हें क्षमा करें तथा हमारे साथ पुरुलिया लौट चलें।"

अध्यक्ष, नगरपालिका ने भी जोड़ा, "क्या राम और कृष्ण ने वानप्रस्थ आश्रम में प्रवेश किया था? अनेक महापुरुष गृहस्थ से सीधे संन्यास आश्रम में प्रवेश कर गए और वे बैकुण्ठ में मोक्ष प्राप्त हो गए। शायद युधिष्ठिर के नेतृत्व में पाँचों पाण्डवों ने सीधे संन्यास आश्रम में प्रवेश किया। आजकल हमारे कलियुगी समाज में यही आवश्यकता है। हमारे दल की भी यही मान्यता है। जो कर्म करने में अक्षम, दुर्बल अथवा अनुत्साहित हो गए हैं, उन्हें वानप्रस्थ में प्रवेश करना चाहिए। आज संसार की इस गला-काट प्रतियोगिता में हम आप जैसे बुद्धिमान, परिश्रमी तथा योग्य निवासी को समाज से वैराग्य ग्रहण नहीं करने देंगे। देखिए, आजकल नौकरी से अवसान प्राप्त तथा वृद्ध लोग भी कॉल सेण्टरों तथा अन्यान्य नौकरियों में काम करके समाज की समृद्धि में योगदान दे रहे हैं ताकि भारत फिर से विश्व का सिरमौर देश बन सके। हमें केवल अक्षम, दुर्बल तथा अयोग्य व्यक्तियों को समाज से पृथक रखना चाहिए ताकि वे समाज की मुख्य कर्मधारा में बाधा न बनें। आप जैसे व्यक्तियों को सक्रिय कर्मयोग में योगदान देकर देश और समाज के सामने एक नया आदर्श उपस्थित करना चाहिए कि यह देश कृष्ण तथा राम की कर्मभूमि है तथा हमारे समाज का कर्मयोग ही मुख्य लक्ष्य है। हमारा प्रत्येक नागरिक कर्मयोगी है, वह आलसी, छिद्रान्वेषी तथा केवल भाग्य पर निर्भर नहीं है। भारत का प्रत्येक नागरिक वर्तमान में जीता है तथा सुनहरे भूतकाल से केवल प्रेरणा ग्रहण करता है। आप पुरुलिया में अधिक आदिवासियों की सेवा कर सकते हैं क्योंकि जिन मुद्दों पर सरकार की योजना नहीं रहती, हम आपकी सहायता लेते हैं। इस प्रकार आपके पुरुलिया में रहने से सरकार तथा स्वयंसेवी संस्थाओं में सम्यक् सहयोग तथा समन्वय था। अब दोनों अपना-अपना राग अलाप रहे हैं, जिससे पुरुलिया में पृथकतावादी तथा विछिन्नतावादी शक्तियों को प्रोत्साहन प्राप्त हो रहा है।"

व्यक्ति विकास केन्द्र के स्थानीय प्रभारी चुकादा ने सभी के विचारों को सुनकर कहा, "यदि आप सभी लोग यही चाहते हैं तो हम भी आपके रास्ते में नहीं आयेंगे। हमारे यहाँ भी वित्त की कमी रहती है। यदि हमारे पास उपयुक्त धन हो तो हम यहाँ अधिक समाज सेवा कर सकेंगे। हमें पता नहीं था कि प्रकाश जी अपने धन से ही पुरुलिया में समाज-सेवा आन्दोलन चलाते थे। यहाँ तो वे एक सामान्य कार्यकर्ता की भाँति समाज सेवा चला रहे हैं। सम्पूर्ण खर्चा कोलकाता से आता है। पर आदिवासियों के साथ-साथ उन्होंने यहाँ घाटशिलावासियों को अपना भक्त बना लिया है। सुबह से उनके स्वदेशी, होम्योपैथिक तथा आयुर्वेदिक मिश्रित इलाज के लिए लम्बी पंक्ति लग जाती है। प्रथम वे योग-व्यायाम सिखाते हैं, बाद में देशी उपचार वाली स्थानीय जड़ी-बूटियों की दवाएँ देते हैं। कभी तुलसी का इलाज चलता है, तो कभी गेहूँ की बालों का तो कभी सूरज की किरणों द्वारा इलाज किया जाता है, तो कभी केवल पानी द्वारा अथवा मिट्टी द्वारा। उन्होंने आदिवासियों द्वारा प्रयोग में लाई जाने वाली जड़ी-बूटियों को भी एकत्रित कर लिया है। फिर घाटशिला का पानी भी व्यक्ति को निरोग बनाता है। यहाँ आने वाले बहुसंख्यक पर्यटक भी उनके इलाज के लिए आते हैं। कोलकाता से कई सौ लोग यहाँ शीतकाल में अपनी असाध्य बीमारियों का इलाज करने आते हैं तथा यहाँ महीनों रहते हैं। चलो, प्रकाश जी को हम स्थानीय प्रबन्धक बनाकर पुरुलिया में 'व्यक्ति विकास केन्द्र' की नयी शाखा खोल देंगे। वह खूब चलेगी। मेरी एक ही शर्त है कि प्रकाश जी लौट जाने को तैयार हों। हम उन्हें लौट जाने के लिए नहीं कह सकते। उसका निर्णय उन्हीं पर है। वे हमारे लिए यहाँ अत्यन्त उपयोगी हैं।"

प्रकाश ने सभी के व्याख्यान, विचार, सलाह-मशविरा तथा अनुरोध सुनकर तथा मनन करके कहा, "आप लोगों के परामर्श को अस्वीकार करने से मेरे धर्म का ह्रास होगा। इसलिए मैं स्वयं को पुरुलिया वापिस लौटने के लिए मानसिक रूप से तैयार करूँगा। यहाँ भी कुछ काम बाकी है, कुछ योजनाएँ हैं जिन्हें मैंने शुरू किया था जैसे आदिवासियों के स्कूलों तथा ग्रामों में व्यावसायिक प्रशिक्षण केन्द्र चलाना तथा उनके बीच शराब-बन्दी तथा बचत का प्रचार करना। यदि मैंने ये कार्य यहाँ बीच में छोड़ दिए तो मेरे द्वारा एक डेढ़ वर्ष में किया गया परिश्रम व्यर्थ जाएगा। पर मैं इसी शर्त पर पुरुलिया लौटूँगा कि मैं जो पुरुलिया में अर्जित करूँगा, वह पूरा-पूरा समाज सेवा पर खर्च कर दूँगा। कोई भी परिवार का सदस्य इस विषय में हस्तक्षेप तो दूर, कोई टिप्पणी भी नहीं कर सकेगा। द्वितीय, बीमार पड़ने पर आप लोग मुझे इलाज के लिए बाहर नहीं भेजना। मैं एक सामान्य नागरिक की भाँति पुरुलिया में ही मरना चाहूँगा। मेरा अन्तिम संस्कार मेरी पत्नी की चिता के पास किया जाए।"

सभी ने एक स्वर से प्रकाश की शर्तें स्वीकार कर लीं। घाटशिला में यह तीसरा दिन भी था। पूर्व रात्रि में तूफान आने से सभी आगन्तुकगण पुरुलिया वापिस लौटने के लिए अधीर हो रहे थे। अतः यह तय हुआ कि प्रकाश निकट भविष्य में अर्थात् छः महीने के पूर्व ही पुरुलिया वापिस लौट जाएँगे। प्रकाश जी ने पुरुलिया से आगत सभी को एक-एक पैकेट केंचुओं द्वारा निर्मित जैव अर्थात् कार्बनिक खाद भेंट की तथा कहा, "मैं आकर आपके उद्यानों में इसके द्वारा तैयार फूलों तथा सब्जियों को देखूँगा। हमें कृत्रिम जीवन-शैली को कम करना है। प्रकृति के अधिक से अधिक पास जाना है।"

रवि, देवश्री तथा ललिता ने प्रकाश के चरणस्पर्श किए तथा उनसे आशीर्वाद प्राप्त किया। प्रकाश के आशीर्वाद देने की दृष्टिभंगी से ही रवि तथा परिवार के अन्य सदस्य विश्वस्त हो गए कि प्रकाश निकट भविष्य में पुरुलिया लौट आएँगे। प्रकाश ने अशोक बनर्जी की सहायता से पुरुलिया लौटकर व्यक्ति विकास केन्द्र की स्थानीय शाखा आरम्भ करने की बंगलौर मुख्यालय से अनुमति माँगी। अप्रत्याशित रूप से बंगलौर से तुरन्त पुरुलिया जिले के लिए 'व्यक्ति विकास केन्द्र' की घाटशिला से बड़ी शाखा स्थापित करने का आदेश आया। घाटशिला में काम करने के लिए एक आई. ए. एस. अधिकारी नौकरी से अवसान प्राप्त करने के पश्चात पंक्ति में लगे थे। प्रकाश से यह कहा गया, "व्यक्ति विकास केन्द्र में समष्टि तथा समाज का हित पहले देखा जाता है व्यक्ति का बाद में। पर वस्तुतः व्यक्ति के माध्यम से समष्टि कल्याण के पथ का अवलम्बन किया जाता है जो भारतीय संस्कृति का भी अधिदेश है। अतः वह सभी शुरू की गई योजनाओं को बीच में न छोड़कर चले जाएँ। कोलकाता से नये शाखा प्रबन्धक आ रहे हैं, उनको कम से कम प्रकाश दो माह काम समझाएँ बुझाएँ तत्पश्चात् पुरुलिया के लिए प्रस्थान करें।"

प्रकाश के मन में यह विश्वास दृढ़ हो चुका था कि किसी बड़ी संस्था द्वारा पीठ पर हाथ धरे बिना कोई व्यक्ति अपने सामाजिक सेवा-कार्यों को बड़े फलक पर प्रभावी नहीं कर सकता है। अन्त में उनके द्वारा बड़े प्रयासों से स्थापित छोटी-छोटी संस्थाएँ इतिहास के गर्त में चली जाएँगी क्योंकि बड़े संस्थानों के पास ही उनके संचालन की ठोस तथा स्थायी रूपरेखा होती है और जन-बल तथा वित्तीय संसाधन भी। आवश्यकता पड़ने पर वे दूसरी जगह से कोष स्थानान्तरित करके अथवा कुशल-प्रबन्धक भेजकर मृतप्राय संस्थाओं को पुनरुज्जीवित कर सकते हैं। अतः मुझे प्राकृतिक-चिकित्सा केन्द्र तथा योग-संस्थान को बचाने के लिए व्यक्ति विकास केन्द्र की शरण में जाना पड़ेगा। विद्यालयों का संचालन करने में आर्य समाज विद्या मन्दिर एक कुशल संस्था है, जिसके विद्यालय सम्पूर्ण देश एवं विदेश

में सफलतापूर्वक चल रहे हैं। अपने स्कूल को आर्य-समाज विद्या मन्दिर से सम्बन्धित करना पड़ेगा।

पुरुलिया से प्रतिदिन समाचार आ रहे थे। देवश्री ने पुत्र को जन्म दिया पर बच्चा शल्यचिकित्सा द्वारा हुआ। ऑपरेशन करते समय देवश्री की जैसे-तैसे जान बच पाई उस समय राधा और ललिता ने देवश्री की इतनी सेवा-शुश्रूषा की कि देवश्री सभी भूलकर उनकी दासी हो गई। देवश्री की माँ किसी कारणवश न आ सकी। शायद देवश्री के पीहर वाले देवश्री तथा उसकी ससुराल वालों के बीच में नहीं पड़ना चाहते थे। एक बार बीच में पड़कर वे अपने हाथ जला चुके थे। रामू भी विश्वस्त था कि देवश्री के स्वभाव में पूर्ण परिवर्तन हो गया था। उसने भी अपने बाबू प्रकाश को दूरभाष पर यह सूचना दी तथा उनसे पुरुलिया लौट आने का अनुरोध किया। पुरुलिया लौटने के लिए सभी ओर से हरी झण्डी मिल गई। इसी बीच रवि ने सलिला का विवाह भी निश्चित कर दिया तथा विवाह की तारीख भी एक माह बाद थी। प्रकाश के हृदय में सलिला के लिए ममता फिर हिलोरें मारने लगी। प्रकाश ने एक दिन निश्चित करके घाटशिला से पुरुलिया लौटने का निश्चय किया। घाटशिला से प्रकाश चिन्तारहित हो गए थे। उनका स्थान लेने वाले आई. ए. एस. अधिकारी भी उनकी भाँति परिवार तथा भौतिकवाद से तंग होकर घाटशिला आ रहे थे। वे किसी भी दृष्टि से प्रकाश से कम उत्तम प्रबन्धक नहीं थे। बस, उनके पास अपनी ओर से कुछ खर्च करने की क्षमता नहीं थी, क्योंकि उन्होंने बहू-बेटों के घड़ियाली आँसुओं को देखकर सभी पैसा सम्पत्ति उनके नाम कर दी थी।

प्रकाश को पुरुलिया से लेने गाड़ियों का काफिला आया। सबसे आगे एक मिनी ट्रक में पुरुलिया के आदिवासियों का दल ढोलक तथा मजीरे बजाते हुए चल रहा था। रवि ने प्रकाश के लिए एक पूर्णतः नई स्कॉरपिओ गाड़ी खरीदी ताकि वे उसी गाड़ी से आदिवासी क्षेत्रों में भी सेवा-कार्य कर सकें। प्रकाश को घाटशिला के सामान्य नागरिकों ने भावभीनी विदाई दी तथा उन्हें दुबारा घाटशिला आने का निमन्त्रण दिया। प्रकाश पूर्ण आवभगत से पुरुलिया लौटे। उनके स्वागत में तुषार-वाटिका में बड़े भोज का आयोजन हुआ। भोज में प्रकाश ने घोषणा की, "अब मेरा आयोजनों तथा उत्सवों पर से विश्वास समाप्त हो गया है। देश में बहुत गरीब मनुष्य हैं। उनके लिए यह धन काम में लग जाए, तो इसका वास्तविक सदुपयोग होगा।"

घाटशिला से लौटने पर प्रकाश ने गोरा के लिए तुषार-वाटिका के पास ही एक कमरा दे दिया, पर गोरा ने उसे स्वीकार नहीं किया। "बाबू, मुझे बन्द कमरे

में घुटन होती है। यदि आप जोर देते ही हैं, तो मैं बरामदे में चारपाई डालकर सो जाया करूँगा।" गोरा के लिए यही पदोन्नति थी।

सम्पूर्ण गोयल परिवार सलिला के विवाह की योजना में जुट गया।

सलिला को देखकर ही कोलकाता के एक शेयर की दलाली का व्यवसाय करने वाले धनाढ्य नवयुवक ने पसन्द कर लिया। वह मोटा था। जोड़ी ठीक थी। सलिला की सास को भी शारीरिक अक्षमता की बीमारी थी पर उसका कारण अनुवांशिक नहीं था। वह अक्षमता उन्हें विदेश यात्रा से लौटते समय यकायक 104/105 डिग्री सेण्टीग्रेड ज्वर होने से हो गई थी। अतः लड़के के परिवार ने निःसंकोच भाव से सलिला को पसन्द कर लिया। सलिला के विवाह की तैयारियाँ बड़े पैमाने पर शुरू हो गईं। पूरी तुषार-वाटिका को दुल्हन की भाँति सजाया गया, सँवारा गया। पूरी तुषार-वाटिका उत्सवमयी हो गई। सलिला के लिए सात-आठ लाख रुपए के जेवरात खरीदे गए। लड़के के लिए एक ओपेल कोर्सा कार तथा सोने का कड़ा खरीदा गया। लड़के की ओर के प्रमुख सम्बन्धियों को पाँच ग्राम के सोने के सिक्के भेंट किए गए। कपड़े कोलकाता से तैयार करवाए गए। सलिला का जयमाला के समय पहनने वाला लहँगा ही पचास हजार रुपए कीमत का था। सिंगापुर से चौबीस कैरेट सोने की जंजीरें मँगाई गईं जो सम्बन्धियों में वितरित होनी थीं। वहीं से सलिला के साज-शृंगार का सामान मँगायां गया। ऐसा प्रतीत हो रहा था जैसे—तुषार-वाटिका का कोषागार सलिला के विवाह के लिए खोल दिया गया था। सलिला भी इस विशाल आयोजन से अत्यन्त प्रसन्न थी क्योंकि इतने बड़े पैमाने पर अभी पुरुलिया में किसी विवाह का अयोजन नहीं हुआ था। सलिला इस अभूतपूर्व व्यवस्था के कारण सभी के आकर्षण का केन्द्र बनी हुई थी।

निश्चित तिथि एवं समय पर सलिला ने वर के साथ अग्नि के सात फेरे लिए और सप्तपदी सम्पन्न होने के साथ-साथ वे पति-पत्नी हो गए। बाकी रस्में तो केवल सामाजिक औपचारिकता पूरी करने एवं निमन्त्रित अतिथियों के प्रति सम्मान प्रकट करने के लिए थीं।

सलिला के विवाह में प्रकाश ने प्रायः एक हजार लोगों का भोज आयोजित किया, जिसमें कम से कम पुरुलिया जिले के पचास आदिवासी, इतने ही महातों तथा सभी राजनीतिक दलों के नेतागण थे।

सलिला विवाह के पश्चात् घूमने के लिए मारीशस गई। पुरुलिया जैसे शुष्क क्षेत्र से एकदम पानी के बीच स्वयं को पाकर सलिला अति विस्मित तथा आह्लादित थी। वह अपने पति की बाँहों मे खो गई और पति उसमें खो गया। दोनों में इस दौरान प्रेम के साथ-साथ वैचारिक एक्य भी हो गया। दोनों ने माता-पिता की सेवा का व्रत लिया। पैसा तो उनके पास था ही, केवल उत्तम स्वास्थ्य का अभाव था।

सलिला के विवाह के पश्चात् सम्पूर्ण परिवार के साथ प्रकाश ने बद्रीनाथ की यात्रा की। वहाँ से लौटकर प्रकाश पूर्णतः व्यक्ति विकास केन्द्र के माध्यम से आदिवासियों की सेवा में लग गए। उन्होंने अपने 'प्राकृतिक-चिकित्सा केन्द्र तथा योग-संस्थान' को 'व्यक्ति विकास केन्द्र' को सौंप दिया तथा वे वहीं से उनके कल्याणमूलक कार्य करते रहे। आँखों के अस्पताल को वह 'व्यक्ति विकास केन्द्र' को न दे सके क्योंकि उसका अनुबन्ध लायन्स क्लब के साथ पहले ही हो चुका था। 'व्यक्ति विकास केन्द्र' का कोलकाता स्थित मुख्यालय भी चिन्ता रहित था क्योंकि पुरुलिया जिले में व्यक्ति विकास केन्द्र के घाटशिला की भाँति कार्यक्रमों के खर्च का अधिकांश भाग स्वयं प्रकाश ही वहन कर लेते थे। वे मुख्य रूप से 'व्यक्ति विकास केन्द्र' तथा 'आर्ट ऑफ लिविंग' संगठन के नाम का ही उपयोग करते थे ताकि भविष्य में ये उनके द्वारा स्थापित प्रतिष्ठान नष्ट न हों। प्रकाश के पुरुलिया आगमन के साथ-साथ विकास कार्यों में गति आ गई। सरकार, राजनीतक दलों तथा स्वयं सेवी संस्थाओं में बेहतर तालमेल स्थापित हो गया। तीस वर्ष शासन में रहने के बाद मार्क्सवादी सरकार ने लोकहित के कार्यों को तीव्र गति से आगे ले जाने का निश्चय किया क्योंकि उनके शास्त्रागार में अब पिछली सरकारों की आलोचना करने तथा केवल नारों द्वारा आश्वासन देने वाले अस्त्र-शस्त्र समाप्त हो चुके थे। उन्हें जनता को ठोस विकास कार्य दिखाना आवश्यक था जिससे जनता को वास्तविक लाभ पहुँचे। जनता की आशा-आकांक्षाएँ आसमान छू रही थीं। वह अब रोटी-कपड़ा और मकान की पूर्ति के पश्चात् बिजली, पानी, शिक्षा तथा उपयुक्त स्वास्थ्य सुविधाओं की माँग कर रही थी। प्रकाश ने एक दिन परिवार के सभी लोगों की बैठक बुलाकर अपने इस निर्णय से अवगत कराया, "देखो, अब मैं और कितने वर्ष जिऊँगा? मैं चाहता हूँ कि आजकल संयुक्त परिवार के प्रेम तथा समन्वय के धागों को सुरक्षित रखने के लिए आवश्यक है कि प्रत्येक शाखा की रसोई पृथक-पृथक बने। यदि तुम लोग संयुक्त परिवार में नहीं रह सकते, तो वह घर प्रत्येक के लिए जेल हो जाएगा। मनोरोगाश्रम हो जाएगा। मुझे करुणा होती है जब मैं कमरों या फ्लैटों में बन्द व्यक्तियों या छोटे परिवारों को दृष्टि गोचर करता हूँ, जैसे वे जेल की कोठरी में बन्द हों। इस घर को अलग-अलग कारा-कक्षों में न बदलो। उत्सव तथा समारोह एक साथ अनुष्ठित हों। पर संयुक्त परिवार की धुरी रवि के हाथ में रहेगी। वह ही सभी अतिथियों का स्वागत-सत्कार करेगा तथा सभी सम्बन्धियों के प्रति अपने दायित्व का निर्वाह करेगा। वह जिसको कहेगा, उसे विवाह आदि समारोहों से बाहर जाना पड़ेगा। यदि वह कार्यालय छोड़कर बाहर जाएगा, तो इस सोने की खान में उत्पादन कम हो जाएगा। यह आप लोग कभी

नहीं चाहेंगे। रवि के लिए यह तुषार-वाटिका का नीचे का तल ठीक है। सुरेश और ललिता प्रथम मंजिल में रहेंगे तथा वहाँ ही रसोई बनाएँगे। सुरेश और ललिता के पास मेडिकल स्टोर, शुद्ध जल बनाने का कारखाना तथा बीस फ्लैट रहेंगे। रवि के पास दस फ्लैट रहेंगे जिनकी आमदनी से वह रिश्तेदारों आदि पर खर्च करता रहेगा। यदि परिवेश उत्तम हो गया तो फिर रसोई संयुक्त कर लेगा।"

प्रकाश के सामने सभी निरुत्तर थे। प्रकाश की मान्यता थी कि प्रेमभाव में ही अलग हो जाना चाहिए ताकि प्रेम न खत्म हो। यह प्रेम का ही धागा है जो संयुक्त परिवार को बाँधता है न कि संयुक्त रसोई या धन। प्रकाश के सिद्धान्त अचूक थे अतः वे सर्व स्वीकार्य भी थे। प्रकाश के जीवन के सिद्धान्त उसके अनुभव की अग्नि पर भली-भाँति तपकर बाहर निकलते थे। पर प्रकाश ने संयुक्त परिवार में महिलाओं के आगे घुटने टेक दिए। यह कार्य उसकी पत्नी भावना ही भली-भाँति करती थी। बच्चे माँ की शिक्षा ही मानते थे। प्रकाश सोचता, 'यह माँ के दूध का क्या जादुई करिश्मा है। उसके सामने सभी शिक्षा व्यर्थ है। अतः देश को सुधारने के लिए मातृ-शक्ति को सर्वप्रथम सुधारना होगा। यह मातृ-शक्ति ही धरती को धारण किए हुए है। मातृ-शक्ति तुझे सलाम!'

पुरुलिया में प्रकाश को दो वर्ष हो गए थे। उनकी उम्र भी बहत्तर वर्ष की हो चुकी थी। कुछ-कुछ हृदय की दुर्बलता ने उन्हें जकड़ लिया था। एक दिन सुदर्शन क्रिया करते हुए उन्होंने अपने इष्ट हनुमान जी से प्रार्थना की, "मुझे अपने साथ स्वर्ग में उड़ाकर ले चलो।" इस बार हनुमान जी ने उनकी प्रार्थना सुन ली और वे अपने शिष्य तथा भक्त की आत्मा को अपनी बगल में दबाकर स्वर्ग ले गए। प्रकाश का यह अद्भुद अनुभव था। उन्हें ज्योति के दर्शन हुए। यही मोक्ष था। पुरुलिया में शोक छा गया। दो दिन पुरुलिया शहर पूरा बन्द रहा।

नगरपालिका अध्यक्ष ने सान्त्वना में कहा, "ऐसे व्यक्ति शरीर से नहीं जीते हैं, वे अपने सिद्धान्तों के बलबूते पर जीते हैं। आज भी प्रकाश हमारे हृदय में हैं तथा उनके जीवन तथा जगत सम्बन्धी व्यावहारिक सिद्धान्त हमें अन्धेरे में प्रकाश दिखाते रहेंगे। उनके प्रति हमारी सबसे बड़ी श्रद्धांजलि यही होगी कि हम उनके सिद्धान्तों का पृष्ठपोषण करें, उनका परिपालन करें। इस पुरुलिया जिले के पिछड़े हुए लोगों का जीवनमान उन्नत करें, उन्हें अपने समाज की मुख्यधारा में ले आएँ।"

रवि ने प्रकाश की चिता पर यह प्रतिज्ञा की कि वह हर हालत में प्रकाश की इच्छा के अनुरूप अपने संयुक्त परिवार को पल्लवित-पुष्पित तथा उन्नत करेगा। ताकि उनका यह सन्देश भारत के घर-घर तक पहुँचे एवं सभी सुखी एवं समृद्ध हों।

इति

...कोलकाता

•••